JN411662

유럽법약사

법사학
번역총서
3

유럽법약사

A Short History of European Law

저자 **타마르 헤르초그 Tamar Herzog**
역자 **이영록**

민속원

역자서문

서양법사에 관해 수업 교재로 사용할 수 있는 좋은 교양서가 있으면 번역을 해보고 싶다는 생각은 꽤 오래 전부터의 일이다. 당시 서양법제사라는 제목으로 출판된 교과서용 도서들은 대부분 전문적인 지식 전달에 치우쳐 있는 데다가, 그런 정보마저 내가 가르치는 학생들에게 과연 필요한가에 깊이 회의를 느끼고 있었기 때문이다. 그뿐 아니라 내용도 특정 국가에 치우쳐 있다는 점에 불만을 가지고 있었다. 그 점은 우리의 근대법 수용사를 생각할 때 충분히 이해할 수 있는 일이기는 했다. 그러나 유럽연합의 결성으로 유럽에서 법의 통합이 가속화되고 있는 시점에서 유럽 전체를 시야에 넣은 유럽법사의 이해가 이제는 더 필요해진 것이 아닌가 하는 생각을 점점 굳혀가던 때였다. 아울러 미국법의 중요성이 날로 커가는 현실을 감안할 때 영미법의 역사도 어느 정도는 함께 다룰 필요가 있다고 강하게 느끼고 있었다.

이런 이유로 어쩌다 해외라도 나갈 기회가 생기면 서점이나 도서관에 들러 번역할 적절한 책이 있나 물색해보곤 했다. 그러던 중 우연히 발견한 책이 본서이다. 사실 그때는 이미 마땅한 대안이 없다고 생각하고, 그나마 근접한 다른 책을 구해 번역을 해나가던 중이었다. 그렇지만 그 책은 대륙법만을 대상으로 한 데다, 분량도 본서보다 두 배가량 더 많아 번역이 그리 흔쾌하지만은 않았다. 그러던 중 본서의 서문에 나타난 저자의 문제의식이 그간 내가 바랐던 것과 놀라울 정도로 일치하는 것을 확인하고, 새로 무작정 본서의 번역에 돌입하게 되었다.

번역을 마치고 돌아보니 과연 코먼로를 포함하여 유럽법 전체의 흐름을 적절한 분량의 한 이야기로 잘 엮었다는 확신이 더 강하게 든다. 그뿐 아니라 우리에게는 아직 널리 알려지지 않은 새로운 연구 성과들이 반영된 것을 확인할 수 있었고, 유럽법사에 대한 저자의 통찰을 통해 배우는 바도 많았다. 이런 이유로 처음에는 법사학 수강 학생이나 유럽법사에 관심이 있는 일반인들을 위한 교양서로 의도했지만, 마침내는 학계에 소개할 만한 학술서로서의 가치도 충분한 책이라는 생각을 하기에 이르렀다. 그러던 중 마침 서울대학교 정긍식 교수님 권유로 한국법사학회 번역총서로 출간할 기회를 얻게 되었다. 정긍식 교수님과 출간을 허락해 준 한국법사학회에 감사한 마음을 전하면서도, 한편으로는 행여 많은 오역으로 한국법사학회 총서의 권위를 실추시키지는 않을까 하는 염려하는 마음도 크다.

번역은 책의 성격을 감안하여 단어 하나하나의 정확성을 살리기보다는 문장 전체의 의도를 훼손하지 않는 선에서 자연스럽게 읽힐 수 있도록 한다는 원칙을 견지하려고 했다. 그럼에도 불구하고 모든 번역가가 고백하겠지만, 매 순간 고민과 결단을 피할 수는 없었다. 다시 읽어보니 여전히 딱딱하고 어색한 번역투의 문장들이 많이 남아, 직역과 의역의 장점 어느 쪽도 살리지 못한 어정쩡한 번역이 된 것 같은 걱정이 앞서기도 한다.

초역이 끝난 후 문장을 가다듬는 과정에서 큰딸 가은이의 도움이 컸음을 밝힐 수 있어 뿌듯하다. 편집과 출판 과정에서 애를 써주신 민속원 조정화 팀장님께도 감사를 드린다. 무엇보다도 나의 학생들이야말로 내가 정말로 감사를 표해야 할 대상들이다. 그들이야말로 번역이라는 꽤 단조롭고 지루한 과정을 시작하게 하고 또 마치도록 해 준 원동력이었다. 나의 학생들이 지적으로 성장하는 데 이 번역서가 조금이라도 도움이 되었으면 정말 좋겠다.

2023년 초봄,

백학 교정에서

차례

|제4부| 근대 초기 154

일러두기

원래 저자가 괄호 안에 부기한 것은 본래 활자 크기로, 그리고 번역자가 필요에서 원서의 단어 등을 부기한 것은 고딕체 아래 첨자를 사용, 이탤릭체는 원서에 표기된 그대로를 따랐습니다.

프롤로그
유럽의 법 형성

몇 해 전에 한 학부생이 워싱톤 D.C.에 다녀왔다며, 거기서 자유의 대헌장 마그나 카르타the Magna Carta를 보았다고 매우 흥분하며 이야기를 한 적이 있다. 그 여학생의 열의를 꺾고 싶지는 않았다. 그렇지만 그 학생이 본 것은 본래 의도가 오늘날 대헌장이 상징하는 바와는 별로 관계가 없는 봉건적인 문서라는 사실, 그리고 그것의 중요성은 오랜 시간을 거치면서 형성되었다는 사실을 어떻게 설명해야 할지 자문해 보았다. 대헌장의 의미와 역할은 그것이 서명된 후 수 세기에 걸쳐 새롭게 부여되어 왔기 때문이다.

내가 첫 번째로 다루어야 할 질문은 과연 그런 사실이 중요한지였다. 21세기의 학생이 대헌장과 같은 13세기 초의 문서를 오독했다는 사실이 중요한가? 대헌장이 실제로는 무엇이고, 왜 그리고 어떻게 그것이 오늘날과 같은 지위를 얻게 되었는지를 이해하는 것이 그 학생에게 무슨 유익이 될까? 이런 역사가 그 학생의 당면한 관심사에 관련이 있기나 할까? 신화를 깨뜨리는 것이 신화를 만드는 것만큼이나 중요한가? 과거는 그냥 지나가 버린 것인가, 아니면 현재와 미래에 관해 무언가 중요한 것을 말해주는가?

13세기의 대헌장을 이해하기 위해서는 봉건적 과거를 기억하는 것이 필요하다. 그때는 강력한 힘을 지닌 영주들이 군주 세력의 확장에 대항하여 자신의 재판권과 재산을 지키려고 했던 시대였다. 대헌장을 이해하기 위해서는 시간이 지남에 따라 사회가 어떻게 변화되어 갔는지, 주로 소수의 남작baron에 한정된 특권이 어떻게 모든 영국 사람들의 권리가 되었는지, 그리고 그 과정에서 권리 주장이 어떻게 왕들의 권한을 제한하게 되었는지를 상상해 보는 것이 필요하다. 또한 대헌장이 미국에 투영되었기 때문에, 이 이야기는 대헌장의 구상이 어떻게 대서양을 건너면서 성격의 변화를 겪는지에 관한 이야기를 포함해야 할 것이다. 나아가 대헌장이 유럽법의 더 넓은 역사 속에서 어떻게 지금과 같은 신화적 지위를 얻게 되었는가라는 질문에 대답을 할 수 있어야 할 것이다. 그리고 유럽의 다른 곳에서 넘칠 정도로 자주 만들어졌던 유사한 봉건 헌장들은 왜 그러지 못했는가 하는 질문에도 답을 할 수 있어야 할 것이다.

법사학자로서 나는 대헌장으로 지금 상징되고 있는 것이 그 문서의 내용과는 아무런 관련이 없고, 전적으로 그것이 어떻게 활용되고 기억되었는가와 관련된다는 점을 알고 있다. 만일 내 학생이 이런 역사를 알았다면, 그 학생은 과거를 더 잘 이해하게 되었을 것이다. 그뿐 아니라 자신의 현재와 미래를 다르게 상상할 수 있었을 것이다. 나아가 이야기들에 의문을 던지고, 그 이야기들의 형성 과정을 이해하는 방법을 습득할 수 있었을 것이며, 그 이야기들이 우리를 다음 어디로 끌고 갈지에 대해 시사를 받을 수 있었을 것이다.

물론 대헌장은 우리의 현재를 결정하거나 미래를 상상할 수 있게 하는 유일한 법적 유산은 아니다. 과거로부터 물려받은 수많은 다른 문서들과 제도들, 그리고 원전들이 똑같은 역할을 한다. 그것들은 지나간 한 시대의 유물인 동시에 우리의 일상생활의 중요한 특징을 이룬다. 그런 점에서 그것들은 어떤 것에 특정한 의미를 부여하고, 해결책을 제공하며, 현실을 분석하고 이해할 수 있는 기술을 제공해 준다. 특정한 절차에 따라야 할 의무를 법원에 부과하는 "적법절차"due process를 예로 들어보자. 많은 사람이 직감적으로 그것은 정의의 실현을 보장하려는 사회의 야망과 관련된 비교적 현대적인 현상이라고 생각할 것이다. 그러나 적법절차는 적어도 그 이름이 아닌 실무와 관련해서는 오래전 중세 잉글랜드에서 생겨났다. 그 출현의 이야기는 정당한 결과를 보장하려는 것이라기보다는, 코먼로법원common law courts의 판사들이 매우 엄격한 절차 규칙을 준수해야 한다는 주장과 관련되었다. 실제로 그것이 정당한 결과를 보장하지도 않았다. 절차적 규칙들이 잉글랜드법에서 그토록 중요하게 된 이유가 있다. 그리고 오랜 시간에 걸쳐 매우 기괴한 변형을 거쳤기 때문에, 그런 절차적 규칙들이 소송인들을 보호하는 문서로 보이게 된 과정이 있다. 이런 이유와 과정을 이해하면, 예를 들어 왜 어떤 사항들은 적법절차에 해당하고, 어떤 것은 해당하지 않는지, 혹은 왜 이 규칙들이 다른 곳이 아닌 잉글랜드에서 발달하게 되었는지와 같은 의문을 더 잘 이해할 수 있게 된다.

과거를 알게 되면, 또한 유럽법이 어떻게 이성의 전형이자 보편적 적용의 잠재력을 가진 체계로 재조직되었는지를 이해할 수 있게 될 것이다. 유럽법이 전 세계에서 갖는 큰 영향력은 물론 정치적 경제적 요인으로 설명할 수 있을 것이다. 그러나 그런 영향력을 갖게 된 데는 지적인 작업도 요인으로 작용했다. 고대 로마인들은 이미 공동체 구성원의 지위를 법과 관련시켰고, 그 둘은 정치적 지배권의 확장과 관련되었다. 그러나 이런 관계는 중세시대에 극적으로 변화되었다. 로마법이 아시아, 아프리카, 그리고 유럽과 같은 새로운 지역으로 확장된 것은 그리스도교의 출현과 전파 때문이었다. 식민주의와 함께 비유럽 지역과 사람들에게 유럽법의 강요를 정당화하는 새로운 설명이 나타났다. 똑같은 일이 18세기 혁명기 동안에, 그리고 19세기 민족국가들의 성립 시기에 일어났다. 유럽법이 유럽 이외 지역에서도 적합하다는 설명이 변해가는 것을 추적하다 보면, 오늘날 국제법에 대한 일부 학자들의 비판이 이해가 간다. 그들은 국제법이 유럽으로 거슬러 올라간다고 비판한다. 그것이 실제로는 세계 인류의 유산이 아니라, 유럽의 유산이라는 것이다.

나는 약 20년 동안 유럽과 미국의 여러 지역과 대학들(시카고대학, 스탠퍼드대학, 그리고 지금은 하버드대학)의 법대와 역사학과에서 법사학을 가르쳐 왔다. 그러면서 법의 발전에 관한 토론에서 사용할 수 있는 유럽법사에 관한 짧고 유용한 입문서가 필요하다고 느낀 적이 많았다. 나는 이 책을 의도적으로 역사학과 법학 전공의 학생들, 그리고 나의 동료들을 염두에 두고 썼다. 세세한 사실들로 채운 방대한 분량의 서술, 그러면서도 설명이나 발전 및 변화를 추적하는 데는 간략한 책들에 질렸고, 진부한 내용과 오해를 끝없이 반복하거나, 서술 범위가 처음부터 국지적인 책들에 언짢았기 때문이다. 과거가 얼마나 낯설고, 그럼에도 불구하고 친숙한지를 평가하기 위해 나의 학생들과 동료들이 알 필요가 있는 것은 무엇일까? 국가주의적인 단언들이 넘쳐나는 이 분야에서 어떤 신화들이 잠잠해져야 하고, 그것은 어떻게 가능할까? 어떻게 유럽의 법의 역사를 하나의 이야기로 통합할 수 있을까? 지역의 특수성을 무시하지 않으면서도, 영국을 포함해서 유럽 전체를 관통하는 근저의 통일성을 존중해야 하는 일인데 말이다. 나는 대륙의 법사학과 함께 자랐다. 대륙의 법사학은 널리 타당한 원리들을 정립하려고 한다. 그런데 독자들은 전통적으로 구체적인 사례들에 초점을 맞추는 법사에 더 친숙하다. 이렇게 다른 유형의 법사에 더 친숙한 독자들에게 어떻게 대륙의 법사학을 전달할 수 있을까? 이 짧은 책으로 어떻게 우리가 알고 있는 것과 알지 못하는 것, 우리가 확신하는 것과 단언하기에 주저되는 것 모두를 담을 수 있을까? 그러면서도 시간의 흐름에 따라 대상들이 어떻게 변화되었고, (때때로) 왜 변화되었는지를 어떻게 하나의 이야기로 풀어놓을 수가 있을까?

이 책에서는 이런 질문 중 일부에 대해 평이하고 분명한 언어로 대답해 보려 한다. 이 책의 목표는 독자들에게 현재와 과거를 함께 이해할 수 있는 유용한 도구를 제공하는 것이다. 이 책에서는 끝없이 세세한 내용보다는 우리 자신의 표준을 다시 생각해 보는 데 가장 중요한 요소들을 다룰 것이다. 그것은 그런 요소들이 언제 어떻게 출현해서 발전하였는지를 이야기하는 방식이 될 것이다. 이 책은 우리의 현행 법체계의 자연스러움을 벗겨냄으로써, 분명함과는 거리가 먼 복잡하고 혼란스러운 과정을 거쳐 우리가 지금의 법체계에 도달했음을 보일 것이다. 오늘날 우리는 법을 창조하고 바꿀 수 있다는 생각을 당연히 여긴다. 그러나 이 책에서 보게 되겠지만, 그런 생각은 비교적 최근에 만들어진 것이다. 오랫동안 법은 그저 존재하기 때문에 존재한다고, 혹은 공동체에서 저절로 생겨난다고, 혹은 신이 전달해 주었기 때문에 존재한다고 생각되었다. 이런 생각은 물론 사실이 아니다. 법은 항상 누군가에 의해 어디에선가에서 만들어졌기 때문이다. 그렇지만 사람들이 그렇게 믿었다는 사실은 그들이 법을 어떻게 보고, 어떻게 해석 또는 복종했는지, 그들이 누구의 말을 들었는지, 그리고 왜 그들의 말을 들었는지와 관련해서 중요한 의미를 가진다. 오늘날 국가마다 독자의 법을 갖는다는 사실을 우리가 당연히 여기지만, 이 또한 비교적 최근의 현상이다. 과거에는 법이 정치적 충성이 아닌 생활을 공유하는 공동체에 내재해 있었기 때문이다. 어떤 요소들이 법에 대한 복종을 정당화하고 그것이 왜 중요했는지를 아는 것은 법이 역사적으로 어떻게 기능했고, 오늘날 어떻게 기능하는지를 이해하는 데 필수적이다.

과거의 복잡성과 그것이 현재에 대해 갖는 관련성을 설명하는 것은 거의 2,500년을 개관하는 작업이다. 이를 위해 나는 어떻게 유럽인들이 여러 시대의 계기들 속에서 법체계를 구축하게 되었는지, 그리고 그들이 규범은 어디에서 유래한다고 생각했으며, 누가 이런 규범을 만들고 선언 또는 집행했는지, 그리고 그 결과는 무엇이었는지에 대해 질문하려고 한다. 나는 특정 제도나 법을 설명하는 것보다는 규범들이 어떻게 생성되었는지에 더 관심을 가지고 있다. 그렇게 할 때 제도나 법이 특수한 역사적 맥락에서 어떻게 읽히고 이해되어야 하는지를 알 수 있기 때문이다. 나는 또한 그것들을 이해하는 것이 우리가 지금 이르게 된 현재의 모습에 관해 중요한 무언가를 말해줄 수 있다는 점을 보일 수 있기를 바란다.

이 책 전체를 통해 계속해서 나는 법의 역사에 관한 대부분의 연구에서 나타나는 두 개의 주된 설명을 상대하려고 한다. 그 첫 번째 설명은 법을 거의 주어진 것으로 설명한다. 이 설명은 어떻게 특정한 해결책이 시간이 지남에 따라 변화해 갔는지, 예를 들어 계약이 어떻게 형성되었는지라든가, 법원에서 사안을 입증하기 위해 시대마다 무엇이 요구되었는지에 관해 민감하다. 이 설명은 대부분 암묵적으로 법은 법이다고 가정한다. 그것은 마치 사회가 변하고 사회의 규칙들이 변한다 할지라도, 소송의 영역이자 지식과 기술의 보고로서 법은 그대로라고 하는 것과 같다. 대부분의 저자들은 법이란 사람들이 복종하는 규범들로 이루어진다고 생각한다. 마치 그 규범들이 어디서 유래하고, 어떻게 이해되며, 어떤 다른 유형의 규범이 존재하는지, 그리고 누가 그 규범들을 집행하고 어떻게 집행하는지는 별로 중요하지 않은 것처럼 말이다. 이 이야기는 종종 법이 (관습법의 경우처럼) 공동의 창조에로 귀착하는지, (교회법에서처럼) 신에게로 귀착하는지, 아니면 입법자 혹은 재판관에게 귀착하는지 하는 문제는 거의 중요하지 않다고 전제하는 듯하다. 법이 현재의 상태를 개선하려고 하는지, 아니면 유지하려고 하는지,

그리고 법률가들이 법을 문자적으로 해석해야 한다고 생각했는지, 아니면 그 자체로는 명확하지 않아 노력해서 밝혀야 하는 상위의 진리를 법이 표현했다고 믿었는지를 문제 삼지 않는다.

이미 대헌장을 언급하면서 말했지만, 이 책에서 나는 그런 입장과는 정반대에 서 있다. 나는 유럽에서의 법의 발전이 (대부분의 학자가 생각하고 있는 것처럼) 경합하는 해결책들 사이에서 선택하는 것뿐만 아니라, 규칙 그 자체에 관한 기본적인 가정들을 분명히 하는 것과 관련된 현상으로 설명할 것이다. 대헌장으로 돌아가서 이야기하면, 대헌장의 의미를 이해하기 위해서는 대헌장이 무엇을 명령하고 있는가뿐만 아니라, 그것이 어떤 규범 체계 안에서 활용되었는지도 파악해야만 한다. 법의 제정과 수정, 그리고 강제에 관한 당시의 관념을 고려할 때만 대헌장이 확립하고자 했던 것을 우리가 평가하는 것이 가능하다. 시간이 지남에 따라 그 의미가 어떻게 변해갔는가 하는 것도 마찬가지로 원문 그 자체보다는 (원문 그 자체는 끊임없이 필사되고 교정되었는데도 불구하고 놀랄 정도로 동일한 모습으로 남았다), 그것이 읽힌 법적 상황의 변화와 관련된다. 짧게 말해서 그것이 오늘날 의미하는 바를 상징하기에 이른 것은 전적으로 시간에 따라 근본적으로 변한 맥락과 관계가 있다. 이 책이 밝히고 재구성하려는 것도 바로 그런 맥락이다.

대헌장이 우리에게 가르쳐주는 또 하나의 사실은 어떤 목적을 달성하려는 자들이 종종 연속성과 변화를 활용한다는 점이다. 개혁을 할 때 연속성을 주장하거나, 실제로는 어떤 것도 허락하지 않으면서 변화를 떠든다. 과거를 이해하기 위해서는 무슨 일이 일어났는가만 알아서는 안 된다. 사건 당시를 살았던 사람들뿐만 아니라 현재를 개혁하기 위해 그 사건을 회고하는 미래의 해석자들이 그 일을 어떻게 재구성하고 활용했으며, 이해했는지도 알아야 할 필요가 있다. 역사가 진행되면서 법은 반복해서 가공과 재가공, 그리고 재작용된다. 서로 다른 개인과 공동체, 그리고 제도들이 행위를 규율하기 위해 서로 다른 규칙들을 정립하고 재정립하며, 운영하고 재운영하기 때문이다.

나의 첫 번째 목표가 법적 해결책은 변하더라도 법적 틀(누가 이 해답을 생각해냈고, 누가 그것을 시행하는가, 그들의 권위는 무엇인가, 그리고 그 권위는 어떻게 획득되었는가)은 중요하지 않다는 생각을 흔드는 것이라면, 내가 의문을 제기하려고 하는 두 번째 설명은 영국의 코먼로와 (시민법으로도 알려진) 대륙법이 완전히 별개라는 가정이다. 나는 이 두 법체계를 활용하는 대학에서 법률가로 훈련을 받았고, 유럽과 미국 양쪽에서 역사학자로 활동했다. 나 자신의 이런 경험으로 볼 때 코먼로와 대륙법의 그런 구분은 사실이 아니다. 나는 대부분의 역사학자와는 달리 어느 한 법체계만을 다루거나, 그 두 법체계가 어쩌다 서로에게 영향을 미친 특수한 사건 또는 방식을 살펴보려고 하지 않을 것이다. 대신에 나는 비슷한 방법론으로 영국법과 대륙법을 동시에 관찰하는 분석을 하려고 한다.

그러기 위해 나는 중세 말에서 현재에 이르는 발전을 서술하면서, 의도적으로 대륙법과 영국법을 번갈아 가며 설명할 것이다. 그것은 이 둘을 상호 대화의 관계로 놓으려는 의도에서이다. 나의 목적은 이 두 체계가 무엇을 공유하고, 또 어떻게 다른지를 나타내 보이는 것이다. 무엇보다도 나는 그 두 법체계가 서로 다른 길을 걸을 때조차도, 그렇게 다른 길을 걷게 된 주된 추동력이 얼마나 유사한 발전 및 압력에 대한 대응에서 비롯되었는지를 보이고 싶다. 나는 또한 그 두 법체계가 걸어간 길이 두 법체계에 문제뿐만 아니라 그 해결 대안들의 지평까지도 제공한 동일한 전통에서 영감을 얻은 것이라는 의견을 제시할 것이다.

이런 식으로 나는 대륙의 공통법*ius commune*이 형성되는 시기를 코먼로와 나란히 검토하려고 한다. 나는 근대 초기에 그 두 체계가 도전들에 어떻게 대응했고, 또 어떻게 변했는지를 분석할 것이다. 그리고 18세기 동안의 변화를 비교하고, 19세기 전체에 걸쳐 그리고 20세기 후반부 유럽연합의 형성에 이르기까지 그 두 체계를 면밀하게 살펴볼 것이다. 이전의 많은 저자들이 그 둘을 서로 이질적이라고 결론을 내린 것과는 달리, 나는 영국의 코먼로와 대륙의 시민법이 단일한 유럽 전통의 부분이라고 주장할 것이다. 이 전통으로부터 그 두 법체계가 나왔고, 그 전통으로 인해 풍부해졌다. 실제로도 그 둘은 보기보다 훨씬 더 실질적으로 유사하다.

나는 로마법으로부터 분석을 시작하려고 한다. 유럽의 전 역사에 걸쳐 지속적으로 로마법이 현존했기 때문이다. 로마법의 헤게모니를 오늘날에도 여전히 느끼게 해주는 무수한 것 중에 한 예가 우리가 지속적으로 의존하는 추정presumptions이다. 추정이란 어떤 것의 존재를 먼저 입증하지 않아도 가정할 수 있도록 로마가 고안한 것이다. 추정을 활용하는 것 자체가 로마의 기법일 뿐만 아니라, 우리가 지금도 활용하는 추정 중의 일부가 로마에서 유래했다. 혼인 중에 출생한 자를 부부의 친자로 가정하는 법적 추정을 예로 들어보자. 이런 추정 덕분에 부모는 자신의 자녀가 친자녀임을 입증하지 않고도 등록할 수 있게 되었다. 이런 기능은 과학적 발전으로 친자관계의 증명이 가능한 오늘날에도 여전히 발휘되고 있다. 이 추정은 역사 속에서 항상 현존하면서 새로운 필요를 채울 수 있었다. 예를 들어 현재의 스페인이라는 완전히 다른 사회 조건에서, 법적 혼인관계인 동성 커플에게서 태어난 아이는 추정에 의해 그 커플의 친생자로 등록될 수 있다.

로마법은 유럽법사에서 중요한 출발점을 이룬다. 그것은 로마법의 지속적인 유산 때문만이 아니다. 그 유산이 결국에는 (전부가 아니라면) 대부분의 유럽인들에 의해 공유되었기 때문이기도 하다. 처음에는 로마제국의 확장과 함께, 그 다음에는 그리스도교로의 개종과 함께 로마법은 서서히 유럽의 공동자산이 되었다. 특히 중세의 학자들이 로마법을 끄집어내어 당시의 필요에 맞게 가공한 후로 그렇게 되었다. 로마법은 영국 코먼로의 최초 발전에도 토대가 되었다. 그 타당성과 영향은 근대 초기에 시험에 부쳐졌고, 근대성의 도래와 함께 그것이 확인되기도, 혹은 부정되기도 하였다. 이 역사의 과정에서 로마법에 의존하는 것을 거부했던 사람들조차도 종종 로마법의 유추를 통해 자신들의 입장을 주장했다는 사실은 역설적이다.

물론 로마법에 대한 이해는 역사가 진행되면서 변했고, 로마법의 활용 역시 그랬다. 고전기에 로마법이 의미했던 것은 중세의 법률가들이 로마법을 이용했던 방법이나, 영국의 코먼로 법률가들과 19세기 독일 법률가들이 로마법을 이용하여 만들어 낸 것과는 거의 관계가 없다. 로마법이 이해되고 구현되는 방법에는 이렇게 큰 차이가 있었다. 그럼에도 불구하고 로마법의 영예는 유지되었고, 로마법의 기본적인 방법론과 일부 핵심 원리들 역시 그랬다. 흔히 그렇듯이 과거에 대한 이런 해석과 재해석 덕분에 과거에 일어났던 일뿐만 아니라, 현재와 미래를 건설하는 일에도 창조적인 관여가 가능하게 되었다.

로마법의 끊임없는 소환은 한편에서는 안정성과 보편성, 그리고 다른 한편에서는 역동성과 지역적 대응 사이에서 유럽이 경험한 항구적인 긴장을 초래했고, 또 그것을 설명한다. 로마법이 유럽 공통의 법적 전통의 근간이 되었지만, 지역과 세계 사이, 그리고 개별적인 해결책들과 포괄적인 원칙들 사이의 항구적인 긴장은 풀 수 없었다. 이런 긴장은 이미 로마 당시에도 존재했다. 역사가들은 로마의 중앙에서 시행된 법과 그 법을 따라 속주들에서 시행된 법을 구분한다. 그러나 그런 긴장은 유럽사 전체에 걸쳐 지속되었다. 유럽 대륙과 영국에서 통일적인 공통의 법을 만들기 위해 11, 12, 13세기에 경주된 노력은 바로 이런 긴장을 극복하기 위해서였다(제5장과 제6장). 영국인들이 초기에 자신들의 코먼로를 지칭하기 위해 사용하기도 한 용어인 이 공통법*ius commune*은 실제로는 수많은 지방의 제도로 이루어진 법적 세계를 연결하고, 거기에 일관성을 주기 위한 것이었다. 공통성의 탐색이 성공했는지, 그리고 어느 정도로 성공했는지는 내가 서술하는 이야기의 일부일 뿐이다. 내가 서술하는 이야기의 또 다른 부분은 통일을 위한 투쟁이 공동체를 정의하는 방식에 어떻게 영향을 미쳤느냐이다. 공동체는 구성원의 동질성을 어떻게 지각했는지에 따라 (서로 간의 관계에 따라 사람들의 범위를 정하는) 인적 결합으로부터 (일정한 영역에 거주하는 모든 사람에게 법을 강제하는) 속지적 관할권으로 이행함으로써, 그리고 때때로 그 중간의 해결책을 취하는 방식으로, 확장되기도 또는 축소되기도 했다. 때로는 가족이 공통의 법을 정당하게 강제하는 요인이 되었다. 그러나 몇 가지 예만 든다면, 종종 동일한 종교, 한 주인에게 복속됨, 함께 같은 분야에 종사함, 또는 상거래 관계의 유지도 가족만큼이나 중요했다.

교회 역시 사람들을 같은 법으로 묶으려고 고투했다. 교회 당국은 모든 그리스도교인에게 공통된 법을 최초로 공통법이라고 불렀다. 교회는 로마법을 확산하는 데도 중요한 역할을 했지만(제2장-제4장), 다른 방식으로도 유럽의 규범성에 영향을 끼쳤다. 로마 제국이 그리스도교로 개종한 후로는 세속과 종교의 구분이 갖는 중요성이 현저히 떨어졌다. 이 점은 특히 고대 말과 중세 초에 현저했다. 그러나 그 후로도 수 세기 동안 교회법이 편재했고, 그리스도교 도덕이 압도적인 역할을 했다. 그렇기 때문에 세속과 종교를 구분하는 것이 크게 중요하지 않았다는 사실은 계속해서 유럽법에 대한 꽤 정확한 설명이 될 수 있었다. 어느 시기가 되자 일부 유럽인들은 더 이상 외부의 권위나 전통에 의존하지 않는 자명한 체계를 찾기 시작했다. 자명한 진리의 지배 아래서는 법은 더 이상 권위 있는 근거를 가졌기 때문이 아니라, 그 법을 창조한 사람들이 보기에 조리가 있었기 때문에 정당화될 수 있었다. 그것이 오늘날 우리가 근대성이라고 지칭하는 것을 촉진했다. 그러나 이 근대성이 반드시 세속적인 것은 아니었다. 18세기와 19세기 근대성의 옹호자 중 많은 사람의 마음에는 자연이 인간에게 부과했다고 생각한 인간 이성과 자연법이 신에 대한 믿음과 완전히 공존할 수 있었다.

근대성은 중요한 변혁을 가져왔다. 이것이 법적으로 혁명적이었는지 아닌지는 흥미로운 질문이다. 그렇지만 적어도 이런 변화는 실제보다는 의도가 종종 더 급진적이었다. 결과적으로 볼 때, 그 변혁의 가장 중요한 유산은 인간에 대한 믿음과 인간이 자신들뿐만 아니라 자신들의 사회를 개선할 수 있다는 신념이었다. 그 후로 법은 (이전처럼) 현상을 유지하는 기술로부터 더 나은 세상을 만들기 위한 개혁의 기술로 바뀐 일반적인 변화의 전형이 되었다.

이 책은 로마법으로부터 시작해서 유럽연합의 성립과 성장으로 끝난다. 유럽연합은 나에게는 도착점이자 출발점이다. 오늘날 유럽은 어느 정도로 공통의 법을 가질 수 있을까, 그리고 이런 법적 통일을 추진하는 주체는 누구이고, 그 이익은 무엇인가? 이런 통일의 과정은 유럽에 특유한 것인가, 아니면 전 지구적으로 작동하고 있는가? 18세기 말에 고안된 국민국가는 이 유럽화와 세계화의 동시적 도전에 어떻게 대처할 수 있을까?

이런 질문들에 대답하고 요점을 분명히 하기 위해 각 장은 특정 주제와 함께 그것의 발전을 다룰 것이다. 설명을 보다 분명히 하기 위해, 나는 때때로 연대기적 서술을 희생해서라도 설명의 명확화를 꾀할 것이다. 예를 들면 로마제국이 그리스도교로 개종한 이후 만들어진 속주들의 로마법전들을 제1장에서 다룰 것이다. 제2장은 로마의 그리스도교화에 초점이 맞춰져 있지만, 중세 초기를 서술한 제3장에서 다룰 일부 주제도 함께 다루게 될 것이다. 또한 코먼로의 토대가 마련되는 시기를 서술한 제6장에서는 때로 근대 초기까지 나가기도 할 것이다.

연대기만큼이나 유럽의 지리학적 정치적 실체 또한 복잡하다. 분명히 유럽과 그것에 속하는 것이 무엇인지에 대한 정의 모두 이 책이 포괄하는 시기 동안에 생겨났고, 또한 크게 변모하였다. 유럽은 한 대륙이라기보다는 오히려 하나의 관념이다. 유럽의 형식과 모양은 시간에 따라 변했고, 마침내는 오늘날 식민지라고 부르는 지역에까지 해외로 뻗쳐갔다. 유럽법이라는 투영 역시 무정형적이다. 이후 유럽의 해외 지역에 해당하는 지중해와 아시아의 일부가 로마시대에는 로마법에 복속하였다. 18, 19, 20세기에 이르면 내가 유럽적이라고 설명하는 법 전통은 최고조로 확장되었다. 그것은 유럽의 패권이 점점 강해진 덕분이었고, 전 지구의 엘리트들이 자신들의 필요와 희망에 맞춰 유럽법을 사용하기로 결정했기 때문이었다. 이런 확장으로 인해 유럽법의 가장 중요한 발전이 대륙의 바깥에서 일어났다. 식민지에서 만국법the law of nations이 자연법으로 변화하고, 북미에서는 헌법적 혁신이 도입되었다. 이런 일들은 유럽법의 결과였을 뿐만 아니라, 또한 유럽법을 크게 변화시킨 원인이기도 했다.

내가 모든 발전이 아니라 가장 기본적인 발전만을 서술하려고 했기 때문에 모든 유럽 국가들이 균형 있게 서술되지는 못했다. 유감스럽게도 어떤 부분은 주연처럼 보이는 반면에, 어떤 부분은 단지 각주에서 언급하는 데 그쳤다. 어떤 경우에는 그 중요성을 고려하여 서술할 지역과 시기를 선택하였다. 그러나 더 빈번하게는 나의 주된 주장을 잘 보여주는 지역과 시기를 선택했다.

유럽법약사
A Short History of European Law

고대

제 1 부

제1장

로마법 :
너는 지금 그것을 본다. 그러나 보지 못한다.

로마는 아마 기원전 7세기 초반에 세워졌을 것이다. 처음에는 왕에 의해 통치되었으나, 기원전 509년 원로원이 매년 공동체를 통치할 2명의 집정관(*consuls*)을 임명하는 공화국으로 바뀌었다. 공화국의 체제는 원로원이 아우구스투스Augustus를 황제라고 선언한 기원전 27년까지 지속되었다. 이웃 국가들과 무역을 행하고 격렬하게 싸우면서, 로마는 점진적으로 그 통제권을 처음에는 이탈리아반도 전역으로, 이어 지중해 전역, 그리고 유럽의 중앙과 북부 지역으로 확장해갔다. 제국은 285년에 서로마와 동로마로 나누어졌다. 로마가 통치하는 영토가 너무 넓어 분리했으나, 이 분리가 점차 정치적 중요성을 획득하게 되었다. 476년에는 게르만 군사들이 그 도시를 침입하여 황제를 퇴위시킴으로써, "로마제국의 멸망"으로 알려진 일이 일어났다. 서양에서 로마의 정치적 주도권을 종식시킨 이런 전개에도 불구하고 콘스탄티노플(오늘날 이스탄불)을 수도로 한 동로마제국은 1453년 오스만족에게 정복될 때까지 살아남았다.

로마는 많은 영역에서 다양한 방식으로 지속적인 유산을 남겼다. 그렇지만 가장 분명한 유산 중의 하나는 법의 발전에 미친 영향이었다. 괴테Goethe에게서 유래했다고 알려진 말로, 로마법은 다이빙하는 오리 같다는 말이 있다. 오리가 수면에서 헤엄치고 있을 수도 있고, 깊은 물속으로 다이빙해 있을 수도 있다. 그러나 오리는 보이든 보이지 않든 항상 거기에 있다.[1] 유럽사의 전 시기에 걸쳐 로마법이 지속되고 있다는 이 믿음은 괴테나 그가 살았던 19세기에만 해당하는 이야기는 아니다. 유럽의 법의 발전에 관한 이야기를 로마법으로부터 시작하는 역사학자 대부분이 현재도 공유하는 사실이다. 물론 로마인들이 최초로 규범 체계를 가진 민족은 아니었다. 다른 모든 사회와 같이 그들도 이웃 정치공동체로부터, 특히 헬레니즘 세계로부터 끊임없이 규범 체계를 받아들였다. 로마법이 새로운 환경과 도전에 계속 적응해 감으로써 극적으로 발전해 갔다는 점 또한 분명하다.

그렇지만 로마법이 유럽의 역사에서 작동한 법의 가장 중요한 일부 특징적 요소들을 가지고 있었다는 점에 관해서는 학자들이 일반적으로 동의하고 있다. 특히 기원전 3세기부터 기원후 3세기까지 600년 동안에 작용했던 로마법이 그렇다. 그런 요소들로는 (비록 신관神官에 의해 적용되었지만) 세속법의 출현, 분쟁 해결에 주어진 중심적 역할, 그리고 사법私法의 강조를 들 수 있다. 로마에서는 또한 법전문가가 등장했다. 다음에 이야기하겠지만, 법학자로 지칭되는 이 전문가들은 규범 체계를 하나의 전문적 영역으로 변환시켰다. 그런데 그 전문적 영역이란 올바른 답을 얻기 위해 따라야 할 특별히 고안된 절차들과 관련되었다. 그들은 용어들을 주조했고, 일상적 삶을 법적인 문구들로 번역하는 개념들을 만들어냈다. 간단히 말해서 로마법은 규범성에 대한 새로운 사고방식을 제공했다. 유럽인들은 그 방식을 그 후로 죽 따랐다. 그 강도는 시간과 장소, 주제에 따라 달랐지만 말이다.

---

1 괴테가 언급한 것은 "다이빙하는 오리처럼 때때로 자신을 숨기지만 결코 완전히 사라지지 않는, 항상 살아서 다시 위로 올라오는 로마법의 지속적인 생명력"이었다고 이야기한다. Johann Wolfgang Goethe, *Conversations of Goethe with Eckermann and Soret*, trans. John Oxenford, 389-390(London: George Bell, 1875), 대담일 1829. 4. 6.

고대 법정과 신의 판결

로마법에 정통한 사람들 사이에서도 로마법의 계보와 연대에 대해서는 의견이 일치하지 않는다. 용어의 의미에 관해서도 논쟁이 있으며, 왜 특정한 발전이 이루어졌는가에 대해 서로 의견이 다르다. 그러나 대부분은 하나의 점진적 과정에 관한 설명을 받아들인다. 그것은 법의 세속화와 새로운 구제수단의 창안 및 그에 이은 구제수단의 추상화, 그리고 법학자 및 법적 훈련이 중요하게 된 상황으로 이어진 과정이었다. 그 법적 훈련의 특징은 법을 이해하기 위해서뿐만 아니라, 법을 만들고 적용하기 위해 조직화된 방법을 사용하는 것이었다. 대다수의 학자는 우리가 말할 수 있는 한 로마법은 개인들 사이의 분쟁을 판정하기 위한 체계로 출발했다는 점을 지적한다. 그 체계의 중심에는 초기(BC8세기에서 BC4세기 사이) 때부터 질서를 확보해야 하는 사회의 책임이 존재했다. 그것은 의견이 일치되지 못한 사람들이 폭력을 행사하기보다는 법정에서 구제받을 수 있도록 보장하는 제도를 마련함으로써 이루어졌다. 처음에는 법정의 이용이 선택에 맡겨져 있어 원고와 피고의 동의가 필요했다. 그러나 시간이 지나면서 법정은 소송당사자들의 법정 출두를 강제하고 결정을 강제로 부과할 수 있는 추가적인 권력을 획득했다.

이렇게 출현한 체계가 시민법*ius civile*, 즉 공동체의 법(키비타스*civitas*의 법)이었다. 초기에는 법의 문제뿐 아니라 실제의 분쟁들이 신관(*pontifices*)인 족장들 모임에서 다루어졌다. 공동의 규범을 보호하는 자이자 의례를 집행하는 데 정통한 사람들로서 이들은 특정 행위들이 사회의 기대에 부합한 것이었는지 여부를 판단했고, 구제를 위해 무엇이 행해져야 하는지를 제안했다.

우리가 말할 수 있는 한에서 신관 직무를 수행했던 족장은 구두 전승을 따랐다. 구두 전승은 종교적이면서도 동시에 세속성을 지향하는 불문의 관습(*mos*)을 담고 있었다. 소송당사자들에 대한 그들의 대답은 비밀스런 진리가 계시된 것으로 세심하게 표현되었다. 그 대답은 최종적인 것으로 간주되었고, 다른 외적인 증거를 필요로 하지 않았다. 법에 관한 최고의 해석가들로서 신관들은 자신들이 지닌 지식을 세심하게 보호하면서

다음 세대로 전달하였다.[2]

이 시기 법은 경직되고 형식적이었다. 일어난 일을 자유롭게 이야기할 수도 없었고, 법적 구제도 자유롭지 않았다. 대신에 소송당사자가 원용할 수 있는 소송원인(법률소송 *legis actiones*)이 목록으로 고정되어 있었다. 이 소송원인들은 조사해야 하고 법적으로 구제해야 하는 피해를 원고가 입었다는 것을 인정하는 것이었다. 서로 다른 소송원인들은 서로 다른 절차들과 관련되었다. 어떤 것은 원고가 심판인에게 가야 했고, 어떤 것은 즉각적인 원상회복이 허용되었다. 어떤 소송원인을 이용해야 하는가는 결정되어 있었다. 그것은 당사자들이 무엇이 이루어지기를 원해야 하는가를 정하고 있을 뿐만 아니라, 적당하지 않은 소송원인을 선택했을 경우에는 절차의 중단으로 이어질 수도 있었다.

소송당사자들은 신관 앞에서 이 소송원인을 원용했다. 소송원인을 원용할 때는 맹세 의식을 행해야 했고, 정해진 단어의 말을 읊어야 했으며, 일정한 행동을 취해야 했다. 피고 역시 미리 정해진 응답 방식에 따라 대답을 했다. 종교에서 기원했던 이런 의식들은 정확히 준수되어야 했다. 만일 잘못된 단어를 사용하거나 행해야 할 행동이 틀리면 패소로 연결될 수 있었다.[3] 소송원인의 원용과 피고의 응답이 있고 나면, 신관은 원용된 소송원인이 맞는 것인지, 그리고 당사자들이 사용한 규칙과 절차가 올바른지를 결정했다.

이 시기의 가장 오래된 성문 자료는 12표법으로 잘 알려진 기원전 5세기의 규칙들이다. 12표법의 완전한 사본은 아직까지 발견되지 않았으나, 역사가들이 완본의 재구축을 시도해 본 것은 몇 가지 있다. 이들은 이후의 법학자들이 남긴 저작에서 인용된 내용을 배열하여 12표법을 다시 만들어 보려고 하였다. 그럼에도 불구하고 얼마나 많은 내용이

---

2 로마법사가들은 신관들이 단지 법에 대한 권위적인 대답만을 주고, 그 실현은 다른 관원들이 맡아 행했는지, 아니면 그들이 심판인으로서 법을 적용하기도 했는지에 관해 오랫동안 의견의 일치를 보지 못하였다. 어떤 학자들은 신관들이 경우에 따라 어떤 때는 법전문가로, 어떤 때는 심판인으로 행했다는 절충적 입장을 제시하기도 한다.

3 이것이 표준적인 이야기다. 그러나 어떤 역사가들은 이런 설명이 정확한지, 아니면 대체로 후대 로마인들에 의해 발전된 것인지 의문을 제기한다. 원시 고대 시기 동안 있었던 일을 우리가 재구성한 것은 바로 그 후대 로마인들의 증언에 기초해서이다.

유실되었고, 원래의 완전한 내용이 무엇이었는지는 분명치 않다. 12표법에서 유래한다고 생각되는 내용이 본래 포함된 내용이었는지도 불투명하다.

12표법은 법을 더 잘 공지함으로써 신관에 의한 법의 독점을 완화할 목적으로 작성되었다고 생각되고 있다. 그 열거된 목록 중에는 소송당사자의 법정 출두 의무도 나와 있다. 소송당사자가 법정에 출두하지 않을 경우에는 제재를 가하도록 되어 있었다. 12표법은 또한 절차적 규칙들도 규정하고 있고, 법적 거래의 형식도 규율하고 있다. 그 밖에 가족법과 재산 관리(계약, 불법행위, 상속, 차용, 부동산, 절도 등)에 해당하는 내용을 열거하는 등 공동생활의 기본적인 규범 목록을 두었다. 그것은 사안별 해결 방식casuistic이었고 부분적이며 불완전했다. 그럼에도 불구하고 이후 시기의 증언에 따르면, 로마법이 제대로 작동하는 데는 충분한 토대로 여겨졌다고 한다. 그랬던 만큼 그 내용은 아이들에 의해 암기되고 암송되었으며, 사본들이 동판이나 상아, 혹은 목판에 새겨져 공공장소에 게시되었다.

12표법의 공지는 로마법의 역사에서 중요한 전환점이 되었다. 신관들이 집단으로 공유했던 비밀스런 법이 공지되었다는 이유뿐만 아니라, 법률(*lex*) 즉 신관들이 통제하던 종교적 질서로부터 분리된 법의 등장을 의미했기 때문이다. 이 법은 이후 공동체와 그 공동체의 신들 사이가 아니라, 공동체 구성원들 사이에서 작동하였다. 그리고 법을 보호하는 종교 전문가가 아니라, 법을 공지한 입법자들이 통제하는 세속적이면서도 정치적인 영역으로서의 새로운 소송이 이 법에 의해 특정되었다.

그러나 12표법이 이런 잠재력, 즉 종교 질서로부터 구분되는 합법성의 영역을 창조하는 잠재력을 실현하기까지는 시간이 걸렸다. 처음에는 12표법의 해석과 적용이 여전히 신관들의 손에 맡겨져 있었다. 그들이 12표법의 내용을 이해하고 집행하는 데 가장 유능한 사람들이라고 보았기 때문이다. 그러나 기원전 4세기 말에서 기원전 3세기 초쯤에 세속적 직무자들이 그들을 대신하기 시작했다. 그리고 이 기간에 무엇이 법인지 해답(*responsa*)을 내리는 일이 더 이상 종교 전문가들에 의존하지 않는 귀족들의 특권이 되었다.

민사소송의 등장

기원전 367년을 전후하여 법무관(*praetors*, 후에는 시민 담당 법무관*praetor urbanus*)으로 불리는 특별한 직무자들이 매년 분쟁의 해결을 감독하기 위해 지명되었다.[4] 법무관은 처음에는 올바른 소송원인에 의거했고 그것이 올바르게 원용되었다는 것을 보증하는 데 주로 기존의 절차를 따랐다. 그러나 곧 — 정확히 언제인지에 관해서는 논쟁이 계속되고 있다 — 중요한 변화가 일어나 오늘날 우리가 생각하는 방식의 재판이 제도화되었다.

최초의 가장 중요한 변화는 재판이 서로 다른 성격의 두 부분으로 나뉜 것이다. 역사가들이 그 변화의 시간 순서를 확정하는 데 곤란을 — 신관들이 절차를 장악하고 있던 초기 시대에 그것이 일어났는가, 아니면 그 후에 일어났는가에 대해 논쟁이 있다 — 겪고 있긴 하지만 말이다. 그 첫째 부분은 법의 문제를 다루었고, 두 번째 부분은 사실의 문제를 다루었다.[5] 첫 번째 부분에서는 법무관이 소송의 허용 여부를 결정했다. 오늘날의 예비심문preliminary hearing이라고 할 수 있는 단계에서 법무관들은 소송의 심리에 들어갈 수 있을지, 그리고 어떤 구제가 행해져야 하는지를 결정했다. 이 첫 번째 부분(*in jure*, 즉 "법 안에서")은 법적 쟁점과 적당한 구제수단을 확정하는 일과 관계되었다. 두 번째 부분(*apud iudicem*, 즉 "심판인 앞에서")에서는 실제의 재판이 행해졌다. 이 부분에서는 재판을 주재하는 심판인(*iudex*)이 사안의 사실, 즉 실제로 어떤 일이 일어났는지를 확정해야 했다. 이를 위해 심판인은 당사자의 말을 듣고, 그들이 제시하는 증거를 고려했다.

---

4 처음에는 오직 두 명의 법무관만이 존재했다. 그러나 시간이 지남에 따라 그 수가 늘어났다. 그들은 한 제도에 속한 자들로서가 아니라, 각자가 독립적으로 활동했다. 그리고 마침내는 시실리와 히스파니아같은 로마 밖의 로마인 정주지에서도 법무관들이 임명되었다. 법무관은 로마인이 아닌 시민들과 관련된 사건을 감독하는 새로운 유형의 법무관(*praetor peregrinus*) 제도가 기원전 242년에 도입된 후로 "도시" 법무관으로 불리게 되었다.

5 언제 그리고 왜 절차가 두 부분으로 나뉘게 되었는지에 관해서는 역사가 사이에 의견이 일치하지 않는다. 그들은 심판인에 대한 언급이 이미 12표법에 나타나 있다는 점을 지적한다. 다만 이 심판인의 활동보다 법무관과 유사한 관리의 활동이 반드시 앞섰는지는 불분명하다.

그가 실제로 일어난 일을 확정한 다음에는, 전 단계에서 법무관이 지정한 해결책을 적용했다.

재판이 법적 문제를 확정하는 첫 번째 단계와 그것을 구체적인 상황에 적용하는 두 번째 단계로 나뉜 것은 법의 발전에 필수적이었다. 규범 질서를 혼란스러운 일상의 삶(각 사건마다의 특수한 상황)으로부터 분리하는 것이 유용할 수 있다는 인식이 이 구분 덕분에 제도화될 수 있었다. 특정한 장소와 시간, 당사자에 따른 잡다한 사정들의 부담에서 벗어나 이후로 신관들 그리고/혹은 법무관들(언제 이 분리가 일어났는지에 달려 있다)은 모든 유사한 사안들에 적용할 수 있는 일반적 규칙을 만들어내기 시작할 수 있었다.

절차가 두 단계로 구분된 것과 함께 두 번째 혁신 역시 결정적이었다. 그것은 새로운 소송원인을 인정한 것이었다. 대부분의 역사가는 그 일이 기원전 3세기 때 일어났다고 생각한다. 법무관들은 더 이상 이전의 소송원인과 신관들의 활동을 지배하던 종교의식에 따를 필요가 없게 되었다. 대신에 그들은 새로운 해결책을 창조할 수 있는 재량을 갖게 되었다. 그 새로운 해결책은 소송의 허용과 재판장이 부여하는 구제수단의 종류 양자를 포함했다.

이 발전은 점진적으로 이루어졌다. 그것은 아마 특별히 외인들과 관련된 재판절차에서부터 시작되었을 것이다. 외인들은 시민들에게 허용된 소송을 제기할 자격이 없었다.[6] 그러나 법무관이 새로운 소권을 만들어낼 수 있게 된 후, 기원전 2세기 혹은 1세기경의 어느 시점에서 그것은 시민들 사이의 소송에도 도입되었다. "방식서소송"formulas으로 지칭되는 이 새로운 소송은 통상 쟁점을 법적으로 분류하는 짧은 선언들로 구성되었다. 법무관은 소송당사자의 주장을 듣고 그들이 목표로 하는 것을 이해한 후에 선언되어야 할 문구들을 작성했다. 방식서는 개별적인 분쟁마다 그때그때의 해결책을 제공하는 것으로서 당사자가 서로 협의한 후에 채택되었다. 대부분의 방식서는 심판인의 지정, 주장과 그에 필요한 사실의 요약, 그리고 사실들이 입증되는 경우 어떻게 처리해야 하는가에

---

6 로마법 아래서 외인들의 지위에 관해서는 이하 참조.

대한 지시 내용을 포함하고 있었다. 예를 들어 티투스와 아그립파 사이에 말의 소유권이 문제가 된 사안이라면, 방식서는 누가 재판을 할 것인지(가령 시민 마르쿠스) 지정하는 것으로부터 시작할 것이다. 다음으로 문제가 된 말이 티투스에게 속하고, 그것을 아그립파가 심판인이 명령한 대로 아그립파가 돌려주지 않는다면, 그는 말의 정당한 대가를 티투스에게 지불해야 한다는 선언이 이어질 것이다. 반면에 말이 티투스의 것이 아니라면, 아그립파는 책임에서 벗어날 것이다. 방식서는 또한 티투스가 소 제기를 하지 않을 것을 약속했다는 아그립파의 주장을 허용할 수도 있었다.

법무관이 법적 쟁점을 분명히 하고 방식서를 작성하면, 당사자들은 심판인에게 해당 사건을 가지고 갔다. 심판인은 당사자 사이에 일어난 사실에 법무관이 설정한 규칙을 적용하는 것이 정당한지를 결정했다. 1년 임기의 공직자인 법무관과는 달리 심판인은 통상 자격을 갖춘 사람들의 명단에서 법무관이 선택하는 사인이었다. 심판인은 증언을 청취하고 증거들을 고려하는 것이 전형적인 일의 방식이었다. 앞에서 언급된 사례라면, 그는 말이 티투스의 소유인지, 그리고 그 정당한 대가가 무엇인지를 확정할 것이다. 만일 아그립파가 항변을 한다면, 심판인은 그 진실성에 대한 판단을 하고, 그에 따라 의무를 벗겨주거나 벗겨주지 않거나 할 것이다. 심판인의 결정에 대해서는 항소가 허용되지 않았다.

방식서 목록의 증가

방식서 소송이 행해지던 처음 몇십 년 동안에는 방식서는 주로 당사자와 그들의 특정 관심사에 맞추어지고, 로마 사회의 진화와 그에 따른 필요를 반영했다. 그러나 얼마 지나지 않아 법무관들은 사건의 구체적인 상황을 언급하지 않는 표준화된 방식서를 작성하기 시작했다. 이런 방식서들은 가정적으로 기술되었다. 가령 매도인이 약속된 물건을 매수인에게 이전하지 않은 경우에, 매도인이 자신의 무과실을 입증하지 못하면, 법무관이 매도인에게 책임을 묻는 규율을 할 수 있다는 점을 명확히 할 수 있었다.

방식서는 점점 더 추상적이 되면서 개별 사건을 넘어 다른 사건들에서도 쉽게 적용될 수 있었다. 법무관 중에는 방식서의 이런 잠재력을 활용하여 앞으로 사용할 방식서 목록을 공지하기 시작했다. 로마의 법무관들은 이 목록을 모두가 볼 수 있도록 중앙광장인 로마광장에 게시하곤 했다. 그 목록은 법무관이 소송을 허용할 사안들을 무작위로 열거한 것이었다. 티투스와 아그립파의 예로 돌아가 보면, 그 목록은 보상 없이 재산을 빼앗긴 사람에게 유리하게 법무관이 규율할 것이라는 약속을 포함할 수 있었다. 법무관들은 고시(*edictum*)라는 이름으로 마침내 이 구제 목록을 매년 취임하기 전에 공포하였다. 그리고 기원전 1세기 중반부터는 고시된 목록이 그것을 공포한 법무관을 구속하는 것으로 생각되었다.

처음에는 각 법무관이 자신의 재임 기간 동안에만 유효한 특정 구제수단의 목록을 담아 자신의 고시를 공포하였다. 그러나 처음에는 지방에서부터, 이어 로마에서도 점차 대부분의 법무관들은 이전의 목록을 복사하고, 이미 존재하고 있던 방식서를 포함시키기 시작하였다. 늦어도 1세기에는 이런 반복이 흔한 일이 되었다. 고시들은 규범으로 여겨져서, 법무관들이 추가하고 빼고 한 결과로 고시에 포함된 것을 더는 무시할 수 없게 되었다. 그리고 2세기에 이르러 하드리아누스Hadrian(재위 117-138) 치하에서 고시들이 수집되어 충분하고도 최종적인 것으로 선언된 공식적인 고시록이 편찬되었다. 그로써 고시록에 포함된 법무관의 고시는 법이 되었다.

이 발전은 로마법의 성숙이자 동시에 로마법의 중요한 시기의 종언을 의미했다. 동일한 고시를 계속 반복함으로써 방식서가 고정되기 전에는 법무관은 오래된 방식서의 허용을 거부할 수도, 새로운 방식서를 창조할 수도 있었다. 법정에 접근을 허용하거나 거절함으로써, 즉 어떤 상황이 구제를 받을 수 있고 어떤 상황이 받을 수 없는지를 지시함으로써, 그리고 피고의 항변을 어떤 것은 허락하고 어떤 것은 허락하지 않음으로써, 법무관은 오늘날 권리라고 말하는 것을 창조하거나 거절하는 방식으로 법질서에 개입했다. 그들의 개입은 매우 중요하고 광범위했기 때문에, 그들이 구제의 허용이나 거부로써 창조했던 규범들은 새로운 법원法源을 형성하였다. 그것은 오래된 시민법(*ius civile*)에 병행하여, 후에 명예관법(*ius honorarium*)으로, 즉 문자적으로 그들이 직무(*honos*)를 수행하는 동안에 만들어진 법으로 불렸다.

법원으로서의 명예관법의 중요성 때문에 역사가들은 로마법의 특징을 "구제법"으로 파악했다. 어떻게 평화의 파괴를 보상하고, 현상의 회복을 보장할 것인가에 초점을 맞추어, 명예관법은 주로 사람들이 불법을 당했을 때 무엇을 할 수 있는지에 관심을 두었다. 그것은 그들이 어디에 호소할 수 있는지, 그리고 어떤 구제를 받을 수 있는지를 규정했다. 일반원칙을 정립하거나 지침을 발전시키는 데는 관심이 훨씬 적었기 때문에 이 법은 실제적이고 사안 해결적이었다. 그것은 로마 법무관들의 축적된 경험을 모은 것이었을 뿐만 아니라, 불법을 당한 피해자가 무엇을 할 수 있는지에 관해 적법한 기대를 가능케 하였다. 기존의 시민법과 함께 정무관이 만든 법(*ius honorarium*)으로 인해 로마법은, 한편으로는 관습과 의례와 체계적인 공시(시민법)에 기반한 전문가의 의견, 그리고 다른 한편으로는 일상의 분쟁들과 그것들의 해결(명예관법)을 종합한 법이 되었다.

새로운 절차들의 등장

시간이 지나면서 새로운 절차들이 등장했다. 그중 가장 중요한 것은 특별심리절차(*cognitio*)였다. 그 절차는 사안의 예비심문과 증거의 채택 모두를 중립의 지명된 유급 재판관에게 맡겼다. 이 심리절차는 아우구스투스(27 BC-14 AD) 통치 기간 중(혹은 어떤 학자들에 의하면 좀 더 이른 시기에) 단지 몇 가지 유형의 사안에만 취해진 조처로 시작되었다. 그러나 마침내는 대부분의 소송을 포함할 정도로 확장되었다. 이는 소송이 더 이상 두 독자적 부분, 즉 법무관(혹은 어쩌면 신관)에 할당된 부분과 심판인에게 할당된 부분으로 구분되어 진행되지 않게 되었다는 것을 의미했다.

이 심리절차가 점진적으로 제도화됨에 따라, 특히 3세기부터 새로운 관리들이 재판관으로 지명되었고, 어떤 사건들에서는 황제 자신이 심리하기 시작하였다. 속주에서의 로마 총독들 역시 마찬가지였다. 그 결과로 이제 재판의 운영이 더 이상 뛰어난 사람들(1년 임기로 임명되는 법무관이나 지명된 심판인)이 부담하는 공적 의무의 일부가 아니게 되었다. 그리고 소송이 분쟁을 번역한 방식서의 방식에 동의하고, 그것을 법무관과 심판인의 관할 아래 두기로 약정한 당사자들의 합의에 더 이상 기초하지 않게 되었다. 대신에 이제 공적으로 임명되어 사안을 심리하고 판결을 내리는 일 양자를 담당하는 재판관들의 관장 아래 재판이 놓이게 되었다.

법학자들의 공헌

기원전 늦은 3세기 어느 때쯤, 혹은 기원전 2세기나 1세기 동안(정확한 시기는 여전히 논쟁 중이다) 오늘날 법학자jurists라고 지칭하는 일군의 지식인들(*iuris consultus*, 혹은 *jurisprudentes*)이 법무관의 업무를 숙고의 대상으로 삼았다. 로마 법학자는 공적인 의무의 일부로서 규범 질서에 관여했던 사람들이었다. 많은 수가 원로원의 의원이었고, 몇몇은 집정관으로 봉사하기도 했을 것이다. 그들은 특별한 훈련을 받거나 공식적인 임명을 받은 사람들이 아니었으며, 그들의 활동에 보수가 주어지지도 않았다. 그럼에도 불구하고 그들은 새로운 방식서를 제안하는 방식으로 법무관이 어떻게 일을 처리해야 하는지를 조언했다. 또한 어떤 구제수단을 구해야 하는지, 혹은 사건을 어떻게 처리해야 하는지, 법적으로 유용하고 효과적으로 문서를 작성하려면 어떻게 해야 하는지에 대해 사람들이 조언을 구할 때 자문을 해 주기도 했다. 법학자는 때때로 실제 사건을 다루었을 뿐만 아니라, 가상적인 사건에 의견을 제시하기도 했다. 그런 방식으로 사람들이 어떻게 행해야 할지 계획을 세우는 데 도움을 주기도 했다.

법학자는 사인이었고, 그들 중 많은 수는 공직을 갖지 않았다. 그렇지만 그들이 로마법에 끼친 영향은 실로 엄청났다. 법학자는 법무관과 당사자를 지도하고, 방식서를 창조적으로 해석하였다. 특히 서로 다른 법 내용을 오직 자신들만이 공유하는 하나의 전문적 지식으로 주조해 냄으로써 법을 심대하게 변화시켰다. 그들은 법적 현상에 관해 사고하는 방법을 고안해 냈으며, 용어를 만들어내고, 원리들을 주조했다. 또한 체계의 구성단위를 구분하고, 이후 유럽법을 지도할 일련의 구상을 제시했다.

법학자들이 이런 새로운 지식을 창조하기 위해 시도한 방식은 단순하면서도 기발했다. 그들은 일련의 개별 사건들과 긴 목록의 사안해결적 해답들로부터 출발하여 실제 사건들을 상호간, 그리고 가상적 사례들과 비교했다. 그들은 사례, 규범, 혹은 방식서가 해결하려고 하는 법적 문제(*quaestio iuris*)들을 명확히 함으로써, 규칙이나 방식서에 언급되었지만 규범적이지 않은 요소들과 규범적인 요소들을 구분했다. 티투스와 아그립파의 사례로 돌아가면, 단순히 아그립파가 티투스에게 정당한 말의 대가를 지불해야 한다고 결론을 내지 않았다. 대신에 그들은 그 사건을 다른 사건들과 비교함으로써 신의(*bona fides*)라는 개념을 창안해 내었다. 그 개념에 따르면, 약정은 거짓이나 위장 없이 해결되어야 한다. 만일 아그립파가 말을 보유하게 된 이유가 티투스가 소를 제기하지 않기로 약속했기 때문이라면, 티투스는 사기 행위로 기소될 수 있었다.

이런 방식을 사용함으로써 로마 법학자는 오늘날까지도 우리가 사용하는 중요한 많은 개념을 만들어냈다. 그들은 다양한 활동과 사회관계를 의무, 계약, 후견, 동업, 상속, 매매와 같은 일련의 범주로 전형화했다. 그 덕분에 매매의 여러 형식, 혹은 소유권을 획득하는 다양한 방법을 구분해낼 수 있었다. 또한 모든 매매 혹은 소유권에 유효한 규칙과 그렇지 않은 규칙을 주조할 수 있었다. 일부 역사가에 따르면, 이 방식은 '의지의 행위'(개인들의 행동들)를 개념적으로 '지식의 행위'로 탈바꿈시킨 (실제 일어난 일을 지적 추상으로 번역해내는) 진정한 변형의 결과를 낳았다.

그 결과로 사회적 관계에 관한 사고의 새 모델이 탄생했다. 오늘날 법적이라고 부르는 이 새로운 모델은 사람들이 서로에게 어떻게 행해야 하는지, 그리고 그 행위의 결과는 무엇이어야 하는지를 파악하는 하나의 방법으로 이루어졌다. 이 방법은 추상적으로 작동하고, 특정한 사람이나 장소 혹은 시간에만 해당하는 우연적인 요소들에는 아예 무관심하거나, 혹은 그에 독립적인 절차를 채용했다. 즉 로마 법학자에 따르면, 언제 어디서 누가 약정을 하고, 또 어떤 내용으로 약정하였는지에 관계없이 매매계약은 매매계약이었다. 매매계약이 개별적인 계약에 특수한 요소들을 포함할 수 있었지만, 그 매매계약 역시 동일 유형의 모든 매매계약에 적용되는 공동 규칙의 적용을 받아야 했다.

로마 법학자는 또한 추정(*praesumptio iuris*)과 같은 필수적인 법적 도구들을 창안했다. 법적 추정을 사용하여 법학자들은 어떤 일의 존재를 증명하지 않고도 그것이 진실인 것처럼 다룰 수 있었다. 추정은 증명의 부담을 보통의 경우처럼 그것을 주장하는 사람에게가 아니라, 그것을 부정하는 사람에게로 옮겼다. 그럼으로써 법학자는 자신이 알고 있는 사실로부터 알지 못하거나 증명이 불가능한 사실을 추론할 수 있었다. 이 시기의 가장 전형적인 추정은 기혼 여성이 소유한 재산은 그녀의 남편에게서 받은 것이라는 결론이었다. 추정으로 인해 그 시기 사회에서 일반적으로 관찰되는 사실이 법적 절차에서 사용될 수 있었고, 반대 사실이 입증되지 않는 한 그것은 사실로 받아들여질 수 있었다. 그 외의 추정으로는 증서의 파기는 채무의 소멸을 의미한다는 것이나, 난파로 인해 모두가 사망한 경우에 상속의 문제를 해결하기 위해 그 모두는 동일한 시각에 사망했다고 간주한 예를 들 수 있다.

이런 학문적인 산물 대부분은 구두로 이루어진 것이었으나, 기원전 2세기에 이르면 몇몇 법학자들이 자신의 해답들(*responsa*)을 모으고, 중요한 사례들을 요약하고, 법정의 결정을 기록하기 시작했다. 또 어떤 법학자는 주석서나 특정 주제에 대한 논문을 써내기도 했고, 혹은 로마법에 관한 일반적인 글을 쓰기도 했다. 이런 저술이 퍼져가면서 새로운 형태의 저술이 등장했다. 가이우스Gaius라는 한 법학자가 기원후 2세기에 초학자들에게 법과 법적 사고에 대해 소개하는 실무적인 개요서를 내놓았다. 《법학제요》*Institutes*라는 제목이 붙은 이 개요서는 로마법을 세 부분, 즉 인법人法, 물법物法(채무를 포함), 그리고 소권에 관한 법(소송인이 이용할 수 있는 소권)으로 구분했다. 이 개요서가 쓰였을 당시에는 그것이 특별하게 중요하지는 않았다. 그렇지만 그것은 이후 저술의 한 모범이 되었고, 5세기에는 《법학제요》 그 자체가 해석과 주석의 대상이 되었다.

법학자와 법

비록 법학자들이 공식적으로 임명되거나 그들의 자문이 구속력을 가진 것은 아니었지만, 그들의 대답은 규범적일 수 있었다. 그것은 공식적인 임명에서 온 것이 아니라, 법학자 자신의 평판과 명성, 그리고 그들의 분석이 이성을 구체화한 것이라는 믿음에서 온 결과였다. 그들의 자문을 얼마나 따르느냐는 자문을 한 법학자가 얼마나 명성이 있는지에 달려 있었다. 따라서 모든 법학자의 모든 의견이 같은 정도로 규범적이라고 여겨지지는 않았다.

사인들이 법에 관해 의견을 낼 수 있고 그 의견이 준수된다는 사실을 로마 당국자들이 항상 좋게 생각한 것은 아니었다. 어떤 황제들은, 가령 자문을 할 수 있는 법학자 승인 제도를 만든다든가, 혹은 어떤 법학자를 어떤 순서로 따라야 하는지를 규정한 명단을 만드는 방법으로 이 과정을 통제하려고 하였다. 이런 노력 중 가장 널리 알려진 것으로 아우구스투스Augustus의 해답권을 가진 법학자 명단, 특정 고전적 저자들의 특정 저작만이 로마 법정에서 인용될 수 있도록 한 4세기 때의 콘스탄티누스Constantine(재위 306-337)의 명령, 그리고 오직 지정된 5명의 법학자의 의견만을 사용하도록 한 5세기(426년) 때의 인용법이 있다. 인용법은 또한 이들 법학자의 의견이 일치하지 않을 때에는 다수의견에 따르고, 각 법학자가 각기 다른 해답을 제시하여 다수의견이 존재하지 않을 때는 파피니아누스Papinian(140-212년)의 의견을 따르도록 규정하였다.[7]

법의 창조를 통제하려는 이런 황제들의 노력은 그 집요함에도 불구하고 거의 무위로 끝났다. 법 저작물은 계속 발전했고, 그 사용은 여전히 황제의 결정이 아니라 주로 법학자의 평판에 의존하였다. 결국 이 법원法源에 대한 황제의 통제는 규범을 통해 법학자의 의견 수용을 관리하려는 시도가 아니라, 법학자의 선임을 통해 보다 효과적으로 달성되

---

7 파피니아누스는 황제의 관리이기도 한 저명한 법학자였다. 그의 가장 유명한 저술로는 37권의 질의집(*Quaestiones*)과 19권의 해답집(*responsa*), 그리고 몇 편의 논문들이 있다.

었다. 이 목적을 위해 어떤 황제들은 명성이 높은 법학자를 자신의 법정에 고용하거나, 그들이 자신을 대신하여 해답을 내리도록 하였다.

법학자와 황제의 이 협력은 중요한 변화를 가져왔다. 3세기에는 대부분의 법적 활동이 제국 관리의 지위에서 해답을 주는 법학자들에게 집중되었다. 제국의 공무담당자로서의 권한에 힘입어 그들의 결정은 이제 그 결정에 내포된 고유의 뛰어남 때문이 아니라, 그것을 황제의 명령으로 여겼기 때문에 구속력을 갖게 되었다.

법적 훈련

법학자는 법학자 공동체에서 살아가면서 실제로 일하는 외에 다른 특별한 준비를 거치지는 않았다. 로마의 엘리트들로서 그들 대부분은 수사학과 설득의 기술을 습득했다. 그러나 법적 훈련 그 자체를 받지는 않았다. 그러나 법학자의 수가 증가하고 법학자의 중요성이 증대하자 전문직업적인 준비 비슷한 것이 나타나기 시작했다. 교육은 주로 대가大家를 따르는 수련자들에게 스승의 구두 조언이나 훈시로 이루어졌다. 이런 관행이 인기를 끌자 공개적으로 법의 요점에 대한 법학자들의 설명을 들으려고 온 일군의 집단들이 생기게 되었다. 그리고 법학자가 되기 위한 개인적인 준비도 이윽고 집단을 통한 준비로 대체되게 되었다. 교육은 계속해서 비공식적이고 자발적으로 이루어졌다. 그렇지만 그것을 꾸준히 듣는 사람들이 때로는 "집단"을 이루고, 그들의 "스승"에게 사례를 지급하기도 했다. 이 경우 그들을 "학생"이라고 구분하여 부르곤 했다.

1세기에는 대가를 따르는 일이 정착되어 두 경쟁하는 학파가 나타나기도 했다. 이들은 그 학파를 세운 두 법률가의 이름을 따라 프로쿨루스파Proculians와 사비누스파Sabinians로 불렸다. 두 학파의 차이점이 무엇인지에 관해 역사가들의 견해는 갈린다. 그러나 대부분은 아마도 법적 분석에 접근 방식이 달랐을 것으로 믿고 있다. 한 파는 법의 문자에 보다 충실했다면, 다른 한 파는 실질적 정의에 보다 관심을 기울였다는 것이다.

대가들 주변의 학생 집단은 2세기에 특별히 두드러졌다. 그 시기는 법에 대한 교육이 지속적으로 이루어진 소수의 장소들이 생겨난 때였다. 이들 장소에서 법적 사고와 황제의 입법을 포함한 다양한 주제의 과목을 가르쳤다. 그들이 공부를 마친 후에는 증명서가 교부되었다. 이 학교들은 4세기에는 황제의 통제 아래 놓이게 되어, 황제가 교사를 임명하고 그들에게 공무원의 지위를 부여했다. 테오도시우스Theodosius 2세(재위 408-450)는 425년에 국가가 인가한 학교 밖에서 법을 가르치는 일을 불법으로 선언하였다.

제정법

법규범을 창조하는 또 다른 방법은 입법이었다. 민회(성인 남성의 모든 로마 시민들의 집회)는 법률(*leges*)과 평민회의결*plebiscita*(평민회에서 제정된 법)을 통과시킬 수 있었다. 어떤 역사가들에 따르면, 공화국의 지도적 인사들이 국사를 논의하기 위해 회집했던 원로원도 입법기구였다. 특히 공화정 아래서(BC 509경-BC 27) 원로원은 특정 해결책(*senatus consulta*)을 권고할 뿐만 아니라 규정하기까지 했다는 것이다. 원수정(대략 BC 27-AD 284) 후기에는 새로운 입법의 형태인 황제의 유시諭示 *oratio principis*가 등장하여 어떤 법을 채택해야 하는지 황제가 원로원에 연설로 전달할 수 있었다.

이런 다양한 법원은 시기마다 그 중요성이 달랐다. 민회에서 통과된 법과 법률은 기원전 1세기 때까지 중요한 법원이었다. 원로원 의결은 1세기와 2세기의 어느 정도까지 중요했다. 황제 입법이 축적되자 3세기의 《그레고리우스칙법집》*Codex Gregorianus*과 더 유명한 것으로는 5세기 초의 《테오도시우스칙법집》*Codex Theodosianus*과 같은 칙법 수록집들이 나타났다. 전자는 하드리아누스 때부터 디오클레티아누스 황제(재위 284-305) 때까지의 입법을 수록했다. 후자는 테오도시우스 2세가 공식적으로 공포한 것인데, 장으로 구분된 16책을 포함하고, 306년에서 437년 사이의 제정법을 수록하였다. 그러나 이들 법원이 가장 우세했던 때조차도 법무관과 법학자들이 생산해낸 것들에 비교하면 적은 비중을 차지했다. 무엇보다도 제정법은 법적 상황을 변화시키기보다는 그것을 설명하고 추가하는 경향이 있었다. 더구나 제정법의 가장 빈번한 소송 영역은 사법이 아니라 공법이었다. 제정법은 또한 형법, 유언상속, 그리고 가족법과 같은 사항들을 규율했다.

로마법을 형성하는 데 상대적으로 약했던 제정법의 역할은 역설적으로 제국의 출현과 함께 확실해졌다. 로마 황제들은 법질서에 영향을 미치려 대량의 입법을 행했다. 그러나 입법권의 확대를 정당화하기 위하여 그들은 종종 자신을 재판관과 법학자로 위장했다. (한때 법무관들이 그랬던 것처럼) 고시를 발하고 재결(*decreta*)을 내리거나, 당사자 혹은 법무관이 묻는 법적 문제에 답서(*rescripta*)를 주었다. 이 답서는 종종 황제 자신이 아니라, 황제를 위해 황제의 이름으로 일하는 법학자가 썼다. 당대의 법학자들은 이런 관행에 동조했지만, 계속해서 법적 사고가 중심적 역할을 하는 것을 지지했다. 그리고 법적 방법론의 보호자로서의 자신들의 역할을 고집하였다. 그들은 황제가 자유롭게 법을 제정할 수는 있지만, 그 정당성을 검사하는 일은 자신들에게 맡겨져 있다고 주장했다. 결론적으로 말한다면, 황제의 포고가 아니라 법학이 종교와 인간사의 지식을 구체화했고, 정당한 것과 정당하지 못한 것을 구분했다.[8]

만민법

정치공동체는 한 규범 질서 아래서 사는 구성원들의 동의에 의존한다는 확신 때문에, 로마법은 로마의 시민들에게만 배타적으로 적용되었다. 모든 공동체는 각자의 법을 가지고 있었기 때문에 이론적으로 외인들(*peregrini*)은 로마에 살고 있을 때조차도 로마법에 아무런 권리를 가지지 못했다. 동일 집단의 외인들에게는 그들 자신의 시민법, 즉

8 이것이 2세기경 가이우스가 학생용 교재로 저술한 《법학제요》에 나오는 법학에 대한 정의이다. 이 책은 6세기 유스티니아누스의 소위 《시민법대전》*Corpus Iuris Civilis*에 재수록되었다.

그들 공동체의 법을 적용하였다. 그러나 서로 다른 공동체에 속하는 개인들이 서로 교류하는 경우에는 어떻게 되었을까? 그 경우에는 어떤 법이 적용되었을까?

그런 상황을 위하여 다른 체계가 고안되어야 했다. 이 체계는 기원전 4세기 혹은 3세기의 어느 시점에 — 정확한 날짜는 분명치 않다 — 탄생해서 마침내 만민법*jus gentium*(문자적으로 국가들, 민족들, 이방인들, 혹은 부족들 사이의 법)이라는 이름으로 지칭되었다. 그것을 관장한 것은 새로운 인물, 즉 기원전 242년에 만들어진 직책인 외인을 위한 특별한 법무관(*praetor peregrinus*)이었다.[9]

만민법의 출현은 어떤 규범은 특정 공동체에 특유한 것이지만, 어떤 규범은 모두에게 공통된다는 가정에 근거하였다. 시민법이 전자를 대표한다면, 만민법은 후자를 대표하였다. 따라서 만민법은 태동에서부터 어떤 공동체 혹은 어떤 법 전통의 어떤 사람들에게도 맞는 보편적 체계로 생각되었다. 만민법이 포함하는 내용을 발견하기 위해 외인 담당 법무관(혹은 속주의 총독)은 모든 인간에게 공유되는 법적 원리들을 가려내야 했다. 그러나 이것이 실제에서는 항상 명확하지는 않았기 때문에 만민법을 다루는 사람들은 로마법 적용을 책임지고 있던 다른 관리들보다 법을 더하고 빼고 변화시키는 데 훨씬 더 큰 자유를 가지게 되었다. 외인 담당 법무관이 만민법의 내용을 확정하기 위해 어떤 과정을 거쳤는지, 그리고 만민법에 대한 그의 이해가 정말로 시민법에 대한 이해와는 다른 것이었는지에 관해 알려진 사실은 별로 없다. 그럼에도 불구하고 외인 담당 법무관이 그와 같은 자유를 누렸던 것만큼은 확실하다. 예를 들어 외인 담당 법무관은 오랜 소송원인들을 폐기하고 앞에서 말한 것처럼 새로운 방식서를 도입할 수 있었다. 또한 만민법을 식별하려는 노력 덕분에 외인 담당 법무관이 계약에서 신의(*bona fides*)를 유지할 의무와 같은 중요한 원칙을 선구적으로 채용할 수 있었다. 외인 담당 법무관이 창조해 낸 방식서, 그들이 제공한 구제수단, 그리고 그들이 공포한 고시들은 중요한 새로운 관행과 확리doctrines로 굳어졌다. 그것들은 곧 다른 법무관들에 의해 모방되고, 법학자들이 사용하였다.

---

9 로마 속주 내 로마인과 외인들 사이의 분쟁을 감독한 속주의 총독들은 만민법의 형성에도 관여했다.

만민법은 특정 공동체의 특유한 역사적 경험에 기초한 것이 아니라, 인간 경험에 닻을 내린 법으로 생각되었다. 따라서 사람들은 만민법을 인간 이성과 사물의 본성을 재현한 것이라고 이해했다. 그런 이해의 결과로 로마인들은 때때로 만민법을 자연법(*ius naturale*)이 구체화된 것으로 여기기도 했다. 만민법은 너무 이성적이고 긴요해서 단순한 인간의 관행이 아니라, 자연이 창조한 것이라고 주장했다.

제국 전역으로의 로마법의 확장

로마법은 특정 공동체의 법으로 생각되었기 때문에 시민권, 즉 그 도시 거주자들과 그 후손들에게 배타적으로 이어진 신분에 결부되어 있었다. 그러나 기원전 4세기부터 기원전 1세기 사이의 긴 과정을 통해서 로마 시민권은 이탈리아반도와 가울(현재의 프랑스)에 사는 대부분의 사람들에까지 확장되었다. 카라칼라Caracalla 황제는 212년에 시민권을 제국의 모든 자유민에게 부여했다. 그 결과로 로마법은 더 이상 그 도시의 시민에게만 해당하는 배타적 체계가 아니라, 모든 제국의 신민들에게 공통된 것이 되었다.

이런 법의 확장이 일어난 방식은 특별히 흥미를 끈다. 로마인들이 법체계의 효력범위를 넓히기 위해 취한 방법은 많은 권력자들이 했던 것처럼 로마법을 처음에는 도시, 다음에는 지역, 그리고 마침내는 전 제국을 규율하는 영역법territorial law으로 상상을 확장해가는 방식이 아니었다. 그보다는 오히려 로마의 시민권을 부여하는 방식을 취하였다. 다시 말해서 그 지역들을 로마로 만들기보다는 외인들을 시민으로 전환시켰고, 로마법이 보편적으로 적용되어야 한다고 주장하기보다는 제국 내 모든 거주자를 로마 공동체에 포함시킴으로써, 로마 공동체를 재정의하는 방식으로 확장했다. 로마법은 이론적으로는 동일했다. 변화된 것은 누가 로마인인가에 대한 정의였다.

시민권의 확장, 그리고 그것과 함께 제국 전역으로의 로마법의 확장은 중요한 발전을 가져왔다. 많은 학자의 주의를 끌었던 것 중의 하나는 일련의 변두리 혹은 속주의 로마법 체계가 출현했다는 사실이다. 그것들은 로마법의 지방적 표현을 포함했는데, 지역에 따라 극심한 차이를 보이고 시간에 따라 매우 다양했다. 그 법체계들은 창조의 중심지로부터 그리고 법적 논쟁으로부터 거리가 떨어져 있었기 때문에 한때 "통속적"vulgar이라고 묘사되었다. 그것의 현저한 특징은 현지의 조건과 관습에 크게 영향을 받았다는 사실이다. 그 점은 로마화가 다른 어떤 지역보다도 더 어려웠던 헬레니즘적인 동방에서 특히 심했다.

로마법의 이런 지역적 변종들이 출현한 것은 로마 시민권이 제국의 모든 거주자에게 확장되기 이전에 출현했을 가능성이 크다. 그렇지만 로마 시민권의 확장이 로마법의 분절을 가속시켰다는 것이 일반적인 생각이다. 시민권의 확장을 승인한 212년의 안토니누스 칙법the Antonine Constitution은 이전의 법전통을 로마법이 즉각 대체해야 한다고 명령했다. 그렇게 함으로써 기존의 토착 법체계에 로마법의 장식을 일방적으로 달아놓았다. 이론적으로는 완전한 법의 분해 수리를 명령한 것이었지만, 현실에서 이 목표는 달성될 수 없었다. 그 결과는 다중적인 법체계가 병립하는 대단히 복잡한 구조로 귀결하였다. 그것들은 공식적으로는 로마법으로 인식되고 몇몇 특징들을 공유하기는 했지만, 서로 완전히 다른 체계들이었다.

이런 극심한 다원성은 공식적으로는 승인된 것이 아니었다. 물론 로마 법학자들은 제국에서 작동하는 법들 사이에 차이가, 그것도 때로는 중대한 차이가 존재한다는 것을 알고 있었다. 그러나 그들은 관습법의 범위를 재정의하는 방식으로 그 차이를 감추기 위해 최선을 다했다. 그들은 로마 시민권이 확대 부여된 후로 (원) 로마법과 (지방) 로마법 사이에 지속된 모든 차이는 지방 관습에 온존하는 예외일 뿐이라고 주장했다. 모든 법적 차이를 지방 관습의 부분으로 치부했던 것이다. 그렇게 함으로써 로마 법학자들은 이론상으로는 제국이 하나의 공통된 (로마)법의 존재만을 용납했다는 사실에도 불구하고, 거대한 실체를 가진 토착법의 잔존을 승인하고 정당화할 수 있었다.

그것들이 로마법의 강제 시행 이전의 일인지, 아니면 그 후에 생긴 일인지에 관계없이, 법의 차이를 관습으로 재분류함으로써, 역설적으로 로마법에 커다란 변형이 초래되었다. 실제로는 외인들의 규범인 (로마) 관습의 정당성을 승인함으로써, 그리고 로마법

안에서 그것들에 규범적 가치를 부여함으로써, 로마 법학자들은 비로마적 개념과 법적 장치들이 로마법 체계를 광범위하게 관통할 수 있는 문을 열어 놓았다. 그 하나의 예를 든다면, 그 후로 계약의 헬레니즘적 형식과 외인들이 이해하는 소유에 근거해서 로마 안에서조차 시민법상 소송을 제기할 수 있었다.

그 결과로 생겨난 복잡함은 이베리아반도에서의 발전을 관찰함으로써 알 수 있다. 로마는 기원전 3세기 말부터 간헐적으로 이베리아를 통제해 왔고, 기원전 19년에 그 최종적 정복이 완료된 것으로 알려져 있다. 로마의 지배는 이베리아가 비시고트Visigoths에 의해 정복된 4세기 말까지 지속되었다. 그 지역에서 현지법이 발전해 간 여정은 그 뒤얽힌 역사를 반영하고 있다. 이베리아반도에는 처음에는 몇 체계가 공존하고 있었다. 로마 시민들을 위한 로마법과 원 지역민을 위한 토착법, 그리고 로마인과 비로마인 사이의 사건을 처리하기 위해 각기 서로 다른 원리에 근거한 복잡한 규칙들이 존재했다. 그러나 이들 체계 중 어떤 것도 고립적으로 존재하지 않았다. 오히려 그것들 사이의 상호작용으로 토착법이 점차 로마화되기에 이르렀다. 그 결과로 토착법이 분리되기는커녕, 오히려 그 시행으로 문화 변용이 일어났다. 그로 인해 원주민들은 로마법에 친숙해졌고, 로마법의 핵심 원리 중 일부를 그 지방의 것인 양 포장하여 받아들였다. 이렇게 성장하는 현지 지방법에 속주의 고시와 포고, 그리고 특별히 히스파니아Hispania를 겨냥한 원로원의 결정들이 추가되었다.

시간이 지나면서 시민권을 개별적으로 "훌륭한" 원주민에게 수여하는 일들이 일어났고, 그 결과로 로마인이 된 그 지방의 거주민 수가 실질적으로 늘어나게 되었다. 일부 토착 도시들은 라틴 도시의 지위를 얻게 되었고, 그 거주민은 로마 시민권을 획득하게 되었다. 최종적으로는 로마제국에 거주하는 모든 자유민이 로마 시민이 되었고, 그 결과 적어도 이론적으로는 히스파니아에는 오직 로마법만이 존재하게 되었다. 그럼에도 불구하고 이런 이행이 즉각적이거나 완전하게 이루어지지는 않았다. 토착 관습법 또한 존속했는데, 그 이유는 토착 관습법이 널리 알려진 것, 혹은 좋은 것으로 생각되었고, 로마법에 정통한 사람이 충분하지 않았으며, 점진적으로 로마법과 합쳐졌기 때문이다.

로마법과 비로마법의 이런 혼합물은 서로마제국이 해체된 후 더욱 심해졌다. 그 점은 (4세기 말에 히스파니아를 정복한) 비시고트가 현지 로마법의 재편찬을 진행한 6세기 초에 특히 분명했다. 비시고트의 (Breviary of Alaric으로도 알려진) 《비시고트로마법전》 *Lex Romana Visigothorum*은 중세 때 후기 로마법의 신뢰할만한 자료로 여겨졌다. 이 《비시고트로마법전》이 2세기 때의 가이우스Gaius의 《법학제요》나 5세기 때의 《테오도시우스칙법전》의 요약본과 같은 일부 핵심적인 로마 원전들을 재생한 것이기는 했다. 그러나 이 법전의 편찬자들은 어느 부분을 포함하고 어떻게 해석해야 하는지를 선택했다. 반복적으로 사용되고 인용된 극히 소수의 자료에 의존하여, 그들은 이 편찬집에 단순하고도 요약된 내용을 집어넣어 재생하였다. 또한 《비시고트로마법전》이 만들어지기 전에 이미 로마법은 이베리아의 지방 관습뿐만 아니라 비시고트인들이 이베리아로 가지고 온 관습의 영향을 받았을 가능성도 있었다. 만일 그것이 사실이라면, 《비시고트로마법전》은 단지 일부의 로마법만을 담고 있는 것에 그치지 않는다. 그것이 비시고트의 정복 기간과 그 전후에 이베리아에서 작용했던 로마법을 특별히 충실하게 재현한 것이 아닐 가능성도 있다.

시민권의 확장이 하나의 도전이었다면, 또 다른 도전은 지속된 위기 가운데서 제국을 두 부분으로 나누기로 한 285년의 디오클레티아누스(재위 284-305) 황제의 결정이었다. 디오클레티아누스 황제가 바랐던 것은 명백히 두 명의 통치자를 지명하고 두 개의 수도를 세움으로써 이 거대한 제국의 행정을 원활히 하는 것이었다. 그러나 단순히 행정적이고 정치적인 수단으로 시작된 것이 진짜 분리로 이어졌다. 디오클레티아누스 이후 콘스탄티누스 황제(재위 306-337) 때 그가 동쪽에 콘스탄티노플이라고 부른 새 로마를 건설하고 거기로 거주를 옮김으로써 제국은 실질적으로 분리되었다.

동로마와 서로마의 구별이 점점 뚜렷해지는 현상은 법적으로도 동로마법과 서로마법이 서서히 출현하게 되면서 눈에 띄게 되었다. 특히 서로마제국이 5세기에 와해되어 오늘날 우리가 게르만족이라고 부르는 많은 여러 부족(제3장 참조)이 급속히 퍼지게 된 이후로 그 점이 두드러지게 되었다. 그 후로 서로마법은 게르만 법전통에 심대하게 영향을 받았다. 반면 동로마에서 로마법은 헬레니즘 문화의 갱신된, 그러나 강한 영향 아래 들어가게 되었다.

대부분의 역사가는 동로마에서의 로마법의 지속이 비잔틴이라고 부르는 독자의 구별되는 법전통을 출현시켰다고 설명하는 경향이 있다. 그러나 이 소위 비잔틴법이 오늘날까지도 전해지는 로마법의 가장 중요한 편찬집, 곧 《시민법대전》을 탄생시킨 것은 역설적이다.

《시민법대전》

16세기에 알려지게 된 제목대로의 《시민법대전》은 로마법의 여러 부분을 집성한 것이다.[10] 6세기(즉, 서로마제국이 와해된 후) 동로마 황제였던 유스티니아누스Justinian 황제(재위 527-565)가 승인한 《시민법대전》은 사실은 몇 개의 독립적인 편찬물들을 차례로 법으로 선포한 것이었다. 그 편찬물 모두에게 공통된 점은 로마법의 영광을 지키고 회복하며, 동로마제국에 필요한 실제적인 법전을 제공하고, 학생들에게 학습 도구를 제공할 목적으로 전문가 위원회에서 준비했다는 사실이다.

그 편찬물 중에서 첫 번째 것은 황제의 칙법의 여러 본문을 요약한 《칙법휘찬》*Codex*이었다. 그 첫째 판은 529년에, 둘째 판은 534년에 만들어졌다. 어떤 것은 고대 시기의 칙법이었고, 어떤 것은 그보다 조금 후대의 것이며, 어떤 것은 일반적이었고, 어떤 것은 동로마제국에만 해당하는 칙법이었다. 《칙법휘찬》은 주로 그 전에 존재하던 세 개의 편찬집(*Codex Gregorianus, Codex Hermogenianus, Codex Theodosianus*)을 선택적으로 혼합하려고 하였다. 가장 최근의 칙법을 새로 추가하고, 쓸모없거나 모순된다고 생각되는 것들을 빼버리는 방식이었다. 《칙법휘찬》의 제2판은 특정 모순들을 어떻게 해결하고 개혁

10 이 이름은 16세기에 다음에서 설명할 세 종의 책에 붙인 제목이다. 새 황제 칙법을 수록한 네 번째 책인 《신칙법》*Novellae*까지 포함해서 종종 그 제목으로 부르기도 한다. 널리 알려진 제목이지만, 그 제목은 역사적 순서가 뒤바뀐 것이다.

을 어떻게 촉진할 것인가에 관한 유스티니아누스의 결정들을 포함하였다. 이전의 편찬집들을 대체할 의도에서 만들어진 《칙법휘찬》은 주제에 따라 배열되고, 각 주제 안에서는 연대순으로 법이 배열되었다.

유스티니아누스의 후원으로 이루어진 두 번째 편찬물은 《학설휘찬》*Digest, 혹은 Pandects*이었다. 그것은 최종적으로 533년에 마무리되었는데, 기원전 1세기부터 기원후 4세기 사이에 활동했던 가장 영향력 있는 로마 법학자들의 저작에서 발췌하여 편찬하였다. 주제에 따라 배열된 《학설휘찬》은 사법의 중요한 영역들, 주로 가족법, 재산법, 계약법, 그리고 상속법을 다루었다.[11] 그것은 《칙법휘찬》의 배열을 따른 50권의 책들로 나누어져 있었다.

《법학제요》*Institutes*라고 이름이 붙은 세 번째 편찬물은 533년에 공포되었다. 그것은 주로 2세기 가이우스가 쓴 학생용 요약서를 기초로 하고, 다른 학생용 요약서에 나온 요소들을 포함하였다. 이 유스티니아누스의 《법학제요》는 로마법의 원리를 서술하고, 그 원리들을 인법, 물법, 그리고 소권에 관한 법으로 구분하였다.

《시민법대전》은 비록 법을 수집하여 재생하는 것이 의도이긴 했지만, 많은 것을 혁신했다. 수록을 검토한 자료의 양이 어마어마하여, 편집위원회는 무엇을 수록하고 빼야 할지 선택해야만 했다. 역사가들의 짐작에 따르면, 법학자의 학설을 편찬한 《학설휘찬》을 준비하기 위해 38명의 저자들과 2천 권의 책을 검토했는데, 약 5%의 자료만이 최종적으로 수록되었다고 한다. 위원회 위원들은 모순을 해결하여 법을 통일시키도록 요구받았으며, 이 법을 당시의 상황과 제정법에 부합시키도록 명령받았다.

이런 작업의 과정이 변화를 의미한다면, 황제가 제국의 법으로 승인한 제정법에 이 자료들이 포함된 것 역시 변화였다. 《학설휘찬》에서 재생된 법적 의견들이 이제 법의 지위를 획득하게 되었기 때문이다. 학생용 요약서인 《법학제요》 역시 마찬가지였고, 그

---

11 《학설휘찬》이 발췌문으로 이루어졌기 때문에, 역사가들은 종종 그것을 너무 신뢰하는 것을 경고한다. 발췌문에는 학설의 맥락이 분명히 드러나지 않고, 학설들은 종종 단편적이었다. 로마법 학자들은 또한 학설들이 서로 다른 시기에 속해 있으며, 《학설휘찬》이 의도적으로 학설 사이의 불일치를 완화했다고 주장한다.

것은 이후 로마법을 이해하기 위한 공식적인 매개체로 권위를 획득하였다. 유스티니아누스는 자신의 편찬물에 법적 효력을 부여하는 데 단호하여 원자료 또는 이전 편찬물들의 참조를 금지할 정도였다. 그는 또한 주석을 달고 주해하는 것을 금지하였다. 그래서 법학자들이 편찬물에만 주의를 기울이도록 강요했다. 이런 조처들은 자주 성공하지 못했지만, 반드시 새 시대를 출범시키겠다는 그의 열망이 얼마나 컸는지를 잘 보여주었다.

이후의 《시민법대전》

서로마제국이 4세기와 5세기에 와해되었음에도 불구하고, 비잔틴제국(동로마제국)은 오스만족에 의해 1453년 콘스탄티노플이 함락될 때까지 살아남았다. 《시민법대전》이 편찬된 6세기부터 15세기까지 이론상으로는 적어도 《시민법대전》에 수록된 로마법은 동로마제국에서 지속되었다.

그러나 공식적인 연속성이 현실에서 일어난 실질적인 변화를 가릴 수는 없었다. 그런 변화 중 가장 주목할 만한 것은 점진적으로 라틴어보다는 그리스어를 사용하게 된 것이었다. 그리스어는 6세기 중반부터 사용되어서 — 유스티니아누스 자신이 그리스어로 입법을 하기 시작했다 — 마침내 동로마제국의 법적 언어가 되었고, 그에 따라 법학자들과 실무가들은 일부 주요 라틴 원전을 번역하고 요약과 해석을 해야만 했다.

그리스어의 사용, 서방에서는 기껏해야 단편적으로만 존재했던 유스티니아누스 법전의 지속적인 참조, 그리고 로마법을 끊임없이 변화하는 새로운 상황에 적용해야 할 필요 때문에 동방에 고유한 로마법 체계가 창조되었다. 서방의 라틴교회와 비잔틴제국의 정교회를 분리한 11세기의 분열 또한 서방의 로마법 전통과 동방의 전통 사이의 간격을 넓히는 데 기여했다.

이처럼 점점 일탈이 일어나고 있는데도 불구하고, 동방의 실무가들은 계속 자신들이 로마법과 결합해 있고 그에 의존하고 있다고 확언하였다. 이후의 비잔틴 황제들도 자신들의 입법을 《시민법대전》의 (퇴락이라기보다는) 개정으로 생각했고, 유스티니아누스 편찬물에 포함된 학생용 요약서인 《법학제요》 역시 법학교육에서 자신의 자리를 유지하였다. 따라서 초기 중세에는 그렇게 분명하지 않았던 서방과 동방의 분리가 유스티니아누스의 대전이 서방에서 재출현한 후에 더 분명해지고 어느 정도 확정적이 되었다는 사실은 역설적이다. 유스티니아누스 법전의 재출현으로 인해 11세기와 12세기 서방에서는 로마법의 "재생"의 불이 붙었기 때문이다.[12]

12 제5장에서 설명하겠지만, 소위 《시민법대전》 전부가 살아남은 것은 아니다. 법학자들을 시켜 다양한 파편들로부터 그것을 재구축하도록 했음에도 불구하고 말이다. 동로마제국에서의 《시민법대전》의 효력에 관해 말하자면, 역사가들은 거기에서도 그 확산은 어느 정도 제한적이었고, 많은 곳에서 그것은 실무적으로 기존의 현지법을 대체하지 못했다고 단언한다.

제2장

라틴 그리스도교왕국의 창조

유럽법 모태의 지평에 중요한 주체가 1세기에 나타났다. 그 처음 영향은 조심스러웠고 부분적이었다. 그러나 5세기에 이르러 그 주체는 주역이 되었다. 이 변혁의 주역은 새로운 종교인 그리스도교였다. 그것이 이제 막 고대 세계를 뒤집어 놓을 참이었다.

그리스도교는 1세기 초 어느 시점에선가 유대교의 한 분파로 탄생했다. 시작은 미미한 편이었지만, 매우 빠르게 먼저는 지중해 동쪽으로, 다음에는 그 서쪽 해안을 따라 확장해 갔다. 로마 관리들은 처음에는 이 새로운 종교를 거부했다. 그들은 그리스도교의 방법과 신조가 불온하다고 생각해 그 추종자들을 박해했다. 그러다 4세기에는 조류가 바뀌었다. 콘스탄티누스 황제가 312년에 그리스도교를 허용했고, 383년에는 테오도시우스 1세가 그리스도교를 제국의 공식 종교로 선언했다.

그리스도교와 로마제국의 결합은 지진을 일으켰다. 그것은 일부 로마법의 기본적인 토대를 뒤흔들었다. 그리고 지진 활동이 종료되자 새로운 체계가 출현하게 되었다. 이 체계는 더 이상 시민권과 결합된 법이 아니었다. 법이 지역에 국한되지도 않았다. 대신에 규범성은 이제 공유된 신조와 결합하였다. 그 법은 이론적으로는 모든 그리스도교인을 종족이나 지역에 관계없이 하나로 묶었다. 이 새 체계는 또한 새로운 활동가들, 즉 신도들에 의해 전파되었다. 중세 초기에 그리스도교와 로마법이 함께 유럽 전역에 퍼진 것은 바로 신도들의 선교 활동을 통해서였고, 그들의 길을 따라서였다. 이 유입은 전에는 제국에 속한 적이 없었던 지역에서조차도 점차 법적 문화적 축적물의 일부를 형성하였다. 그로 인해 오늘날 우리가 라틴 그리스도교왕국이라고 지칭하는 공간이 창조되었다.[1] 그것이 유럽의 법적 발달에서 의미하는 바가 무엇인지가 이 장의 주제이다.

새 종교

역사적으로 이 새로운 종교는 유대교로부터 탄생했다. 결국에는 유대교에서 떠났지만, 그리스도교는 신을 입법자로 보는 유대적 관점을 공유했다. 이 전통에 따르면, 신자들과 신과의 관계의 바탕에는 언약covenant, 곧 신자들이 신의 법에 순종한다면 보상이 따를 것이라는 합의가 존재한다. 신의 법에 순종하는 것은 신이 그들에게 호의를 베풀고 그들을 보호할 것이라는 점을 보증했다.

신과 신자 사이의 관계에 대한 이런 이해는 유대교가 도입하고 그리스도교가 그 뒤를 따랐다. 이런 이해에 따르면, 신은 실수투성이고 격정적인 인간처럼 변덕스러운 존재가 아니었다. 오히려 법을 통해 활동하는 선한 권능자로 이해되었다. 이론상으로는 신의 법은 명확했고, 언약을 맺은 자들은 그 법이 포함하고 있는 내용을 알았다.

입법에 관한 이런 관념은 로마법에는 새로운 것이었다. 로마법이 분쟁의 해결에 초

---

1 그리스도교는 또한 헬레니즘 세계의 동쪽으로 확장했다. 그 동쪽에서 무슨 일이 일어났는가는 이 책의 주된 주제는 아니다. 그에 대해서는 이 장의 끝에서 간략하게 언급하기로 하고, 다음에서는 라틴 그리스도교왕국만을 다루기로 한다.

점을 맞춘 반면에, 그리스도교는 계약, 즉 당사자 사이의 합의에 기초한 법을 특징으로 삼았다. 그리스도교의 법은 로마에서처럼 관습에 뿌리를 두고 법무관과 법학자에 의해 가공된 것이 아니었다. 그것은 신적인 기원을 가졌다. 그리고 이 법은 제국의 모든 시민들에게 개방된 것이 아니라, 이스라엘 민족에게만 신에 의해 주어졌다.[2] 로마법과 그리스도교의 법은 규범의 내용이 근원적으로 달랐기 때문에도 구별되었다. 그것은 무엇이 옳고 정당한 행위인가, 공동체는 무엇으로 구성되고, 무엇을 성취해야 하는가에 대한 두 법의 차이였다.

로마법의 그리스도교화?

로마법과 그리스도교 법 사이의 이런 커다란 차이에도 불구하고, 많은 역사학자는 그리스도교의 출현이 로마법에 크게, 그리고 즉시로 영향을 미쳤다고 쉽게 단정했다. 그들은 로마에서의 그리스도교의 발흥이 많은 변화를 가져왔고, 이 점은 역사 기록들에서 쉽게 추적할 수 있을 것이라고 기대했다. 또한 로마가 그리스도교화가 된 이후에 로마법과 로마 사람들의 행동도 실질적으로 변화되었을 것이라고 예단했다.

그러나 이제 많은 역사학자는 그리스도교가 로마법에 끼친 영향이 얼마나 중요했는지, 혹은 얼마나 광범위했는지에 관해 의견을 달리한다. 특히 그리스도교의 영향이 얼마나 즉각적이었는지에 대해 의견이 갈린다. 그들은 또한 법의 변화가 (실제로 변화가 일어났을 때조차도) 실천에 영향을 끼쳤는지, 혹은 사회적 사건이라기보다는 소수 엘리트들의 의도를 드러낼 뿐인 그저 죽은 문자로 남았는지에 대해서도 질문을 던진다.

제국이 그리스도교화 된 이후에도 별로 변화된 것이 없다고 보는 사람들은 법은

---

2 그리스도교는 결국에는 이스라엘 사람뿐 아니라 그 언약에 들어가고자 하는 모든 사람에게 개방되게 된다. 이 발전은 보통 사도 중의 한 사람이었던 바울(Paul)의 가르침에서 비롯된 것으로 생각되고 있다.

신의 명령이라는 새로운 관념이 로마법에 즉각적으로 영향을 미치지 않았다고 주장한다. 그들에 따르면, 제국이 존속하는 동안 로마 관리들은 계속해서 전과 같이 기존의 법을 개선하고 재해석하고 적용하였다. 형법도 계속 로마 전통을 떠받쳤고, 전통과는 근원적으로 구분되는 새로운 그리스도교 도덕에 의해 크게 변화되지 않았다. 가족들도 과거와 똑같이 기능했다. 사후 생명에 대한 그리스도교의 새 약속과 로마의 현세적 추념 의례에 대한 그리스도교의 비판에도 불구하고, 자녀들은 가족의 기억을 보호하는 역할을 유지했다. 형제적이고 비위계적인 공동체적 삶에 대한 그리스도교인들의 새로운 기풍에도 불구하고, 사회 계층과 신분 역시 본질적인 부분에서 보존되었다.

많은 역사학자가 제국의 개종 전후의 규범을 비교함으로써 개종이 로마법에 영향을 미쳤는지에 대해 대답하려고 했던 반면에, 어떤 학자들은 당시의 모든 법의 변화가 반드시 신흥 종교의 수용과 결부되지는 않는다고 주장했다. 그들은 그리스도교인이나 비그리스도교인 양자에 공통된 발전이 변화를 쉽게 초래할 수 있었다고 주장한다. 로마법은 로마인들의 종교적 신념이 그대로였을 때조차도 끊임없이 변화되었다는 것이다. 여성의 순결 요구와 같은 새로운 규범을 예로 들어보자. 그런 규범이 신흥 그리스도교 신앙보다는 관습적 관행을 고수한 지역과 비귀족적 집단들에서 유래한 관념을 반영했을 가능성이 있는가?

어떤 역사학자들은 그리스도교가 실질적이고 즉각적인 어떤 변화도 가져오지 않았다는 결론에 도달했다. 그런가 하면 또 다른 학자들은 권력체, 양태, 그리고 언어가 그대로 남아 있었다 할지라도, 로마법의 내용은 그리스도교와 로마법을 통합시키는 길고 느린 과정에 들어가게 되었다는 점을 인정한다. 이 학자들은 제국의 개종 후에 주로 황제의 입법을 통해 법이 조정된 사실을 지적한다. 예를 들면 4세기 초에 죄sins가 기존의 범죄 목록에 추가되고, 종교적 유증pious bequest에 관한 규정이 생겨났다. 적절한 공중오락과 적절하지 않은 공중오락의 구분, 혼인은 파기할 수 없다는 관념, 친생자에 대한 법적 인정, 그리고 처와 자녀에 대한 부양비 지급 의무도 새로운 점이었다. 황제의 입법을 넘어서 그리스도교가 로마인들이 성적 행동을 개념화하는 방식에 영향을 미치고, 성적 행동을 통제하려고 했을 수도 있다. 그리고 그리스도교로 인해 자선과 복지와 관련하여 새로운 실천들도 일어났다. 요약하면, 그리스도교적 요소들과 관심사들이 점차로 로마법에 스며들었고, 그리스도교화된 로마인들은 (적어도 어느 정도는) 이교도들과는 다르게 행동했다는 것이다.

후기의 로마법을 연구한 역사학자들은 또한 로마 황제들이 왜 입법을 하면서 그리스도교의 관념을 받아들였는지에 대해 논쟁을 벌였다. 어떤 사람들은 진실한 종교적 믿음 때문에 황제들이 그렇게 했다고 주장한다. 또 어떤 사람들은 그들이 권력의 극대화를 추구하고, 자신들에게 유리한 새로운 사회의 경향을 이용하려고 한 정치가들이었다고 말한다. 예를 들어 콘스탄티누스의 입법 활동은 그리스도교적 목표에 의해 촉발되었는가, 아니면 전통적인 로마의 관심사에 의해 촉발되었는가? 관습적인 법적 관행을 참조하면서, 그리스도교적 관념을 받아들이는 새 규범을 제정하는 것이 가능했는가? 그 결과로서 그리스도교적 관념을 로마의 선례 및 가치와 혼합했는가? 노예 해방에 관한 그의 입법을 고려할 때, (어떤 학자들의 주장과 같이) 자유의 관념에 대한 그의 지지는 그리스도교 신앙이 원인이 되어 노예들의 자유를 바랐기 때문인가, 아니면 적대자들에게 대항하는 일반적인 활동의 일부였는가? 후자의 경우라면, 적대자들은 전제자로, 그리고 그 자신은 해방자로 드러낼 수 있었을 것이기 때문이다. 해방은 주로 교회에서 그리스도교인 주인들이 자신들의 노예를 해방하는 방식이 활용되었는데, 그런 방법의 도입이 어떻게 노예에 관한 로마법에 영향을 미쳤는가? 그것은 어떻게 그리스도교의 전파와 공고화에 기여했는가?

교회의 로마화

그리스도교를 받아들여서 로마가 자신의 법전통을 되돌아보고 그것을 그리스도교에 맞게 바꾸었는지, 그리고 어느 정도로 그렇게 했는지에 대해서는 이렇듯 역사학자 사이에서 다툼이 있다. 그렇지만 제국이 새 종교를 동반함으로써 그리스도교에 급격한 영향을 끼쳤다는 점에 대해서는 역사학자들의 견해가 대체로 일치한다. 가장 분명한 영향은 교회의 로마화였다. 동지중해에서 출현하여 소아시아와 근동에서 번창했던 초기 그리스도교는 헬레니즘 문화에 깊게 영향을 받았다. 그리스도교는 거의 전적으로 그리스어를 사용했고, 여러 가지 점에서 헬레니즘적 특징을 보였다. 그렇지만 로마에 도달하여 제국의 공식적인 종교가 되자, 점차 로마가 그리스도교의 핵심에 스며들게 되었다. 그리고 많은 영역에서 의사소통의 주된 통로로 라틴어가 그리스어를 대신하게 되었다.

다른 중요한 변화들도 일어났다. 초기 그리스도교는 지역마다 매우 다른 특징을 보였고, 거의 어떤 것에도 일치하지 않는 서로 다른 여러 공동체들로 존재했다. 이 공동체들은 자율적이었고, 자주 서로 대립하기도 했다. 이렇게 극단적인 핵 상태의 구조는 그리스도교가 제국의 종교가 된 이후로 점차 공격을 받게 되었다. 이제 국가(로마 국가), 추가적인 법체계(교회법에 이제 로마법이 추가되었다), 그리고 일련의 권위들(로마의 권력당국)이 그리스도교에 부가되었다. 그리고 이것들이 그리스도교인의 생활을 규율하기 시작했다. 그 뒤로 중앙화의 느린 과정이 뒤따랐다. 그것은 마침내 오늘날 우리가 생각하는 교회, 즉 다소간의 고정된 신조와 공인된 정경을 가진 권위 구조의 형성으로 이어졌다.

교회 권위들의 제도화와 공동신조의 정의는 말기의 로마 황제들이 매우 편의적으로 수행한 사명이었다. 교회에 대한 제국의 지위 부여에는 로마의 선례가 존재했다. 이교도였던 로마 황제들은 신을 재현하는 자로 간주되었다. 사람들은 황제가 신들과 직접 소통한다고 믿었다. 신들이 황제에게 호의를 베풀기 때문에 황제는 신들이 경배받도록 해야 할 의무를 부담하였다. 후기의 로마 황제들은 이런 이해를 그리스도교에 적용하였다. 그렇게 함으로써 그들은 바른 신앙의 옹호자이자, 그 전파에 책임을 맡은 지도자로 행세했다. 교회의 후원자로서 그들은 교회 성원들 사이와 그리스도교인 공동체들 사이의 분쟁을 판정했고, 신앙의 문제에서 누가 옳고 누가 그른지를 결정했다.

이런 믿음을 따라 일찍이 4세기부터 황제들은 회의를 소집해서 그리스도교의 기본적인 교리를 선언했다. 콘스탄티누스가 조직한 니케아공의회(325년)는 예수가 누구이고 예수와 신과의 관계가 어떻게 되는지에 관한 논쟁을 해결했다. 그 공의회에서는 소위 니케아신조를 채택했다. 그것은 후에 콘스탄티노플공의회(381년)에서 예수의 신성과 삼위일체를 인정하는 것으로 확장되었다. 카르타고공의회(397년)에서는 교회의 공식적인 교리를 확정했고, 정경에 포함될 텍스트들을 결정했다.[3] 초기의 공의회들은 또한 성직자의 임명 절차와 주교회의synods 소집 절차를 마련했고, 전례의식을 채택했다.

시간이 지남에 따라 제국의 개입은 기하급수적으로 늘어났다. 뒤를 이은 황제들은 해답을 명령하는 식으로만 교회 문제에 개입한 것이 아니었다. 그들은 반대자들을 박해하고 처벌하는 방식으로도 자신의 의지를 강요했다. 이 과정의 마지막에 이르면, 그리스도교와 그 교리는 제국법의 문제가 되었다. 5세기의 테오도시우스의 법전이 그랬던 것처럼, 무엇이 참된 그리스도교이고, 어떤 종교적 행위를 따라야 하는지를 제국법이 결정했다.

이단의 정의

그리스도교가 무엇이고 신자들이 무엇을 따라야 하는지 점진적으로 정의를 내려감에 따라, 그리스도교가 아닌 것과 신자들이 따르면 안 되는 것을 분명히 하는 일이 그 뒤를 따랐다. 어떤 입장을 불법화하는 과정은 제국이 개종하기 오래 전부터 시작되었다. 그러나 그것이 특히 가속화된 것은 제국이 개종한 후부터였다. 그것은 너무 빠르고 강력했다. 그래서 5세기에 이르면 그리스도교의 저자들은 과거의 분파들을 무시하고 그리스도교가 "모든 곳에서 항상 모든 사람이 믿어 왔던 모든 것"[4]을 포함하고 있다고 주장할 수 있었다. 신실한 자들 사이의 의견 차이 중 어떤 것은 정당한 것으로(이런 경우를 시스마*schisma*라고 부른다), 어떤 것은 그렇지 않은 것(이단)으로 보았다. 그 결과로 그리

---

3 카르타고공의회에서는 46권의 구약과 함께 신약을 구성하는 27권을 책을 선정했다. 이 결정은 프로테스탄트 종교개혁의 파고 속에서 그리스도교의 핵심 교리를 재정의한 트렌트공의회(1545-1563)에서 확인되었다.

4 이것이 프로테스탄트 종교개혁 전에 가톨릭주의가 의미하는 본래의 정의였다. 교회를 "가톨릭"(즉 보편적)이라고 부름으로써, 교회 안에는 오직 하나의 믿음만이 존재한다는 합의를 채택하였다.

스도교인들은 정통파와 이단파로 나뉘게 되었다.

이런 견해들이 널리 퍼지게 되자, 로마 황제들은 이단에 대한 법을 제정하기 시작했다. 제국과 교회가 동일하게 생각되었기 때문에 이단자들을 범죄자로 규정했다. 그들의 주장에 따르면, 이단들의 불복종은 황제와 그의 칙법에 대한 모욕에 해당하고, 공동체를 위험에 빠뜨린다는 것이었다. 따라서 그것은 반역과 같은 것으로 사형에 처할 수 있었고, 실제로 그랬다. 그 후 성 아우구스티누스St. Augustine(354-430)는 이단에 대한 박해를 옹호할 수 있었다. 이단은 위험한 분파로서 그 견해가 공동체를 오염시키고 그 쇠락을 초래할 수 있다고 믿었다.

개종의 촉진

제국과 그리스도교의 결합은 이렇듯 하나의 교리를 모든 신자에게 강요하고, 그 핵심 교리를 거부하는 경우 형벌을 부과하는 체제를 만들어내었다. 그에 더하여 개종을 촉진하는 기회도 제공했다. 목표를 이루려는 마음에서 황제들은 법을 제정하여 개종자들에게 특별한 특권을 부여했다. 그들은 또한 이교도들에게 법적 경제적 제한을 부과했다. 그 예로 이교도들의 종교의식을 금지하고, 이교에 대한 국가 보조금을 중단했으며, 이교 사제들이 누린 면책특권을 폐지했다. 때로 황제들은 이교도 신전의 재화들을 몰수하고, 신전의 파괴를 허용하기도 했다. 340년대와 350년대에는 이교의 예배를 사형으로 금지하는 법이 제정되었다. 많은 규정이 공직에서 그리스도교인들을 우대하고, 이교도의 공직 채용을 금지했다. 엘리트들에게는 특별한 압력이 가해졌다. 그들이 믿는 신조에 따라 일반 민중보다 더 혜택을 부여하거나 처벌을 가혹하게 했다.

그 결과 5세기 초 교부 중의 한 사람인 성 아우구스티누스는 개종을 위해 강제와 폭력의 사용을 공개적으로 옹호할 수 있었다. 그는 주장하기를, 로마 황제는 이교도를 금지하기 위해 모든 수단을 사용할 수 있는 분명한 권리를 갖는다고 했다. 그는 외부의 압박이 마음의 진정한 변화를 일으켜서 참된 믿음에 이르게 할 수 있다고 주장했다. 그의 주장은 황제들에게 받아들여졌다. 가령 6세기 유스티니아누스 황제는 이교도의 강제 개종을 합법화하였다. 그 후로 로마법은 개종을 촉진하고, 심지어는 강제하는 수단이 되었다. 모든 인류의 복지를 보장하는 필요한 수단으로 여겼기 때문이었다.

로마의 제도가 된 교회

그렇지만 유럽법사의 관점에서 이 시기 가장 의미 있는 발전은 교회와 법, 그리고 로마의 조직이 점차 하나로 생각된 것이었다. 그 점은 서로마제국이 와해된 이후에도 그대로 유지되었다. 예를 들어 주교들은 로마의 집정관이나 법무관의 본을 따라 조직되었다. 그들은 종교와 세속 영역 양쪽에서 로마의 집정관이나 법무관과 비슷한 사법과 행정, 입법 권한을 부여받았다. 그들은 또한 로마법에서 기원하는 절차들을 따랐다. 그뿐만 아니라 사람들은 그들이 로마법이 의미하는 바를 고려할 것이라고 기대하였다. 로마 관리들과 마찬가지로 주교들은 활동을 조율하고, 입법을 위해 회의를 열었다. 그들은 공역으로부터 면제되었으며, 막대한 재산을 관리하고, 커다란 특권을 누렸다. 지방정부가 없는 경우에는, 특히 서로마제국이 붕괴된 후로는 주교들이 종종 국가 관리의 책임을 수행했다. 가령 상속과 승계를 감시하고, 공무를 감독했으며, 사적인 분쟁을 해결하고 학교를 운영했다.

로마의 조직과 법이 교회에 채용된 것은 다른 방면에서도 분명했다. 교구들은 로마의 단위로 생각되었고, 교회 자체가 하나의 법적 단체(*universitas*)로 취급되었다. 즉 로마법상 국가와 공적 단체들이 누렸던 지위를 누렸다. 그런 지위의 단체들은 재산을 소유하고, 기부를 받으며, 계약을 체결할 수 있었다. 교회 건물은 옛 로마의 이름을 따라 바실리카*basilicas*로 불렸다. 바실리카는 회의가 열리고, 법무관이 단상에서 판결을 내리던 공간이었다. 교회의 법canons은 로마의 형식을 따랐고, 칙령처럼 읽히고 해석되고 복종되었다. 로마의 법학은 신학적인 문제들을 토론하는 매개가 되었고, 주교들은 로마 법학자들의 형식과 방식을 사용하여 청원인들에게 대답했다. 그 결과로 여러 책이 만들어졌다. 그 하나의 예가 이교가 왜 거짓이고 그리스도교가 참인지를 논의한 4세기의 《신학제요》Divine Institutes라는 제목의 책이었다. 그 제목은 법학도를 위한 가이우스의 개요서의 이름을 따른 것인데, 이런 혼동은 의도적이고 저자에 따른 것이었다. 로마의 법학자들이 법적 분쟁을 해결하기 위해 가이우스의 《법학제요》를 이용한 것처럼, 그 책이 종교적 신조와 관련하여 동일한 역할을 할 것이기 때문이었다.

이렇듯 역사학자들의 결론은 초기의 교회법은 한편으로는 로마의 법실무, 그리고 다른 한편으로는 교회의 요구 및 필요와의 끊임없는 상호작용으로부터 성장했다는 것이다. 교회는 물론 로마어(라틴어)와 웅변, 표현, 문학, 건축, 그리고 예술의 로마적 형식도 보존했다. 교황 그레고리 1세(590-604) 때에 어떤 저자들은 세계를 이렇게 묘사할 수 있었다. "로마 사람들 대부분은 그리스도교인이다. 제국은 때때로 그리스도공화국*res publica christiana*으로 불리며, 교회가 오래 전부터 평화를 선사한"[5] 세계다. 이런 상황을 비판하여 약 1000년 후인 1651년에 토마스 홉스Thomas Hobbes는 이렇게 말했다. "교황이란 멸망한 로마제국의 무덤 위에 왕관을 쓰고 앉아 있는 로마제국의 유령일 뿐이다."[6] 역사학자들은 오랫동안 제국이 교회에 흡수되었는지, 아니면 교회가 제국에 흡수되었는지 질문을 해왔다. 그렇지만 대부분이 동의하는 바는 그리스도교가 로마를 바꾸었고, 로마 사회는 그리스도교를 바꾸었다는 사실이다. 그리고 그 과정에서 법이 새로운 특징을 갖게 되었다는 점이다.

---

5 John Van Engen, "Christening the Romans", *Traditio* 52(1997); Ⅰ-45, at 4.

6 Thomas Hobbes, *Leviathan*, chap. 47, 교황의 권력을 논함.

로마 이후의 그리스도교화와 로마화

서로마제국이 해체된 후 이어진 수 세기(중세 초기에 해당하는 기간) 동안 그리스도교는 전 유럽에 퍼져갔고, 로마 문화와 법도 그랬다. 이 확산의 과정은 오래 걸렸고 복잡했다. 처음에는 개종을 위한 노력이 미미한 편이었다. 교회가 각 교구에서 각자 활동하는 통일되지 않은 주교들로 구성되었기 때문에 대규모의 인구를 개종시킬 수단이나 협력이 충분하지 않았다. 그러나 (특히 6세기 이후로 헌신된 선교사들을 배출했던) 수도원들이 건립되고 (대략 같은 시기에) 점차 교황제가 확립되어 감에 따라 교회는 확장 양상으로 변해 갔다.

6세기에서 12세기까지 그리스도교는 점차 중앙유럽과 북유럽, 그리고 동유럽의 대부분의 지역에 정착되었다. 그리스도교는 이탈리아 반도에서 서쪽으로 오늘날의 프랑스와 독일로 확장되었고, 영국 제도에 이르렀다. 동쪽으로는 모라비아, 슬로바키아, 세르비아, 불가리아, 폴란드, 헝가리, 그리고 발트해 연안의 국가들에까지 퍼졌다. 그리고 다음으로 네덜란드, 덴마크, 스웨덴, 노르웨이, 아이슬란드의 북유럽에 다다랐다. 어떤 때는 조금씩, 또 어떤 때는 진전과 후퇴를 하면서, 12세기 말에는 이 개종의 과정이 중요한 동질화의 결과를 낳았다. 무엇보다도 전 유럽이 로마법과 로마 조직을 도입하게 된 것이다.

그 결과로 로마법에 대한 새로운 그리스도교적 이해가 우선하게 되었다. 이 일은 처음에는 로마제국의 영토 내로 제한되어 있었지만, 마침내는 유럽 지역 대부분에서 관철되었다. 이 전파를 책임진 선교사들과 교회 직책을 맡은 사람들에게는 소위 말하는 이교도들의 개종이 관심사였을 수도 있다. 그러나 그들이 복음을 전파할 때, 언어, 수사, 예술, 예식, 문화, 그리고 로마의 법도 함께 퍼지게 되었다. 그들은 로마의 행정 조직과 방식서, 그리고 절차를 들여갔고, 사고하고 주장하며 분쟁을 해결하는 로마의 방법을 시행했다.

이 점에서는 전에 로마제국의 영토에 속하지 않았던 지역에서의 과정이 특히 변혁적이었다. 그런 곳에서 그리스도교화와 로마화가 누적된 효과는 특별했고, 마침내는 이전의 전통을 대체하게 되었다. 어떤 역사학자들은 로마화된 그리스도교가 유럽 대륙의 대부분에 퍼진 것은 "유럽의 형성"이라는 결과를 낳았다고 주장한다. 다시 말해서 그로 인해 문화적, 행정적, 법적, 그리고 정치적으로 유럽을 긴밀히 연결하는 특징들이 점진적으로 형성되었다는 것이다.[7] 유럽인들은 매우 다양한 과거와 문화로 서로 확연히 구분되는 지역들에서 살았다. 그러나 늦어도 10세기에는 자신들을 그리스도교와 동일시하고, 로마의 상속자로 행세할 수 있었다.

이런 일들이 남유럽과 서유럽, 그리고 중앙유럽의 대부분의 지역에서 일어난 반면에, 동유럽에서는 다른 흐름의 로마화가 진행되었다. 거기에서도 그리스도교로 개종한 사람들은 새로운 종교뿐만 아니라, 로마의 올가미들에 마주쳤다. 그러나 이 올가미들은 독특했다. 그것들이 지향하는 바는 주로 헬레니즘적이었고, 그리스어로 이루어졌으며, 서로마보다는 동로마의 전통을 퍼뜨렸다.[8] 그 영향은 중요했고 지속적이었다. 오스만 사람들이 1453년에 비잔틴제국의 수도 콘스탄티노플을 정복한 후에 동로마의 법은 정교회의 제도와 법 안에서 살아남았다. 그것은 오스만제국의 점령 하에 살았던 그리스인들에게 적용되었고, 콘스탄티노플의 총대주교와 다른 교회 공직자들에 의해 운영되었다. 그들은 정교회의 교회법을 집행함으로써 또한 로마의 유산을 보존했다.

7 최근에 "유럽의 형성"에 관한 다른 설명이 제안되고 있다. 이 새 설명은 앞에서 언급한 분석이 유대교나 이슬람교 같이 당시 유럽에서 작용하고 있던 다른 이데올로기 체계를 무시하고 있다고 비판한다. 그리고 개종의 노력은 처음에는 유럽보다도 아시아와 아프리카에서 더 집요했다는 이유를 들어, 그리스도교화와 로마화가 유럽에 특유한 현상은 아니었다고 주장한다. 동방그리스교회가 수행한 아시아와 아프리카에서의 개종 노력은 그리스화된 로마법을 퍼뜨렸고, 이것은 이슬람 지배 아래 있을 때에도 지속되었을 것이다.

8 비잔틴과 동로마제국의 법에 관해서는 제1장 참조.

중세 초기

제 2 부

제3장

법학자 부재의 시대?

대체로 역사가들은 서로마제국이 멸망한 5세기와 1000년 사이의 대략 500년의 기간을 매우 혼란스러웠던 시기로 특징짓는다.[1] 점진적으로 확장해 간 그리스도교를 통해 이루어진 유럽의 종교적 통일은 유럽 대륙 전역에서 교회법canon law이 출현하여 시행되는 결과를 낳았다. 그렇지만 이 교회법의 권위 구조는 처음에는 뒤죽박죽의 상태였고, 서로 모순되는 매우 다양한 규범과 법원으로 이루어져 있었다. 한편 유럽의 개종에 동반하여 수많은 소규모의 독립적 정치공동체들이 등장하여 극도로 정치적 파편화가 일어났다. 또한 대륙에서는 북부에서 중부와 남부, 동부로 여러 집단이 대규모로 이동하는 일이 일어났다. 흔히 "게르만족"으로 불리는 그들은 처음에는 로마제국과 동맹 관계를 맺고 무역을 하거나 전사들을 공급하고, 로마제국에 이주해 정착하기를 원했던 집단들이었

---

1 만리오 벨로모는 이 시기를 "법학자 부재의 시대"로 규정했다. Manlio Bellomo, *The Common Legal Past of Europe, 1000-1800* (Washington, DC: Catholic University of America Press, 1995), 34.

다. 그러나 4세기 말에 이르자 몇몇 집단은 (어떤 역사가들에 의하면) 서로마제국의 멸망, 혹은 (다른 역사가들에 의하면) 서로마제국의 급격한 변화를 초래하기에 충분한 세력을 확보하기 시작했다. 이들이 옛 로마제국의 영토를 넘겨받게 됨에 따라 몇몇 집단은 오늘날 독일, 프랑스, 스페인, 이탈리아, 스위스, 그리고 아프리카 북부에 속하는 지역에 왕국들을 건설하였다. 이들의 강화된 정치적 경제적 지배권은 대륙 전역에 새로운 법문화가 도입되고 확산하는 결과로 이어졌다. 이 새로운 법문화는 다양한 방식으로 기존의 토착법과 확장되어 가는 로마법 및 교회법과 혼합되었다. 그렇게 해서 장소와 시기에 따라 서로 다른 복잡한 혼합물을 창조해 내었다.

대략 800년경에는 지방법, 게르만법, 로마법, 그리고 교회법의 조합이 형태를 갖추었다. 그것은 장소에 따라 표현은 달랐지만, 법이 무엇인지 그리고 어디에서 유래하는지에 관해 어느 정도 공통된 관념을 특색으로 가지고 있었다. 어떤 학자들은 이 공유된 관념이 출현하였기에 이 시기가 — 많은 역사학자는 이 시기를 문화적 종교적 경제적 공간으로서의 유럽의 탄생을 목격한 시기로 생각한다 — 최초의 진정한 공통법common law을 보여주는 시기라고 말한다. 이것이 어떻게 등장하게 되었는지, 그리고 무엇으로 이루어졌는지가 이 장의 주제이다.

초기 교회법

교회 지도자들은 항상 법을 제정해왔다. 그리고 그런 일은 로마제국이 그리스도교로 개종한 이후에도 계속되었다. 그러나 5세기 서로마제국의 파편화와 멸망의 영향으로 그리스도교 법의 성격이 크게 변화되었다. 황제가 재가하고 국가 제도의 지원을 받는 것이 더 이상 불가능하게 됨에 따라 이제 그리스도교의 법은 전적으로 교회 당국에 의존하게 되었다. 그들은 신자들이 어디에 거주하든지 신자들의 생활을 규율할 의무와 권한을 갖는다고 주장하였다.

그 결과로 생겨난 규범 체계를 교회법(캐논*canon*은 '규율' 혹은 '지침'에 해당하는 그리스 단어임)으로 지칭하였다. 교회 공의회와 황제들의 결정을 기초로 끊임없이 로마법을 참조하고 차용하였음에도 불구하고, 초기 교회법은 로마 때의 교회법과는 구분되었다. 초기 교회법은 로마 치하에서와는 달리 영역 내 거주자들에게 자신의 의지를 강요할 수 있었던 정치적 권위의 산물이 더 이상 될 수 없었다. 대신 이론적으로는 오로지 그리스도교인들에게만 부과될 수 있는 영적인 권위에 기초하였다. 많은 지역과 정치공동체에 퍼져 살았음에도 불구하고 그리스도교인들은 공동의 법질서를 공유한다고 말할 수 있었다. 시민권이 아닌 세례에 의해서 그들 자신의 의지에 반하는 경우에도 법이 집행될 수 있었던 공동체의 성원이 되었기 때문이었다.

정치적 권력이 아니라 공유된 믿음에 기초를 둔 비영토적 실체로서의 교회의 등장, 규범을 창출하고 적용해야 할 주교의 책임 증가, 그리고 다른 경쟁 권력의 부재 덕분에 교회는 법적 활동을 확장하고, 실질적으로 법을 양적으로 확대할 수 있었다. 교회 관리들은 종종 상업계약 상의 분쟁을 판정하거나 상속을 감독하는 일과 같은 일상적인 일들을 해결해 주었다. 초기 중세의 교회법은 초점, 지향, 그리고 적용이 거의 국지적이었기 때문에 장소에 따라 실질적으로 차이가 있었다. 또한 효과적인 중앙권력이 결여되어 있었기 때문에 그리스도교 공동체마다 거의 모든 것에 의견이 다를 수 있었다.

중앙권력을 확립하려는 교회의 노력은 6세기에 시작되어 이후 수 세기 동안 더 분명해졌다. 이런 노력 속에서 로마의 주교직을 승계하는 주교들은 특별한 역할을 주장하기 시작했다. 로마가 멸망한 후로 교회가 보편성을 주장할 수 있는 유일한 조직이자 제국적 소명을 지닌 유일한 행정기관이라고 주장하면서, 자신들을 폰티펙스 막시무스*Pontifex Maximus* (고대 로마의 대신관)며 교황(교황이라는 영어 단어 pop는 "아버지"를 의미하는 그리스어 *pappas*에서 유래했음)이라고 지칭했다. 그들은 자신들이 교회를 이끌어야 하며, 다른 모든 주교보다 상위에 있다고 주장했다.

교황직의 제도화와 공고화가 완성되기까지는 수 세기가 걸렸지만, 소망하던 중앙화의 결과로 이어졌다. 주기적으로 개최된 주교들의 공의회 마찬가지였다. 로마 황제의 후원 아래서 4세기에 시작된 공의회는 중세 초기에 이르면 여러 교회 당국들 및 교회

공동체들 사이의 관계를 규율하고, 그리스도교 교리의 내용을 확정하는 중요한 기관이 되어 있었다.

그 결과 엄청나게 집적된 규범들로 인해 규범을 편찬할 필요성이 생겨났다. 여러 개인과 기관들이 6세기부터 교회법을 수집하려고 하였고, 적어도 지도적 지위에 있는 사람들은 그 주된 요지의 사본을 활용할 수 있었다. 그런 노력 중에 잘 알려진 것으로 8세기 후반에서 9세기 초반에 프랑크왕국의 통치자였던 샤를마뉴Charlemagne의 통치 기간에 편찬된 수록집이 있다. 샤를마뉴의 목표는 중요한 텍스트들에 대해 권위 있는 해석을 창조하고, 그의 왕국 전역에 그것을 배부하는 것이었다. 그러나 이 외에 다른 노력에도 불구하고 12세기 전까지는 단일한 어떤 교회법의 권위적인 편찬물도 존재하지 않았다.[2]

법원이 다원적이었고 일반적이고 권위적인 편찬물이 부재했기 때문에, 근본적인 차이를 가진 여러 교회법이 등장하게 되었다. 각지의 현지 교회들은 독자적으로 수록집을 만들어 따랐고, 종종 로마 교회의 지시를 무시하기도 했다. 그리스도교가 공유하는 요지가 무엇인지가 너무 불확실하여 9세기에는 요령이 좋은 저자들이 오늘날에는 위조로 알려진 내용을 그리스도교 교리 안으로 끌어올 수도 있을 정도였다. 유명한 그 한 예로 허위의 교령들papal decrees을 지어내고 확산시킨 것을 들 수 있다. 그 위조 교령들에는 법적 문제에 관한 선언도 포함되어 있었다. 이 거짓 교서들*decretals*은 진정한 자료들을 새로 고안한 생각들과 혼합하고 출처가 다른 문장들을 자르고 붙이는 방식을 사용하였다. 그렇게 함으로써 한때 존재했으나 분실되어 없어진 편지들의 내용을 재구성하였다. 그런가 하면 어떤 경우는 결정된 내용의 의미를 변경하기도 했다. 그것들은 필명일 가능성이 높은 이시도르 메르카토Isidore Mercator가 저자라고 알려진 한 수록집에 삽입되었다. 그 수록집은 초기 교황들에게서 기원했다고 하는 60개의 서신과 교령들을 포함하고 있는데, 그중 지금은 58개가 위조라고 생각되고 있다. 그것은 또한 초기 교회에 대한 논문과 54개의 초기 공의회의 진짜 규정을 포함하고 있다. 그 수록집의 마지막은 4세기부터

---

2 제5장 참조.

8세기까지의 교황들이 발한 교령을 열거하였는데, 그 대부분은 완전히 지어낸 것이었다.

위조된 교서들은 주교와 교회 재산에 대한 세속 통치자들의 통제를 제한하고, 교회 재판이 운영되는 방식에 중요한 변화를 초래하였다. 그것들은 대주교와 지방 공의회의 간섭으로부터 주교들의 관할권을 옹호하고, 예전과 성례, 그리고 혼인법에 관한 지시들도 포함하였다. 이 위조 문서들은 진정한 자료와 함께 끼워져 유럽 전역으로 퍼져갔는데, 신뢰할 만한 것으로 생각되었고 폭넓게 준수되었다. 그것들은 학자들이 그 진정성에 심각한 의심을 표하기 시작한 15세기 때까지 교회의 권위를 긍정하는 수단으로 활용되었다.

이 점에서 특별히 중요한 것은 "콘스탄티누스의 기증"으로 지칭되는 문서이다. 이 문서는 완전히 조작되어 위조 교서에 포함된 것인데, 콘스탄티누스가 제국의 권력을 교황 실베스터Sylvester 1세(314-335)와 그의 계승자들에게 이전했다고 확언하고 있다. 거기에 진술된 바에 따르면, 콘스탄티누스는 교황을 사도 베드로와 바울의 계승자로, 그리고 로마를 그리스도교의 중심으로 인정하고 있다. 그뿐만 아니라 교황이 세속 통치자들을 임명할 수 있도록 하였다. 이 문서가 교황과 국왕의 권력 범위와 관련하여 논쟁이 일었던 11세기와 12세기에 필수적이었다는 사실은 놀라운 일이 아니다.[3]

때때로 위조된 교서들은 실제 사건에 대해 시대가 맞지 않는 정보를 삽입하거나 문체를 사용하였다. 그럼에도 불구하고 교회의 최상 기관과 대부분의 중요한 교회법 편찬자들을 바보로 만들 정도로 잘 시행되었다. 그 외에도 덜 유명하지만 다른 위조들도 존재했다. 그것들은 교회법 전문가들이 만들었을 가능성이 아주 높다. 그들은 교령들을 위조하는 한편, 불순물이 섞이지 않은 자료들도 수집했다. 지금은 대부분의 위조문서들이 한 장소의 한 개인이라기보다는 집단들의 창조물일 것이라고 생각되고 있다. 가공에 관련된 자들은 자료가 풍부한 도서관에 접근이 가능했고, 신뢰할만한 결과를 만들 만큼 충분한 지식을 가지고 있었음이 틀림없다.

---

3 제4장 참조.

지속되는 로마의 현존

중세 초기 유럽에서 교회법의 지배는 로마법이 지속적으로 존재할 수 있게 해주었다. 교회 입법이 계속 로마법의 형식과 문서양식에 의존했고, 신학자들은 로마법의 용어와 분석에 의지하여 주석을 했기 때문이다. 이런 일이 가능했던 이유는 많은 수도원과 대성당 학교에서 로마법을 가르쳤고, 교회법이 침묵하고 있는 사건에서는 로마법을 사용할 정도로 로마법이 권위 있는 법원으로 생각되었기 때문이다. 6세기의 (공동생활을 하는 수도승들을 위한) 성 베네딕트St. Benedict의 규칙이나 세빌레의 이시도르Isidore of Seville의 《어원》*Etymologiae*(지식의 체계화를 위한 백과사전 형식의 공간물)과 같은 초기 그리스도교 문헌들 역시 로마법을 언급하였다. 그 문헌들은 로마법의 분류와 용어, 규범적 해답에 의지했다. 로마법과 교회법 사이의 이런 지속적인 관련은 오늘날 "교회는 로마법으로 존속한다."(*Ecclesia vivit lege romanae*)는 말 속에서 잘 나타난다.

그러나 로마법은 교회가 보존하는 외에 다른 방식으로도 유럽에서 살아남았다. 오늘날의 이탈리아에 속하는 일부 지역과 같이 6-7세기에 동로마제국의 지배 아래 있던 지역에서는 《시민법대전》이 알려져 있었고, 또 사용되었다. 학자들에 의해 복원된 법적 거래문서들은 빈번하게 로마법을 언급하고 있다. 대부분 라틴어로 쓰인 이 거래문서들은 로마법의 형식을 따르거나, 암암리에 로마법 논의를 재생시켰다. 이것은 특히 토지나 계약 관련 법 영역에서 두드러졌다.

로마법의 지속에 대한 기록은 다른 곳에서도 찾을 수 있다. 6, 7세기의 프랑크왕국의 서기관들clerks은 기증, 유언, 매매, 그리고 혼인 계약서를 작성할 때 로마의 공증인 실무를 모방했다. 같은 일이 가울Gaul(지금의 프랑스)에서도 있었다. 그곳에는 9세기에 편찬된 공증서식집이 존재했는데, 세속행정과 교회행정에서 6세기부터 사용되고 있었던 로마의 공증서식을 편찬한 것이었다. 종종 재판관의 직무를 수행했던 많은 국왕 관리들은 로마법과 교회법 양쪽에 지식을 가지고 있었다. 적어도 20명의 로마법 전문가들이 5세기와 8세기 사이에 가울 지역에서 활동했을 것이다. 또한 로마법을 인용하고 로마법의 문서양식을 활용하는 경우가 다양한 거래에서 만연하였다. 로마에서 기원하는 도시들에서도 로마법은 상업적 거래에서 지속되었고, 도시 행정은 로마의 실무를 지속적으로 모방했다.

로마법의 존속은 이베리아에서도 분명했다. 레온Leon(지금의 스페인) 왕국의 10세기 재판관들은 로마법에 기원을 둔 비시고트 스페인Visigothic Spain의 법적 절차들을 계속해서 적용하였다. 갈리시아Galicia(북서 스페인)에서는 《포룸 이우디쿰》*Forum Iudicum*(서고트족이 7세기에 공포한 법기록집, 《비시고트법률집》*Lex Visigothorum*으로도 알려져 있음)의 사본들이 유포되어 *이우덱스*Iudex라는 로마 직함을 지니고 있었던 재판관들이 사용하고 있었다. 서고트의 법들은 이베리아반도의 무슬림 점령 지역에서도 살아남았다. 거기서 그 법들은 모든 그리스도교인의 "속인법"으로 간주되었다.

게르만적 요소

북부에서 중부와 동부, 남부 유럽으로 이주한 오늘날 "게르만족"으로 지칭되는 많은 집단이 하나의 공통된 법전통을 공유하고 있었는지는 오랫동안 초기 중세시대를 연구하는 역사학자 사이에서 논란이 되었다. 어떤 역사가들은 집단들의 이동이 소규모 단위로 무계획적으로 이루어졌고, 그 성원들이 다른 문화와 매우 밀도 있게 접촉했다는 사실을 지적한다. 따라서 그들의 원래 풍습mores이 무엇이었는지 단정하기가 어렵다고 말한다. 7, 8세기의 기록들이 그보다 이른 시기의 기록들보다 더 풍부하기 때문에 그 집단들과 그들의 관습에 대한 우리의 지식은 심각히 시대착오적이고 부정확할 가능성도 있다. 그렇게 의심하는 역사가들은 이 집단들이 무언가를 공유하고 있었다 하더라도, 그것은 특별히 게르만적 전통이라기보다는 인도-유럽적인 것이었다고 결론짓는다. 인도-유럽적 전통은 법에 대한 "원시적인" 태도로 특징지을 수 있다. 즉 구두성orality에 의존했고, 어떤 중앙기구나 분명한 절차, 정비된 구조도 갖추지 못한 원시성을 보였다.

다른 역사가들은 비록 단일한 게르만법이 존재하지 않았더라도 북부에서 이주한 집단들이 특히 로마법 전통과는 분명히 구분되는 요소들을 유럽 본토에 들여왔다고 주장한다. 그런 요소들은 인도-유럽적(따라서 로마와도 공유하는)이라기보다는 게르만적이었다. 그중 가장 중요한 것은 공적인 삶을 다르게 조직한 것이다. 로마가 공화국*res publica* 또는 국가의 형태로 지속한 반면, 게르만 법계는 그러지 않았다. 게르만 사회는 원로들이 지도하는 대친족 집단들로 나뉘어 있었다. 원로들은 친족 성원들 사이의 분쟁에 대해서뿐만 아니라, 공동생활의 관리에 관한 대부분의 결정에 대해서도 책임을 지고 있었다. 그들은 결정까지의 숙고 과정에서 끊임없이 타협될 수 있는 불문의 유연한 질서에 의존했다. 이 과정이 어떠했는지는 매우 제한된 정보밖에 가지고 있지 않다. 그러나 추정하기로는 이들 법체계는 추상적이라기보다는 구체적이고 관계적이며, 의례와 형식에 강하게 영향을 받았을 것이다. 원로 모임에서 내린 결정은 끊임없이 변화하는 규범의 지평을 반영한다. 그것은 추상적인 정의를 추구하거나 추상적 원칙에 복종한다기보다는 장소와 때, 사안, 그리고 당사자에 따른 제반 사정에 적합해야 했다.

북부로부터의 이주자들이 공통의 기원을 갖는 게르만의 전통을 공유하고 있었는지는 중요한 질문이다. 그러나 이와 관계없이 분명한 사실은 3, 4세기에 이르면 (점차 유럽을 지배하게 된) 그들이 이미 로마법과 그리스도교에 크게 영향을 받고 있었다는 점이다. 로마의 영향 아래서 새 이주자들의 법적 태도가 변화하였고, 그들의 정치적 구조는 중앙화와 귀족화를 겪었다. 예를 들면 6, 7세기에 이르면 민회에 참가하는 것은 대부분 엘리트로 제한되었고, 군인 지도자들이 세습 국왕의 지위를 요구하기 시작했다는 증거가 있다. 다른 영역의 법들도 극적인 변화를 겪었다. 법이 생성되는 데 인민적이고 구두 형식의 유연한 요소들은 점진적으로 사라졌다. 그리고 로마의 영향으로 소위 게르만 부족들의 지도자들이 법을 공포하기 시작했다. 그때까지 구두로 존재하던 규범 체계를 기록하고 재생하고자 한 법서들 또한 6-8세기에 등장했다. 주로 게르만어보다는 라틴어로 쓰인 이 책들은 때때로 "오래된 좋은 질서"the good old order라고 표현한 것들의 존속을 보장하는 수단이 되기도 했다. 그러나 이 오랜 질서가 이미 어느 정도 변경되었음을 인정하는 경우가 그러지 않은 경우보다 더 많았다. 이 책 속에 포함된 성문법은 원래 그랬을 것으로 우리가 믿는 것보다 더 체계적이고 추상적인 경향이 있었다. 그리고 왕이 법질서를 (직접 창조가 아니라면) 재가하는 주된 역할을 담당하였음을 분명히 하였다.

이런 중요한 변화는 이미 6세기의 《살리카법전》*Pactus Legis Salicae, 또는 lex salica*에서 분명히 드러난다. 그 법전은 옛 규범들을 수집하는 동시에, 복수를 속죄금*compositio*, 즉 금전적 해결로 대체하고자 했다. 살리카법은 유럽 군주들이 왕위 계승에서 여계 후손을 배제하는 법적 기초가 되었던 것으로 오늘날 가장 잘 알려져 있다. 그 법은 피해자 측에서 폭력 대신 활용할 수 있는 구제수단의 목록을 길게 열거했다. 라틴어로 쓰였고, 어느 정도는 로마 칙령의 형식을 띠었다. 그러나 게르만의 용어들도 혼용하였고, 게르만 전통을 재생하고자 하였다.

로마법과 교회법, 게르만법이 혼합된 또 다른 뚜렷한 사례는 7세기 중반의 《서고트법전》*Liber iudiciorum* (중세 때는 *Lex Gothica* 또는 *Forum Iudicum*으로도 알려졌음)이다. 《서고트법전》은 게르만법과 로마법을 수록하였을 뿐만 아니라, 서고트 왕들이 제정한 왕법들을 포함하였다. 그 법전은 신학자들의 저술에 크게 영향을 받았고, 톨레도 제8차 공의회(635)에서 지역 주교들에 의해 승인받았다. 서고트족은 그 법전을 로마 혈통과 게르만 혈통을 가리지 않고 이베리아반도의 신민들에게 적용했다. 라틴어로 쓰였고 로마의 개념들에 친숙함을 보이는 《서고트법전》은 입법, 사법, 집행, 가족법, 채무법, 형법, 그리고 유대인과 이단의 제재와 같은 다양한 측면을 포괄하였다. 또한 속인주의보다는 속지주의를 선언하였다. 그 성공이 매우 장대해서 711년 무슬림의 이베리아 정복 후에도 그 법전은 살아남았고, 이슬람 지배 아래 있는 그리스도교인의 생활을 규율하였다.

행정 실무의 변화 또한 주목할 만하다. 예를 들면 보통 게르만 전통에서 보이는 구두성이 8세기에 이르면 그 이전만큼 중세 법질서에서 중심적 역할을 하지 못했다는 뚜렷한 증거가 있다. 그때가 되면 유럽 전역에서 법제도를 기록한 법서들이 나타났다. 그중 어떤 것은 법들을 수집한 것이었고, 또 어떤 것들은 법적으로 유용한 여러 형태의 문서들을 재생한 것이었다. 후자 중 가장 널리 퍼진 것은 대서인scribes이 그대로 베끼거나 수정, 생략 혹은 재조직할 수 있는 양식들을 포함한 법서들이었다. 이 기간에 기록보관소chanceries도 세워졌고, 인장이 그 성립의 진정성을 증명하는 수단이 되었다. 그 이후로 문자로 기록된 법과 문서기록들이 법의 세계에서 통용되었다. 법의 세계에서 구두성은 여전히 중요했지만, 점진적으로 중요한 변화를 겪고 있었다.

이런 과정의 결과로 10세기에 이르면 게르만법을 로마법이나 교회법과 구분하는 것은 매우 어렵게 되었다. 물론 일부 법제도는 어느 한 체계에 분명히 기원을 두고 있었다. 그러나 실무에서는 라틴어 표현들, 그리고 사고하고 자료를 해석하며 조직하는 로마적이고 그리스도교적인 방식들이 지배하게 되었다. 그 결과로 게르만법은 더 이상 쉽게 알아챌 수 없을 정도가 되었다.

신의 개입

13세기까지는 공동집회에 신이 직접 참여하는 것이 가능하고 또 바람직한 것으로 생각되었다. 이런 경우는 대부분 실제로 일어난 일을 확정하는 것이 어려운 사건들에서 있었다. 이런 경우 그 시대 사람들은 신이 누가 진실을 말하고 누가 거짓을 말하는지, 누가 유죄이고 누가 무죄인지를 가리키는 방식으로 개입한다고 믿었다. 신의 선언은 불필요한 상해의 고통으로부터 보호받을 만한 사람을 구하는 기적의 형식을 띨 것이라고 생각했다. 이런 개입을 간청하기 위해 공동집회는 당사자를 시죄試罪 ordeal, 즉 시험에 해당하는 고통에 처하게 했다. 이런 일이 일어날 수 있는 몇 가지 방식이 있었다. 가령 피고가 자신의 손을 끓는 물속에 넣게 하거나, 불 위를 걷거나, 혹은 아주 많은 빵을 빠르게 먹도록 할 수 있었다. 상식적으로 이런 행동은 보통은 상해의 결과를 가져올 것이다. 그러나 만일 그런 결과가 발생하지 않는다면, 그것은 신이 피고를 돕기 원했기 때문일 것이다. 이것이 신이 무죄인 사람 혹은 진실을 말하는 사람이 누구인지를 알리는 방식이었다. 이렇게 시죄에서 다치지 않은 사람은 자신의 주장을 입증한 것으로 간주되었다.

교회는 처음에는 시죄를 권장했다. 구체적이고 즉각적인 증거와 신의 자비를 볼 수 있었고, 어려운 문제를 해결하는 데 도움이 되었기 때문이다. 그러나 1000년이 되기 전에 교회는 시죄를 거부하기 시작했다. 13세기에는 (1215년 제4차 라테란 공의회에서) 시죄에 성직자의 참여를 금지함으로써 그 지지를 철회했다. 이 기간에 시죄는 점차 비이성적이고 이교적인 것으로 생각되었다. 역사학자들 사이에서는 왜 이런 변화가 일어났는지를 놓고 오랫동안 논쟁을 벌였다. 어떤 학자들은 그 목적이 그리스도교인 공동체를 이교적 과거로부터 정화하거나 성경이 뒷받침하는 관행만을 인정하기 위해서였을 것이라고 주장했다. 또한 (무죄한 사람들의 고통을 막아주도록) 신에게 기적을 행하도록 "요구"하거나, 혹은 시련, 피를 흘리는 것과 관련된 결정에 성직자가 참여하는 것이 교회의 권위기관들에게 불편하게 느껴졌을 가능성도 있다. 나아가 시죄의 점진적 포기와 최종적인 금지에는 다음과 같은 사실도 중요한 역할을 했을 것이다. 그것은 13세기 초반이 되면 공통법*ius commune*(제5장 참조)으로 인해 법학자로 불린 분쟁의 (그리고 분쟁 해결의) 새로운 전문가들이 사회에 배출되었다는 사실이다. 이들은 시죄로 해결하려 했던 어려운 문제들을 문서와 구두로 된 증거를 수집하고 검사하고 평가한 바에 기초하여 해결하는 새로운 방식을 제공하였다. 형사재판을 세속과 교회의 권위자들에게 집중시키려는 시도는 신의 재판으로부터 인간의 재판으로의 변화를 요구함으로써 이런 경향을 촉진했다.

시죄를 교회가 점진적으로 중단해 가다가 마침내 부인하기에 이른 이유에 대해서는 역사가들 사이에 다툼이 있지만, 이런 과정이 주요한 법적 변화를 일으켰다는 사실에 대해서는 대부분 동의한다. 시죄가 정당성을 상실했기 때문에, 유럽인들은 범죄의 직접적 목격자가 없는 경우에 형사책임의 결정과 같은 어려운 문제를 해결하기 위해서 새로운 방법을 찾았다(혹은 이미 그런 발전의 과정에 있었다). 유럽 대륙에서는 이것이 새로운 법적 절차(*ordo iudiciarius* 혹은 규문절차로도 알려진 로마-교회법 절차)의 채택으로 이어졌다. 이 새로운 법적 절차에서는 재판관이 범죄 혐의를 조사하고 증거 분석에 기초하여 판결했다. 이런 절차는 시죄가 폐지되기 전인 12세기에 도입되었다. 그러나 1215년 이후로 크게 강화되었고, 교회 법정에서 세속 법정으로 확산하였다. 이 절차는 공식적인 진정이나 고소는 없더라도 범죄 행위가 있었다고 의심하는 치안관이 개시할 수 있었다. 이 절차에서는 사실을 확정하는 일과 사실에 기초해 법을 적용하는 일 모두를 재판관에게 맡겼다. 그리고 어떤 증거를 충분하다고 볼 수 있는지, 증거가 없는 경우에는 어떻게 해야 하는지, 어떻게 심문해야 하는지, 그리고 유죄의 정황은 있으나 확증은 없는 경우에는 어떤 형벌을 내려야 하는지를 구체적으로 정해 놓았다. 유무죄뿐만 아니라 실제로 일어난 일을 경험적으로 확증하려고 하면서, 이 절차는 13세기 말에는 때때로 어려운 사건에서 확실성을 얻기 위한 수단으로 혐의자와 증인에게 고문을 가하기도 했다.

코먼로 역사학자들에 따르면, 잉글랜드에서는 그와 같은 발전이 — 시죄의 점진적인 정당성 상실과 종국적 폐지가 — 다른 반응, 즉 형사사건에서 평배심의 권한 강화를 부추겼다. 평배심은 1215년 이전에도 유럽(그리고 잉글랜드)에 존재하기는 했다, 그러나 그때는 (오늘날 대배심과 같이) 주로 범죄혐의자를 기소하거나(대배심 기소), 이전의 증오 또는 원한에서(*de odio et atia*) 기인한 사인의 고소를 기각하는 데 활용되었다. 시간이 지남에 따라 배심의 활용은 확대되어 새로운 의무와 범죄를 포괄했다. 그러나 교회가 시죄를 인준하지 않는 데 대한 직접적 반응으로 잉글랜드 국왕들이 최종 평결의 임무를 배심원단에게 맡긴 것은 1215년 이후의 일이다.[4] 그때 이후로 신이 아니라 배심원단이 기소의 진실성 여부를 판정했다. 배심원의 자격은 전문적 준비나 논리적 숙고에 기초하지 않았다. 자격은 그 대신 배심원들이 피고를 알고 해당 사건에 친숙한 지역민이라는 사실에 근거했다. 그런 가정에 근거했기 때문에 대륙과는 반대로 배심원들은 증거를 청취하거나 평가할 필요가 없었다. 또한 배심원이 외부자, 즉 중립적인 관찰자일 필요도 없었다. 오히려 그들의 법적 판단은 대체로 그들이 개인적으로 경험한 것, 그들이 이미 알고 있는 사실에 의존했다.

---

4 시죄의 폐지가 형사사건에서 배심의 이용에 크게 영향을 미친 것으로 보이지만, 민사 사건에 미친 영향은 명확하지 않다.

결과 : 파편화된, 그러나 통합된 세계

규범이 어디서 유래했는가라는 문제와는 관계없이, 초기 중세시대 동안 대부분의 사람들은 정치공동체나 법의 지리적 범위가 극히 제한된 세계에서 살았다. 그 세계에서 규범은 지역에 따라 극명하게 구분되었다. 당대인들이 살았던 법의 세계는 로마법, 게르만법, 지방법, 또는 교회법의 파편들로 이루어져 있었다. 그랬기 때문에 당시의 법의 세계는 매우 분열되어 있었고, 불확정적이었으며, 다중적 질서에서 유래하는 매우 다양한 규범들이 혼합된 모습을 반영하였다. 이 세계는 또한 법과 도덕이 혼합되어 있었으며, 인간의 질서는 단지 더 고차의 질서, 곧 신적 질서의 (엉성한) 모방일 뿐이라는 사실을 암시했다.

이 복잡한 세계가 실제로 어떻게 기능하였는지에 대해서는 많은 것을 알지 못한다. 자료가 드물고, 종종 불완전하기 때문이다. 그러나 일반적으로 생각되기는 이 시기 가장 어려운 과제는 분쟁을 해결할 수 있는 방식을 확정하는 것이었을 것이다. 그 확정을 돕기 위해 당국자들과 당사자들은 때때로 심판인*iuratores*이라 지칭되는 지역 전문가의 개입을 요청했다. 맹세 아래 있는 사람들(이것이 *iuratores*가 의미하는 바이다)로서 이들은 회부된 갈등의 해결 방법을 토의하기 위해 회합했다.

심판인에게 회부되지 않은 분쟁은 최대 수백 명의 사람으로 구성되는 마을 민회가 판정했다. 민회는 심판인의 활동과는 반대로 모두에게 개방되었다. 그리고 의식과 축제로 진행되었고, 종교적 성격이 분명했다. 민회는 공동생활에서 정의의 역할을 확인하고, 그것을 집행하는 계기였다. 원시 로마에서 그랬던 것처럼, 민회 때 거행되는 의식에서는 특별한 제문祭文을 사용하고 특정한 행위를 해야 했다. 종종 로마법과 교회법, 지방법과 게르만법의 혼합물이었던 이 제문과 행위들은 상당히 반복적이고, 정의를 얻는 데 기본적이라고 생각된 정확한 대본을 따라 행해졌다. 대부분 의식은 원고 또는 피고가 실제로 일어났던 일에 해당하는 제문과 행위를 골라 형식에 맞춰 반복할 것을 요구하였다. 그것은 보통 맹세의 방식으로 이루어졌다. 또한 상징적인 막대기를 움켜쥠으로써 동의를 표현하거나, 시죄를 시행할 때 신의 개입을 호소하는 의식을 행하기도 하였다.

그런 의식들이 시간과 장소에 따라 얼마나 차이가 있었는지 우리는 확신할 수 없다. 그러나 그 지역적 특성 때문에 지역에 따라 달랐고, 시간이 지남에 따라 극적으로 변화해 간 것은 틀림없다. 전통적으로 역사학자들은 그 기원이 무엇이든지, 어떤 제문들을 낭송하고 어떤 의식들을 따랐든지, 그리고 어떤 투표가 행해졌든지, 그 모든 것은 그 공동체에 고유한 관습법을 재생해 냈을 것이라고 주장해왔다. 그러나 최근에는 이런 실제 행위들이 한때 생각한 것과 같은 관습이 아니었다고 주장하는 학자들도 있다. 실제는 끊임없이 타협되었다는 것이다. 그런 실천들은 몇몇 사람들에게 다른 사람들에 대한 우월을 허용하였고, 종종 공동체 내의 뿌리 깊은 구분을 드러내는 행사가 되기도 했다. 그 관행들이 일을 처리하는 "오랜" 방식, 즉 관습법을 재현한 것이라 하더라도, 그 오래됨은 보통은 시간적으로 제한되었다. 전통에 대한 호소는 통상은 전략적이었고, 불러내진 전통은 아마도 오직 그 한 세대의 기억에 한정되는 것이 보통이었다. 따라서 당대의 사람들이 무엇을 "전통적"이라고 불렀다는 것은 그것에 내재하는 미덕을 가리키는 것이었을 가능성이 높다. 그것이 반드시 시간적으로 오래 지속되었음을 말하는 것은 아니었다는 것이다. 다시 말해서 어떤 것이 오래되었다는 것은 계보가 아니라 경험적 차원의 질을 가리켰다.

규범에 호소하는 일은 종종 분쟁을 해결할 필요성과 결부되었다. 그렇지만 공동체 성원 서로의 관계를 강화하거나 그곳 권력자의 지배를 인식하는 기념의식으로서 의례적으로 행하기도 했다. 그런 경우 규범은 연출과 축하의 성격을 띠는 공공모임에서 구두로 암송되었다. 교육의 목적에서 규범의 낭송은 그 규범들을 사람들의 기억에 고정하기 위한 것이었다. 그것은 대체로 공동체 성원을 사회화하고, 무엇인 선이고 바람직한 것인가를 가르치는 역할을 하였다. 이때도 규범들은 오래되고 영원한 것으로 제시되었으나, 역사가들은 그 규범들이 전혀 안정적이지 않았음을 지적해왔다. 연속성의 위장 아래서 지속적으로 수정이 이루어졌는데, 기억은 보존의 수단과 동시에 변화를 끌어들이는 수단으로 역할을 했다.

법원들의 혼합

지방법, 게르만법, 교회법, 그리고 로마법은 이렇게 초기 중세 유럽에서 병존하고 있었다. 그런 혼합물의 상징이 샤를마뉴Charlemagne의 활동이다. 샤를마뉴는 오늘날 프랑스와 독일 지역의 대부분을 차지하고, 북쪽으로는 네덜란드와 동쪽으로는 발트 지역까지 확장하였으며, 이탈리아 북부와 지금의 스페인 북부의 경계 지역까지 지배하였던 프랑크 왕국의 왕이었다. 그는 게르만 혈통의 세속 통치자이면서, 동시에 종교적인 문제까지 감독하였다. 그의 통치 지역은 느슨하게 연합된 영역들이었다. 그중 어떤 영역들은 800년 당시 다른 영역보다 로마화되어 있었는데, 그는 교황으로부터 "로마인의 황제"로 대관되었다. 교황의 입장에서 이런 움직임은 무엇보다도 샤를마뉴의 군사적인 지원을 보장받는 길이자, 또한 서방교회를 동로마제국의 지배로부터 자유롭게 하는 조치였다. 샤를마뉴 입장에서는 이 대관식은 그가 왕이자 황제임을 의미하는 것이었고, 황제의 권한으로 한때 로마 황제들이 그랬던 것처럼 교회의 일들에 개입할 수 있음을 의미하는 것이었다.

샤를마뉴는 엄청난 입법가로 기억되고 있지만, 그가 지시하고 제정한 것은 오늘날의 의미에서의 입법은 아니었다. 그 당시 모든 지도자와 마찬가지로, 그 역시 오직 자신의 의지에만 의존하는 그런 새로운 질서를 창조하는 것처럼 행세하지 않았다. 그 대신 그는 기존의 해결책을 조정하고 체계화하며, 그에 대한 복종을 확실하게 하려고 하였다. 규범의 창설자라기보다는 정의의 보장자이며, 자신의 개인적 법을 부과하기보다는 평화 유지를 책임진 자로서, 이론적으로 그의 역할은 법을 드러냄으로써 법을 선언하고 복종을 보증하는 것이었다.

샤를마뉴는 종교적인 일과 세속적 일 모두에 개입하고, 그 일들을 어떻게 처리해야 하는지 종교당국과 세속당국 모두에게 지시했다. 자신을 교회의 보호자이자, 신민들과 모든 곳의 모든 그리스도교인의 물리적 영적 복지의 보호자로서 행세했다. 그는 교회 제도를 개혁하고, 성직자 훈련을 복원하였으며, 교회 재산을 회복하고, 승인된 교회법령집의 사용을 권장하였다. 샤를마뉴는 또한 지방법을 기록하고, 게르만 기원의 규범들을 로마화하도록 명령했다. 자신의 왕국을 통합할 방안을 추구하면서, 그는 중앙화를 도입할 목적의 칙령들을 공포하기도 하였다. 그러나 중앙화가 반드시 표준화를 의미하는 것은 아니었다. 그가 추구한 것은 통일성을 확보하는 것이 아니라, 자신의 법정의 권위를 확립하는 것이었다. 그의 제국은 사실 다양한 체제와 규범과 법의 원천을 가진 파편화된 구조를 여전히 유지하고 있었다.

지방법, 로마법, 게르만법, 교회법의 이런 혼란스러운 혼합물을 실제로 운영하는 것이 항상 쉬운 것은 아니었다. 예를 들어 이론적으로 모든 그리스도교인과 관련된 교회법은 단지 종교적인 의무뿐만 아니라, 계약 체결이나 부채 수금과 같은 다양한 활동에도 영향을 미쳤다. 각 지역공동체의 해당 구성원들에게만 적용되었던 지방법은 군주적인 규범princely norms과 병존하였다. 어떤 사안들은 그 지역의 제도에 전형적이고 어떤 사안들은 군주적 명령에 더 적합하기는 했지만, 지방법과 군주적 법의 구분은 종종 문제가 되었다. 그리고 계약과 부채가 문제가 된 경우에는 그 두 법 외에 교회법도 적용될 수 있었다. 물론 이런 병행적인 규범 체계들이 지향하고 지시하는 바는 조화될 수 있었다. 그러나 또한 심하게 충돌할 수도 있었다.

그러나 규범 체계에 모순적 성격이 잠재되어 있었음에도 불구하고, 당시의 사람들에게는 이런 혼합체계가 일관성을 결여한 것이 결코 아니었다. 당시 사람들은 (그의 후속 세대들이 했던 것처럼) 어떤 규범이 게르만법인지 교회법인지, 혹은 로마법인지 묻지 않았다. 그들은 종교적 의무가 가족, 공동체 혹은 군주에 대한 의무와 다를 수 있다는 가능성을 생각하지도 못했다. 오히려 그들은 이런 다양한 법원이 사실과 당위를 함께 보여준다고 생각했다. 그런 상태가 세계의 방식이고 신이 바라는 것이라고 여겼기 때문이다.

법학자는 존재하지 않았는가?

역사가들은 대체로 초기 중세법은 대개가 올바르게 행동해야 할 개인적 의무를 구체화한 것이라고 결론짓는다. 이 의무는 가족과 공동생활의 책무들, 그리고 종교적 의무에 닻을 내리고 있었다. 규범들은 대개가 구두의 형태로 존재하고, 공동체의 삶을 통해 숙지되거나 조정되어야 했다. 법의 생산을 독점하는 권위 있는 어느 한 개인이나 단체는 존재하지 않았으며, 공식적으로 재가된 규범의 필요성도 존재하지 않았다. 이 규범 세계는 인간의 상호작용으로 만들어지고 때때로 성직자들이 지도하였다. 이 세계에서는 시죄를 통한 신의 직접적 개입을 바랄 수 있었다. 그리고 시죄를 통하지 않는 경우에는 당사자 사이를 중재하거나 진실을 발견할 다른 절차를 구했다.

이런 체계에서는 법에 훈련되거나 법적 조언의 제공으로 생계를 삼았던 사람들이라는 의미에서 법학자들jurists은 필요로 하지 않았다. 그러나 그렇다고 전문가들이 없었던 것은 아니다. 분쟁이 어떻게 판정되어야 하는지에 대해 일치된 의견을 가진 원로들, 그리고 신자들에게 어떻게 행동해야 하는지를 가르쳤던 신학자들이 그런 전문가들이었다. 또한 수많은 교회법 법률가들과 도덕신학자들이 존재했다. 그들은 교회 안의 권위의 구조를 정의하고, 교회 재판권의 확장과 특정 죄들의 의미를 놓고, 혹은 어느 정도의 대가가 정당하며 어느 정도면 폭리인지를 놓고 논쟁하였다. 또한 황제들과 국왕들은 지방법과 교회법을 수집하고 체계화하며 기록하는 것을 도와줄 법적 자문관들을 계속해서 고용하였다. 그런 전문가들이 없었다면, 9세기 교회법의 위조들은 성공하지 못했을 것이다. 그 위조자들은 성공적으로 그런 모방을 할 수 있을 정도로 로마법과 교회법 양쪽에 정통했었던 것이 틀림없다.

또한 법의 일상적 실무에서도 전문 지식이 활용되었다. 9세기에는 로마법과 지방법의 여러 부분에 대해서 주석들과 주해들이 유럽에 나타나기 시작했다. 파비아Pavia(현재 이탈리아)에서는 법의 연구가 활발하여 주로 로마법에 관심을 집중한 고전파*antiqui*와 게르만법도 다루었던 현대파*moderni*로 학자들이 나뉘기도 하였다. 로마법과 교회법 때문에 또한 대서인들과 공증인들의 일도 유지되었다. 이 기간 서류의 사용이 증가하면서 그 두 전문 직종은 유럽에서 두각을 나타내었다. 대서인과 공증인은 법적으로 유효한 문서를 작성하는 일을 했다. 그들은 종종 법서들에서 찾은 오랜 문서양식들을 참고하여 다양한 거래의 문안을 작성하고 기록하였다. 간단히 말해서 초기 중세시대는 분명히 법학자는 존재하지 않았지만, 많은 전문종사자가 왕과 그 신민들에게 어떻게 일을 처리해야 하는지 조언을 하고, 공동체에 무엇이 옳고 무엇이 그른지를 가르치며, 어떻게 신의 법을 발견하고 시행할 수 있을지를 숙고했던 세계였다.

제4장

1000년경의 영주와 황제, 그리고 교황

1000년은 유럽의 상상에서 엄청난 무게를 갖는다. 1000년은 초기 중세 사회의 성숙을 상징한다. 초기 중세는 그 후 곧 사라지거나, 적어도 새로운 사회로 여길 만큼 크게 변화했다. 변화의 이야기는 혼란과 함께 시작한다. 서로마제국의 멸망 후에 그것을 대체할 어떤 정치체도 나타나지 않았다. 이런 소위 권력 공백은 극단적인 파편화로 이어졌다. 6세기 초에 유럽의 거주자들은 개종과 로마화의 과정을 겪었다. 그러나 어떤 점에서는 동질화가 점증했음에도 불구하고, 800년경 유럽은 하나의 군도群島였다고 상상해 볼 수 있다. 마을들이 각자 배후지를 통할했지만, 그 마을들을 통합하거나 동일한 법을 명령하는 공동의 권력은 존재하지 않았다. 샤를마뉴 치하에서와 같은 통합의 시도는 상대적으로 짧았거나 결국에는 실패했다. 정주와 정복, 그리고 여러 게르만족과 슬라브족, 바이킹족 집단들에 의한 재정복으로 이어진 이주의 물결이 계속되었고, 밖으로 지중해 남쪽에서부터 다가오는 무슬림과 아시아 쪽에서 온 마자르 부족들의 침입이 내부로부터의 불안정을 야기하였다.

불안정한 상황은 중요한 경제적 변화로 이어졌다. 무엇보다도 상업이 쇠퇴하고 자급 경제로 이행이 이루어졌다. 그것은 또한 9세기와 10세기 사이의 어느 때쯤 전통적으로 "봉건제"라고 지칭되는 일련의 사회적 경제적 정치적 제도들이 생겨나는 결과로 이어졌다. 봉건주의란 무엇인가, 그것은 언제 어디에서 유래했으며, 서로 다른 지역들에서 어떻게 실행되었는가, 그리고 그것은 역사적 실재인가, 아니면 일어났던 일들을 설명하기 위해 후에 학자들이 만들어 낸 이야기인가 하는 것은 모두 여러 해 동안 논쟁이 되어 왔던 문제들이다. 그러나 대부분의 학자가 동의하는 사실은 1000년경에 유럽에 존재했던 형태들이 늦어도 11, 12세기에는 공격을 받고 있었다는 점이다. 11, 12세기는 또한 스스로 국왕이라 지칭했던 새로운 권력들과 함께 교회의 공고화를 목도했던 시기이기도 했다. 세속과 종교 양쪽에서 중앙집권화를 위한 투쟁, 그리고 왕국 안에서 국왕과 영주들 사이, 그리고 교회 안에서 교황과 다른 주교들 사이의 점증하는 경쟁이 더 복잡하게 된 것은 누가 더 우위에 있는가를 놓고 싸운 세속권력과 종교권력 사이의 긴장된 관계 때문이었다. 다음에서는 이런 발전을 개관하고, 그것에 대해 질문하며, 그것이 어떻게 그리고 왜 유럽법의 역사에 중요한지를 설명하려고 한다.

봉건주의의 관행적 초상화

봉건주의가 무엇이고, 어떻게 그리고 왜 그것이 등장했는지에 관해서는 많은 이론이 있다. 봉건주의가 유럽에서 많은 영역에 관련되지만, 그것이 어디서나 동일한 관행으로 이루어지지는 않았다는 점, 그리고 역사가들이 한때 서술했던 방식으로 한 "체계"를 구성하고 있지는 않았을 것이라는 점은 확실하다. 더군다나 봉건주의에 대해 우리가 알고 있는 대부분은 12, 13세기의 서술에 바탕을 두고 있다. 그 시기는 이미 봉건주의가 쇠퇴와 변화를 겪고 있는 때였으며, 서술을 남긴 사람들은 특정한 방식으로 봉건주의를 제시할 나름의 동기를 가지고 있었다. 그럼에도 불구하고 대부분의 역사가들은 9-10세기에 유럽의 많은 지역이 그 이전 시대에는 없었던 몇 가지 공통적인 특징을 공유하고 있었다는 점에 대해서는 의견을 같이한다. 그들이 그것을 "봉건주의"로 지칭했든지 안 했든지, 그것이 정확히 무엇을 포함했는지에 대해 의견이 같든지 다르든지, 혹은 그것이 하나의 체계를 형성하고 있었는지, 아니면 일정 범위의 상이한 관행들을 포괄한 것이었는지에 대해 의견이 같든지 다르든지에 관계없이 말이다.

관행적인 초상화에 따르면, 이런 특징 중 가장 중요한 것은 강력한 개인들(봉주)과 그에 종속하는 사람들(봉신) 사이의 인적 의존성이었다. 이런 관계는 불평등한 교환의 특징을 드러낸다. 봉주는 봉신들을 보호하고 돌보며, 그에 대한 보답으로 봉신들은 충성을 바치고 복종하며, 봉주에게 도움과 봉사 그리고 조언을 제공해야 했다. 고도로 규제된 관행은 봉주와 봉신들 사이의 결합이 어떻게 생기고 어떻게 종료되는지를 보여준다. 그 전형적인 방식을 보면, 봉건주의는 의식과 깊이 관련된 것처럼 보인다. 봉건적 관계는 문헌들에서 "봉신서약"homage으로 표현되는 격식에 따른 의례에서 성립되었다. 장소와 시기에 따라 달랐지만, 봉신서약은 보통 봉신이 자신의 두 손을 봉주의 두 손 사이로 집어넣고, 봉주의 가원家員이 되기를 원하는 소원을 공표하고 엄숙히 충성을 맹세할 것을 요구했다. 맹세는 주로 성경 혹은 성유물에 대고 이루어졌다. 그러면 봉주는 봉신을 껴안고 입맞춤과 함께 그를 "자신의" 사람으로 인정했다.

봉건적 관계는 처음에는 군사적 방어로 이해된 상호 보호에 거의 국한되었다. 그런데 늦어도 10세기 말에는 많은 지역에서 재산적 관계도 봉건 관계에 포함되기 시작하였다. 왜 이런 일이 일어났는가를 확실히 하는 것은 어렵다. 그때쯤 보호에는 단지 군사적인 것만 아니라, 생계 제공의 의무를 포함하는 경제적인 것도 포함되었던 것 같다. 아마도 극단적인 불안정성 때문에, 토지를 소유한 개인들이나 공동체가 자신들의 재산에 대한 통제를 보호의 대가로 봉주에게 넘겼을 것이다. 그 과정의 성격이나 정확한 연대기를 확신할 수는 없지만, 그 결과는 꽤 명확하다. 유럽의 많은 지역에서 넓은 영역의 소유주로 인정된 강력한 영주들이 등장하게 된 것이다. 대부분의 지역에서 영주들은 공물이나 군사적 복무, 혹은 노동과 같은 것을 대가로 봉신들에게 토지 용익권 혹은 사용권을 허용했다. 봉신들이 대가로 지불하는 것 중에는 상징적인 것도 있었고, 복종의 수락과 충성의 맹세도 포함되었다.

봉건적 관계에서 경제적 관심이 중심이 되어감에 따라, 영주들은 봉신들이 신분에 마땅한 재산을 보유할 수 있도록 해주기 시작했다. 이것은 전형적으로 봉신들에게 토지를 사용할 수 있게 함으로써 이루어졌으나, 그들에게 관직이나 다른 종류의 수입을 수여하는 방식을 통하기도 했다. 그리고 마침내 영주들의 의무는 사법적 보호에까지 확장되었고, 영주들은 자신이 재판관이 되는 재판정을 개정하여 그 영지의 관습법이라고 말해지는 것들을 적용하기 시작했다. 그 덕분에 영주들은 오늘날 정부가 갖는 기능 중 많은 것을 획득할 수 있었다. 그들은 영지의 치안을 다스리고, 분쟁을 판정하며, 형벌을 내렸다. 또한 세금을 거두었고, 공동체를 다스리는 규범을 노골적으로 창조했다고는 할 수 없어도 적용할 수는 있었다. 많은 지역에서 이런 발전이 초기 중세시대 민회와 배심원들에 의해 운영되는 일종의 공동체적 사법의 종언을 고하게 했다. 공동체적 사법이 지속된 곳도 있긴 했다. 그러나 그런 경우도 영주와 그의 봉신들에 의해 통제되었기 때문에 근본적인 변화가 있었다.

고전적인 공식에 따르면, 봉건주의는 인적 관계를 맺는 당사자들 사이의 합의에 기초하고 있었다. 처음에는 약간의 선택이 봉신에게 허용되기는 했다. 그러나 대부분의 봉신이 자유의사로 이런 관계를 맺은 것은 아니었다. 더군다나 10세기에 이르면 봉건주의는 방어를 위한다는 처음의 목적은 대부분 상실하고, 주로 경제적 착취체계로 변해갔다. 권리와 의무는 봉주와 봉신 모두에게 상속이 되었고, 그들 사이의 교환이라는 성격은 실질적으로 퇴색해갔다. 인적 의존성의 이 체계가 유럽의 풍경을 지배하게 되었다. 오늘날의 프랑스, 이탈리아, 잉글랜드, 스코틀랜드, 아일랜드, 웨일스, 슬라브 지역들, 그리고 이베리아반도의 많은 지역에 이르도록 그 체계가 유럽 전역으로 확장되었다.[1]

---

1 역사학자들은 봉건주의가 유럽 전역에 미쳤는지, 그리고 그 영향이 시간과 장소를 뛰어넘어 비슷했는지에 관해 의견을 달리한다. 이 질문에 대한 대답은 학자들이 그것으로 유럽의 독특한 발전 양태를 설명할 수 있다고 생각했기 때문에 중요했다. 예를 들어 1929년에 당시 스페인의 뛰어난 철학자였던 오르테가 이 가세트Ortega y Gasset는 스페인이 왜 "다른지"는 봉건 경험이 없었다는 점으로 설명할 수 있다고 말했다.

봉건사회?

전통적인 초상화에 따르면, 이런 발전의 결과로서 1000년경에는 대부분의 유럽인은 농촌 지역에서 살게 되었다. 그들은 거주하는 그 지역에서 봉신으로서 자신들에 대해 관할권을 행사하는 영주에게 묶여 있었다. 대부분의 지역에서 영주들은 오늘날 입법권, 행정권, 사법권으로 분류되는 권력을 축적해 갔다. 법을 만들고, 그것을 적용하며, 분쟁을 판정했다. 판결을 할 때는 기존의 지방법이 안내 역할을 — 보통은 가식적이었지만 — 했을 것이다. 또한 확실히 교회법을 염두에 두어야 했을 것이지만, 결정적인 것은 그의 말과 해석이었다.

그러나 봉건주의는 단순히 두 계층으로 이루어진 체계가 아니었다. 오히려 소영주가 대영주의 봉신이 될 수 있는 다층적인 체계였다. 그런 계층적 구조로 인해 예를 들어 독일 황제와 같은 초-대영주mega-lord는 몇몇 영주들의 주인이 될 수 있었는데, 그들은 다시 그들 자신의 봉신들을 두고 있었다. 영주들의 봉신은 황제의 봉신이 아니었기 때문에, 황제는 직접적으로 그들의 협력을 요청할 수 없었다. 그들에게 의사를 전달하기 위해서는 그들의 바로 위 봉주들을 통해야만 했다. 이런 피라미드 구조의 통솔은 중요한 영주들의 충성과 그들의 봉신들의 복종을 보장했으나, 또한 황제에게 제약을 부과하기도 했다. 황제가 직접 자기 봉신의 봉신들에게 명령할 수 없다는 것은 그가 그들에게 뭔가를 하거나 하지 않기를 원할 때 영주들의 매개에 의존해야 했다는 것을 의미한다. 이를 이용하여 영주들은 보답으로 뭔가의 양보를 요구할 수 있었다.

봉건주의가 탄생했을 9세기에 필연적이었던 이런 상황은 군주로 지칭되는 몇몇 영주들이 자신의 통할권을 확장하기 시작한 후로는 유지되기 어렵게 되었다. 그들은 11, 12세기부터는 자신과 동급 영주들의 권력을 축소하려고 하거나, 혹은 그들을 법정에 소환하고 자신을 위한 봉사자로 만듦으로써 통제하려 했다. 이런 방식을 통해 권력이 축소된 영주들은 왕가 집안의 사람이 되었을 뿐만 아니라, 권력 기반도 상실하게 되었다. 자신의 봉신들이 거주하고 있는 변방으로부터 대부분 떠나 지내야 했기 때문이다.

왕국에 거주하는 모든 사람을 복속시키기 위해 왕들은 도시의 성장을 장려했다. 도시들은 봉건 영주에게 복종하지 않았기 때문에 "자유롭다"고 승인되었다. 그렇게 함으로써 왕들은 도시와 그 거주자를 자신의 직접적인 권한 아래 두었다. 이런 정책은 성공을 거두어 전 유럽에서 도시의 수와 규모가 성장했다. 그러나 결국 왕들이 권력의 공고화를 위해 사용한 가장 효과적인 전략은 자신을 최고의 판정자로 세운 것이다. 그들은 영주들 사이의 중재자 역할을 주장했고, 왕국 전체에 국왕재판소를 설립했다. 대부분의 군주들이 시도했던 이 방법은 처음 잉글랜드에서 성공했고, 오늘날 코먼로라고 부르는 것으로 귀결되었다(제6장 참조).

봉건주의에 대한 의문

오랫동안 앞의 서술이 봉건주의의 성격과 역사에 관한 표준적인 교과서가 하는 이야기였다. 그러나 1990년대로부터 봉건주의의 유형이 하나인지 혹은 다수인지, 그리고 고전적으로 정의된 봉건주의가 도대체 존재하기는 한 것인지 의문을 제기하는 역사학자들이 등장하기 시작했다. 그들은 이런 발전을 묘사하기 위해 사용하는 용어("봉건주의")에 의문을 던졌을 뿐만 아니라, 이런 묘사에 부합하는 제도가 실제 생활에서 구현되었는지에 대해 다른 의견을 가졌다. 그들은 하나의 모델이 있었다면 아마 거의 자리를 잡지 못한 모델이었을 것이라고 말한다. 혹은 문서고에서 발견된 매우 다양한 상황과 관행들은 명확한 원칙에 입각한 체계로 결코 환원될 수 없다고 그들은 주장한다. 간단히 말해서 "봉건주의"는 과거에 대한 우리의 이해를 증진하기보다는 오히려 흐리는 이론적 추상이라는 것이다.

학자들은 또한 유럽의 많은 지역에서 편만했던 봉주와 봉신의 존재에도 불구하고, 당시의 모든 사람이 봉건 체제에서 살았던 것은 아니라고 주장한다. 어떤 지역이 다른 지역보다 더 "봉건적"이었다. 심지어 고전적 봉건주의가 경제적, 사회적, 정치적, 법적 질서의 지배적인 형태였을 수 있는 지역에서조차도 자유 농민들과 도시거주자들이 존재했고, 그들의 수는 지역과 시기에 따라 다양했다. 요약한다면, 그들은 봉건주의가 우리의 상상력을 실제보다 과도하게 붙잡았다고 보았다.

그럼에도 불구하고 9, 10세기 유럽에서 무언가 중요한 일이 일어났다는 것은 분명하다. 그것을 봉건주의라 부르든 부르지 않든, 그것을 단일한 현상으로 믿든지 다양했던 현상으로 믿든지, 즉 그것이 하나의 일관된 체계였다고 믿든지, 아니면 이질성을 무시하는 학자들에 의해 하나로 묶인 상이한 관행들이었다고 믿든지, 그리고 그것이 유럽의 모든 지역에 영향을 미쳤는지, 아니면 일부의 지역에만 영향을 미쳤는지에 관계없이 분명한 사실은 존재한다. 그것은 이 기간에 유럽의 정치체의 구조가 크게 변했다는 사실이다. 자율적이던 많은 마을이 종속되었고, 보호의 요청이 만연했다. 그리고 정부 및 사법의 많은 기능을 독점한 영주와 대영주overlords가 등장하였으며, 그에 따라 권력구조가 계층적으로 변해갔다. 한 마을이나 소읍지에 거주하는 사람들 사이의 관계는 단지 약간만 변화되었을지 모른다. 그러나 그 공동체들 사이, 그리고 공동체와 지역 권력자의 관계는 중요한 변화를 겪었다. 그리고 이것은 결국 왕국과 국가의 형성으로 이어졌다.

영주들, 황제들, 그리고 교회 당국

독일 황제들은 지위를 공고히 하기 위해 교회의 지원을 구하였다. 강력한 개인들과 교회의 연합은 물론 9, 10세기보다도 훨씬 더 오래된 일이다. 그렇지만 이런 상호적 의존성이 이 기간 새로운 높이에 도달했다는 것이 일반적으로 인정되는 사실이다. 이런 일이 일어난 장소는 카로링거제국Carolingian Empire이었다.

카로링거제국은 오늘날의 독일, 프랑스, 스위스, 오스트리아, 이탈리아, 벨기에, 룩셈부르크, 그리고 네덜란드 지역에 해당하는 느슨한 정치체의 연합이었다. 카로링거제국의 수장은 800년에 교황 레오Leo 3세에 의해 "로마인들의 황제"[2]로 대관된 샤를마뉴였다. 샤를마뉴의 제국은 그의 사후 분열되었다. 그러나 10세기에 새로운 왕국이 등장해 다시 한번 넓은 지역에까지 지배권을 확장할 수 있었다. 그것을 이끈 것은 오토Otto 1세(912-973)였다. 그는 교황 존John 12세에 의해 962년에 "신성로마제국"Holy Roman Empire의 황제로 대관되었는데, 신성로마제국은 제국임을 주장하는 독일 지역들에 부여된 이름이었다.

이 두 경우에서는 교황들이 모두 게르만의 제국 주장을 지지했지만, 황제와 교회 사이는 결국에는 아주 험악한 관계가 되고 말았다. 그 긴장이 11세기 말에는 많은 유럽 사람들을 아연케 한 공공연한 투쟁으로 비화하였다. 문제가 된 것은 황제가 주교를 임명할 수 있는가에 관한 불일치였다. 지팡이를 선택된 주교에게 넘겨줌으로써 그의 영적인 권위를 인정하는 행위를 "서임"이라고 불렀기 때문에, 그 투쟁을 보통 "서임권 투쟁"Investiture Conflict이라고 부른다. 유럽법사의 관점에서 볼 때, 이 사건은 교황과 유럽의 세속권력 사이의 바른 관계가 무엇인지에 관한 어려운 질문을 드러냈다. 누가 더 우위에 있는가? 교황은 세속적인 일에 간섭할 수 있는가? 황제는 종교적인 일에 그럴 수 있는가? 세속적인 것과 영적인 것이 구분이 가능하기는 한가, 아니면 유럽에는 오직 하나의 공동체, 즉 단일한 그리스도교인 교회*ecumene*만이 존재하는가?

세속 통치자들과 교회 양자가 동반했던 로마의 전통은 세속적 영역과 영적인 영역의 구분을 진전시키지 못했다. 로마 황제들은 개종하기 전에는 로마의 종교에서 중심적인 자리를 차지하는 고위 사제(*pontifices maximi*)였다. 개종 후에도 그들은 그런 견해를 유지하면서, 종교적인 일에 법을 제정하거나 다른 방식으로 적극적인 개입을 했다. 가령 그리스도교의 규범을 확정하는 주교회의를 소집하고 참여하는 것은 그런 개입의 예였다. 서로마제국이 게르만 부족들에 의해 멸망한 후에는 교황 레오Leo 1세(440-461)와 그레고리Gregory 1세(590-604)는 팽창하는 그리스도교 세계의 지도자로뿐만 아니라, 거의 우주적 범위에 미치는 세속 권력자로 자신을 치장했다.

그럼에도 불구하고 그들은 선교사와 교회 관리들의 활동을 보호하고 재정적으로 보

---

2 제3장 참조.

조할 세속 지도자의 도움이 필요했다. 그뿐 아니라 때로는 로마 교황의 통제권을 보장하기 위해서도 도움이 필요했다. 그랬기 때문에 6세기부터는 후임 교황들도 습관적으로 게르만 국왕에게 조력을 호소했다. 그 후로 국왕들은 — 예를 들어 샤를마뉴는 — 자신을 교회의 보호자로 그렸다. 그들은 종교적인 일에 법을 제정하고, 자신의 관할 지역 내에서 지속적으로 로마 교황의 통제권과 자율권을 제한했다.

강력한 영주들이 부상함에 따라 교회의 자율은 더욱 지역 영주들의 강화되는 통제권과 절충되었다. 이 기간 영주가 자신의 영역 안에서 주교들을 임명하는 것이 관습이 되었다. 또한 영주들은 자신이 선택한 주교들을 봉건 영주(직속 수봉자)로 승인하고, 그들에게 지역과 사람들에 대한 관할권을 수여했다. 이를 통해 주교의 지위가 상승하는 경우가 흔했다. 영주로 지명됨으로써 주교들은 그들의 (이제는 봉신이 된) 양떼를 통제할 행정적 재정적 권력을 보장받았다. 또한 그것은 그들을 임명한 대영주가 그들의 충성을 확보하는 데도 도움이 되었다. 교회의 영주 지위는 특정 교구와 결부되었고, 주교로 지명된 누구에게라도 수여되었다. 따라서 대영주가 그 지명을 관장한다면, 그는 그 영주 지위를 수행하는 사람 또한 결정할 수 있었다. 이런 방식으로 중요한 봉건적 영역이 대영주의 직접적인 통제 아래 남게 되었다. 또한 대영주가 주기적으로 적당하다고 여긴 사람에게 영주 지위가 수여될 수 있었다. 그 점에서 교회의 영주 지위는 영주의 지위가 흔히 한 가족의 재산이 되었던 다른 경우와는 달랐다.

교회의 직위와 봉건적 권력의 연결은 교회의 영지가 잘못된 사람의 손에 떨어지지 않도록 하는 것이 대영주에게는 매우 중요했다는 것을 의미했다. 이 때문에 대영주들이 주교의 지명을 관장하는 것이 필요했다. 그러나 교황들 또한 봉건 영주이기도 한 강력한 주교들의 지명을 관장하기를 원했다. 그리고 협력자에게 직위를 부여하는 것을 충성을 확보하는 중요한 수단으로 생각했다.

이런 희망을 분명히 표현하면서, 11세기 말 교황 그레고리 7세(1073-1085)는 탐욕의 대상이 된 이들 직위에 대한 통제를 목적으로 광범위한 개혁을 개시했다. 그 또는 그의 가까운 협력자 중 한 명에 의해 27개의 중요한 교황 결정을 담은 (지금은 딕타투스 파파이*Dictatus Papae*라고 알려진) 교령이 성안되었다.[3] 무엇보다도 그 교령은 주교를 지명하고 해임할 권리 및 목자의 막대기를 수여할 권리가 독일 황제에게 있다는 점을 부인했다. 또한 교회는 신이 세웠고, 유일하게 참된 보편적 기관이라고 선언했다. 따라서 만일 황제가 교회의 지시에 복종하지 않는다면, 교황은 그를 축출할 수 있고, 황제의 봉신들을 복종의 맹세로부터 자유롭게 할 수 있다고 했다.

제국에 대한 교회의 우월성, 그리고 황제에 대한 교황의 우월성을 분명히 하면서, 딕타투스 파파이는 또한 교회 안에서 교황의 우월성도 확보하려 하였다. 그것은 교황만이 새로운 법을 제정할 수 있고, 교구 교회congregations를 새로 창설할 수 있다고 결정했다. 또한 교황은 기존 제도의 지위를 바꿀 수 있고, 교회 관리를 통할할 수 있다고 했다. 오직 교황만이 주교들의 교구를 옮기고, 일반 공의회를 소집하며, 어떤 책과 책의 어떤 장들이 신성한지 정할 수 있었다. 딕타투스는 나가서 교황은 누구에게도 판단을 받지 않으며, 교황의 결정에는 이의를 제기할 수 없다고 선언했다. 그 교령에 따르면, 교황은 보통의 주교가 아니기 때문에 이런 예외적인 힘을 갖는다고 했다. 베드로의 직접적인 후계자로서 교황은 제국의 휘장을 사용할 수 있고, 모든 왕이 그의 발에 입을 맞추어야 하는 유일한 살아있는 인물이었다. 또한 "유일무이한"unique 그의 이름이 교회에서 낭송되어야 하는 존경의 대상이었다. 베드로의 공덕이 교황을 거룩하게 한다는 것이었다. 딕타투스 파파이는 또한 교회와 조화를 이루지 않고는 누구도 신자가 될 수 없다고 단언했다.

---

3 19세기 말 이래로 역사학자들은 그 교령이 1075년에 해당하는 교황 기록부에 포함되어 있기는 하지만, 그레고리 자신이 아니라 그의 협력자 중의 한 명인 데우스데디트Deusdedit 추기경이 훗날 썼을 것으로 주장해 왔다.

서임권 투쟁

서임권 문제가 시험을 받게 된 것은 1076년 황제 헨리Henry 4세(1050-1106)가 밀라노(부유한 봉건 영지)의 대주교로 교황이 지명한 자를 무시하고, 그 자신의 사람을 임명하면서였다. 교황 그레고리가 헨리를 파문으로 위협한 후, 헨리는 독일 주교들의 회의를 소집했다. 봄스Worms에서 1076년에 열린 회의에서 주교들은 헨리 4세의 유도에 따라 그레고리에 대한 복종을 부인하고, 그의 폐위를 선언하며 새로운 교황의 선출을 요구했다. 비록 그들이 찬탈과 속임수로 그가 교황이 되었다고 주장하면서 비난했지만, 그에 대한 주된 고소 이유는 그의 개혁이었다. 주교들에 따르면, 그는 자신들의 관습적이고 정당한 권한을 침해하여 교회가 파괴될 정도로 혼란에 이르게 했다는 것이다.

교황 그레고리는 이런 도전에 대응하여 황제를 파문하고 황제에 대한 복종 의무로부터 독일 귀족들을 풀어주었다. 헨리는 자신의 영주들이 자신을 외면하고 그를 이을 다른 황제를 선출하겠다고 협박하자, 1077년에 공개적인 행위로 교황에게 항복을 하였다. 그러나 이 이야기는 여기서 끝나지 않는다. 귀족들은 자신들이 위협한 대로 또 다른 황제로 스바비아Swabia의 공작 루돌프Rudolf를 지명하였다. 교황은 이 새로운 후보자를 지지하였고, 재차 헨리를 파문하였다. 헨리도 다시 교황의 폐위를 선언하고 반反교황 클레멘트Clement 3세로 알려진 새로운 사제를 세웠다. 헨리의 군대가 로마의 성문에 다다르자, 그레고리는 그 도시를 도망하여 얼마 지나지 않아 사망했다.

헨리와 그레고리의 승계자들(헨리 5세와 교황 칼릭스투스Calixtus 2세)이 1122년에 공식적으로 서임권 투쟁을 종결하는 타협에 도달하였다. 봄스협약Concordat of Worms에서 그들은 주교의 선출을 교황의 권한으로 인정했다. 그러나 동시에 황제에게 선출 과정을 주재하고 분쟁이 있는 경우 개입할 수 있도록 허용했다. 그 타협에 따르면, 황제는 더 이상 지팡이를 주교에게 수여할 수 없었다. 그러나 그들에게 자신에 대한 충성을 요구할 수는 있었다. 표면적으로는 동일한 이해에 도달한 것처럼 보였지만, 양측 모두 자신들이 누구이며 서로의 관계가 어떠해야 하는지에 관해 자신들의 기본 입장을 유지했다. 또한 교회 안의 갈등도 완전히 해결되지 않았다. 그 후의 교황들도 계속해서 우월한, 아마도 절대적인 권한을 주장했고, 많은 주교들과 신학자들은 그 주장에 이의를 제기했다.

그 후의 유럽법사

8세기에서 11세기 사이 유럽에서 법은 여전히 로마법, 게르만법, 교회법, 그리고 지방법의 조합에 기초를 두고 있었다. 그러나 유럽의 법은 점점 더 봉신들을 통제했던 지역의 강력한 영주들에 의해 결정되었다. 자유도시 또는 자유농민들이 존재하는 곳에서는 지역의 자율성이 지속되었다. 그러나 그 자율성 또한 스스로 황제 또는 국왕으로 자처하는 대영주의 등장으로 인해 점점 더 제약을 받게 되었다.

이런 변화 중 많은 것이 장소와 때의 특정한 환경으로 설명될 수 있지만, 이런 발전에 관해 아마도 가장 놀라운 사실은 불평등한 당사자 사이의 언약이 지속적으로 관련되었다는 점일 것이다. 물론 그리스도교인들이 그들의 하나님과 맺는 언약과는 달리 봉주와 봉신 사이의 언약은 종교적이 아니었다. 그렇다고 그것이 완전히 세속적인 것도 아니었다. 영주들은 이론적으로는 그리스도교의 사명을 부여받고 있었고, 봉신들이 영주에게 복종하는 것도 무엇보다도 맹세를 했다는 사실에 근거했다. 게다가 이 기간 영주들은 종종 그리스도교인으로서뿐만 아니라, 자기 신민들의 세속적 영적 복지를 모두 책임지는 종교 지도자로도 행세하곤 했다.

영주들이 봉신들과의 일종의 언약 혹은 교환으로 권한을 획득했다는 관념은 매우 중요하다. 그것이 부분적으로는 (혹은 완전히) 허구적이고, 오용된 것이며, 진정한 의미에서 자유롭게 체결된 것은 아니었다. 그렇지만 정치권력의 기초로서 동의, 합의, 교환이라는 토대에 관한 신화는 결국에는 유럽사에서 중심적인 요소가 되었다. 그것은 여러 세기에 걸쳐 무수한 반복과 형태로 등장하게 되며, 군주들 그리고 마침내는 국가들의 옹립과 멸망을 정당화하는 근거가 되었다. 정치공동체를 보는 계약적 관점은 정부에 대한 정당화 근거뿐만 아니라, 권력자를 비판하고 그들이 일정한 방식으로 행동해야 한다고 요구할 수 있는 수단을 제공하기에 이르게 되었다.

이렇듯 영주와 봉신의 관계는 유럽인들이 권력을 생각하는 방식을 재조직하고, 점점 더 영주의 입김이 세지게 되는 규범 체계와 상호작용을 했다. 반면에 서임권 투쟁은 유럽법의 새로운 이상이 발전하는 데 결정적 계기가 되었다. 세속 영역과 종교 영역의 명확한 구분을 재정립하기 위한 첫 번째 시도로서 누군가는 그것을 — 교회가 봉건적 통제에서 해방되어 독립적인 법체계를 제도화한 — 진정한 혁명이라는 개념으로 포착했다. 이 법체계가 교회의 내부적인 일들과 함께 모든 그리스도교인의 생활도 규율하게 되었다. 이는 유럽에서 하나의 권위적인 목소리, 즉 교황의 입법적 해결에 주로 의존하는 최초의 법체계가 되게 된다. 서임권 투쟁은 또한 유럽법에서 엄청난 변화, 즉 12, 13세기에 이탈리아 대학들에서 일어난 로마법의 재생을 촉진하였다.

A Short History of European Law

유럽법약사
A Short History of European Law

중세 후기

제 3 부

제5장

유럽 공통법의 탄생

사람들은 12세기를 유럽 역사의 중심축을 이루는 순간으로 여긴다. (봉건주의가 존재했던 곳에서) 경제적 번영 및 인구 팽창과 함께 봉건주의가 쇠퇴하고 군주 권력이 부상했다. 생산의 증가와 함께 새로운 상업적 루트와 중심지들이 등장해서 도시 연계망이 크게 확장되었고, 이주가 활발해졌다. 새로운 도시들이 생겨났고, 인구가 감소했던 중심지들이 다시 활력을 되찾았다. 군주 권력이 확장됨에 따라 왕의 신하들이 확대되었고, 도시의 규모와 중요성이 증대함에 따라 도시 행정도 확장되었다.

역사가들은 오랫동안 이 시기를 진정한 "르네상스"로 생각해 왔다. 그들은 이 시기에 예술, 과학, 그리고 지적 생산물의 엄청난 팽창이 일어났다고 주장한다. 그것은 유럽법에도 심대한 영향을 끼쳤다. 그 출발은 장소와 집단, 그리고 대상에 따라 다양한 매우 파편화된 체계로부터 시작하였다. 그러나 그 도착점은 로마화된 모든 그리스도교인에게 잠재적으로 공통된, 이후 공통법*ius commune*으로 지칭될 새로운 별자리의 탄생이었다.[1]

이미 본대로 1,000년경 법은 분열되어 있었고, 지역적으로 제한되었으며, 지방법, 로마법, 게르만법, 교회법 및 봉건적 입법에 의존하고 있었다. 이런 다양한 규범 체계는 상호 영향을 주고받았으나, 그 내용은 마을마다 극적으로 다를 수 있었다.

12세기의 새로운 상황은 새로운 규범 질서의 탐색으로 이어졌다. 지역적 규율에 근거하여 지역마다 서로 달랐던 법과는 대조적인 새로운 유형의 법이 요구되었다. 기존의 법적 전통을 갖지 않는 새로운 공동체의 출현, 그리고 그 공동체들 사이 또는 비유럽 지역의 무역 상대방과의 빈번한 관계, 그리고 이주의 증가로 인해 법의 지역적 차이를 다리 놓아줄 새로운 유형의 법이 필요하게 되었다. 개혁의 필요는 공법과 같은 영역에서도 존재했다. 당시의 공법은 새롭게 등장하는 도시 행정과 군주 행정을 지원하기에는 그 발달이 불충분했기 때문이다. 여기에서도 새로운 법질서를 상상해야 했다. 마침내 경제적 번영과 학식 습득의 집중적 지원 덕택에 사회의 덩치 큰 한 부분이 지적 추구에 몰두할 수 있었고, 그것은 유용했다.

정치적, 사회적, 문화적, 그리고 경제적 조건에 추동되고, 도시 및 군주 권력, 그리고 교회의 — 이들은 모두 자신의 권력을 강화하고 증대시키려고 했는데 — 뒷받침을 받아, 규범에 접근하는 새로운 방법이 유럽에 나타나기 시작했다. 그리고 점진적으로, 그러나 극적으로 유럽의 법적 풍경을 변화시켰다. 이 혁신적인 방법이 북부 이탈리아에 도입되었고, 빠르게 다른 지역으로 퍼져나갔다. 그 지역들에서 그 빙법은 19세기까지, 아마도 이후에까지 유효했다. 어떻게 그리고 왜 이런 일이 일어났는지, 그리고 그 결과로 어떻게 유럽법이 변했는지가 이 장의 주제이다.

---

1 공통법이라는 용어는 원래 교회법 중 모든 그리스도교인에게 공통된 부분을 가리키는 데 사용되었다. 그러나 결국에는 12세기부터 19세기(그 너머까지가 아니라면)까지 유럽법을 통제한 로마법과 봉건법, 그리고 교회법의 조합을 가리키는 용어가 되었다.

유럽에서 법의 연구

유럽에서 12, 13세기에 일어난 법의 혁명은 세 개의 서로 맞물리는 요소에 의해 형태가 갖추어졌다. 고대 로마 원문들(주로 시민법대전)의 발견과 재구성, 그 원문을 분석할 새로운 방법의 수용(스콜라주의), 그리고 그렇게 할 수 있는 새로운 환경(대학으로 발전할 학식의 중심지)의 발명이 바로 그것이다. 역사가들은 오랫동안 그중 어떤 것이 우선했는지에 대해 논쟁을 벌여왔다. 새로운 방법이 새로운 지적 환경의 형성으로 이어졌는가, 아니면 새 환경이 새로운 방법의 형성을 고무했는가? 모든 것이 고대 원문의 발견에 의해 시작되었는가, 아니면 새로운 방법으로 인해 원문이 중요해졌기 때문에 원문을 찾게 되었는가?

그 정확한 계보와 인과관계가 무엇이었든지, 새로운 자료와 새로운 방법론, 그리고 새로운 지적 환경의 조합이 심대한 변화를 가져왔다는 점에 관해서는 학자들의 견해가 일치한다. 이 변화는 단지 지적인 것만이 아니라, 사회적이고 정치적이기도 했다. 그것을 몰아간 것은 확장되는 권력의 정당화를 추구했던 왕들의 부상이었다. 또한 동일한 것을 원했던 새로운 도시 자치단체들과 그 대표자들, 최상의 지위를 향한 교황의 욕망, 그리고 상업과 학식의 강화를 들 수 있다. 학자로서 전념하는 사람들을 지원할 새로운 경제적 자원들과 함께, 유럽의 새 규범 질서는 왕과 교황, 도시의 관리들, 그리고 도시 거주자들의 주장을 지지해 주었을 뿐만 아니라, 가르치고 자문하며 저술을 통해 생계를 유지하는 새로운 전문가들, 곧 지식인들의 출현을 초래했다.

고대 원문들의 재구축

유럽의 학자들은 수 세기 동안 유스티니아누스 황제가 지시한 로마법 편찬집의 존재를 알고 있었다.[2] 이 편찬집의 부분들은 대륙의 여러 곳에 유포되어 있었지만, 사용할 수 있는 사본 중 어떤 것도 신뢰할 만하거나 완전하다고 생각되지는 않았다. 《칙법휘찬》의 요약본과 《법학제요》의 부분들은 사용할 수 있었지만, 《학설휘찬》은 그렇지 않았다.

《학설휘찬》은 한 사본이 11세기 말경 이탈리아 북부의 볼로냐Bologna에 전해지게 되었다. 어떻게 그리고 왜 기적적으로 전해지는 일이 일어났으며, 누가 그 일을 했는지 많은 설명이 존재한다. 그렇지만 누가 그랬든지 간에 소위 《학설휘찬》의 발견이 서임권 투쟁—주교를 선출할 황제의 권한과 관련하여 독일 황제 헨리 4세와 교황 그레고리 7세 사이의 투쟁(제4장 참조)—과 관련이 있다는 점에 대해서는 현재 누구도 부인하지 않는다. 그 투쟁 기간에 자신들의 입장을 정당화하려고 했던 양측은 모두 로마법에 호소했다. 따라서 양측 모두 각자 주장을 지지해 줄 로마법의 새로운 파편들을 적극적으로 찾았다. 그런 점에서 이 서임권 투쟁 기간 중 일어난 《학설휘찬》의 "재발견"이 진정한 의미의 발굴은 아니었다. 그렇지만 그 존재를 알고 있다가 이제 그것을 새로운 방식으로 이용하고자 한 사람들의 전략적 움직임이었다고 설명할 수는 있다.

《학설휘찬》의 재발견에 뒤이어 몇몇 사람들이 유스티니아누스의 법 편찬물의 재구축을 시작하였다.[3] 이런 노력의 일환으로 이미 알려진 여러 파편들을 수집하고 새로운 파편들을 찾았다. 충분한 자료가 축적되자, 서로 다른 부분들을 원본의 순서라고 생각되는 대로 조합했다. 이 작업이 끝났을 때, 학자들은 수 세기 만에 처음으로 자신들이 정확하고 완전한 유스티니아누스 법전의 사본에 접근하게 되었다고 생각했다. 그들은 유스티니아누스의 법전이 로마법을 정확히 재현하고 있다고 믿었다.

---

2 제1장 참조.

3 《시민법대전》을 재구축하는 이 과제는 흔히 한 사람(이르네리우스), 한 도시(볼로냐), 그리고 한 기간(11세기 후반부)과 관련되어 있다고 생각해 왔다. 그러나 이런 생각은 무언가 잘못되었다. 한 장소의 한 사람 이상이 관련되었다는 것을 우리가 알고 있기 때문이다. 심지어 일부 학자는 이르네리우스 자신, 혹은 오직 그의 학생들만이 이 기획에 참여했는지에 의문을 표시하기도 한다.

방법

재구축된 원문에 만족한 학자들은 이제 그것을 연구하기 시작했다. 그들이 채용한 방법론은 혁신적이었다. 스콜라주의라고 지칭되는 그 방법론은 (확실하다고 생각한) 하나의 가정에 근거하고 있었다. 그 가정은 로마의 원문들이 숨겨진 조화를 이루고 있다는 것이었다. 그 원문을 읽는 사람의 의무는 원문의 서로 다른 부분을 종합해서 하나의 일관된 뜻을 재구성할 수 있는 해석을 제공해 그것을 증명하는 것이었다.

스콜라적 방법을 따르는 대부분의 학자들은 원문들, 용어, 순서, 그리고 문구들을 문헌학적으로 분석하는 작업부터 시작했다. 그리고 알아낸 것을 대화로 구성하여 질문들을 던지고, 그 대답을 놓고 논쟁을 벌였다. 이런 변증법적 사고와 설명은 주로 한 구절을 다른 구절들과 비교하는 데 맞추어져 있었다. 부분들 사이에는 서로 모순이 없다는 전제 위에서 작업을 했기 때문에 학자들은 그 무모순성을 증명하기 위해 논리적 논증을 활용하였다. 그들이 애용한 방법은 구분*distinctio*이었다. 비슷하게 보이지만 서로 다른 해결책을 제시하는 두 부분을 분석할 때, 스콜라학자들은 두 부분이 같은 것처럼 보이지만 실은 근본적으로 서로 구분되는 구절들이라고 증명한다. 그것들이 다른 사례들이기 때문에 그 해결책도 모순 없이 다양할 수 있었다. 이런 식으로 처음에는 모순처럼 보이는 것들이 동일한 타당 근거에 입각하고 있는 일관된 체계의 부분들로 이해되었다.

스콜라학자들은 이런 방법을 통해 로마 법학자들이 따랐던 규준과 추론 기법을 밝힐 수 있을 것이라고 생각했다. 그들의 목적은 로마 법학자들이 채택했던 구체적인 해결책을 발견하는 것이 아니라, 그 해결책들의 일관성을 설명해 줄 규준(*regula*)을 끌어내는 것이었다. 그들이 개별적 사례들로부터 알게 된 것들을 조합함으로써 로마법의 내적 핵심, 즉 그 진수를 이해하기를 바랐다.

스콜라적 방법의 채용으로 그때까지 유럽에서 알려지지 않았고 거의 사용되지 않았던 《학설휘찬》은 로마법의 매우 매력적인 원천이 되었다. 《학설휘찬》은 다양한 법학자들의 의견을 수록했기 때문에 이례적으로 많은 불일치와 모순을 포함하고 있었다. 따라서 그것은 학자들이 차이를 구분하고, 용어와 개념, 기준들을 조탁하는 데 탁월한 자료가 되었다. 스콜라적 분석은 로마 원문들이 사용한 특수한 용어들, 그 체계와 의미에 세밀하게 주의를 기울이는 원문 주석을 하였다. 따라서 학자들이 검토하는 문헌들이 정확한 것이라고 확신하는 것은 필수적이었다. 만일 그렇지 않다면, 그들의 논의는 잘못된 증거에 근거하는 것이 될 것이고, 궁극적인 진리로 인도하지 못할 것이기 때문이었다. 이렇게 고대 원문들의 발견과 재구축은 그에 대한 연구로 이어졌고, 연구는 원문의 정확성을 보증하기 위한 추가적인 노력으로 이어졌다. 요약하면, 원문의 재구축과 원문의 주석은 서로 지지했다.

(이 새로운 유럽의 법과학이 형성된 시기로 생각되는) 12세기부터 16세기까지 (이제 법학자들로 지칭되는) 이들 학자는 로마법의 원리, 용어, 구조에 관해 논쟁을 벌였다. 그러나 고대의 원문들을 설명하려고 노력하였음에도 불구하고, 그들의 수고가 고대의 로마법을 되살리지는 못했다. 그 대신에 로마법을 재창출해냈다. 중세의 법학자들은 법적인 문제들을 평가하고, 분석하며, 관련시키는 새로운 방법을 고안해냈다. 그들의 해석은 영예로운 로마의 과거에 아마도 닻을 내렸겠지만, 실제로는, 그리고 15세기와 16세기에 강력하게 주장된 대로(제7장 참조) 완전히 새로운 것이었다.

환경

이런 논쟁에 가담한 사람들은 중세 후기에 나타난 다양한 학식의 중심지와 대학들에서 주로 가르치거나 연구했다. 대학이 오랜 전통의 일부분인지, 아니면 완전히 새로운 현상인지에 대해서는 논쟁이 있다. 고대 말에는 보통 특별한 전문적 일에 준비시킬 목적으로 학생들을 가르치는 학교들이 존재했다. 이들 학교에서는 문법, 변증(논증 기술), 수사학(설명 기법), 산수(수에 관한 연구), 기하학(도형에 관한 연구), 천문학, 음악을 가르쳤다.

더 일찍이 아니라면, 적어도 1세기경부터는 로마에서도 법학교가 나타났다. 이들 학교는 처음에는 비공식적인 모임으로 시작했다. 그러나 늦어도 5세기까지는 충분히 정착되어 황제가 법의 학습을 그들에게만 배타적으로 허용할 정도가 되었다.

6세기에는 수도원 학교들이 전 유럽에 걸쳐 등장하기 시작했다. 이들 학교는 처음에서 자발적으로 생겨났으나, 이후에는 교황들과 황제들에 의해 장려되었다. 이들 학교에서는 시, 천문학, 그리고 산수를 가르쳤으나, 주로는 성경의 이해에 초점을 맞추었다. 일부 수도원 학교에서는 수사학과 로마법도 공부했을 가능성도 있다. 8세기 말과 9세기에는 수도원 학교에 이어 주교 학교 또는 대성당 학교가 출현하였다. 이들 학교도 수도원 학교와 비슷한 과목을 가르쳤다. 그러나 그 위치는 주로 유럽 전역에서 나타나기 시작한 대도시의 중심지였다.

12, 13세기에 등장한 학식의 중심지와 대학들은 오랜 동시에 새로운 것이었다. 이 학식의 중심지와 대학들은 인구의 증가, 경제적 번영, 그리고 도시의 부흥이 특히 강했던 유럽의 일부 도시에서 생겨나, 대가들의 강의를 들으려고 오는 군중을 끌어들였다. 어떤 지역에서는 많은 수의 대가들이 모여들어 집단을 이루었을 뿐만 아니라, 도시의 규율이 그에 우호적이어서 몇몇 학습의 장소들이 명성을 떨치게 되었다. 파리, 볼로냐, 툴루즈, 그리고 옥스퍼드는 수업의 탁월함뿐만 아니라, 수업의 범위 때문에도 유명해졌다. 일반학습소*studium generale*로 — 신학, 의학, 법학을 포함하여 거의 모든 것을 공부하는 것이 가능한 장소로 — 지정된 이들 중심지는 법적으로 단체의 지위를 승인받은 후 "대학"universities으로 전환되었다.

이 새로운 학식 중심지들의 가장 중요한 특징 중의 하나는 그것들이 진정한 의미에서 범유럽적이었다는 사실이다. 교수와 학생들이 전 유럽에서 왔고, 한 대학에서 다른 대학으로 순회하였다. 수업에 사용되는 언어는 라틴어였고, 대부분의 대학들이 비슷한 교과과정과 방법을 채용하였다. 세계적 인물로 행세했던 교황과 황제들은 대학의 설립을 부추겼다. 그러나 그들의 열정은 때때로 많은 외지 교수들과 학생들의 도래에 분노한 지방 당국의 반대에 부딪히기도 했다. 외지 교수들과 학생들이 보통은 가난했고 낯설었으며, 많은 이들의 눈에는 특별히 생산적이지도 않았기 때문이다. 때로는 지방 주교들도 새로 생겨난 대학들을 비판했다. 종전에는 자신들이 교구 내에서 이루어지는 모든 교육을 통제했고, 가르칠 수 있는 자격을 부여했기 때문이었다. 이런 (종종 격렬했던) 반대에도 불구하고 대학들은 번창했다. 15세기 중반까지 오늘날의 이탈리아, 프랑스, 스페인, 포르투갈, 잉글랜드, 스코틀랜드, 체코공화국, 오스트리아, 독일, 벨기에, 크로아티아, 헝가리, 그리고 폴란드의 60여 개 도시에서 대학이 생겨났다.

대학은 생활방식과 직업뿐만 아니라, 생각과 사고방식까지도 공유하는 일군의 학자들을 탄생시킨 온실이었다. 대학은 "지식인들", 곧 연구하고 가르치는 것을 주된 임무로 하는 새로운 사회학적 인물들을 배출했다. 이들 지식인 중 많은 사람이 후일 국가가 탄생하고 당국의 권력이 증대되어 감에 따라 중요한 공적인 지위를 차지하게 되었다. 그 후로 대학에서 공부하는 것은 지성을 갖추기 위해 시간과 돈을 투자할 수 있는 사람들에게 새로운 경력의 기회를 열어주었다. 학업은 (시대착오적인 용어를 사용한다면) 중간계급을 발달시키는 기능도 하였다. 그것은 새로운 형태의 고귀성이 출현할 수 있게 해주었다. 그 위광이 더 이상 군인 신분이나 혈통에 연결되지 않고, 지성적 성취에 기초하는 고귀성이 출현하게 된 것이다.[4]

이런 새로운 지식인 중 일부가 법학자, 즉 법의 연구에 전념하는 자들이 되었다. 이 특별한 영역에서 전문가로 인식되면서, 12, 13, 14세기에는 대학에서 공부한 법학자들이 특별한 선망의 대상이었던 고문관councilors의 지위에 진출하였다. 그들은 법적 문제에 조언하고, 당사자들을 위해 변론하며, 확장되는 도시와 군주의 행정에 조력할 수 있는 전문직으로 인정되었다. 시기와 지역에 따라 다르기는 하지만, 그들의 개입은 마침내 모든 법적 교섭 활동에 필수적으로 되기에 이르렀다.

---

4 내가 여기서 언급한 것은 법학 학위와 관련된 장차의 법복 귀족*noblesse de robe*이다. 그것은 혈통과 군사적 업적에 근거한 군인 귀족*noblesse d'épée*과 구별된다.

새 체계는 어떻게 작동하였는가?

새로운 법원法源, 방법론, 그리고 환경의 결합이 독창적인 법체계를 창조했다. 13세기 중반까지 대학에서의 논의는 주로 고대 원문들을 읽고 이해하는 데 초점이 맞춰졌다. 이 논의는 대부분 구두로 이루어졌지만, 논의를 어떻게 했는지 알 수 있는 단편들이 존재한다. 이 단편들은 대부분 방주*glossa*를 포함하고 있다. 방주는 원문의 행간 혹은 둘레에 용어, 내용, 원칙, 논점들을 설명하고, 질문들을 적고, 그 단락을 다른 곳의 단어, 문장, 혹은 문단과 비교하는 짧은 주석을 말한다. 스콜라적 방법에 충실하게 (주석학파로 알려진) 이들 주석의 저자들은 모순처럼 보이고 일관성이 결여된 것처럼 보이는 것이 실은 그렇지 않다는 것을 보임으로써, 서로 다른 단편들을 조화시키고자 노력을 기울였다. 주석들은 원문을 설명하기도 했지만, 상호 참조가 가능한 색인으로도 활용되었다. 가장 중요한 점은 그 주석들 덕분에 중세의 법학자들이 전문 용어를 발전시키고, 새로운 범주를 고안하며, 법에 관한 새로운 사고방식을 제안할 수 있었다는 사실이다.

로게리우스Rogerius가 썼다고 알려진 짧은 주석이 존재한다. 로게리우스는 12세기 때 볼로냐에서 가르치고, 앞서 설명한 주석 방법의 표준을 보여준 학자이다.[5] 《법학제요》를 분석하면서, 그는 "정의"가 "각자에게 그의 정당한 권리를 주고자 하는 항상적이고 영구적인 욕망"으로 규정되어 있다는 것에 주목했다. 로게리우스는 《법학제요》가 왜 실제의 집행이 아니라 "욕망"을 언급했을까를 질문하면서, 그것은 간과해서 그런 것이 아니라 의도적인 선택이었다고 결론을 내렸다. 그렇게 결론을 내린 이유는 법학도에게 다음을 설명하기 위해서였다. 그것은 곧 정의를 베푸는 목표가 달성되지 못한 경우라도, 그 의도만으로도 그 행동을 정의롭다고 충분히 말할 수 있다는 것이었다. 이런 설명으로

---

5 Rogerius, "Questions on the *Institutes*", in *University of Chicago Readings in Western Civilization*, vol.4: *Medieval Europe*, ed. Julius Kirshner and Karl F. Morrison (Chicago: University of Chicago Press, 1986), 215-218. 어떤 사람에 따르면, 이 문헌은 제대로 된 주석이라기보다는 탐구(*Questio*), 즉 구체적인 문제에 대답하려는 다른 형태의 법률적 활동이라고 한다.

로게리우스는 법적인 교섭에서 "의도"의 중요성을 분명히 했다. 네가 행한 것과 그 행위의 결과도 중요하지만, 네가 행위를 할 때의 정신 상태(의도) 역시 그에 못지않게 중요하다고 그는 말했다.

다음으로 로게리우스는《법학제요》에 따를 때 정의에는 다음의 세 가지 핵심 명령이 담겨 있다는 점에 주목했다. 그것은 올바르게 살 것, 다른 사람을 해치지 말 것, 그리고 각자에게 그 자신의 것을 줄 것(각자에게 마땅히 받아야 할 대우를 하는 것)이었다. 로게리우스는 왜 하나가 아닌 세 개의 명령이며, 또 그것들은 서로 어떻게 다른가를 질문하면서, 이렇게 결론을 내렸다. 첫 번째 계율은 자기 자신에 대한 범죄(죄)와 관련된다. 그리고 두 번째와 세 번째 계율은 반대로 다른 사람에 대한 범죄를 다룬다. 이어 설명하기를, 다른 사람에 대한 범죄가 더 빈번하게 일어나고 더 심각하기 때문에 두 번 금지되고 있다고 말했다. 그렇지만 이중으로 금지되었다는 것 때문에 다른 사람을 침해하는 방식이 현실적으로 두 가지라는 사실이 약화되지는 않는다. "다른 사람을 해치지 말 것"은 "작위"commission를 말하고, "각자에게 그 자신의 것을 줄 것"은 "부작위"omission를 말한다는 것이었다.

《법학제요》의 단지 몇몇 문장만을 대상으로 어떤 단어가 선택되고 반복되었는지에 주목함으로써, 이렇게 로게리우스는 오늘날에도 여전히 사용하는 가장 기본적인 분류를 정당화하였다. 의도가 갖는 중요성을 설명하고, 잘못된 행위를 실행하는 것과 올바른 일을 행하는 데 실패하는 것 사이의 구분을 명확히 했다. 그가 주목한 어떤 것도 로마의 원문을 이해하는 데 꼭 필요한 것은 아니었다. 그렇지만 원문의 분석을 통해 로게리우스는 법적 현상을 분류하는 새로운 방식을 상상할 수 있었다.

12세기 말부터 시작해서 몇몇 학자들이 법적 사례들을 수집하고 그것을 간행하기 시작했다. 이 문서들은 이론보다는 실제의 실무와 관련된 지성을 반영하였다. 그것들은 보통은 법학자들이 해결해야 했던 실제 혹은 가상의 사건들을 주된 대상으로 삼았고, 숙고와 논의를 위한 요점을 제공했다. 또한 주석들은 *아파라투스apparatus*로 알려진 큰 부피의 책에 수록해 놓는 것이 일반적이었다. 그 중에는 무려 100,000개 정도의 단편들을 수록하고 있는 것들도 있다. 출간물의 또 다른 형태는 전서*summae*와 강의록*commentum*,

또는 *lectura*이었다. 전자는 《법학제요》와 같은 책 전체의 내용을 다룬 것이고, 후자는 법학 교수의 강의를 책으로 출간한 것이었다.

이 시기 학자들은 또한 의견서*consilia*를 써주기 시작했다. 의견서는 고대 로마의 법률적 활동과 비슷한 것으로, 법적 문제에 관한 문서로 된 의견이었다. 의견서는 문제를 어떤 전략으로 어떻게 해결해야 하는지 조언을 구하는 이해당사자들의 요청에 따라 법학자들이 작성했다. 의견서의 대답은 중세 법학자들의 독창성을 보여준다. 그것들은 대학에서 발전된 이론적인 논쟁을 일상의 상황에 창조적으로 적용했다. 가상 사례 혹은 실제 사건의 법적 문제를 다루면서 그들은 고객에게 최선의 해결책을 찾아주는 청부살인업자처럼 활동했다. 그럼에도 불구하고 그들의 대답은 중요한 법원이 되었다. 많은 법적 의견이 잘 논증되고 표현되었기 때문에 마치 권위적인 법의 명령이라도 되는 것처럼 취급되었다.

이 시기에 특별히 주목할 만한 인물은 삭소페라토의 바르톨루스Bartolus of Saxoferrato (1313-1357)였다. 엄청난 다작의 법학자, 교사, 그리고 판사로서 바르톨루스는 매우 다양한 주제의 논문들을 출간했고, 주해서들을 저술했으며, 자문 활동을 하였다. 그는 그 시대의 가장 중요한 몇몇 논쟁 주제들, 가령 이탈리아 지역들에 대한 독일 황제의 지배권, 관할권 다툼, 시민권, 그리고 지참금 같은 주제에 관해 저술을 남겼다. 그의 업적 중 가장 대표적인 것은 강 물길의 변화가 재산권 및 관할권에 미치는 법적 결과에 관한 논문이었다. 그의 주장에 따르면 강은 분할의 경계로서 유용하지만, 물길은 자연적으로 항상 변하기 마련이다. 따라서 법학자들은 이 변화가 어떻게 권리에 영향을 미치는지 숙고하는 것이 중요하다고 했다. 그의 결론은 강은 토지를 증가시키기도 사라지게도 한다는 것이었다. 그 결과로 강둑 소유자들의 재산권이 확대될 수도 축소될 수도 있다고 주장했다. 바르톨루스는 또한 강의 물길이 서서히 변경되어 변화된 풍경과 관련된 새로운 관습과 방식들이 생겨난다면, 강변에 위치한 공동체들의 영역관할권 또한 변경될 수 있다고도 했다.

이것은 혁명적인 결론이었다. 법학자 대부분은 재산권은 끊임없이 변동될 수 있다는 데 동의하고 있었다. 그러나 바르톨루스 이전에는 재산권과는 반대로 영역관할권은 영구적이고 변경될 수 없다고 생각했기 때문이다. 바르톨루스는 영역관할권이 변경될 수 있다는 새로운 법을 고안했을 뿐만 아니라, 영역관할권에 관한 새로운 관점을 창안했다. 그것은 영역관할권이 자연적으로 주어진 것이 아니라, 개인과 공동체가 어떻게 공간과 관련을 맺는가에 의존한다는 관점이었다. 그런 관점에서 생각했기 때문에, 그는 도시와 국가의 성장, 그리고 그것들의 경계가 계속 재획정되는 문제와 같이 동시대인들이 마주했던 도전들에 효과적인 대답을 줄 수 있었다. 재산권뿐만 아니라 영역관할권도 인간의 활동에 의해 창설되고 변경될 수 있다는 바르톨루스의 생각은 아주 강력하고 편리했다. 그래서 그것은 곧 확립된 규범으로 인식되었다.

교회법

학자들 사이에는 대학에서의 논의가 로마의 원문에 대한 연구에서 시작했는가, 아니면 교회법 원문 연구에서 시작했는가, 혹은 두 연구가 동시에 일어났는가에 대해 오랜 논쟁이 있었다. 그러나 연대기의 문제를 제쳐놓는다면, 로마법의 방법과 관심이 교회법 연구에도 동일하게 적용되었다는 점은 분명하다. 교회법에서도 역시 학자들이 직면한 첫 번째 과제는 대상이 되는 수많은 법들을 재구축하는 것이었다. 그 법들은 다양한 법원과 수록집 속에 퍼져 존재했고, 그중 어떤 것은 다른 것들에 비해 더 보편적이고 권위가 있었기 때문이다(제3장 참조).

매우 성공적인 한 편찬물이 12세기에 그라티아누스Gratian에 의해 편찬되었다. 그는 교회법의 다양한 법원들(성경, 교회 공의회의 입법과 결정들, 교황의 결정, 교부들과 초기 성인들의 저작들)을 수집하고 검토하고 선별하고 체계화하였다.[6] 그 역시 이전 학

---

6 그라티아누스와 그의 저작에 대해서는 거의 알려진 것이 없다. 역사학자들 사이에는 현재 그가 그 편찬물 전체를 저술했는지, 아니면 일부만 한 것인지에 대해 논란이 있다. 그러나 모두가 인정하는 사실은 그가

자들의 작업을 이용하였을 것이다. 이 자료들을 논리에 따라 세 부분으로 배열하면서, 그는 법원의 종류를 나열하고 교회의 위계 구조를 설명하였으며, 위계 구조에 따른 활동들을 규율하는 규칙들을 열거하였다. 또한 재판절차, 교회재산, 수도회, 결혼, 죄, 회개, 그리고 속죄에 관한 교시들이 포함되었다. 교리적 사항과 법적인 사항들이 그 편찬물 전체에 걸쳐 섞여 있었으나, 법적인 내용이 압도적으로 많았다.

이 편찬물(*Concordia Discordantium Canonum*; 문자적 의미는 '상충하는 교회법의 조화'이며, 후에는 《데크레툼》*Decretum*으로 알려졌다)은 비공식적인 것이었다. 그럼에도 불구하고 매우 신뢰할 만하다고 여겨졌기 때문에 결국은 공식적으로 인준을 받은 것처럼 준수되었다. 다른 교회법 편찬물들도 뒤따랐다. 그중 가장 중요한 것들로는 13세기의 《데크레탈레스》*Decretales*(별권이라는 뜻의 *Liber Extra*로 불리기도 하는데, 그 이유는 《데크레툼》의 5권의 책에서 빠져있는 부분을 포함하고 있었기 때문이다)와 《제6서》*Liber Sextus*, 그리고 14세기의 《클레멘티나이》*Clementinae*가 있다. 그것들을 통틀어 적어도 16세기 초 이전에 《교회법대전》*Corpus Iuris Canonici*이라는 이름이 붙여졌다. 그런 이름을 붙인 것은 유스티니아누스의 《시민법대전》*Corpus Iuris Civilis*과 구분하면서도, 그것과 대등하게 놓고자 한 것이 이유였다.[7]

교회의 진정한 법들을 복원했다고 확신하게 되자, 학자들은 로마법 연구에서 그랬던 것처럼 수 세기에 걸쳐 분석과 주석, 그리고 연구를 시작했다. 그라티아누스는 그 첫 번째 사람이었다. 그는 자신의 편찬물 전체를 조화시킬 목적에서 명백한 모순을 다루고 설명하는 간략한 주(*dicta*)를 덧붙였다. 다른 학자들도 곧 그 뒤를 따랐다. 그들은 스콜라적 방법을 적용하고, 끊임없이 로마법을 연구하는 동료들과 교류했다. 그리고 마침내는 교회법에 대한 주석과 주해, 그리고 논문들을 써내었다. 그들은 어휘를 발전시켰고, 원리를 추출해 내었으며, 교회의 법적 사고를 체계화하였다. 이처럼 방법과 창조의 장소가

저자라 할지라도 혼자서 한 것은 아니라는 사실이다. 그리고 그가 이전 학자들의 편찬물에 크게 의존하였다는 점에 대해서도 모두가 동의한다.

7 《교회법대전》은 1917년까지 교회법으로서 대체로 효력을 가졌다.

유사했던 결과로 시간이 지날수록 교회법과 로마법은 때때로 구분이 어려울 정도로 혼합되어 갔다.

이런 혼합의 전형이 12, 13세기에 발전한 로마-교회법의Romano-canonical 법정절차(*ordo iudiciarius*)였다.[8] 그 절차는 로마의 특별심리절차*cognitio*에서 영향을 받았다. 그것은 교회가 시죄 절차를 허용하지 않게 된 후, 시죄 절차를 대체할 수단으로 교황과 교회 법정이 처음 받아들인 절차였다. 그 후로 왕실과 영주, 그리고 도시의 법정을 포함하여 세속의 법정들에서도 그 절차를 채택하였다. 그 절차는 교회가 추동하여 발전하였고, 유럽의 여러 대학에서 가르친 로마법학자와 교회법학자들에 의해 진전되었다. 그것은 유스티니아누스의 《시민법대전》으로부터 깊은 영감을 받았지만, 교회법으로부터도 크게 영향을 받았다. 교회법의 영향은 주로 교황이 교서를 통해 절차를 지속적으로 규율하고 정비해 감으로써 이루어졌다.

봉건법

로마법 및 교회법과 함께 봉건 제도도 주목되었다. 유럽에서 일찍이 8세기에 "봉건법"이 존재했다는 주장은 12세기부터 시작되었다. 이 법은 봉주와 봉신들, 그리고 봉주들 사이의 관계를 규율했다. 봉건법은 누가 봉주이고 그들의 의무가 무엇인지를 분명히 하고, 어떻게 봉신이 되는지, 그리고 봉신이 봉주에게 어떤 의무를 부담하는지에 관한 내용을 담고 있었다. 그리고 봉신에 대한 봉주의 재판권, 봉건법정, 그리고 사람과 토지에 대한 봉주 사이의 권리 충돌의 문제를 다루었다. 그것은 토지 접근권이나 이용권, 그리고 상속과 같은 봉건주의에 전형적인 문제들에 초점을 맞추었다.

이 분야의 연구가 어떻게 시작되었는가에 대한 계보는 로마법 및 교회법에 관해

---

8 제3장 참조.

우리가 알고 있는 것과 꽤 흡사하다. 아마도 봉건법 연구도 로마법 및 교회법에 대한 연구와 거의 동시에 일어났을 가능성이 높다. 이미 11세기에 봉건법을 논의한 학자들이 있었다. 그러나 봉건법에 관한 법적 관심은 12세기 중반 《봉건서》*Libri Feudorum*라는 권위를 지닌 문헌의 출간과 함께 본격적으로 시작되었다. 오늘날의 이탈리아에서 편찬된 이 문헌은 봉건법정의 판결들과 봉건적 관습, 그리고 봉건 법률과 법문헌들을 수록하였다. 13세기에 이르면 이 법에 대한 주해서를 집필하는 데 전념하는 봉건법학자들(*feudists*)이 생길 정도로 봉건주의에 대한 문헌들이 급격히 증가하였다.

봉건주의를 학술적으로 다룬 문헌에 의해 봉건법 연구가 대학들에 도입되었다. 그 결과로 봉건법이 점진적으로 로마화하였다. 봉건법을 로마법의 용어와 분류, 그리고 추론 방식들을 사용하여 논의하고 분석하며 이해했다. 두 분야의 혼합이 완전히 이루어져 실제로 그 둘은 하나가 되었다. 그 한 사례로 13세기에 몇몇 학자들이 《시민법대전》 사본에 《봉건서》의 부분들을 추가하여 함께 주석을 행한 것을 들 수 있다. 또 다른 예로는 봉건법 논의에 로마법이 끼친 영향을 들 수 있다. 예를 들어 봉건 법률가들은 봉주와 봉신의 관계를 설명하기 위해 소유권*dominium*이라는 로마법상 관념을 적용하였다. 영주들은 토지에 대한 직접소유권*dominium directum*, 즉 토지에서 무엇을 해야 하는지 지시하며, 공조를 징수하고, 권위를 행사할 수 있는 권리를 가지고, 봉신들은 사용소유권*dominium utile*, 즉 토지를 이용할 권리를 가진다고 주장했다.

12세기에 학자들이 봉건주의에 관심을 가진 이유는 별로 연구되지 않은 질문 중의 하나이다. 제4장에서 살펴본 대로 학자들이 봉건주의에 대해 생각하기 전에 이미 봉건주의는 모든 곳에서 쇠퇴하고 있었다. 유럽 각지에서 다양한 강도로 존속했던 잔존물들, 영주들의 권력뿐만 아니라 비자유 개인들의 수도 군주들과 경제, 그리고 도시가 성장함에 따라 점차 줄어들었다. 봉건주의에 대한 우리의 시각이 왜곡되었다고 주장하는 역사학자들에 따르면, 12세기의 학자들이 봉건주의에 관심을 갖게 된 이유는 비교적 단순했다. 그것은 그들이 봉건적 과거를 자신들의 목적에 맞추어 재상상했기 때문이었다. 따라서 우리가 그들의 해석을 신뢰해서는 안 된다고 주장했다. 봉건주의를 되돌아봄으로써, 12세기의 법학자들은 영주와 국왕, 그리고 신민들 사이의 관계, 관할권의 의미와 확장,

그리고 토지 관련 권리에 관한 확고한 규준들을 발전시킬 수 있었다. 그것들은 그때가 바로 봉건주의가 죽어가고 있던 시기였기 때문에 매우 중요했다. 또한 봉건주의를 되돌아봄으로써, 법학자들은 공적 권위를 상호 의무를 부담하는 통치자와 피치자 사이의 계약으로 개념화할 수 있었다. 이 이론에 따르면, 신민들은 계약을 위반한 전제군주에 대해서는 합법적으로 저항할 수 있었다. 요약한다면, 이들 학자들은 봉건주의로 과거를 설명했을 뿐만 아니라, 자신들이 사는 12, 13세기의 사회를 구조화하고 통제하기 위한 요소들을 찾아내었다고 할 수 있다.

공통법

중세 학식의 중심지와 대학에서 로마법과 교회법, 봉건법에 대한 연구는 원문을 재구성하고 새로운 스콜라적 방법을 그 원문들에 적용했던 학자들에 의해 이루어졌다. 그 연구는 유럽에서 규범의 성격을 혁명적으로 변화시켰다. 그것은 법질서에 대해 생각하고 분석하며 논의하는 혁신적인 방법을 창조해 내었다. 물론 학자 상호 간의 이견은 계속 존재했다. 그러나 그들은 공통의 용어와 개념, 논거, 그리고 방법을 사용하여 의견의 차이를 드러내었다.

그 산물인 지식의 복잡한 체계와 조직화, 그리고 해석을 통해 누가 토지를 사용할 권리를 가지는가, 혹은 누가 어떤 공동체의 성원인가와 같은 구체적인 법적 문제들을 해결할 수 있었다. 그러나 무엇보다도 그것은 새로운 시각을 제시하였다. 유럽의 각 지역에서 제안된 구체적인 해답들은 서로 매우 차이가 있었다. 그럼에도 불구하고 법적인 사고는 특정 지역이나 사회, 시기에 제한되지 않는다는 시각이었다. 그것은 이성에 기초하였다. 이 점은 이 새로운 법적 방법이 보편적인 호소력을 가지고 공통법, 즉 잠재적으로 모두에게 공통된 법을 구현할 수 있었다는 것을 의미한다. 그 후로 공통법에 따르는 것은 어떤 일을 하는 바른 방법*rectum,* 혹은 *directum*으로 인정되었다.[9]

오늘날 공통법으로 불리는 이 새로운 법적 집적물은 수 세기 동안의 법률적 견해들로 구성되었다. 공통법은 고전기의 로마법, 즉 고대(공화정과 제정 시기의) 로마에서 생활을 규율했던 법과는 확연하게 달랐다. 고대법으로부터 영감을 받았다고 말하지만, 그것은 범위, 방법, 의도, 그리고 해결책에서 완전히 새로운 것이었다. 그러나 고대 로마와 공통된 점도 있었다. 법학자들이 법적 창조의 최전선에 있어야 한다는 생각, 그리고 법학, 즉 법의 과학이 가장 중요한 규범의 근원이라는 생각은 공통적이었다.

공통법의 확산

이 새로운 법의 과학은 유럽 전역의 대학에서 복제되었고, 이 도시에서 저 도시로 계속 이동하는 지식인들, 그리고 도시와 군주, 제국 정부, 교회 당국의 지식인 고용, 그리고 최종적으로는 상대적으로 풍부한 인쇄 자료와 그 확산을 통해 진전되었다. 그 결과 그것은 전 유럽에 퍼지게 되었다. 어떤 지역은 다른 지역보다 더 일찍 영향을 받았고, 어떤 지역은 더 깊게 영향을 받았다. 그러나 16세기가 되면 공통법이라는 이상은 거의 모든 곳에 존재했다.[10]

이 확산의 과정은 처음에는 세속 통치자들과 도시 당국자들이 뒷받침했다. 그들은 이 새로운 과학이 자신들의 권력을 공고히 하고, 자신들의 우월성 주장을 정당화할 것이라고 믿었다. 이런 전략에 따라서 카스티야Castile의 왕 알폰소Alfonso 10세는 13세기에

---

9 '*directum*'으로부터 이탈리아어 '*dritto*', 프랑스어 '*droit*', 스페인어 '*derecho*', 그리고 포르투갈어 '*direito*'가 파생하였다. '*directum*'은 또한 바른 방향, 또는 단순히 옳음이라는 의미도 파생시켰다.

10 학자들은 공통법의 영향을 받은 오늘날의 유럽 국가들로 이탈리아, 프랑스, 스페인, 포르투갈, 독일, 벨기에, 네덜란드, 스위스, 아이스란드, 슬로바키아, 체코공화국, 헝가리, 오스트리아, 루마니아, 폴란드, 덴마크, 노르웨이, 스웨덴을 든다. 그리고 대부분의 학자들이 또한 적어도 어느 정도의 영향은 받은 국가로 영국을 포함한다.

새로운 법 방법을 카스티야의 법에 공식적으로 구현했다. 그는 자문관들에게 교회법, 지방법과 함께 공통법의 확리를 재편찬하도록 명령했다. 그 결과 《칠부법전》*Siete Partidas*으로 알려진 편찬집이 만들어졌다. 그런 이름이 붙은 것은 그 법전이 7부분으로 이루어졌기 때문이었다. 법전이 법학자들의 논의에 의존하였기 때문에 그것이 만들어졌을 때는 급진적으로 생각되었다. 《칠부법전》이 카스티야 법체계의 핵심적인 부분이 된 것은 (다른 통로, 주로는 대학의 설립과 법학자들의 순환을 통해 공통법이 카스티야 전체에 퍼진 후인) 15세기에 이르러서였다. 그러나 그 전에도 카스티야 왕들은 이미 이 공통법을 경계하였고, 그 확산에 더 이상 열의를 보이지 않았다. 그것은 그들이 통제할 수 있는 일이 아니었다. 고대 로마의 황제들이 법학자들을 다루었던 것처럼, 이후 카스티야 군주들은 공통법의 효력을 제한하려고 노력했다. 그들은 법원의 위계를 정하였다. 그에 따르면 왕법이 가장 높고, 그 다음이 관습법(*fueros*), 그리고 그 다음에야 《칠부법전》이 위치했다.[11] 그들은 또한 새로운 공통법의 확리는 자신들의 동의 없이 채택할 수 없다고 결정했다. 그러나 이런 노력은 대체로 성공하지 못했다. 이미 이 단계에서는 공통법이 제안한 법 방법이 법 문제를 다루는 가장 논리적인 길로 생각되고 있었기 때문이었다. 허용 여부나 왕의 승인 여부와 관계없이, 이 단계에서 공통법은 어떤 법학자나 법률가도 무시할 수 없는 해답의 보고가 되어 있었다.

새 법률과학과 기존의 법

꽤 최근까지 역사학자들은 공통법을 주로 특정한 문제에 대한 구체적인 해결책을 내용으로 하는 실체적인 법이라고 생각하는 경향이 있었다. 그 결과 많은 이들이 공통법을 기존의 지방법, 도시법, 왕법, 혹은 교회법과 대립하는 것으로 이해했다. 그 다른 법들을

11 이는 《알깔라 법령집》*Ordenamiento de Alcalá*(1348) 및 《토로 법령집》*Leyes de Toro*(1505)을 통해 시도되었다.

공통법이 대체하려고 했다는 것이다. 이런 이해에 따르면, 공통법이 유럽 전역에 퍼진 후에 당국자들, 법학자, 그리고 지방권력자들은 공통법을 따르는 것과 기존의 법전통에 계속 충실하는 것 사이에서 선택해야만 했다. 둘 모두를 따르는 것은 불가능했기 때문이다. 오랫동안 이 분야에서 유력했던 이런 해석은 지금은 대개 포기되었다. 대신에 대학들에서 발전된 새로운 방법이 기존의 법체계를 대체한 것이 아니라, 그 위에 자리했다는 주장이 새롭게 제기되고 있다. 다시 말해서 기존의 규범 질서를 조직하고 설명하며 체계화하는 새로운 방법을 제공했다는 것이다.

이 해석에 따르면, 기존의 법들과 공통법은 평화적으로 공존했다. 이런 일이 가능할 수 있었던 이유는 공통법 법학자들이 토착 지방법이나 제정법, 그리고 토착화로 변형된 교회법과 봉건법을 모두 고유법*ius proprium*, 즉 특정 공동체나 장소에 적합한 법으로 규정했기 때문이다. 공통법에 훈련된 법학자들은 자신들의 과업을 고유법의 제거가 아니라, 오히려 현지의 규범들을 종합화하는 것으로 이해했다. 법학자들은 이 과업을 다음과 같이 주장함으로써 달성했다. 고유법은 특정한 문제들에 대한 구체적인 해답을 제공하지만, 그 문제나 해답은 모두 공통법이 발달시킨 방법에 따라 분석되고 해석되며 결정되어야 한다. 나아가 현지의 법이 해답을 주지 못하는 사안에서는 공통법이 "일반법"(*lex omnium generalis*)으로서 해답을 줄 수 있다. 즉 법학자들이 지방법, 게르만법, 교회법, 도시법, 봉건법, 또는 왕법 그 어떤 것에 대해 논의하든지, 공통법은 그들이 사용하게 될 용어, 개념, 절차, 그리고 분석의 기법을 제공한다는 것이다. 반면에 고유법은 공통법의 지방적 표현, 즉 공유된 궁극적인 기법이 현지에 맞게 구체적으로 드러난 것이라고 보았다.

유럽의 군주들과 도시 당국들은 자신들의 왕국과 도시를 규율하기 위해 법학자들의 도움이 필요했다. 그 결과로 시간이 지날수록 공통법의 영향이 널리 퍼져 고유법을 크게 변화시킬 정도가 되었다. 법학자들은 조언을 하고, 입법을 제안했으며, 기존의 법들을 수집하고 편찬했다. 제도와 절차, 그리고 규정들을 문서화하면서, 그들은 자신들의 기준과 이해에 맞춰 그것들을 재조직했다. 그들이 기존의 규범 질서를 조직하고 종합하고 체계화한 결과로, 그 과정의 종국에는 기존의 규범 질서는 더 이상 알아볼 수 없을 정도가 되었다. 이때가 되면 공통법 학자들의 작업은 고대의 문헌들을 설명하는 것이라기보다는 법질서에 개입하는 것이 되었다. 문제에 답하고 자문하며 관습들을 조사하고 시대순으로 배열함으로써, 기존의 법을 근본적으로 변형시켰던 것이다.

법학자들이 이와 같은 일을 어떻게 행했는가를 보여주는 사례를 귀화에 대한 법적 토론에서 발견할 수 있다. 여러 이탈리아 공동체들의 지방법은 특정 조건 아래서 귀화를 허용했다. 로마법에도 물론 외인들이 시민의 자격을 획득하는 법이 존재했다. 공통법 학자들은 지방법과 로마법 둘 모두를 연구함으로써, 귀화가 무엇이며 어떤 조건이 필요한지에 관한 이론을 고안해 내었다. 이 이론에 따르면, 한 개인이 공동체에 귀속되는 것은 보통은 출생과 혈통에 의해 결정된다. 다시 말해서 누가 어떤 정치체에 속하는가는 자연에 의해 결정된다. 따라서 귀화를 위해서는 외인들은 자연의 자신을 변경할 필요가 있다. 자연의 변경은 외인이 해당 지역에 온 후 충분한 시간이 지난 뒤, 그리고 이 오랜 정주가 그에게 영향을 미쳤다는 점을 증명할 수 있을 때 가능하다. 이런 전제로부터 출발하여 법학자들은 귀화의 조건과 요청되는 증거의 종류, 그리고 어떻게 이것들이 법적 추정에 의해 대체될 수 있는지를 열거했다. 그리고 그들은 서로 다른 이탈리아 공동체들의 다른 관습들은 이 공통된 법의 지방적 표현일 뿐이라고 결론을 내었다.

그들이 어떤 작업을 했는지를 살펴본 후, 일부 역사학자는 다음과 같이 결론을 내렸다. 즉 공통법 학자들은 주로 로마법의 분류와 원문을 참조하여 주위에서 관찰한 것으로부터 원칙을 추출하고, 그것들을 성문화하며 체계화했다는 것이다. 우리의 사례로 다시 돌아오면, 각 이탈리아 공동체가 귀화를 다루는 방식은 달랐다. 어떤 공동체는 외인들이 그 지방에서 결혼할 것을 요구했고, 다른 공동체는 일정액 이상을 지불하거나 부동산을 취득하도록 했다. 그러나 이런 차이를 법학자들은 중요하지 않게 생각했는데, 그 이유는 모든 조건은 동일한 목적을 위한 것이었기 때문이다. 즉 귀화를 원하는 사람의 자연이 변화되었고, 따라서 더 이상 외인이 아니라는 사실을 분명히 하기 위한 것이라고 보았다.

요약하면, 역사가들의 결론은 이렇다. 중세의 법학자들이 한 작업은 고대의 로마법을 이해하는 것이라기보다는, 유럽에 병존했던 여러 법체계와 그것들을 출현시킨 법원들을 종합하고 통합할 방법을 발전시킨 것이었다. 그들의 주된 과업은 고대의 문헌들을 해석하는 것이 아니라, 유럽의 서로 다른 지역에서 작용하던 로마법, 게르만법, 지방법, 봉건법, 그리고 교회법을 하나의 공통 체계, 즉 공통법으로 일관되게 하는 것이었다.

그 결과

법학자들이 창조한 이 새 기법은 추상적인 채로 남아 있지 않았고, 사회의 최상층 계급들에서만 통용되었던 것도 아니다. 오히려 그것은 멀리 떨어진 마을에서조차 일상생활 속에 스며들어 영향을 미쳤다. 중세 후기에는 스페인-포르투갈 경계를 따라 늘어선 아주 작은 마을들의 평범한 농부들이 종종 토지를 이용할 수 있는 권리를 놓고 투쟁하곤 했다. 그 토지가 왜 자신의 것인지에 대한 그들의 설명이 정확한 용어(소유)를 사용하여 이루어지지는 않았다. 그렇지만 그런 설명은 토지권에 대한 법적 확리를 충실하게 되풀이하고 있었다. 예를 들면 토지의 권원은 일정 기간 반대 없이 그 토지를 이용해 왔다는 데 있다고 하였다. 또한 경쟁자들의 침묵은 동의로 이해될 수 있다고도 했다. 법적 추정(통상적 상황에서 침묵은 동의와 같다)을 참고한 이런 결론은 또한 다음의 내용을 수반하였다. 침해에 대한 격렬한 반응은 그 반대, 즉 부동의를 표출한 것으로 본다.

논쟁을 벌였던 농부들은 문맹이었기 때문에 법을 공부하지도 않았고, 그들의 주장을 법률가들이 준비해 준 것도 아니었다. 그런데도 그들의 주장과 행위는 공통법 학자들이 주장했던 바와 놀랍게도 일치했다. 법학자들이 다양한 관습과 행동 방식을 연구한 후 끌어낸 추상에 바탕을 두고 있었던 것이다.

농부들이 어떻게 그런 지식을 얻을 수 있었는가는 확실히 말하기 어렵다. 그들 자신이 분명한 답을 하고 있지 않다. 왜 그런 규칙을 적용해야 한다고 생각했는지를 질문받았을 때, 그들은 자기들이 원용한 규범은 자연적이고 보편적이라고 분명히 대답했다. 따라서 증명이나 설명이 필요하지 않다는 것이었다. 이 단계가 되면 공통법의 결론들은 명백히 논리적이고 합리적인 것으로 생각되었고, 매우 광범위하게 받아들여지고 있었다. 그 시대 사람들은 공통법의 결론이 모든 인간에게 공통되며, 불변이며 진리라고 생각했다.

이렇게 12세기에 시작된 법의 연구는 유럽의 규범성을 혁명적으로 변화시켰다. 그것을 강제할 공식적인 수단은 존재하지 않았다. 그랬기 때문에 그것은 때로는 당국자들의 승인을 받아서, 때로는 승인 없이 제도들을 통해 경계를 넘어 퍼졌다. 그 우수성을 확신한 법학자들이 그것을 여기저기로 옮겼고, 그 덕분으로 기존의 규범 질서는 재고되고 새롭게 재조직될 수 있었다. 이 과정의 마지막에는 공통법과 무관한 지역이 더 이상 존재하지 않았고, 그 영향을 받지 않은 분야도 없게 되었다.

제6장
영국 코먼로의 발생

잉글랜드는 5세기까지는 로마제국의 일부였다. 그리고 로마인들과 로마 시민권자들, 그리고 원주민인 켈트족과 그리스도교 개종자들이 그 공동체를 구성했다. 로마법이 그 땅에 소개되었고, 다양한 강도로 로마 시민과 로마화된 원주민 모두에게 영향을 미쳤다. 그 후로 일어난 일은 논쟁의 대상이다. 대부분의 학자들에 의하면, 로마 군대의 철수와 함께 로마법과 그리스도교는 마침내 잉글랜드 땅에 존재하지 않게 되었다고 한다. 반면에 또 다른 학자들은 약간이나마 로마법과 그리스도교 모두 지속되었다고 주장한다. 특히 원주민인 켈트족에게서, 그리고 서쪽 지역에서 그랬다는 것이다.

그러나 5세기에 어떤 일이 일어났는가에 관계없이 대부분의 역사학자들은 6세기 말에 로마법과 교회법이 그리스도교 선교사들에 의해 재도입되었다는 점에 동의한다. 약간 변형된 게르만법 또한 그 지역을 침입한 여러 게르만 부족들에 의해 이식되어 있었다. 이 발전의 결과로서 7세기부터 11세기까지 잉글랜드의 법적 상황은 유럽의 다른 지역에서와 크게 다르지 않았다. 토착법, (덴마크법을 포함한) 게르만법, 교회법, 그리고 로마법이 모두 어느 정도 병존하고 있었다.

이런 복잡성은 이 시기의 여러 증거로 알 수 있다. 예를 들어 7세기에 캔터베리Canterbury의 한 학교에서는 로마법을 가르쳤다. 그 기간에 다양한 불법행위에 대한 앵글로 색슨의 구제수단들이 기록되었다.[1] 그 목적은 피의 복수를 금전적 배상으로 대체하고자 하는 것이었다. 어떤 학자들은 그런 움직임은 그리스도교와 아마도 로마법(아직 오랜 논쟁이 끝나지 않았다)의 영향이 점증하고 있는 것을 보여주는 것이라고 한다. 6, 7, 8세기에 앵글로 색슨의 기증과 유언에 관한 기록은 종종 교회법*jus ecclesiasticum*을 지침이나 발상의 연원으로 인용하고 있다. 7세기의 노예 해방에 관한 기록들에도 그런 현상이 발견된다. 9세기에는 법적 구제에 미친 그리스도교의 영향이 특히 분명해진다. 많은 경우 성경을 직접 인용하고 있는 것을 볼 수 있다.[2] 또한 이 기간에 일부 왕실의 결정과 맹세를 포함하는 합의서에서 로마법으로부터 유래하는 용어들을 사용하고 있는 것을 볼 수 있다. 토지를 다루는 7, 8세기의 앵글로 색슨의 특허장들charters은 교황청이 사용한 전형적 서식문구들formulars을 모방하거나, 이탈리아의 관행을 그대로 따르거나, 아니면 프랑크와 켈트 영향의 흔적을 지니고 있다. 9세기에는 토착어(고 영어)로 쓰인 수많은 특허장들이 엄청나게 늘어났고, 로마로부터 기원하는 법 문구들을 사용하는 일도 마찬가지였다.

교회법과 로마법이 점진적으로 그 섬에 퍼졌고, 봉건 제도들도 그랬다. 노르만 정복(1066년) 후에 침공 전의 법 상황을 되살린다는 명분으로 기록된 앵글로 색슨 법들이 이런 경향을 잘 보여준다. 그런 규범들의 수록집인 《4부서》*Quadripartitus*(대략 1108-1118년)는 파편들로만 남아 있는데, 앵글로 색슨 법들의 라틴어 번역과 소수의 라틴 문서들, 그리고 신분, 변론, 절도에 관한 두 편의 논문을 포함하고 있다. 그런데 그 논문들을 보면 로마법의 구조를 따랐고, 그리스도교 도덕에 영향을 받았음을 알 수 있다.

잉글랜드와 유럽 대륙의 발전 사이에 보이는 놀랄 만한 유사성에도 불구하고, 대부

---

1 602-603년에 제정된 애델버트Aethelberth 왕의 법들.

2 알프레드Alfred의 법들(871-899).

분의 역사학자들은 11, 12세기부터 잉글랜드가 다른 길을 걸었다고 주장한다. 이 길이 유럽의 나머지 지역을 지배한 공통법과는 매우 다른 독특한 법체계의 발전으로 이끌었다는 것이다. 이런 일이 어떻게, 그리고 왜 일어났는지가 이 장의 주제이다. 이 장에서 나는 잉글랜드의 코먼로의 발전을 추적하고, 그것이 공통법과 다른지, 그렇다면 어떻게 다른지를 묻고자 한다.

노르만족 치하 초기의 법

노르만 침공(1066년) 후 잉글랜드가 다른 길을 걸을 것이라는 어떤 징조도 보이지 않았다.[3] 노르만의 초기 왕들이 식민지의 통치자로 행세하고, 원주민들의 재산을 탈취하긴 했다. 그럼에도 불구하고 이런 정치적 사회적 경제적 격변은 법적 연속성을 동반했다. 노르만 군주들은 처음에는 그 점에서 단호한 듯 보였다. 그들은 자신들이 당도하기 전에 존재했던 법들을 기록했다. 기존의 규범 질서가 훼손되는 것을 막기 위해서라는 것이 내세운 이유였다.[4]

다른 어디선가에서도 병행적으로 일어나고 있는 일이었지만, 정복자 윌리엄William the Conqueror(재위 1066-1087)이나 에드워드Edward(재위 1272-1307)와 같은 노르만 군주들은 문필가들을 조력자와 고문관으로 고용했다. 캔터베리의 대주교인 란프랑크Lanfranc(1005-1089)도 그런 전문직에 종사한 한 사람이었다. 란프랑크는 이탈리아 태생의 교사이자 교회법학자였다. 그는 왕실 추밀원의 일원으로서 정복자 윌리엄에게 세속적인 일에도 조언을 하였고, 기존의 법과 관습의 편찬에도 기여하였다.

3 노르만족의 침입을 비록 의례적으로 "침입" 또는 "정복"으로 언급하고 있지만, 노르망디의 공작 윌리엄은 잉글랜드 왕좌에 대한 법적 권리를 주장했고, 정당한 상속자로 행세했다.

4 노르만 군주들에 의해 작성된 헨리 1세의 법들(*Leges Henrici Primi*)과 참회왕 에드워드의 법들(*Leges Edwardi Confessoris*)은 그 과업을 달성하려고 한다고 했다.

로마법과 교회법을 가르치는 일이 12세기 중반에 볼로냐 출신의 한 법학자에 의해 영국에 도입되었다는 증거도 존재한다. 바카리우스Vacarius라고 하는 이 법학자는 새로운 학습의 중심지였던 옥스퍼드에서 가르쳤다. 옥스퍼드의 정확한 건립 연대는 알 수 없지만, 1096년경에는 학생들을 끌어모으기 시작했던 것으로 생각된다. 바카리우스는 학생들에게 도움을 주기 위해 소책자(*Liber pauperum*)를 편찬했다. 그 소책자에는 《학설휘찬》, 《칙법휘찬》에서 발췌한 내용이 주석과 함께 실려 있었다. 로마의 《시민법대전》의 사본들도 곧 그 섬에서 사용되었고, 12세기 말과 13세기 초에는 로마법 연구가 옥스퍼드에서 뒤에 생겨난 다른 몇몇 중심지에로 퍼져 갔다. 이 기간에 교회법에 대한 훈련이 현지의 대학들과 대성당 학교들에 도입되었다. 많은 잉글랜드인이 유럽 대륙에서 공부했고, 어떤 이들은 로마법과 교회법 서적들을 구입해 서재에 들이는 데 열광적이었다.

또한 교회법이 노르만족에 의해 1070년대에 제도화된 교회 법정에서 시행되었다는 것이 현재의 견해이다. 이런 새 이해에 따르면, 교회법을 왕국에 적용하기 위해서는 사전에 국왕이 승인해야 한다는 새 원칙이 등장한 것은 16세기의 프로테스탄트 종교개혁 이후였다.[5] 이때에 이르러 비로소 교회법을 외국법으로 여겼던 것이다.

이렇듯 잉글랜드도 처음에는 다른 유럽 국가들과 대체로 같은 길을 걸었다고 결론을 내리는 것이 공정하다. 다른 유럽 국가들도 로마법과 교회법이 연구되고 시행되었지만, 지방 현지의 법 제도들 역시 지속되었다. 그 점에서 잉글랜드도 같은 길을 걸었다. 그렇다면, 언제, 어떻게, 그리고 왜 잉글랜드가 다른 길을 걷게 되었을까?

---

5 그러나 심지어 16세기에도 유럽 대륙의 교회법canon law으로부터 잉글랜드 교회법ecclesiastical law을 분리하려는 독자적 법전의 채택 계획은 실현되지 못했다. 그 결과로 적어도 유럽 교회법의 일부분은 잉글랜드에서 지속적으로 효력을 유지했다.

국왕 재판권의 중첩

역사학자들은 보통 노르만 왕들이 봉건 영주들에 의존했다는 설명으로부터 시작해서 잉글랜드의 특수성을 해명한다. 왕이 대동하고 온 봉건 영주들은 왕이 그 섬을 통치할 수 있도록 보장해 주었다. 그렇지만 당대의 대부분의 군주들이 그랬던 것처럼, 노르만 왕들 역시 영주의 권력을 제한하고 영주의 봉신들에게 직접 접근해서, 그 땅의 완전한 지배권을 행사하기 원했다. 이 목표를 실현하기 위해 그들은 영주들의 매개 역할을 점차 폐지해 갈 수 있는 방법을 고안했다. 그것은 자신들의 재판권을 왕국 전역에 확장하는 것이었다. 노르만 군주들은 국왕재판소를 제도화하기 시작했다. 그것은 헨리 1세(재위 1100-1135) 때 시작되어 그의 손자 헨리 2세(재위 1154-1189) 때 실질적으로 강화되었다. 국왕재판소는 이미 존재하는 재판권들 위에 중첩되었다.

19세기 말의 한 이야기는 그들이 이 과업을 어떻게 이루었는지를 아름답게 묘사했다. 비록 지금은 많은 역사학자가 이 이야기를 전설이라고 이의를 제기하고 있지만, 언급할 가치가 있다. 그 이야기에 따르면, 노르만 왕들은 처음에는 자신들이 물리적으로 분쟁 당사자들과 가까이 있을 때에만 분쟁에 개입하고 평화롭게 해결할 수 있는 권리를 요구했다. 이것은 통상 그들의 재판권이 법정에 참석할 수 있는 사람들로 한정되었다는 것을 의미했다. 다음 단계로 노르만 왕들은 그들의 대관식과 같은 특별한 날이나 성탄절과 부활절, 그리고 오순절 주간에 평화를 보장하는 권력을 전취하기 시작했다. 그리고 마침내는 날의 보호로부터 지역의 보호로 나갔다. 그들은 처음에는 국왕재판소의 관할권을 법정이 물리적으로 위치한 곳으로부터 3마일 내의 주변을 포함하는 포괄적인 방식으로 규정했다. 그런 다음에는 왕국의 주요 도로들과 수로들에 보호권을 적용했다. 그 도로와 수로들이 법정으로 연결된다는 이유에서였다. 그리고 국왕의 재판권 아래 놓인 도로들과 수로의 관계망이 점차로 확장되어 거의 모든 도로와 수로를 포함하게 되었다. 13세기가 끝날 때에는 국왕에게 봉사하는 법률가들이 왕은 왕국의 모든 곳에 존재한다는 법적 의제fiction를 발전시켰다. 그 후로 집안에 한정되었던 군주의 보호권은 전 왕국을 포함하게 되었고, “왕의 평화는 경우에 따른 특권에서 보통의 권리로 완전하게 발전했다.”[6]

처음에는 비상시적이고(특정일의 보호) 국지적이었던(특정 장소의 보호) 국왕 재판권이 왕국 전역에 시행되게 된 것은 국왕이 처리하는 사안의 확대를 통해서도 이루어졌다. 여기서도 과정은 점진적이었다. 노르만 왕들은 개입의 확대를 정당화하기 위해 어떤 문제들은 자신들의 특별한 이해가 걸려있어 관심을 갖는 것이 당연하다는 논리를 펼쳤다. 왕실 독점사업권의 행사나 특정인에 대한 보호와 같은 것들이 그런 문제에 해당했다.

이런 확장에도 불구하고 지방과 도시의 법정들, 그리고 봉건 법정들과 교회 법정들은 그대로 존속해 있었다. 그 위에 국왕 재판권의 그물망이 중첩적으로 놓였다. 국왕 재판권의 이 망은 매우 얇았다. 18세기 말에 이르기까지 전체 국왕재판소에 15명 이상의 재판관이 존재한 경우는 드물었던 것으로 평가된다. 게다가 국왕 재판관들은 최상의 위치에 있었지만, 감독 기능을 갖고 있지는 못했다. 그들의 재판권은 교회ecclesiastical, 지방, 봉건 법정들과 완전히 분리되어 있었다. 따라서 기존의 재판제도 위에 국왕재판소가 추가된 것은 위계적인 질서를 창조하지 못했다. 분쟁 사안을 지방, 도시, 봉건, 교회 법정으로 가져갈 것인가, 아니면 국왕의 관여를 요청할 것인가를 소송인들이 선택할 수 있었을 뿐이었다. 그러나 선택은 오직 자유민에게만 주어졌다. 비자유민들은 왕에게 호소할 권리와 왕의 보호를 탄원할 자격이 없었다.[7]

확장해 가는 국왕 재판권의 그물망은 때때로 긴장을 유발했다. 그러나 13, 14세기에 이르면 군주에 대한 충성 의무를 부담하는 거의 모든 자유민은 다양한 문제에 왕의

---

6 Frederick Pollock, *Oxford Lectures and Other Discourses* (London: Macmillan, 1890), pp.75-88. 따옴표 인용 부분은 p.88.

7 역사가들 사이에는 이런 제한이 무엇을 의미했고, 어떻게 적용되었는지에 관해 논란이 존재한다. 중세 촌락민들의 대부분이 자유민이었는지에 대해서도 의견이 일치하지 않는다. 많은 학자는 그들이 자유민이 아니었다는 견해를 제시한다. 그런가 하면 어떤 학자들은 왕의 보호를 요청한 사람들의 지위가 별로 조사되지 않았음을 지적하면서, 질문 자체가 성립되지 않는다고 주장한다.

개입을 요청할 수 있었다. 이런 확장은 평화를 보장해야 하는 국왕의 책임에 의해 정당화되었다. 그 책임은 일차적으로 분쟁을 판정할 수 있는 자격과 관련되었기 때문이다.

영장제도의 발전

국왕 재판권의 성장은 새로운 법 작동방식의 발전으로 가능했다. 처음에는 왕이 직접 심리했지만, 곧 신하들에게 위임해야 했다. 그런데 왕을 대신해 심리에 관여하는 사람들의 수가 늘어가자, 몇몇 국왕재판소가 제도화되었다.[8] 그리고 관리와 제도가 퍼지자, 그 활동을 규율하는 추가적인 장치들이 고안되었다. 이런 발전들은 특히 12세기 중반에서 말까지 두드러지게 나타났으나, 그 후로도 계속해서 이루어졌다. 이런 발전이 모두 어우러져 오늘날 영국의 코먼로라고 부르는 것이 출현하게 되었다.

이 발전은 점진적이었다. 초기 국왕의 간섭은 사법적이라기보다는 행정적 성격을 지녔다. 국왕 또는 그의 관리들이 불법이나 평화 파괴의 보고를 받게 되면, 그들은 믿을 만한 사람들에게 상황을 회복시키라는 명령서 보냈다. 이 명령서는 작은 양피지에 라틴어로 썼고, 국왕의 인장을 찍었는데, "영장"writ으로 알려졌다.[9] 그것은 국왕 관리에 의해 대법청大法廳 chancery에 기록되었고, 피해자용 명령서를 발급하여 구제수단을 지시했다. 예를 들어 소작농이 소작료를 지불하지 않아 영주가 그를 쫓아내기로 결정했다고 하자. 그런데 소작농이 거기에 동의하지 않고, 그 영주 법정에서는 구제받을 수 없다고 생각했다면, 그는 그 사안을 국왕에게 가져갈 수 있었다. 국왕(혹은 그의 관리들)은 그 사안이 주의를 기울일 만하다고 생각하면, 영주가 소작인을 쫓아내지 못하도록 하는 영장을

8 그 중에 웨스트민스트Westminster에 위치하게 된 민사법원the court of Common Pleas과 왕의 여행 중 왕이 참석해 열리는 왕좌법원the King's Bench이 있다.

9 앵글로 색슨 왕들은 행정 영장도 사용했는데, 그 확장과 의미는 무언가 독특한 부분이 있다.

국왕의 신뢰를 받는 사람에게 발부할 수 있었다. 영장은 영주들에게 발부하여 그들이 어떻게 분쟁을 처리해야 하는지 지시하거나, 당사자들의 이야기를 듣고 판결을 내리라고 명령할 수도 있었다.

영장에는 평화의 보장을 의도한 강제적 집행의 뜻이 포함되었다. 영장은 왕국의 복지를 감독해야 할 책임이 있는 국왕이 선별된 사건에 개입할 수 있는 효과적인 도구로 생각되었다. 그러나 영장은 구제가 필요한 문제에 효과적이고 즉각적인 해결책을 제공하긴 했지만, 쉽게 남용되었다. 영장은 한쪽 이해당사자의 요청에 의해 일방적으로 발부되었다. 그러나 영장이 발부되었다는 사실로 인해 그 청구는 정당한 것으로 추정되었다. 그럼에도 불구하고 국왕의 개입을 요청한 사람들이 때로는 실제 일어난 일을 잘못 기술하곤 했다. 그랬기 때문에 추가적인 발전이 12세기에 일어났다. 영장이 불법의 행위를 한 혐의자에게 그 명령에 따르거나, 아니면 국왕의 대리인 앞에서 자신이 왜 그 명령에 따를 수 없는지를 설명하거나, 둘 중의 하나를 선택할 수 있도록 허용했던 것이다.

불법을 행한 자에게 방어를 허용한 이 발전은 혁명적이었다. 그로 인해 영장은 행정문서에서 소송개시 명령서로 성격이 바뀌었다. 영장이 발부되면 당사자들은 국왕의 관리에게 사건을 가지고 갈 수 있었다. 그러면 국왕 관리는 그들의 사정을 듣고 영장에 적시된 구제를 부여할지 말지를 결정했다. 국왕의 관리 앞에서 영장이 적용되거나 거부되어야 하는 근거를 정당화할 필요 때문에 13세기에 "소답"訴答 pleading 절차가 생겨났다. 원고는 영장을 소지하고 구제를 정당화하는 사실들을 진술하기 위해 국왕 관리 앞에 출두한다. 그러면 피고는 여러 가지 방법으로 그에 대답한다. 원고가 진술한 사실의 전부 혹은 일부를 부인하거나, 사실을 인정하되 그것을 다르게 해석하거나, 영장의 관련성을 부인하거나, 혹은 왜 구제수단이 부여되어서는 안 되는지를 설명하는 또 다른 사실(면책사유)을 거론할 수 있었다. 그러면 원고는 이미 확립된 이전의 유사한 대답을 원용함으로써 반박했다.

당사자 사이의 이런 교환은 극단적으로 형식적이었다. 그것은 사안과 관련된 사실들 그대로의 진술이 아니었다. 오히려 그것은 원고와 피고가 원용할 수 있는 일련의 확립된 입장들과 대답들로 구성되었다. 그 교환은 당사자 사이에 무엇이 일치하고 무엇이 불일치하는지가 명확해질 때까지 계속되었다. 그것이 명확해진 다음에야 사건이 "본심"trial에 회부되었다. (주장의 형성에 집중하는) 소답과는 반대로 본심에서는 당사자들은 자신들의 주장이 근거하고 있는 사실을 입증해야 했다. 입증은 시간, 쟁점, 그리고 장소에 따라 다양한 방식으로 이루어졌다. 당사자들이 선서를 하거나, 시죄 절차가 진행되거나, 혹은 배심원이 소환될 수 있었다. 사안과 관련된 사실이 증명된 (혹은 그렇지 않게 된) 후에, (재판관의 역할을 하는) 판결을 담당한 관리는 영장에 적시된 구제가 부여되어야 할지를 결정했다.

영장은 어떻게 작동했는가?

이런 변형이 있고 난 후 수 세기 동안 영장은 소송인들이 국왕 관리 앞에서 소송을 시작할 수 있는 문서가 되었다. 그것은 왕실의 대법청이 발부하였는데, 다음의 결정을 내포하는 것이었다. 첫째, 그 사안은 국왕의 재판권에 해당한다. 둘째, 그것은 국왕이 정당하게 개입할 수 있는 사안이다. 영장은 지금의 "판사"에 해당하는 국왕의 관리들에게 사안을 심리하도록 지시했다. 영장이 소송을 개시할 수 있는 수단이었다면, 영장의 거부는 국왕재판소에 호소할 수 없다는 것을 의미했다. 대법청은 왕이 개입할 이유나 명분이 없다고 판단하는 경우에는 영장 발부를 거절했고, 그 즉각적인 결과로 국왕재판소는 그 일에 재판권을 행사할 수 없었다. 다시 말해서 영장을 발부받지 못한 소송인들은 국왕재판소에서의 소답이 가로막혔다. 그렇지만 지방의 재판소나 봉건재판소, 혹은 교회재판소를 통해서는 여전히 구제가 가능했다.

처음에는 영장은 국왕의 조력을 구하는 사람들에게 개별적으로 발부되었고, 그 사안의 특수한 사정에만 유효했다. 영장은 임의적이고 구체적이었고, 인장이 찍혀 교부되었으며, 이론적으로는 오직 한 번만 사용할 수 있었다. 영장을 발부받기 위해서는 상당한 시간과 에너지, 그리고 돈을 들여야 했다. 소송인들은 자신의 사안이 국왕의 주의를 받을 만하다는 점을 대법청에 확신시켜야 했다. 영장의 발부는 초기에는 의례적인 권리라기보다는 항상 예외적인 것이었다.

영장은 국왕의 자발적인 개입 의지에 의존했기 때문에 주로 국왕이 보호하기를 원했던 사람들에게 발부되었다. 그리고 국왕이 가장 통제를 원하는 (주로 영주들의 권력을 잠재적으로 억제할 수 있는) 사안들, 또는 심각한 평화 파괴의 위험성이 큰 사안들을 대상으로 했다. 그것은 군주의 상황과 이익을 반영하는 단편적인 결정들의 산물이었다. 그러나 영장이 국왕의 개입 의지에 의존하기는 했지만, 그것은 또한 영장을 발부받는 데 이해가 걸린 당사자들의 존재를 조건으로 했다. 영장은 추상적이고 이론적이라기보다는 실용적이고 실제적이었다. 해결을 요구하는 분쟁과 그것을 국왕재판소에 가져가기로 선택한 당사자, 그리고 왕을 대표하여 개입을 결정한 대법청이 존재했기 때문에, 영장이 존재할 수 있었다. 이렇듯 영장은 사람들이 국왕의 보호를 구하고 국왕이 보호하고자 했던 영역에서 널리 활용되었다. 이것은 영장의 탄생이 공익의 고려가 아니라 사적 이익에 의해 추동되었다는 것, 그리고 영장은 그 시대의 경제적, 정치적, 그리고 사회적 상황에 의해 모습이 갖춰지게 되었다는 것을 의미했다.

영장의 제도화

영장이 비록 구체적인 문제에 대한 임의적이고 개별적인 해결로서 시작되긴 했지만, 시간이 지나면서 일부 영장들은 제도로 정착되었다. 대법청은 12세기 중반에, 좀 더 분명히는 13세기에 이르면 과거에 어떤 영장이 발부되었는지를 기록하기 시작했다. 그것은 앞으로도 과거와 동일하게 처리하겠다는 의지를 의례적인 방식으로 표현한 것이었다. 이런 발전의 결과로 영장은 더 이상 개별 사례에 기초해서 특정 원고에게 부여하는 해결책이 아니게 되었다. 대신에 소송인들이 무엇을 소구해야 할지를 안다면 발부받을 수 있는 고정된 형식의 문서가 되었다. 기존의 영장을 쉽게 식별하기 위해 많은 영장에는 이름이 붙여졌다. 가령 토지점유반환영장(*praecipe quod reddat*)은 어떤 토지를 자신의 토지라고 주장하는 원고에게 그 토지를 주도록 지방 당국에 명령하는 것이고, 신부동산점유침탈영장(*novel disseisin*)은 소유와 관련하여 동일한 내용의 명령을 담은 것이었다. 영장에 이름을 붙이는 일과 함께 발부받을 수 있는 영장의 공적인 목록도 등장했다.

영장제도의 발전은 장대하였다. 1189년경에는 약 40개의 영장이 존재했다. 그것이 13세기 말에는 그 수가 10배로 증가했다. 영장이 인기를 끌자 국왕재판권이 확장되었고, 국왕재판권이 확장되자 새로운 영장들이 만들어졌다. 이 과정에서 처음에는 예외적으로 생각된 국왕의 개입은 일상적인 것이 되었다. 이 단계가 되면 국왕재판권에는 제한이 없고, 결국 거의 모든 불법에 대해 구제를 제공할 수 있다고 생각되었다.

영장제도의 성공은 소송인들을 국왕재판소로 끌어들이는 군주의 능력과 결부되었다. 즉 소송인들이 봉건재판소나 지방재판소, 혹은 교회재판소보다 국왕재판소를 선호해야 했다. 어떻게 이런 일이 일어났는가에 대해 명확히 말해 주는 자료는 거의 찾을 수 없다. 그러나 대부분의 역사학자는 국왕재판권이 지방이나 영주의 판결보다 더 형평에 부합하고 더 효과적이라고 소송인들이 생각했기 때문이라고 믿고 있다. 국왕재판소의 장점 중의 하나는 소환이 있는 경우 피고와 배심원들의 출정을 강제할 수 있었다는 점이었다. 또 중요한 점은 국왕재판소가 내린 판결은 두루마리에 기록되어 런던탑에 안전하게 보관되어, 이론적으로는 필요할 때에 찾아볼 수 있게 되었다는 점이다. 또한 국왕재판소의 경우 다른 재판소와는 다르게 분쟁 해결 과정이 사적으로 작동하지 않고 규칙 구속적이라고 생각했을 수도 있다.

이 모든 발전의 결과로 등장한 분쟁 해결 제도가 점차 "코먼로"라고 불리게 되었다. 이 제도가 일반적이었던 이유는 그것이 지역, 도시, 그리고 봉건 재판권 위에 중첩되었기 때문이었다. 그것은 잠재적으로 전 왕국을 포괄했다. 그리고 그것은 국왕에게 충성의무를 지는 모든 사람에게 개방되어 있었다.[10] 코먼로에 표현된 공통성은 정치적이었

---

10 12, 13세기에 국왕재판소는 주로 라틴어를 사용했고, 따라서 처음에는 "코먼로"로 불리기보다는 "공동의 법"*communi iure*, 혹은 "공동의 왕국법"*commune regni ius*으로 지칭되었다.

다. 그 점에서 코먼로는 공통법과 선명하게 대립되었다. 로마법과 교회법, 그리고 봉건법을 결합한 공통법이 "공통적"이라고 표현된 이유는 그것이 이론적으로는 라틴 그리스도 왕국의 모든 거주자에게 공통되었기 때문이었다. 이 거주자들은 아마 다양한, 심지어는 서로 경쟁하는 정치공동체들에 나뉘어 소속되었을 것이다. 그럼에도 불구하고 그들은 하나의 문화, 하나의 종교, 그리고 하나의 (공통적인) 법을 고수했다고 이야기되고 있다.

영장, 구제, 그리고 코먼로의 성장

이론상으로 국왕은 (그리고 그의 관리들은) 영장을 발부함으로써 법정과 절차를 제공했지만, 적용할 실체적 규범을 제공하지는 않았다. 그럼에도 불구하고 실제적으로는 법정을 제공하고 어떤 사건들에는 구제수단을 제공하면서도 다른 사건들에는 그렇게 하지 않음으로써, 국왕은 실질적으로 기존의 규범 질서를 변경시켰다. 대법청이 영장을 발부하여 소송인이 특정 구제수단을 소구할 수 있도록 할 때마다, 그것은 권리의 존재를 암묵적으로 승인한 것이었다. 반면에 영장을 거부하는 것은 권리나 의무를 부인하는 것이나 마찬가지였다. 권리나 의무는 이론적으로는 계속 존재했다. 그러나 실제적으로는 이해당사자의 실행 요구를 가능하게 하는 영장이 없었기 때문에, 권리나 의무를 더 이상 실현하는 것은 불가능했다.

법적 구제와 권리 사이의 관계는 코먼로의 가장 두드러진 특징이다. 이 중요한 특징은 코먼로의 형성기에 이미 존재했다. 12, 13, 14세기에 영장은 토지를 상속할 권리와 같은 중요한 권리들을 승인(그리고 그렇게 해서 창조)했다. 그 권리는 원고가 친족 사망 후에 상속한 토지를 피고가 침탈한 데 대해 피고를 대상으로 소를 제기할 수 있도록 해 주는 상속부동산점유회복영장*assize of mort d'ancestor*에 의해 주어졌다. 공식적인 기소나 대배심의 기소 없이 형사책임을 물을 수 없는 권리 같은 것도 그런 예인데, 그 권리는 1166년의 클래렌돈법the assize of Clarendon에 의해 확립되었다. 법적 구제와 권리의 연계는 시간이 흐름에 따라 점점 더 분명해졌다. 근대 초에는 많은 사람이 코먼로란 잉글랜드인의 권리를 지칭하는(제8장 참조) 권리의 체계 외 다른 것이 아니라고 주장할 만큼, 그것은 중심적인 자리를 차지하게 되었다. 이 기간에 인신보호영장*habeas corpus*과 같은 이전의 영장이 특별한 중요성을 다시 획득하게 되었다. 이것은 당국에게 구금 중인 사람을 재판관에게 데리고 오도록 명령하는 영장이었는데, 이때가 되면 불법적인 구금에 대한 구제를 의미하게 되었다. 나아가 인신보호영장은 이렇게 구제수단을 제공함으로써, 근거 없이 구속되지 않을 권리를 간접적으로 승인했다고 주장되기에 이르렀다.

구제가 권리를 창조한다는 생각은 너무 중요했다. 그로 인해 그렇지 않았으면 이상하다고 생각할 수 있는 결정들이 가능했다. 예를 들면 1704년에 상소심이었던 귀족원House of Lords은 의회 선거에서 투표권이 박탈된 사람의 청구를 받아들이지 않은 여왕좌재판소Queen's Bench의 결정을 파기했다. 여왕좌재판소가 청구를 거절한 것은 상식적인 관찰에 기초한 것이었다. 즉 원고의 투표 없이도 그가 선호한 후보자가 당선되었기 때문에 구제할 필요가 없다는 것이다. 그러나 귀족원은 이를 수긍하지 않았다. "원고가 권리를 갖는다면, 그것을 확인하고 유지할 수 있는 수단을 반드시 보유하고 있어야 하며, 그 침해의 경우에는 구제 방법이 존재해야 한다"는 것이 그 이유였다. "권리의 결여는 구제의 결여와 같은 말이기 때문에 구제 없는 권리를 상상하는 것"[11]은 무가치한 것이라고 주장했다. 귀족원의 결론은 직설적이었다. 원고가 선호한 후보가 당선되었기 때문에 투표하지 못한 것이 어떤 차이를 초래한 것은 아닐지라도, 상소인은 구제되어야 한다. 그 이유는 코먼로 아래서 구제의 결여는 권리의 결여를 의미하기 때문이다. 법원이 상소인을 구제하지 않는다면, 그것은 그의 투표권을 부정하는 것과 마찬가지라는 것이었다.

---

11 "Ashby vs. White and Others", in *Thomas and Bellosts Leading Cases in Constitutional Law* (*with Introduction and Notes*), ed. E. Slade (London: Sweet and Maxwell, 1934), 47.

절차 중심

이렇듯 코먼로는 법적 구제와 권리의 관련성을 주장한 점에서 특별했다. 그러나 그것은 또한 (대륙의 법원들이 그랬던 것과 같은) 실질적 정의의 보장이 아니라, 법원이 기능하는 방식을 통제하는 데 주의를 기울인 점에서도 유별났다. 코먼로는 소송인이 국왕의 관리에게 소구할 수 있도록 허용하는 인가(영장) 제도로서 성립되었기 때문에 절차적 쟁점에 매우 예민했다. 코먼로는 적절한 결론은 무엇이어야 하는가를 묻지 않고, 바른 절차가 준수되었는가를 물었다.

소답 절차, 즉 당사자들이 합의한 부분과 합의하지 못한 부분을 법원에서 사용될 수 있는 법적 문서로 어떻게 번역할 것인가는 종종 가장 중요한 문제로 여겨졌다. 법적 문서로의 번역은 원고가 특정 영장을 거론하는 것으로 시작되었고, 피고가 그에 대답하면 원고가 다시 응답하는 식으로 진행되었다. 소답은 문제 되는 쟁점을 정의하는 데 핵심적인 절차였다. 따라서 코먼로 전문가들은 소답 절차가 올바르게 되었는지 확인하는 것이 중요하다고 주장했다. 중세 말에는 이 일이 국왕 재판관의 주된 업무였다. 그들은 이 주장과 대답의 교환을 주재하고, 당사자들이 수긍할 수 있는 대본에 따랐다는 점을 보증하는 역할을 했다. 이 단계에 이르면, 어떤 영장이 존재하고 그것을 어떻게 받아낼 수 있는가에 대한 지식을 획득하는 것은 정교한 노력이 요구되는 일이 되었다. 그 때문에 많은 법 문헌들이 국왕재판소의 작동을 규율하는 복잡한 의례와 소답의 형식을 설명하는 데 대부분을 할애했다. 그리고 그런 의례와 형식에 사안을 맞추는 방법을 실무가들에게 조언했다. 변호사 후보자들을 준비시키는 데도 주로 소답의 기술과 절차를 가르치는 데 초점을 둠으로써 이 길을 따랐다. 법정에서 일어난 일을 기록한 연감도 마찬가지였다. 연감에는 규정과 원칙을 기술하거나, 판사의 판결을 기록하지 않았다. 그 대신에 모두 받아들일 수 있는 질문의 채택으로 이어지는 당사자들과 판사 사이의 대화가 기록되었다. 그들에게 관건은 사안이 실제로 어떻게 정리되고 주장되었는가(즉 분쟁과 관련된 사실들이 어떻게 법적 주장으로 바뀌었는가)였고, 좋은 주장은 무엇이고, 그것은 어떻게 제시되어야 하는가를 확인하는 것이었다.

절차 규정들은 코먼로 법원 운영의 중심에 있었다. 그러나 그 규정들은 왕의 정의를 위엄 있게 유지하는 데도 중요했다. 국왕재판소 제도가 잘 작동되고, 지방재판소나 봉건재판소, 혹은 교회재판소와 성공적으로 경쟁하기 위해서는 평판을 보증하는 것이 필수적이었다. 그것은 무엇보다도 절차가 당사자나 사건의 성격에 따른 예외를 두지 않고 준수되고 있다는 사실을 소송인들이 확신할 때 가능했다. 그것을 위해 고안된 수단 중에는 오늘날 "적법절차"due process를 구현한다고 생각되는 규정들도 많이 있었다. 이 규정들은 판사가 공정한 심판자가 되도록 고안된 것이었다. 양 당사자에게 동등한 기회(즉 절차 규정들)를 부여해서, 그들이 동일한 조건에서 변론할 수 있도록 하는 것이 판사의 주된 임무였던 것이다.

이렇듯 코먼로 판사들의 임무는 주로 법정에서 소송인들 사이의 소답을 감독하는 것이었지, 정의의 실현을 보장하는 것이 아니었다. 그렇기 때문에 코먼로는 상소의 여지를 거의 두지 않았다. "잘못된 영장"writs of error의 경우에 상급 법원은 하급 법원의 경과를 심사하고 교정할 수 있었다. 그러나 이런 경우는 대부분 기록상에 나타난 명백한 절차적 오류에 한정되었다. 예를 들어 결정의 사실적 혹은 법적 기초를 문제 삼는 데까지 확장되지는 않았다. 예외적인 경우에는 코먼로 법원은 상소를 허용하기보다는 새로운 사실심을 열어 사건을 재심리했다.

코먼로 판사들은 15세기까지도 자주 실질적 정의를 확보하기 위해 전통적인 규정 체계에서 이탈하는 것을 거부했다. 그렇지만 그것은 놀랄 만한 일이 아니었다. 유럽의 다른 국가들과의 대비가 이보다 더 클 수는 없다. 대륙의 판사들은 정의의 집행을 책임졌다. 그들이 어떻게 정당한 결론에 도달했는가는 특별히 중요한 문제가 아니었다. 대부분의 국가에서도 소송인들이 승소하기 위해서는 일련의 절차를 따라야만 하긴 했다. 그러나 중세와 근대 초기 동안 이 절차는 "법원의 실무"에 기초한 것이었다. 엄격한 방식을 규정한 것이 아니었기 때문에, 만일 판사가 유익하다고 생각한다면 생략될 수도 있었다. 또한 정의가 요구한다면, 절차는 더 길어질 수도 있었다. 예를 들어 형사 피의자에게는 재판받을 권리, 즉 법원의 심리 없이 선고받지 않을 권리가 있었다. 그러나 판사는 일단 그 사건을 맡게 되면 어떻게 행할지에 대해 상당한 재량권을 가졌다.[12] 16세기, 심지어 17세기까지도 대륙의 판사는 법보다는 "자신의 양심에 따라" 판결을 내릴 수 있었다. 그 결과로 코먼로는 주로 절차적 문제에 관한 상소를 허용한 반면에, 대륙의 법원은 그렇게 하지 않았다. 대륙의 법원에서는 상소는 항상 판결이 부당하다는 주장에 근거했다. 특정한 절차가 준수되었는지 여부는 거의 상소와 관련성이 없다고 생각했던 것이다.

법 전문직

코먼로 형성기 동안에 판사를 포함하여 왕실 행정의 상위 계층 사람들은 종종 훈련된 전문직이기도 했다. 그들은 대학이나 대성당 학교에서 교회법 또는 로마법을 공부했다. 래널프 드 글랜빌Ranulf de Glanvil(약 1112-1190)은 헨리 2세 재위 기간 동안 중요하고도 영향력 있는 판사였다. 그는 《잉글랜드의 법과 관습에 관한 논고》*tractatus de legibus et consuetudinibus regni Angliae*(대략 1187-1189)의 저자로 알려져 있다. 그 논고는 잉글랜드의 국왕재판소의 작동을 개관한 것으로, 단순히 국왕재판소들이 따라야 할 실무를 서술하는 것뿐만 아니라, 그것에 지적 일관성과 권위를 부여하는 것을 의도했다. 프랑스어(법정 언어)가 아니라 라틴어로 쓰였는데, 그것은 아마도 전 유럽 학자들의 관심을 끌고 학교와 대학들에서 그 책으로 가르치도록 하기 위해서였을 것이다.

헨리 블랙튼Henry of Bracton도 비슷한 약력의 소유자였다. 그는 《잉글랜드의 법과 관습에 관하여》*De legibus et consuetudinibus Angliae*(대략 1220-1250년대)의 저자로 알려졌다. 그러나 오늘날 많은 학자들은 그 책을 한 개인이라기보다는 여러 명의 공저로 돌리고 있다. 게다가 블랙튼이 그 공저자 중의 한 사람인지조차도 불분명하다. 블랙튼 역시 대학에서

---

12 공통법 법학자들은 절차에 대한 이 권리를 *servare ordinem iuris*라고 불렀다.

훈련받은 국왕 관리였다. 그가《잉글랜드의 법과 관습에 관하여》의 집필에 참여했는지는 현재로서는 의문이 제기되고 있지만, 누가 집필했든지 그가 로마법에 매우 정통했다는 사실은 분명하다. 그 책은 코먼로의 규범들을 수록했다. 그러면서도 대학에서의 당시 논의를 반영하는 방식으로 끊임없이 로마법을 언급했다. 무엇보다도 잉글랜드의 기록들에 일관성을 주기 위해 공통법의 분류와 스콜라학을 차용했다. 그것은 문언 사이의 유사점과 차이점을 설명하는 방식으로 이루어졌다. 문언들이 서로 모순되지 않는다는 점을 보이기 위해서였다. 그 책은 유스티니아누스의《시민법대전》의 순서와 편제를 모방했고,《시민법대전》과 교회법의 문언을 수없이 인용했다.

지금은 이 두 사례가 유별난 경우라고 생각하지 않는다. 12, 13세기에는 코먼로에 정통한 사람들이 우리가 과거에 생각했던 것보다 훨씬 더 자주 로마법의 해결책을 찾아보고, 종종 그 해결책을 받아들였다고 지금은 믿고 있다. 그렇지만 14세기 이후로는 잉글랜드의 군주들이 대학에서 훈련받지 않은 일반인들을 판사로 임명했다는 사실 또한 분명하다. 법률가들을 선호하는 대신에, 복종적인 충복인지가 국왕 판사의 주된 자격이 되었다. 그때는 예를 들어 어떤 사안에 어떤 영장이 필요한지, 그리고 그것이 어떻게 기능하는지를 알기 위해 많은 실무적 지식이 요구되었다. 그 때문에 대부분의 국왕 판사들은 결국 국왕재판소에서 활동하는 변호인 중에서 선택되었다.

14세기에는 주로 법원 활동을 통해 얻게 되는 그런 특별한 기술이 국왕 판사들에게만 필요한 것이 아니었다. 당사자들 또한 그런 기술이 필요했다. 적절한 영장이 무엇인지를 알아야 했고, 어떤 절차 규정들과 증거 규정들이 그와 관련되는지 이해해야 했으며, 소답을 효과적으로 하는 방법을 알아야 했다. 또한 국왕재판소의 재판을 위해서는 프랑스어와 라틴어에 대한 지식이 필요했다. 완전한 근대 초기에 이를 때까지도 프랑스어가 잉글랜드 국왕재판소의 구두 언어였으며, 라틴어는 (때에 따라서는 프랑스어와 교대로) 문자 언어였기 때문이다.

점점 늘어난 전문 지식에 대한 필요 때문에 특화된 법 전문가들이 등장하게 되었다. (궐석 당사자를 대신할 수 있는) 대리변호사procurators, (법정에서 실제로 변론에 특화된) 법정변호사barristers, 그리고 (의뢰인에게 자문하는) 자문변호사attorneys와 같은 다양한 전문직들이 나타났다. 특별히 법정변호사들은 직업단체를 조직해서 특정 장소에 자주 드나들기 시작했다. 오늘날 법률연수원the Inns으로 불리는 이 장소들은 대개 생활관으로 출발했으나, 곧 사회화와 훈련을 위한 공간으로 탄생했다. 그곳에서 젊은 수련생들은 스승의 여러 업무 수행을 듣고 지켜볼 수 있었다. 법정변호사들이 훈련을 받는 4개의 법률연수원Inns at Courts이 존재했고, 대법청 법률연수원Inn of Chancery에서는 변호사를 희망하는 사람들이 영장과 다른 여러 문서들이 어떻게 작성되는지를 지켜볼 수 있었다. 14세기와 15세기에 이르면 대부분의 법률연수원은 수련생들을 위해 모의재판과 변론실습"moots", 그리고 강의"reading" 기간을 두었다. 모의재판은 증거를 얻고 절차에 따르는 과정에 초점을 맞추었고, 강의 시간에는 학생들에게 원문, 주로는 성문법률을 분석하도록 시켰다. 원문의 분석에는 종종 그 전형적인 의미와 적용 예를 보여주는 실제 사건의 기록들이 함께 주어지기도 했다. 변론실습은 실제의 법정을 견학하고, 주로 절차와 영장의 선택, 그리고 소답에 초점을 맞춘 실습이 진행되었다.

코먼로는 어떻게 작동했는가?

코먼로가 작동한 특별한 방식은 그것이 잉글랜드의 신민과 외국인의 구분을 어떻게 발전시켰는가를 관찰할 때 전형적으로 드러난다. 이에 대해서는 대부분의 역사학자들이 지적하는 하나의 중심 판례가 있다. 잉글랜드인과 외국인의 구분이 선명하게 된 것은 그 판례에서였다. "칼빈 사건"Calvin's Case으로 알려진 1608년 판결에서 판사들은 군주에 대한 충성 의무가 있는 지역에서의 출생이 잉글랜드 신민이 되는 조건이라고 선언했다. 왜 판사들이 이 문제를 다루었고, 그들은 어떻게 그 결론에 도달했을까? 그것은 코먼로가 작동하는 복잡한 절차를 설명하는 환상적인 이야기를 제공한다.

칼빈(진짜 이름은 Robert Colville)은 스코틀랜드 왕 제임스가 잉글랜드 왕에 등극한(1603) 후에 출생한 스코틀랜드인이었다. 법원이 답해야 했던 것은 칼빈이 왕위가 통일된 된 후에 스코틀랜드에서 태어났기 때문에 잉글랜드 신민이 될 수 있는가의 문제였다. 이 대답이 중요한 이유는 칼빈이 잉글랜드인이라면 잉글랜드에 있는 토지를 상속할 수 있지만, 외국인이라면 그럴 권리가 없게 되기 때문이었다. 그 문제에 대한 판사들의 대답은 긍정적이었다. 칼빈이 제임스에 대한 충성 의무 아래서 태어났다고 판단했기 때문이다. 충성 의무는 실제 사람(제임스)에 대한 것이지, 왕위나 왕국(잉글랜드 왕위나 잉글랜드)에 대한 것은 아니라고 했다. 그 결과로 제임스에 대한 충성 의무 아래서 한 왕국 안에 태어난 사람들은 어디서나 그의 국왕 재판권에 복속하게 되었다. 즉 제임스에 대한 충성 의무 아래 있던 스코틀랜드에서 태어난 사람은 잉글랜드에서, 제임스가 거기서도 통치하는 한, 잉글랜드 신민으로 취급되었다.

오늘날 우리는 칼빈 사건이 일부러 만들어 낸fabricated 소송이라는 사실을 알고 있다. 그것은 스코틀랜드인들의 신분에 관한 결정을 끌어내려고 했던 일군의 사람들이 후원한 소송이었다. 스코틀랜드인들의 신분에 관한 문제는 제임스가 잉글랜드 왕에 오른 후에 그를 사로잡았던 문제였다. 그는 위원회를 설치했고, 위원회는 스코틀랜드 사람들이 잉글랜드 신민으로 취급되어야 한다고 결론을 내었다. 제임스는 그 결론이 법적으로 맞는 것이라고 주장했다. 그러나 잉글랜드 의회는 이 해답을 받아들이기를 거부했다. 코먼로 아래서는 구제가 권리를 창설하기 때문에, 상황을 타개할 수 있는 유일한 방법은 소송을 제기하는 것뿐이었다. 방법은 소송에서 판사들이 구제를 부여함으로써 권리, 즉 잉글랜드에서 잉글랜드 신민으로 취급받을 수 있는 스코틀랜드인의 권리를 승인하는 길뿐이었다. 이 일을 위해서는 승인을 얻으려는 사람들이 구제의 필요가 있는 사람을 찾아야 했다.

그들이 찾은 사람은 왕위의 통일 후에 스코틀랜드에서 태어난 한 어린아이였다. 이 아이는 잉글랜드에 있는 재산을 상속했지만, 코먼로 아래서 외국인은 잉글랜드의 토지를 상속할 수 없다는 이유를 들어 그 재산에 대한 권리가 거부되고 있었다. 이 아이는 스코틀랜드에서는 스코틀랜드인이지만 잉글랜드에서는 잉글랜드 신민이라고 주장했다. 그것은 그의 상속권을 부인하는 자들에 대해서 소송을 제기할 수 있는 근거가 되었다. 법원이 구제를 부여하기 위해서는 그를 잉글랜드 신민으로 인정해야만 했다. 그리고 이것이 바로 실제 일어난 일이었다. 법원이 잉글랜드에서 상속할 수 있도록 그에게 구제를 부여했고, 이로써 그는 잉글랜드 신민으로 인정되었다. 그 후로는 왕위 통일 후에 태어난 스코틀랜드인은 의회가 그 결과에 순응하지 않아도 잉글랜드 신민으로 인정되었다.

이 예는 다음의 사실을 분명히 보여준다. 1608년까지도 누가 잉글랜드 신민이고 누가 외국인인가와 같은 기본적인 문제들이 잉글랜드에서는 법원에 구제를 청구하는 소송을 제기함으로써 해결될 수 있었다는 것이다. 국왕의 칙령이나 의회의 법률로 해결된 것이 아니었다. 그러나 칼빈 사건은 다른 점에서도 전형적인 사례였다. 그 사안을 심리한 판사들은 잉글랜드에서의 상속권을 잉글랜드 신민의 지위와 결부시켰다. 그들에 따르면 오직 잉글랜드 신민만이 잉글랜드에서 토지를 상속할 수 있었고, 외국인들은 그렇지 못했다. 이 법리 또한 코먼로의 특별한 특징 때문에 발전했다. 그 특징이란 구제와 권리의 관계뿐만 아니라, 종종 절차적 요건을 특정 영장과 결부시킨 코먼로의 고집스런 입장이다. 오늘날 우리는 잉글랜드의 토지를 상속할 수 있는 사람과 그렇지 못한 사람 사이의 구분이 외국인가의 문제와는 아무 관련이 없다는 사실을 알고 있다. 그리고 잉글랜드 밖에서 출생했다고 해서 외국인 신분이 되는 것은 아니라는 사실도 알고 있다. 그렇다면 토지 상속권과 외국인 지위를 연결하고, 또 외국인 지위와 외국에서의 출생을 연결하는 법리는 어떤 이유로, 어떻게 생기게 되었는가?

역사학자들에 의하면, 그 이유는 절차적 요건 때문이었을 것이다. 상속을 규율하는 코먼로 영장은 토지 상속을 위해서는 청구인이 그 지역의 증인을 통해 자신의 가계를 증명할 것을 요구했다. 청구인이 법원 관할권 밖의 지역에서 태어난 경우에는 왕은 그의 고향 마을 담당관에게 증인으로 그 지역 사람들을 보내라고 명령할 수 있었다. 그러나 이런 해결책은 청구인이 국외에서 출생한 경우에는 불가능했다. 그 결과 외국에서 태어난 사람들은 토지 상속의 권리가 있는 경우에도, 토지 상속 영장과 결부된 이 특별한 절차적 요건 때문에 권리 입증에 현실적 곤란이 존재했다. 처음에는 그들이 잉글랜드인인가 아닌가는 전혀 관련이 없었다. 그럼에도 불구하고 시간이 지나면서 코먼로상 구제와 권리의 밀접한 연관 때문에, 가계 입증(따라서 구제 부여)에 따르는 실제적인 곤란이 상속 불가, 즉 권리 부재로 해석되었다. 그 이후로 구제될 수 없다는 (국외 출생자는 가계, 따라서 상속할 권리를 증명할 수 없다는) 이유로, 권리도 인정되지 않게 되었다. 이런 순환은 이제 자기 완결적이 되었다. 국외 출생자는 더 이상 잉글랜드에서 토지상속권을 가질 수 없었다. 그리고 외국에서 태어났기 때문에 상속권이 없는 사람은 외국인으로 취급되었다.

반발

영장제도의 확산과 국왕 재판권의 확대가 항상 영주들에게 환영받은 것은 아니었다. 자신들의 권력과 특권이 줄어들었기 때문이다. 이런 상황에 대한 항의가 반역으로 이어졌다.[13] 그 반역은 대헌장Magna Carta(1213)의 승인으로 종결될 수 있었다. 지금 일반적으로 믿고 있는 바와는 반대로, 대헌장은 모든 잉글랜드인의 권리를 보장하기 위한 것이 아니었다. 그것은 주로 남작들과 자유민들의 특권을 보장하려고 했다. 대헌장은 토지에 대한 봉건적 통제 및 봉건적 상속과 관련되었다. 그런데 그것은 12세기 말에서 13세기 초에 이루어진 법의 발전에 의해 심각하게 위협을 받고 있었다. 대헌장이 이 문제를 해결하는 데 실패했기 때문에, 국왕 헨리 2세(재위 1216-1272)는 재차 반란을 일으킨 남작들의 압력을 받아 1258년에 새로운 영장을 창설하지 말도록 관리들에게 지시했다. 그의 아들인 에드워드 1세는 1285년에 새 국왕재판소를 세우지 않겠다는 것과, 어떤 국왕재판소도 새로운 문제로 재판권을 확장하지 않겠다는 비슷한 약속을 했다.

그러나 국왕 재판권을 확장하려는 압력은 지속되었고, 소송인들은 계속 국왕의 개입을 요구했다. 그로 인해 14세기 말에는 새로운 체계가 생겨났다. 그 창설을 정당화하는

13 대헌장에 관해서는 제8장에서 더 자세하게 다룰 것이다.

주장은 이러했다. 비록 새 코먼로 영장은 창설할 수 없지만, 국왕은 여전히 그가 정당하게 관심을 가질 만한 특별한 사정이 있는 경우에는 관심을 가져야 한다는 것이었다. 국왕의 양심은 왕이 해야만 할 일을 했을 때, 즉 약자를 보호하고 정의를 베풀었을 때만이 짐을 벗을 수 있다고 주장했다. 도덕적 의무로 생각된 이런 책무에 부응하기 위해서 왕이 새로운 절차를 창설하게 되었다. 기존의 코먼로 영장으로는 구제가 불가능한 예외적인 경우에는 왕은 자신의 대법청장chancellor으로 하여금 소송인들의 이야기를 듣고 특별한 구제를 부여할 수 있도록 했다. 그것이 정의의 요구라는 것이었다.

이런 발전의 결과로 대법청이 이미 승인한 영장을 활용할 수 있는 소송인들은 사건을 통상의 국왕재판소(코먼로 법원)로 가져갔다. 등록된 영장 중에서 적당한 해결을 찾을 수 없는 자들은 대법청에 호소해서, 특별한 개입을 요청했다.

이런 발전으로 인해 새로운 분쟁 해결 제도가 도입되었다. 이 제도가 코먼로와 구분되는 이유는 그 작동이 적어도 그 시초에는 코먼로와 달랐기 때문이다. 이 단계에서(14세기) 코먼로 법원들은 등록된 영장 중에서 적당한 영장을 발견한 모든 사람에게 개방하는 것이 의례였다. 반면에 새 제도는 오직 예외적인 경우에만 구제를 제공했다. 당연히 미리 정해진 소송원인causes of action 목록도 존재하지 않았다.

14세기에 출현한 이 새로운 체계를 "형평"equity이라 불렀고, 이 비상한 구제를 판정하는 법정을 대법청법원the Chancery court이라고 지칭하였다. 예외적인 상황만을 다루도록 의도되었기 때문에, 형평은 의도적으로 신축적인 의미의 규정들을 가진 유연한 제도로 조직되었다. 그것은 대법청장의 재량적 권한에 의존했다. 대법청장은 코먼로가 적절한 해답을 제공하지 않는 어려운 사건들을 해결할 권한을 왕으로부터 부여받았다. 그러나 그렇다고 해서 형평이 완전히 자의적인 체계였다는 것은 아니다. 초기 대법청의 관리 대부분은 대학에서 훈련을 받았고, 그들 중의 많은 사람은 성직자였다. 그랬기 때문에 그들은 자주 직접적이거나 암묵적으로 교회법과 로마법의 기준, 확리, 그리고 절차들을 차용했다.

14, 15세기에 형평은 가장 흥미로운 법적 발전이 일어난 영역이다. 코먼로의 제도화로 남겨진 진공 부분을 채우면서, 형평은 새로운 제도들을 창안했다. 금지명령injunctions

의 발부도 그중 하나였다. 금지명령은 피고가 다른 경우라면 허용되었을 특정 행위를 하지 못하도록 금지하는 구제수단이었다. 형평법원은 또한 사법 결정의 이행을 강제하는 수단을 마련하였다. 예를 들어 상대방이 법원의 명령을 이행하지 않는 경우에 이해당사자가 상대방의 재산을 압류할 수 있도록 했다. 대법청법원이 창안한 또 하나의 중요한 구제수단은 합법적이지만 불합리한 계약의 강제이행을 금지한 것이었다. 그 외에도 형평은 신탁, 담보, 후견, 파산, 상업조합commercial partnership, 그리고 법인corporations과 같은 중요한 새로운 영역을 발전시켰다. 거기에는 정직한 실수와 사기를 구분하는 법리도 포함된다.

원래의 유연성에도 불구하고 시간이 지나면서 형평 또한 좀 더 제도화되고 경직되었다. 코먼로의 영장제도처럼 형평도 영구적인 해답 체계로 발전해 갔다. 당사자들이 원용할 수 있는 (형평) 구제 목록이 작성되는 길을 걸었던 것이다. 이렇게 해서 15세기 말에 이르면 형평은 확실하게 이전의 코먼로 체계에 병행하는 국왕 사법의 두 번째 체계로 발전했다. 이 두 체계는 종종 상호작용을 하며 서로 영향을 주고받았다. 그 후로 형평과 코먼로는 통합되기 시작했다. 이 일이 가능했던 것은 부분적으로는 코먼로에 훈련된 사람들이 대법청장이 되었기 때문이다. 토마스 모어Thomas More(1478-1535)가 그런 경우였다. 그러나 형평이 코먼로와 통합된 것은 대법청 자체의 변화가 원인이 되기도 하였다. 원래 대법청장이 내린 임의적ad hoc 결정들은 특별히 어려운 상황에서 왕의 양심의 짐을 벗겨줄 의도에서 행한 것이었기 때문에 예외적인 것으로 정당화되었다. 그러나 이때가 되면 대법청장은 더 이상 임의적으로 결정을 내리지 않았다. 그들은 모든 비슷한 사안에서 동일한 공정의 원칙을 적용하기 시작했다. 이런 반복의 경향은 17세기 후반에는 규칙이 되었다. 그때가 되면 형평의 주요 부분들은 공식적으로 체계화되고 분류되었다. 그 후로 형평이 보호했던 왕의 양심은 자연적이고 내적인 것이 아니라, 시민적이고 정치적인 것이 되었다.[14] 형평은 더 이상 옳고 그름에 대한 왕의 주관적인 감각에 초점을 맞추지

---

14 Heneage Finch Nottingham (Earl of), *Lord Nottingham's Manual of chancery Practice and Prolegomena of Chancery and Equity*, ed. D.E.C. Yale (Homes Beach, FL: Wm. W. Gaunt, 1965), 194, cited in Dennis

않았다. 이제는 객관적으로 공정을 보장하고, 유사한 분쟁들에 상응하는 해답을 제공하는 것을 목표로 했다.

국왕 법령

코먼로의 제도화 및 형평의 형성과 함께 잉글랜드 군주의 입법도 발전했다. 일찍이 헨리 2세의 재위 때부터 중세와 근대 초기 내내 왕들은 다양한 문제에 관한 중요한 법령들을 제정함으로써 법질서에 관여했다. 헨리 2세는 클래렌돈법(1166)을 통해 형사절차를 변경했다. 모든 형사적 기소는 12명의 배심원들에 의해 이루어지도록 한 것이다. 그 법은 또한 형사 재판권은 유죄가 확정된 중죄인felons의 형 집행처럼 국왕의 손 안에 있다는 원칙을 확립하였다.

에드워드 1세의 법령도 그만큼 유명하다. 그 법령에 따라 형사 사건은 반드시 배심에 의한 재판이 이루어지게 되었다. 또한 손해배상 소송의 범위가 확대되었으며, 토지법제의 여러 부분이 변경되었다. 헨리 8세에 의해 포고된 법령들도 재산법에 중요한 내용을 담고 있었다. 가령 이용권법the Statute of Uses(1536)은 소유권과 과세에 대해 규정했고, 유언법the Statute of Wills(1540)은 소유자가 토지 상속인을 정할 수 있도록 허용했다. 그리고 사기에 관한 법the Statute of Frauds(1677)은 부동산 거래의 법적 효력 조건으로 그 거래 내용이 문서로 작성되어 적절하게 서명할 것을 요구했다.

처음에는 자문위원회와 법원으로 출발하였던 의회가 13세기 말과 14세기부터 추가의 권력을 획득하기 시작했다. 법적, 경제적, 정치적 또는 행정적 성질의 문제들을 다루기를 구하는 청원을 듣고 상신하는 것도 그중의 하나였다. 청원에 대한 국왕의 답변은

R. Klinck, "Lord Nottingham and the Conscience of Equity", *Journal of the History of Ideas* 67, no.1(2006): 123-147, at 125.

입법 행위로 생각되었다. 특히 그것이 장래 적용에 관한 지시일 때는 그랬다. 14세기 중반에는 상당한 양의 국왕 법령이 이런 식으로 제정되었다. 국왕의 입법 권한이 의회에 의해 시발되고, 종종 거의 자동으로 행사되긴 했다. 그럼에도 불구하고 여전히 입법 권한은 국왕이 배타적으로 가지고 있었다.

역사학자들은 오랫동안 국왕 입법의 중요성에 관해 논쟁해 왔다. 어떤 역사학자들은 국왕재판소가 국왕 법령을 해석하고, 때로는 그것에 예외를 인정하는 데 상당한 자유를 누렸다고 말했다. 국왕재판소가 의례적으로 국왕 법령은 기존의 제도와 모순될 수 없다고 생각했기 때문에 국왕의 지시를 확대하거나, 반대로 그것을 아예 무시하거나 했다는 것이다. 이런 주장을 하는 학자들은 코먼로가 국왕 법령보다 우월하다고 결론을 내렸다. 국왕 법령은 기존의 규범을 변경하기보다는 주로 반복하였고, 성문법은 다른 법원의 양 및 중요성과 비교해 볼 때 그렇게 많지 않다는 것을 그 이유로 들었다. 그 결과 성문법이 중요했다 하더라도, 그것은 법의 발전에 작은 부분에만 영향을 미쳤고, 주로 형법이나 부동산과 같은 특별한 법의 영역에서만 작용했다는 것이다.

반면에 다른 학자들은 13세기에는 벌써 판사들이 성문법이 어떻게 규정하고 있는가를 논의하는 일이 일반적이었다고 지적했다. 법률연수원에서 수련을 받는 변호사들이 국왕 법령에 관해 논평하도록 교육을 받았고, 법령집이 그들의 사용을 위해 필사되었다는 것이다. 어떤 사람들은 심지어 성문법 공부가 변호사 교육의 핵심적인 부분이었다고까지 주장했다. 만일 성문 법령이 법체계에서 그렇게 하찮은 요소였다면, 어떻게 그런 점들을 설명할 수 있을까? 초기 코먼로에 대한 우리의 이미지가 17세기의 발전에 과도하게 영향을 받았을 가능성이 있는가? 17세기에는 왕의 중심성을 해체하고 코먼로를 관습법으로 치부하고자 했으니 말이다.

잉글랜드는 예외적이었는가?

우리가 오늘날 코먼로라고 인식하는 체계는 이렇듯 국왕 재판권의 우월성이 점증한 결과로 발전한 구제수단들과 분쟁 해결 절차들로 구성되었다. 그것은 국왕재판소가 봉건재판소나 지방재판소보다 정의롭고 더 효과적이라는 믿음에 근거했다. 그리고 그것은 정의의 집행을 중앙에 집중시키고, 영주들과 지방공동체에 대한 국왕의 우월성을 인정시키는 데 성공한 잉글랜드 왕들에 의해 가능했다. 비록 점진적으로 승리하긴 했지만, 코먼로 법원들은 17세기까지는 계속 존재했던 봉건재판소, 지방재판소, 교회재판소들과 경쟁했다. 그뿐만 아니라 독자의 체계(형평)를 발전시킨 대법청법원과도 경쟁을 했다. 유럽 대륙의 상황은 이와 전혀 달랐는가?

잉글랜드가 예외적이었다고 주장하는 역사학자들은 로마법의 영향이 잉글랜드에 침투하지 않았다는 점에 초점을 맞추는 경향이 있다. 그들은 공통법이 유럽 전역에 퍼지긴 했지만, 잉글랜드를 관통하지는 못했다고 주장한다. 적어도 다른 유럽 국가들에 영향을 미친 정도에까지는 이르지 못했다는 것이다. 그들에 따르면, 그렇게 된 이유는 잉글랜드를 통치한 노르만인들에게는 새로운 법 방법의 왕국 침투를 권장은 고사하고, 허용할 이유도 없었기 때문이다. 그 점에서 다른 유럽의 군주들과는 반대였다는 것이다. 이런 설명에 따르면, 공통법은 잉글랜드에서는 불필요했다. 그것이 활용될 수 있었을 때에는 이미 새로운 근대적이고 중앙화된, 그리고 효율적인 법체계가 잉글랜드에 존재하고 있었기 때문이라는 것이었다. 그 법체계는 유럽의 다른 국가에서 작동되는 것과는 반대로 개선할 필요가 없었다. 유럽의 다른 지역들에서는 당국자들과 그 거주민들이 영감을 얻고 완성을 위해 공통법을 바라보았지만, 그런 일이 잉글랜드에서는 일어나지 않았다고 주장했다.

이런 설명이 오랜 세월 학문을 지배했다. 그러나 이후로 근대적이고 중앙집권적인 혹은 효율적인 잉글랜드 체계는 중세 동안에는 존재한 적이 없었다고 지적하는 역사학자들에 의해 비판되고 있다. 이 시기 잉글랜드의 규범 질서는 국왕재판소, 봉건재판소,

지방재판소로 분열되어 있었고, 로마법, 교회법, 게르만법, 봉건법, 그리고 지방법을 포함했다. 코먼로에 따라 재판한 국왕재판소의 판사들도 소수였다. 그들이 다루는 사건들도 18세기 전까지는 다른 재판소들이 다룬 사건의 양과 중요성에 비추어 볼 때 상대적으로 얼마 되지 않았다.

게다가 최근 이삼십 년간에는 역사학자들이 코먼로가 프랑스 왕조에 의해 발전되었다는 점을 강조하고 있다. 프랑스 왕조는 국왕 재판권의 우월성을 확실히 하기 위해 로마법과 교회법 학자들을 복무시켰고 그들의 조언을 활용했다. 이 법학자들은 공통법의 용어, 개념, 그리고 방법론을 받아들였는데, 그들의 저작들은 코먼로의 형성기에 필수적이었다. 후견과 명예훼손과 같은 영역에서는 코먼로가 교회재판소의 성과에 크게 영향을 받았고, 심지어 15세기에도 코먼로는 로마법학자들의 변론을 허용했다. 코먼로 판사들은 최근 18, 19세기까지도 로마법을 계속 중요하게 참고했을 것이다. 특히 새로운 통찰이 필요하거나, 분류를 새롭게 혹은 분명히 하고자 했을 때, 그랬을 것이다. 코먼로에서 로마법은 구속력을 갖지는 않았지만, 고려할 만한, 나아가 채택할 만한 가치를 지닌 지혜의 집적이었다. 이 시기 변호사와 판사들은 코먼로를 더 잘 이해하기 위한 수단으로 로마법을 활용했을 것이다. 대륙의 법학자들이 그들의 고유법*ius proprium*을 견고히 하고 뒷받침하기 위해 로마법을 사용했던 것과 크게 다르지 않은 방법으로 말이다.

그 외에 또 분명한 사실이 있다. 잉글랜드의 군주들은 국왕재판소를 강화하고, 그 활동을 인가하는 절차를 발전시켰다. 그로써 유럽의 군주 대부분이 열망했던 것, 즉 (주로) 봉건 영주들에 대한 우월성을 확보하고자 했다. 그들이 국왕 재판권의 확장을 정당화한 방법은 평화를 보증해야 할 자신들의 의무에 호소하는 것이었다. 그런데 그것은 유럽의 다른 국가들에서 일어난 일과 근본적으로 다른 것이 아니었다. 다른 국가의 군주들 역시 조화를 보장해야 할 자신들의 책무를 언급하곤 했다. 그렇지만 노르만 군주들이 그들 자신의 재판소를 창설했던 반면에, 대륙의 다른 군주들은 동일한 목적을 위해 공통법을 활용했다. 공통법은 로마법과 교회법이 결합하여 이루어졌다. 따라서 공통법이 서로 다른 법을 가진 공동체 사이의 분쟁을 해결하는 데 도움이 될 수 있을 만큼 충분히 보편적이라고 믿었다. 예를 들어 공통법은 현재의 독일에 해당하는 영방들을 관통했는데, 그것은 경쟁적인 독일 영방들 사이를 조율하고 평화를 이루어야 할 황제의 절박한 필요의 결과였다고 해석되고 있다.

이상의 모든 것이 진실이라면, 잉글랜드가 유럽으로부터 분리된 것은 점진적인 과정을 통해서였다. 분리는 특히 14, 15세기에 두드러졌다. 그때는 잉글랜드 군주들이 마침내 전 왕국에 걸쳐 국왕 재판권의 효율적인 확장에 성공한 때였다. 그때가 되면 대부분의 군주들이 성직자와 법학자들을 국왕재판소에 임명하는 대신에, 로마법 또는 교회법에 훈련되지 않은 비학식인들을 선출했다. 그때는 대학의 훈련을 받은 인사가 없었고, 주로 국왕재판소에서 소답을 통해 획득하는 실제적인 훈련이 선호되었다. 그로 인해 코먼로는 (비록 형평은 그렇지 않았지만) 점차 다른 유럽 지역으로부터 분리되기에 이르렀다.

잉글랜드와 대륙 사이에 점점 드러나는 거리에 더하여, 13, 14세기의 잉글랜드에서는 일반인에 의한 배심제가 점차 두드러지게 되었다. 배심제는 선서를 하고 국왕 관리들의 질문에 집단적으로 답했던 지방민들의 모임으로 시작되었다. 배심제는 11, 12세기에는 지역의 정보를 수집하는 수단으로 주로 사용되었는데, 그 활용이 13세기에 크게 확장되었다. 이 기간에 배심제는 잉글랜드에서 민사와 형사 소송 모두에 도입되었는데, 선서나 결투, 또는 시죄와 같은 다른 방법을 사용할 수 없거나 신뢰할 수 없다고 여겨질 때 사실 발견의 수단으로 활용되었다. 처음에는 지역사회의 구성원들로서 이미 알고 있는 지식에 근거하여 증언했으나, 15세기에 이르면 그들의 주의를 끈 다른 유형의 정보들도 고려할 수 있었다.

배심제는 대륙에서도 존재했고, 지역의 사정을 집단적으로 증언하는 그들의 임무 또한 비슷했다. 그러나 대륙이 13세기에 규문절차를 채택하게 된 이후로 관련 사실을 확정하고 판결을 내리는 권한은 배심원이 아니라 판사가 보유했다. 유럽 대륙에서는 정의 실현의 책임을 판사가 담당했다. 형사 사건에서는 조사를 해야 할지, 피의자를 재판에 부칠지, 증거는 충분한지, 그리고 정의로운 해결은 무엇인지를 판사가 결정했다. 반면에 잉글랜드에서는 판사는 절차의 감독자였다. 기소를 할지, 무엇이 실제 사실인지, 그리고 유죄 평결을 해야 하는지 여부를 결정한 것은 배심원들이었다. 그보다는 덜 두드러지지만, 민사 사건에서도 그런 구분은 유효하다. 대륙에서는 판사가 정의를 보증하는 책임을 졌지만, 잉글랜드에서는 판사는 절차(주로 소답절차)를 감독하고, 결정은 배심원들에게 위임했다.

그러나 이런 차이는 잉글랜드에 등장한 이 체계가 완전히 새로운 것이었다는 의미는 아니다. 예를 들어 많은 역사학자는 코먼로와 고대 로마법 사이의 현저한 유사성을 지적한다. 그들은 두 곳에서 모두 분쟁 해결과 재판소가 법체계의 중심에 있었다고 말한다. 그리고 두 곳 모두에서 재판은 개념적으로 두 단계로 구분되었다. 첫 단계에서는 당사자들 사이에서 다툼이 있는 문제의 틀이 (로마에서는 법무관 앞에서, 그리고 잉글랜드에서는 판사 앞에서 소답하는 동안에) 확정되었다. 두 번째 단계에서는 비전문가들(로마에서는 심판인, 그리고 잉글랜드에서는 배심원들)이 사안의 사실들을 평가하고 판결을 내렸다. 두 곳 모두에서 구제수단을 부여함으로써, 로마에서는 법무관이, 그리고 잉글랜드에서는 국왕의 관리들이 권리를 창설했다. (잉글랜드에서는 영장, 그리고 로마에서는 방식서의 형식을 취한) 구제수단들은 구체적인 문제에 대한 개별적인 해답이었으나, 시간이 지나면서 법무관이나 국왕 관리들은 그 해답을 반복하는 경향이 있었다. 그런 반복으로 인해 마침내 고정된 구제수단의 목록이 만들어지게 되었다. 그것은 로마에서는 법무관의 고시에서, 그리고 잉글랜드에서는 영장의 공적 등록에서 볼 수 있었다. 방식서와 영장이 화석처럼 된 후에는 법 창조는 다른 수단에 의해 매개되었다. 로마에서는 법학과 입법, 그리고 잉글랜드에서는 입법과 형평으로 말이다.[15]

결론적으로 말한다면, 공통법과 코먼로는 쌍둥이는 아니었을지 모른다. 그러나 일반적인 생각과는 다르게 그 둘은 확실히 형제이기는 했다. 한 역사학자의 표현대로, "기본 원리, 관념의 조직, 논증의 기술, 그리고 사고의 습성"을 고려한다면, "궁극적으로는 공통법에서 파생된 다양한 법체계 중 한 변종으로, 인정하건대 기이한 변종으로, 그렇게

---

15 물론 고대 로마와 잉글랜드 사이에는 중요하 차이가 있다. 아마도 구조적으로 가장 중요한 차이는 중세 잉글랜드에서는 신민들이 분쟁의 해결을 호소할 수 있는 여러 다른 법원들(국왕, 봉건, 지방)이 공존했고, 그 각자는 고유의 법체계를 이용했던 반면에, 로마는 그러지 않았다는 점일 것이다. 또한 잉글랜드에서는 법률가들과 법전문가들이 로마에서만큼 중요하지 않았다.

단순하게 코먼로를 부르고 싶을 것이다."[16] 다르게 말한다면, 노르만 군주들은 자신들의 재판권을 확장하는 데 유례없는 방식으로 성공했다. 그러나 그들이 정착시킨 법체계는 과거 유럽을 상속한 것이자, 당대 유럽과도 관련되어 있었다. 제8장에서 보는 대로 잉글랜드가 유럽과는 정말 다른 길을 걸었다면, 그것은 중세 동안이 아니라, 17, 18세기 동안이었다. 그때 코먼로는 국왕의 야심을 저지하려고 했던 법 전문가들에 의해 새로 발명되었다.

---

16 Charles Donahue, "Ius Commune, Canon Law, and Common Law in England", *Tulane Law Review* 66 (1991-1992): 1745-1780, at 1748.

유럽법약사
A Short History of European Law

근대 초기

제 4 부

제7장

공통법의 위기와 재확인

공통법의 전제는 단일한 공동체의 존재, 즉 라틴 그리스도교왕국이라 지칭할 수 있는 그리스도교로마 공동체의 존재였다. 공통법이 형성된 12세기와 13세기에는 이 공동체는 가톨릭이었다. 즉 그 공동체는 교리가 언제나 어디서나 모든 사람이 믿어 왔던 바를 포함하고 있다는 허구를 유지하고 있었다.[1] 로마제국의 상속자로서, 그리고 그 전통을 지지하는 자로서 이 공동체의 구성원들은 단일한 중앙 권위(교황), 로마와 게르만의 공동 유산, 그리고 공통법이 출현하면서는 지역에 따라 현격한 차이를 가진 규범적 질서들을 조화시키는 확장된 단일한 법체계에 함께 복종하였다. 내적 분열과 극단적인 지역주의로 인해 종종 유럽 그리스도교인들이 심하게 서로 대립하기도 했지만, 그들은 모두

1 이 허구를 만든 건 5세기의 레린스의 빈센트Vincent of Lérins라고 알려져 있다. 이것이 종교개혁 이전의 가톨릭주의가 가진 본래 의미였다. 종교개혁으로 이 용어는 교황의 권위를 여전히 인정하는 교회를 그렇지 않은 교회와 구분하기 위해 전자와 관련하여 사용되었다.

하나의 같은 세계(*ecumene*)에서 살았다.

이 신념이 15세기와 16세기에는 압력에 처하게 되었다. 군주들은 점점 지방의 영주들, 그리고 교황과 게르만 황제들과 같은 보편적 권력에 대항하여 자신들의 최고권supremacy을 다져갔다. 이로 인해 유럽에서 정치적 분열이 점점 더 심해졌다. 군주들은 지금은 왕국이라 정의하는 영역을 통제하기 위해 애를 썼고, 다른 권력에 대해서뿐만 아니라 법에 대해서도 주권자, 곧 최고 권력자로서의 지위를 확립하기 위해 투쟁했다. 이 과정은 16세기 종교개혁과 가톨릭교회로부터 분리되어 나온 다양한 개혁 종파들의 출현과 함께 특히 첨예해졌다. 정치적으로 종교적으로 분열되면서 공통의 유럽/그리스도교 법이라는 이념 역시 공격을 받게 된 것은 당연했다.

법인문주의와 로마법의 맥락적 이해

유럽은 한때 문화적, 종교적, 그리고 어느 정도는 정치적, 법적으로 통합된 공동체라고 생각되었다. 그러나 이제는 정치적 종교적 갈등이 공동체의 공유된 유산에 대한 불신을 초래하였다. 그 균열의 첫 번째 징조는 지성의 영역에서 나타났다. 그것은 오늘날 우리가 인문주의humanism라고 부르는 흐름 안에서 표현되었다.

르네상스의 산물인 인문주의는 14세기에 이탈리아에서 시작되어 곧 유럽 대부분의 지역으로 퍼져 간 지성과 정치, 그리고 문예 운동이었다. 르네상스는 고대를 찬양했을 뿐만 아니라, 인간을 주목해야 할 중심의 자리에 놓았다. 초점을 법과 의학, 그리고 신학으로부터 문예(문법, 논리, 산수, 기하학, 음악, 천문, 그리고 수사학) 연구로 돌린 이 학자들은 인문주의자로 알려졌다. 그들 중 일부는 철학적 탐구를 시작했고, 유럽의 토착어 연구에 몰두하기도 했다. 또 다른 사람들은 역사와 물질문화에 관심을 갖기도 했다. 그들은 골동품 연구에 대한 감각을 발전시켰고, 기술이나 선호, 의미들이 시간과 지역에 따라 어떻게 변모하는지를 연구했다. 인문주의자들은 인간의 경험은 언제나 그것이 일어난 시기와 장소에 제약될 수밖에 없고, 따라서 그 이해는 결코 언제, 어디서, 어떻게와 분리될 수 없다고 주장했다. 문화의 통일과 영속에 의문을 제기한 이 신념으로 인해 인문주의자들은 유럽의 지역적 차이와 단절을 강조할 수 있는 완벽한 자리에 설 수 있었다. 그들은 그 신념에 고무되어 주위에서 관찰한 특수한 관행을 높이 평가했고, 공통적인 것들 대신에 서로 차이 나는 것들을 고집했다.

이 신념이 법 연구에도 적용되어 인문주의자들은 공통법 학자들이 맥락을 무시하고 역사적 관점을 놓쳤다고 비판했다. 대학에서 훈련된 법학자들은 로마법을 활용한 것이 아니라 남용했다고 그들은 주장했다. 공통법 학자들은 현재의 문제를 해결하기 위해 로마법을 동원했지만, 그것을 제대로 이해하려고 하지 않았다는 것이다. 이런 방식을 비판하면서 인문주의자들은 법이란 항상 그것을 창조한 사회의 특수한 환경의 산물이라고 주장했다. 법이 말하는 것을 이해하기 위해서는 법을 역사화하고(시간의 흐름에 따른 변화를 연구하고), 맥락화하는(매락 안에서 연구하는) 것이 아주 중요하다는 것이 그들의 주장이었다.

인문주의자들은 공통법 학자들이 사회와 언어가 로마 시대 이래로 어떻게 변했는지를 간과했다고 비판했을 뿐만 아니라, 나아가 그들이 분석 대상인 법 자료들의 성격을 오해했다고 비난했다. 공통법 학자들은 로마법의 서로 다른 부분을 조화시키는 데 가장 큰 관심을 기울였다. 그들이 사용한 방법인 스콜라주의는 법 자료들이 모순되지 않고 일관된다는 가정에 기초했다. 그 방법이 공통법의 발전에 매우 유용했음이 입증되었지만, 인문주의자들은 그 방법이 잘못되었다고 주장했다. 공통법 학자들이 연구한 《시민법대전》, 그중에서도 특별히 로마 법학자들의 학설을 포함하고 있는 《학설휘찬》은 사실 조각들을 광범위하게, 거의 우연하게 모아 놓은 것이었다. 다른 시기, 다른 사람들에 의해 쓰인 이 조각들은 일관성이 없었다. 오히려 각각은 그 시대와 장소, 그리고 저자의 논리를 따랐고, 조각들 상호 간에는 자주 모순이 존재했다.

이 때문에 인문주의자들은 공통법 학자들의 방법론적 기본 가정은 더 이상 유지될 수 없다고 주장했다. 그들의 주장에 따르면, 로마법을 제대로 이해하기 위해 법학자들에게 필요한 것은 로마법을 역사화하고 맥락에 비춰 이해하는 것이었다. 법학자들은 로마와 자신들의 사회 사이에 존재하는 차이를 설명해야 하며, 변화와 변이를 끊임없이 거쳐 온 역사 현상으로 로마법을 생각해야 한다는 것이었다. 이것은 법학자들이 로마법을 몇 시기로 구분하고, 조각들이 생산된 지역을 구별하며, 저자들을 확정해야 함을 의미했다. 다양한 학파의 생각이 존재했고, 해답들 사이에는 서로 모순이 존재한다는 사실을 법학자들이 인정할 필요가 있다는 것이었다.

프랑스 법 방법의 출현

역사학자들은 오랫동안 인문주의자들의 비판이 실제 어떤 차이를 만들어 내었는지 논쟁을 해왔다. 차이를 만들어 냈다고 주장하는 이들은 새로운 법적 방법의 출현을 가리킨다. 이탈리아풍(*mos Italicus*)으로 불리는 기존의 방법과 구분되어 프랑스풍(*mos gallicus*)으로 특징지어지는 이 새로운 방법은 주로 프랑스의 인문주의자들에 의해 실행되었다.[2] 이들은 로마법에 대한 역사적이고 문헌학적인 접근법을 사용했다. 11세기의 법학자들과는 다르게 그들은 연구하려는 본문을 재구성하는 것으로부터 시작했다. 기존의 사본들에 포함되어 있을 것으로 생각되는 오류들을 제거할 목적으로 그들은 비판적인 판본을 출판했고, 결함을 지닌 사본들을 배제하거나 적어도 신뢰하지 않으려 했다. 일부 인문주의자들은 심지어 11세기 법학자들이 조합한 로마법 편찬물을 재구성하기도 했다. 주제가 아니라 계보에 따라 재배열을 한 것이다. 인문주의자들은 로마법에 대한 정확한 실체를 재구성했다는 사실에 만족한 후에 이 개찬된 본문에 대한 연구를 진행했다. 새 접근법을 적용함으로써 그들은 모순을 필연적인 것으로 만들었다. 자신들이 불일치를 파악하고,

2 역설적으로 그 학파는 이탈리아에서 출발했고, 그 첫 번째 주창자도 이탈리아인인 안드레아스 알키아투스Andreas Alciatus였다. 그러나 그 옹호자 대부분은 기욤 뷔데Guillaume Budé, 자크 퀴자Jacques Cujas, 프랑수아 오트망François Hotman과 같은 프랑스인들이었고, 가장 중요한 창조의 중심지(오를레앙과 부르쥬)도 프랑스였다.

시간에 따른 법의 발전과 변화를 증명하고, 지역적 차이를 드러내 보였다고 믿었기 때문이다. 자신들의 작업을 일종의 고고학으로 내세우면서, 그들은 로마법이 각각의 순간에 무엇을 말했는지를 재발견하려고 하였다. 그들은 법학적 주석들이 집적된 수 세기 아래로 파고들었다. 그 주석들이 로마법이 무엇이었는지를 명확히 하기보다는 오히려 흐린다고 보았기 때문이다. 인문주의자들은 로마법 본문을 맥락화하고, 용어들의 원래 의미가 무엇이었는지를 결정했다. 그리고 그것들이 시간이 지남에 따라 어떻게 변했는지를 탐구하고, 각 부분을 분리해서 연구했다. 그렇게 함으로써 그들은 (11세기 법학자들이 했던 바와 같이) 일관된 의미를 재구성하고자 한 것이 아니라, 진화하는 살아있는 규범 세계를 발견하려 하였다.

그들은 본문을 주의 면밀하게 읽었다. 그러나 또한 자신들이 가지고 있던 과거에 대한 지식을 본문의 분석에 적용했다. 그들은 법적인 것이 아닌 자료들도 읽었으며, 물질문화와 유물에 관한 연구를 자신들의 이해와 통합하였다. 그들은 로마법보다 앞선 그리스 문헌들, 그리고 비잔틴의 법 자료들도 참조하였다. 대부분은 로마법 연구에 힘을 쏟았지만, 일부는 봉건법과 교회법을 연구하기도 했다. 그들의 작업은 중세의 법학을 거대한 오류로 그려냈다. 중세의 법학자들은 고전문화에 무지했고, 시간의 흐름에 따른 변화를 놓쳤으며, 법은 항상 동질적이고 지혜롭다는 잘못된 가정에 입각해 있었기 때문에 크게 잘못된 해석을 했다고 주장했다.

종교개혁

법인문주의자들의 주장은 종교개혁의 도래와 함께 마침내 그 의미가 정점에 이르렀다. 일반적인 설명에 따르면, 종교개혁은 마틴 루터Martin Luther가 면죄부에 반대하여 95개조 반박문을 게시한 1517년에 시작되었다. 루터는 면죄부 관행을 비판한 첫 번째 사람도 아니었고, 마지막 사람도 아니었다. 그러나 그의 주장은 그리스도교 내에 거대한 개혁과

반개혁의 운동을 초래했다. 역사가들은 왜 특별히 그의 항의가 그리스도교를 가톨릭과 개신교로 분열시킬 만큼 강력하게 되었는지에 대해 여전히 논쟁 중이다. 그러나 그 질문과는 관계없이 법사의 관점에서 보면, 종교개혁은 파열의 핵심 사건이었다. 무엇보다도 종교개혁으로 인해 사람들은 정말로 단일한 신앙공동체가 유럽에 존재하는지, 이 공동체가 공유한 단일 공통법에 의해 규율될 수 있는지에 대해 의문을 품게 되었다. 그 대답은 16세기 중반이 되면 거의 부정적이 되었다. 이 결론에 따라 새로운 (지금은 개신교로 불리는) 종파들이 그들 자신의 법을 강구하기 시작했다. 더 이상 공동의 교회법은 존재하지 않는다. 이것은 공통법이 이 위기를 극복할 수 있을지 확실치 않다는 것을 의미했다.

종교개혁은 또한 법이 그리스도교인들을 지도할 수 있는지, 할 수 있다면 어떤 법이 지도할 수 있는지에 관해서도 간접적으로 암시하였다. 개신교 종파들은 물론 입법자로서의 하나님을 믿었다. 그러나 대부분의 개신 교회들에서 구원은 법의 매개를 필요로 하지 않는 개인적인 일이 되었다. 법률가들은 그리스도의 조력자라기보다는 대적자였고, 법은 신자와 그의 신앙 사이를 매개해서는 안 되었다. 죄인들을 억제하고 의인들을 지도할 제재를 강구하는 것은 교회 당국이 아니라 세속 당국의 과제가 되었다. 어쨌든 마틴 루터가 그의 유명한 《그리스도인의 자유에 관하여》*On Christian Liberty*에서 주장한 대로 신앙은 하나님의 은혜에 달려 있지, 법적 계율에 대한 맹목적이고 기계적인 복종에 달린 것은 아니었다. 성경이 그리스도교인들이 알아야 할 모든 것을 담고 있었기 때문에, 하나님의 뜻에 복종하기 위해 필요한 것은 성경을 토착어로 번역하고 각 가정마다 그 사본을 갖도록 하는 것뿐이었다.

이렇게 종교개혁은 잠재적으로 규범 세계에 영향을 끼칠 수 있는 해석을 제안하였다. 그것은 유럽의 단일 신앙공동체의 존재와 모든 그리스도교인이 공유하는 단일한 규범의 가능성을 부정하였다. 또한 그리스도교인을 구원으로 인도하는 것은 법이나 법 전문가가 아니라고 주장함으로써 규범 체계의 탈중심화를 이끌었다. 정치적으로 종교개혁은 가톨릭과 개신교, 그리고 개신교 안의 여러 종파 사이에 분열을 가져왔다. 이 분열은 한 세기에 걸친 종교전쟁으로 이어졌다. 종교전쟁은 때로는 교리적 불일치 때문이었지만, 경제적 정치적 사회적 목적을 달성하기 위해 수행되기도 했다. 극단적인 폭력이 특징이었던 이 전쟁으로 인해 가족과 도시, 지역, 왕국들은 분열되었고, 통일된 그리스도교인 공동체에 대한 믿음은 더욱 쇠퇴하게 되었다.

인문주의와 종교개혁의 결합된 효과

인문주의와 종교개혁의 결합은 아주 파괴적이었다. 공통법은 종교적 통일에 의존하고 있었다. 그러나 이제 그 통일은 깨졌다. 공통법은 또한 로마의 위광과 결부되어 있었다. 공통법이 권위적인 호소력을 갖게 된 이유는 분쟁을 해결하고 유럽의 각 독자적 법들을 조화시키는 유용한 도구였기 때문만은 아니었다. 교회에 의해 뒷받침을 받고, 칭송되는 과거로부터 기원한다고 생각했기 때문이기도 했다. 많은 신자들이 교회의 가르침을 따르지 않아 교회의 뒷받침이 더 이상 중요하지 않게 된다면, 그리고 중세의 법학자들이 오류를 범했고 그들의 방법이 진리를 왜곡한 것이라면, 공통법의 지위 역시 의문의 대상이 될 수밖에 없었다.

이런 잠재적 파괴력이 어디서나 분명했던 것은 아니다. 예를 들어 개신교에 속한 독일과 네덜란드는 계속해서 로마법을 고수했고, 심지어는 그 의존성이 더해 가기도 했다.[3] 그럼에도 불구하고 16세기에 법인문주의의 한 맹렬한 흐름과 종교개혁이 결합한 것은 놀랄 만한 일이 아니었다. 교회의 개혁가들이 교황의 권위에 이의를 제기하고, 초기의 (그들에 따르면, 그래서 더 진정한) 그리스도교로 돌아가는 것을 옹호했다면, 법인문주의자들은 법에 대해 같은 주장을 펼쳤다. 그들은 수 세기에 걸쳐 법학자들이 생산한

---

3 네덜란드의 법방법(*usus modernus Pandectarum*)은 프랑스풍과 이탈리아풍을 결합했을 것이다. 이 방법은 주로 17, 18세기의 산물이었고, 일상의 상황에 실제적인 해답을 발견하는 데 초점이 맞추어져 있었다. 네덜란드의 실무가들은 이탈리아 학자들과 마찬가지로 원칙을 일반화해서 끌어내려고 했다. 그렇지만 프랑스의 법인문주의자들처럼 법의 역사적 진화를 염두에 두었고, 모순이 편재하고 있음을 인정했다.

업적들에서 해방되어 소위 진짜 로마법에로 되돌아갈 수 있기를 원했다. 개신교 목사들과 법인문주의자들은 초기의 진정한 과거에로 복귀하는 것은 고전기 고대로부터 살아남은 문헌의 본문을 잘 이해함으로써 이루어질 수 있다고 주장했다. 칼빈John Calvin의 성경 주석(1540-1557)은 이 점을 보여준다. 칼빈은 법대생 시절에 프랑스풍으로 돌릴 수 있는 영향을 크게 받았다. 그때 처음으로 현재와 과거 사이의 차이를 볼 수 있는 시각과 성경을 어떻게 읽고 해석해야 하는지에 대한 생각을 형성했던 것이다.

지방법에 대한 새로운 생각

많은 법인문주의자들이 확립된 종교 규범과 법규범에 도전했지만, 일부는 비판을 정치 영역에까지 확장했다. 그들은 주로 군주들이 점점 더 최고 권력을 요구하는 것에 반발했다. 프랑스풍의 아성이었던 프랑스에서는 일부 법인문주의자들이 군주 주권에 대한 반발에서 지방법에 관심을 갖게 되었다. 그들의 주장에 따르면, 만일 모든 법이 그 법들을 창조한 사회의 산물이라면, 프랑스에는 유럽 다른 지역의 법들뿐만 아니라 공통법과도 구분되는 진정한 법이 존재해야만 했다.

이런 확신에 따라 프랑스 인문주의자들은 이 특별한 프랑스법이 무엇인지 생각하는 데로 나갔다. 그들은 지방법을 수집하고, 그것들의 공통점과 차이점들을 이해하려고 하였다. 그들이 전달하려고 한 내용은 법적이며 정치적이었다. 프랑스 지역에 지역 고유의 전통에 자리잡은 진정한 법이 존재한다면, 이 규범 질서는 왕의 명령을 포함한 다른 어떤 것보다 우월하고, 왕을 포함하여 왕국의 모든 거주민들은 그에 복종해야만 한다는 것이었다.

프랑스법의 고유성을 긍정하는 가운데 인문주의자들은 봉건법에도 관심을 돌렸다. 그들은 봉건법에서 자신들의 정치적이고 종교적인 관심사를 진전시키는 데 놀랄 정도로 유용한 요소들을 발견했다. 그중에서 가장 중요한 것은 봉주와 봉신의 관계는 계약에 기초하고 있다는 생각이었다. 이 계약은 아마도 아주 심하게 불평등한 당사자 사이의 계약이었을 것이다. 그럼에도 불구하고 그것은 상호 의무를 포함하였다. 정치적 복종은 계약에 토대를 둔 것이었기 때문에 계약의 목적을 실현하지 못한 군주는 전제군주이고, 그런 군주에 저항하거나 그를 교체하는 것은 정당할 수 있다고 보았다. 이 이론은 마침내 저항과 혁명을 정당화하는 급진적 철학이 되었다. 무엇보다도 그것은 17세기에 영국에서, 그리고 18세기에 프랑스에서 왕의 처형을 정당화하였다.

프랑스의 관습법

프랑스의 개신교 법인문주의자 프랑수와 오트망François Hotman(1524-1590)이 했던 일은 이런 사상 흐름의 전형이었다. 그는 오를레앙대학에서 공부했고 파리에서 로마법을 가르쳤다. 제네바와 로잔에서 망명 생활을 한 후 프랑스에 돌아와 계속해서 로마법을 가르쳤다. 오트망은 그의 이력 내내 프랑스 고유의 법을 기록하고자 하는 생각에 젖어 있었다. 그는 이 법들을 "관습법"이라고 지칭하였는데, 그 법들은 로마가 아니라 게르만에 기원을 둔다고 주장하였다.

그의 가장 유명한 저작 중의 하나인 《트리보니아누스에 대한 반박》Anti-Tribonian(1567)에서 오트망은 프랑스법에서 이국적 요소로 여긴 교회법과 로마법 모두의 영향을 제거하는 것을 옹호했다. 그는 또한 교육 개혁을 주장했다. 법률적 훈련을 대학이 독점하는 것을 비판하고, 대학 교수들이 로마법보다는 프랑스법을 가르쳐야 한다고 제안했다. 또한 《시민법대전》의 연구를 통해 로마법을 밝혀낸다는 것은 어리석은 생각이라고 확고하게 믿었다. 《시민법대전》은 늦게(6세기), 그리고 변방(동로마제국)에서 만들어진 것이다. 따라서 그것을 통해 로마법이 진짜로 무엇인지를 아는 것은 거의 불가능하다고 생각했다.

《프랑코갈리아》*Francogallia*(1573)와 같은 후기의 작품에서 오트망은 이런 생각에서 더 나갔다. 그는 프랑스 제도들의 기원을 밝히려고 노력하는 가운데, 프랑스 제도들은 프랑스에 특유의 정치적 계약이 존재했음을 말해 준다고 결론지었다. 이 계약은 왕의 절대권력에 대한 요구의 정당성을 무너뜨린다. 오히려 그것은 군주정이 확립되기 이전에 신민들이 누렸던 몇몇 자유들의 지속을 보장한다고 그는 주장했다. 왕과 신민 사이의 계약은 관습법에 근거하고 있다. 따라서 군주가 로마법을 원용하여 그 계약을 위반할 수는 없다. 프랑스에서 유일한 준거는 지방법, 곧 프랑스법이기 때문이라는 것이 그의 주장이었다.

관습은 어떻게 이런 지위를 얻게 되었는가?

오트망과 같은 법인문주의자들이 관습의 잠재력을 이해한 첫 번째 학자들은 아니었다. 제1장에서 설명한 바와 같이 로마 시민권을 전 제국으로 확대한 이후로 로마의 법학자들은 이전의 토착 법체계들을 "허용할 수 있는" 지방 관습들로 분류하고 인정했다. 그 결과로 그 법체계들은 존속할 수 있었다. 그렇지만 관습이 새롭게 뛰어난 지위를 얻게 된 것은 공통법 학자들에 의해서였다. 이미 12세기와 13세기부터 법학자들은 구두로 전승되는 유연한 지방의 규범들을 성문의 형식으로 변화시키는 데 관여하고 있었다. 그리고 마침내 14세기에서 16세기 사이에 이르러서는 마을과 부락과 지역과 왕국에 고유한 법들을 선별하고 명확히 하며 확정하여 기록하는 운동이 유럽의 대다수의 지역을 휩쓸게 되었다. 이 운동은 이론적으로는 이미 존재하는 법을 기록하는 것을 의도하였다. 그러나 실제로는 법을 크게 변경하였다.

변화의 과정은 매우 천천히 진행되었다. 중세 초기에는 마을 총회나 심판인들이 분쟁이 어떻게 해결되어야 하는지를 결정했다. 대부분의 역사가들이 동의하는 바에 따르면, 그들의 결정은 무엇이 옳고 그른지, 즉 무엇이 허용되고 금지되는지에 관한 일정한 이해에 근거해야만 했다. 그렇기는 하지만 마을 총회나 심판인들의 토의에서 추상적인 원칙이나 규칙에 호소하는 경우는 드물었다. 우리가 가지고 있는 아주 미미한 증거로부터 판단해 볼 때, 대부분의 결정은 공동체 구성원들 사이의 협상이 있은 후에 받아들여지거나, 자신의 이익을 추구하는 권력자에 의해 강요되었던 것으로 보인다. 그들이 이전의 결정을 따랐다거나, 선재하는 규범을 참조했다거나 하는 사실을 보여주는 기록은 없다.

이것이 지방법의 본래의 특징이었다. 그런데 13세기 이후로 주로 공통법 학자들의 작업을 통해 심대한 변화를 겪게 되었다. 법학자들은 지방의 판결은 "관습", 즉 규범이 될 정도로 오랜 기간 공동체에서 지속해 왔던 관행들에 의거했다고 주장했다. 그들에 따르면, 분쟁을 어떻게 해결해야 할지를 결정하는 마을 총회나 심판인들은 법을 창조하지 않았다. 분쟁 이전에 공동체 내에 이미 존재했던 규범을 발견하고 적용했을 뿐이었다. 이런 관점에 따르면, 지방법은 구체적인 문제에 협상을 거친 해결책의 산물이 아니었다. 오랜 시간 공동체에서 진화한 일련의 규범들로 이루어진 것으로 보았다.

이 해석은 마을 총회나 심판인들이 하는 일의 본질을 변화시켰다. 마을 총회는 중세 성기 때 그랬던 것처럼 평화를 보존할 수 있는 실제적 타협을 받아들이려 하기보다는 선재하는 규범들을 확인하고 적용하는 기구로 새롭게 그려졌다. 법학자들은 14세기 이후로 구체적인 사건에서 무엇이 해결책이 되어야 하는지, 혹은 그 해결책이 정당한지 또는 합의된 것인지를 묻지 않았다. 대신에 그들은 마을 총회를 관찰 또는 조언하면서 그들의 관습이 무엇을 명령하는지에 대해 탐구하기 시작했다. 그들은 심판인이나 마을 총회가 공동체의 제도적 관행을 잘 알고 있는지, 그리고 그런 제도적 관행에 대한 그들의 진술이 사실이고 정확한지를 물었다. 그런 문제들을 결정하기 위해 여러 사람의 진술을 참조했고, 그 진술들을 서로 비교하면서 현지의 관습이 "정말로" 어떻게 지시하는지 결론을 내었다. 그들이 찾아낸 법은 안정적이고 오래되었으며 영원한 법이었다. 그들은 그것이 공동체의 유산, 심지어는 공동체 재산의 부분이라고 믿었다. 이 법은 모든 공동체 성원들에게 속한 특권을 포함하고 있었다.

지방법은 지속적인, 나가서는 태고로부터의 관습을 드러낸 것이라는 신념에 따라 법학자들은 점점 더 추상적이고 일반적인 범주들을 사용하여 이 법을 공식화하기 시작했다. 그들은 방대한 해결책들을 체계화하고, 이 해결책들은 정확하게 동일한 방식으로 항상 존재해 왔다고 주장하기 시작했다. 그 목적은 지방법이 사안과 시간의 환경적 요소들과는 독립적으로 존재할 수 있도록 함으로써, 무수한 유사한 상황에서도 적용할 수 있도록 증류하는 것이었다. 추상화에서 중앙화로 가는 길은 순탄했지만 의미가 있었다. 14세기 후반과 15세기에 이르면 관습법으로 지칭되는 규범들의 지리적 반영 범위가 한 지역으로부터 지역들 전체로 확장되었다.

이 발전에서 공통법 학자들의 영향이 중요했지만, 국왕 관료 조직의 출현, 그리고 지방과 중앙권력 사이의 관계가 재정립된 것도 그만큼 중요했다. 마을과 같은 조그만 단위들이 왕국과 같은 더 큰 정치체로 통합되어 가면서, 이 작은 단위들이 무엇으로 이루어져 있는지, 그리고 그 거주민들의 특권은 무엇인지를 분명히 하는 것이 관심사가 되었다. 이제 지역민들은 자신들의 전통을 인정받는 것이 필요했고, 중앙권력은 자신들의 자유에 대한 제한이 무엇인지 아는 것이 필요했다. 이런 필요의 결과로서 지역의 규범 질서를 확인하고 기록하는 정책이 고안되었다. 때로는 지역의 규범 질서를 보존하기 위해, 때로는 그것을 변경하기 위해서였다. 아울러 관습들을 표준화하고 그 범위를 넓혀 왕국과 지방의 정부들이 원활하게 일을 할 수 있게 하는 노력이 기울여졌다. 그렇게 함으로써 마을마다 독자의 관행과 규범을 갖는 법체계의 복잡성을 줄여보려고 했다.

이 과정에 정치도 중요했지만, 법학자들과 기록 기술, 주로 구두성에서 성문 형식으로 바뀐 것 역시 중요했다. 관습은 법학자나 군주의 개입 없이 창조된 인민법의 중요성을 입증하는 것처럼 보였다. 그러나 역설적으로 공통법의 강력한 현존을 증언하는 것이기도 했다. 독일의 역사가들은 한때 독일의 영지들에서는 "수용 시기"the Reception로 불리는 15, 16세기에만 로마법을 받아들였다고 주장했다. 그리고 게르만 관습법은 너무 혼란스럽고 단편적이어서 유용하지 않았다고 주장함으로써 이 수용이 갖는 의미를 설명하곤 하였다. 그러나 지금은 16세기 훨씬 이전부터 많은 독일 영지들이 공통법에 깊은 영향을 받고 있었다는 사실이 명확해졌다. 공통법 학자들의 공동 작업으로 14, 15세기에는 게르만 관습법이 형성되어 공식화되어 있었다. 오늘날 학자들은 관습법을 더 이상 인민의 지혜가 표현된 것이라고 믿지 않는다. 중세 말 독일과 그 외 지역에서 관습법과 공통법은 서로 대립하는 두 체계였다기보다는 서로 융합하였다. 그것은 공통법 학자들이 지방법을 수집하고 기록했을 뿐만 아니라, 변경하고 수정하기도 함으로써 이루어진 일이었다. 그 협력의 유산은 19세기에 들어와 독일의 법학자들이 독일법을 법전화하는 작업을 할 때 다시 핵심적인 요소가 되었다. 그때 그들은 소위 독일 여러 영방국가들의 관습법을 이해하고 설명할 수 있는 방식을 발전시키기 위해 로마법에 의존했다(제12장 참조).

군주들과 관습의 기록

관습을 기록하는 일이 전 유럽에서 흔하게 일어났지만, 오트망 등장의 배경이 되는 프랑스 전통은 특별히 상징적이다. 일찍이 13, 14세기에 몇몇 프랑스 법학자들은 지방법 수록집을 만들었다. 이 수록집은 토착어로 기록되었고, 《시민법대전》의 구조를 참조하였다. 그 뒤를 이어 많은 지역에서 수록집들이 출현하였다. 프랑스의 국왕 당국은 15, 16세기에 관습법을 기록하는 운동을 개시함으로써 이 과정을 장려하기 시작했다. 이 운동은 지역적으로 조직되었고, 국왕의 관리 및 법학자들과 함께 세 신분(귀족, 성직자, 평민)의 대표자들로 구성되는 모임이 만들어졌다. 이 모임의 임무는 무엇이 지방의 관습인지를 확인하고, 그 관습들을 기록하고 설명할 성문 문안을 준비하는 것이었다. 이 기획의 결과로 16세기 말에는 프랑스 관습법의 대부분이 기록되게 되었다.

프랑스 관습법의 기록으로 전문가들은 프랑스를 두 지역으로 구분할 수 있었다. 한 지역은 로마법을 따르는 성문법 지역*pays de droit écrit*이고, 다른 하나는 자신들의 법질서는 관습적이라는 이유로 로마법을 따르지 않는 관습법 지역*pays de droit coutumier*이었다. 그럼에도 불구하고 관습이 어떤 방식으로 기록되었는가를 고려하면, 관습법과 로마법, 즉 불문법과 성문법의 대립은 거의 수사에 불과하다는 것이 분명해진다. 무엇보다도 프랑스의 관습법이 먼 과거에 창조되었다고 이야기되었지만, 기록은 그렇지 않았음을 보여준다. 16세기 관습법을 확정할 책임을 맡은 국왕 관리들은 자기들끼리 그리고 지방 인사들과 대부분 협상을 했음을 보여주는 확실한 증거를 남겨 놓았다. 그들은 자신을 기존 규범의 확인 책임을 맡은 기록자로 여기지 않았다. 그보다는 오히려 무엇이 어떻게 기록되어야 할지를 결정함으로써 이 규범들에 영향을 끼치려고 하였다. 이 과정의 결말은 관습의 새로운 창출이었다. 무엇보다도 그 관습들은 그것을 수집한 로마법 학자들의 작업에 크게 영향을 받았기 때문이다. 더구나 그 관습들은 더 이상 구두적인 것도 아니었다.

프랑스의 어떤 지역은 진짜 구두로 전승된 오랜 법을 가졌고, 다른 지역은 그렇지 않았다고 생각할 근거는 없다. 마찬가지로 프랑스의 관습법이 로마법과 대립했다고 결론을 내리는 것도 잘못이다. 어디서나 그랬듯이 프랑스 법학자들은 관습을 기록하면서 로마법의 용어, 기준, 확리를 사용하였다. 성문화가 이루어지고 난 후에는 대학에서 훈련받은 전문 법학자들에 의해 학식적인 주석과 해석의 대상이 되었다. 로마법과 전혀 관련 없는 순수한 관습법을 상상할 수는 있다. 극히 어렵겠지만 말이다. 그렇더라도 그런 관습법은 프랑스에서는, 적어도 중세 말과 근세 초기에는 존재하지 않았다.

관습법의 정치적 유용성에 관한 결어

오트망은 관습법의 기록이 왕도 위반할 수 없는 규범들을 만듦으로써 국왕의 주권 주장을 제한할 수 있기를 희망했다. 그러나 이 과정을 장려했던 프랑스 왕들은 그 반대의 것을 의도했다. 다시 말해 관습법을 성문화함으로써 지방의 규범 질서를 통제하고 변경하려고 했다. 이 과업에 관여했던 국왕의 관리들은 무엇이 중요한지를 이해했다. 그들은 끊임없이 규범이 어떻게 확인되고 기록되어야 하는지, 그리고 무엇이 추가되고 빠져야 하는지 자신들의 의견을 지방 인사들에게 강요했다. 그들은 다양한 관습의 체계들을 통일하려고 하였고, 왕국 모든 곳에서 적용되어야 할 관습들을 선별했다. 국왕의 법학자들은 관습의 기록이 관습을 고정함으로써 관습이 발전해 가는 것을 막을 수 있기를 희망했다. 더 이상 관습은 변하지 않을 것이며, 더 이상 타협은 가능하지 않을 것이다. 무엇보다도 중요한 점은 기록됨으로써 왕법이 된 지방의 규범이 더 이상 지방 공동체에 의존하지 않게 되었다는 사실이었다. 그 법은 국왕이 그렇게 의욕했기 때문에 효력이 있으며 정당화되고 복종될 것이었다.

결국 관습법의 기록은 보존의 도구가 되기보다는 변화를 초래하는 수단이 되었다. 그것은 오트망이 기대했던 것처럼 공동체의 특권과 자유를 보존하고 구두적인 것의 영속으로 이끌지 않았다. 오히려 규범 질서에 대한 국왕의 개입이 두드러지게 강화되는 새 시대의 시작으로 이끌었다. 관습법을 공식적으로 기록한 영향으로 지방법은 더 이상 공동체에 의존하지 않게 되었다. 대신에 관습이 무엇을 명령하는지를 말해 줄 외부인이 그들에게 강제하는 것이 되었다. 역설적으로 인문주의자와 국왕 양쪽 모두 일치한 한 가지 점은 관습법이 공통법을 대신하게 될 것이라고 희망했다는 사실이다. 오트망에게는 그것이 진정한 프랑스법에로 돌아가고, 규범 질서에 국왕의 개입을 막는 길이었다. 반면에 왕들에게는 그것은 새로운 법을 창조하지 않고 고래의 법을 보존한다는 구실 아래 권력을 증대시키는 수단이었다. 그러나 관습을 통해 공통법을 대체하려는 희망은 좌절되었다. 공통법은 15, 16세기의 위기에서 살아남았을 뿐만 아니라, 관습의 기록은 지배적인 공통법의 현존을 드러내 주었다.

제8장

코먼로의 위기와 재창조

16세기에 잉글랜드는 종교적, 정치적, 사회적, 그리고 경제적으로 투쟁이 아주 맹렬했던 시기를 경험했다. 교황과의 대결은 국교회의 창설로 이어졌다. 국왕 헨리 8세에게는 아들이 없었기 때문에, 잉글랜드는 몇 번이나 계속되는 위기를 견뎌내야 했다. 여러 정파마다 서로 다른 주장을 지지하고 있었다. 정당한 상속자는 누구인가에 대한 불일치는 단지 정당한 계승자가 누구인가의 문제뿐만 아니라, 누가 그 문제를 결정할 권한을 가지고 있는가에 관한 문제까지도 포함했다. 잉글랜드를 가톨릭과 개신교로 분열시킨 종교개혁 또한 다양한 개신교 종파들을 만들어 내었다. 정치 투쟁이 종종 신앙고백의 경쟁이 되었는가 하면, 반대로 신앙고백의 경쟁이 정치 투쟁이 되기도 했다. 17세기에는 이런 문제에 더하여, 스코틀랜드와 잉글랜드의 통일로 초래된 법적 결과에 관한 논쟁이 일어났다. 논쟁은 주로 스코틀랜드 왕이 잉글랜드 왕으로 등극함(1603)으로 인해 법적 통일이 이루어졌는가에 관한 것이었다. 또한 왕이 대관식에서 모든 고래의 법들은 그 자체로 무효라고 선언한 것에 대해 어떻게 대응해야 하는가도 논쟁이 되었다. 국왕 제임스James

1세는 군주는 법 아래가 아니라 그 위에 있고, 오직 신에게만 책임을 진다고 선언했다. 그는 군주는 인민으로부터 권한을 부여받은 것이 아니며, 책임을 부담하는 일종의 계약으로 인해 인민에게 구속되는 것도 아니라고 주장했다. 군주는 신이 임명했기 때문이다.

이런 복잡한 상황에 더하여 군주와 의회 사이에 대결이 자라고 있었다. 국왕 제임스 1세가 1611년에 의회를 해산했기 때문에, 그 후로 제임스의 주장에 대한 투쟁은 주로 코먼로 법원을 통해 이루어졌다. 코먼로 법원에서는 법원장 에드워드 코크Edward Coke뿐만 아니라 다른 많은 판사들도 왕은 법 위가 아니라 법 아래 있기 때문에, 그들이 왕의 활동을 탄핵할 수 있다고 믿었다. 권력 투쟁은 제임스의 아들 찰스Charles의 통치 기간에까지 계속되었다. 그 결과로 (코크를 포함하여) 여러 뛰어난 판사들이 해임 또는 탄핵되었고, 어떤 법원들은 폐지되었다. 그것은 또한 사법체계 자체에 긴장을 조성하였다. 코먼로 법원들은 의회의 주장을 지지함으로써 의회를 옹호하는 것으로 비춰진 반면에, 형평 판사들은 군주와 밀접하게 연결된 것으로 생각되었다. 코먼로 판사들과는 반대로 형평의 판사들은 주로 로마법과 교회법에 훈련되어 있었다. 그들은 코먼로가 침묵하거나 적당치 않은 곳에 특별한 구제수단을 부여하였다. 그렇게 함으로써 스스로 정의하는 바에 따라 그들은 코먼로 왕국 너머로 국왕 권력을 확장할 수 있는 재판권을 행사했다.[1] 이런 특징 때문에 많은 코먼로 법률가들과 판사들은 형평 판사들을 국왕의 주장에 동조하는 자들로 보았다. 그들은 형평 판사들이 외국의 법체계(로마법과 교회법)를 추종하는 자들이라고 주장했다. 그들에 따르면, 그것은 정치적으로뿐만 아니라 종교적 문화적으로 위험한 일이었다. 코먼로와 형평이 충돌할 때는 항상 형평이 우선한다는 제임스의 1616년 선언은 이런 병든 관계를 개선하지 못했다.

이런 복잡성에 스코틀랜드와 아일랜드의 반란, 그리고 외적의 침입이 더해져 내전이 발발했다. 국왕 찰스 1세를 대표하는 군대와 의회파 군대가 충돌한 것이다. 한동안의 완전한 무정부 상태 후 1648년에 의회는 인민과의 계약을 파기한 죄를 물어 대역죄로 왕에게 사형을 선고했다. 왕의 처형이 1649년에 집행되었고, 왕정과 귀족원이 폐지되었

---

1 제6장 참조.

다. 그리고 의회파 군대 지휘관인 올리버 크롬웰Oliver Cromwell의 영도 아래 공화국이 수립되었다. 왕정은 1660년에 복구되어 찰스의 아들이 왕이 되었으나, 왕과 그의 신민들 사이의 관계는 영원히 변화되었다.

영국의 내전은 의회의 승리로 끝을 맺었지만, 1649년 이전에 정치적 종교적 생활을 괴롭혔던 문제들은 해결되지 못했다. 의회는 가톨릭 옹호자가 왕위를 승계하는 데 대한 두려움이 있었다. 그래서 1688년에 의회는 왕의 개신교인 딸 메리Mary와 결혼한 네덜란드의 오렌지 왕자 윌리엄the Dutch Prince of Orange, William을 데려와 나라를 다스리게 했다. 왕의 권한 남용을 비난하면서, 윌리엄은 영국을 위해 나섰고, 제임스 국왕에 군사적으로 맞섰다. 제임스는 전투에서 패한 뒤 영국을 떠났다. 의회는 왕위가 공석임을 선언하고, 윌리엄과 메리에게 왕위를 맡아주도록 요청했다. 그렇지만 이 초청은 조건적이었다. 윌리엄과 메리의 왕위가 용납되는 조건은 의회에 의해 구체화되었다. 권리장전Bill of Rights으로 알려진 1689년의 문서는 무엇보다도 왕이 할 수 있는 일에 대한 중요한 한계들을 열거했다.

역사학자들은 새로운 근대성의 기원을 설명하기 위해 이 시기를 되돌아본다. 그것은 16, 17세기에 영국에서 출현했다고 이야기된다. 역사학자들은 이 돌출을 정당화하는 이데올로기, 전략, 이익, 문화, 관행을 설명하고, 그 탄생에 관련된 사람들과 관계망들을 추적한다. 다음에서 나는 이 발전이 어떤 법적 구조에 의해 촉진되었고, 그 결과로 어떻게 법이 변화되었는지를 탐구하려고 한다.

법체계에 대한 불만족

우리가 보아온 대로 12, 13세기에 코먼로의 출현은 국왕 사법체계의 발전이 빚은 직접적인 결과였다. 국왕 재판권이 전 왕국에 확장됨으로써, 누가, 어떤 유형의 사건으로 국왕 법원을 이용할 수 있는지, 그리고 절차는 어떠해야 하는지에 관한 법이 필요해졌다. 이 법들은 영장이라고 하는 국왕의 명령으로 구현되었는데, 그것은 국왕 관리들에게 어떤 소송인의 말을 어떻게 들어야 하는지를 지시하였다. 이론상으로는 국왕 관리들은 기존의 법을 집행해야 했다. 그렇지만 영장이 다양해지자, 그것은 법 창조를 위한 중요한 도구가 되었다. 구제수단의 부여, 즉 법원에 소를 제기할 수 있다는 것은 권리의 창설로 생각되었고, 법적 회복이 불가능하다는 것은 권원의 부정으로 이해되었다.

지금 우리가 코먼로라고 부르는 이런 국왕 재판권 제도는 12, 13세기에 기하급수적으로 확장되면서 14세기에는 압력에 놓이게 되었다. 국왕 권력의 지속적인 확장에 대한 남작들과 봉건 귀족들의 격렬한 반대 때문에, 이후의 군주들은 새로운 영장의 창설을 중지하겠다는 약속을 해야 했다. 그렇지만 국왕 관리들은 기존의 구제수단을 계속 진화해가는 사회에 적응시키는 것이 어렵다는 것을 알게 되었다. 제도 개혁의 압력으로 인해 왕들은 대법청장이 (영장이 존재하지 않는) 새로운 사건에 개입할 수 있도록 권한을 부여했다. 정의가 그렇게 요구한다는 이유를 들어 예외적인 구제수단을 부여할 수 있게 하였다. 성문법 형태의 국왕 입법도 새로운 규정과 절차의 제정을 통해 법체계에 개입했다.

엄청나게 다양한 법원들로 인해 법 제도의 복잡성이 증가하자, 16, 17세기에 이르러 일부 학자들은 법체계가 너무 경직되었다고 불만을 표출하였다. 또 어떤 학자들은 법체계가 너무 불투명하다는 의견을 피력하기도 했다. 그들은 기존의 구제수단과 절차가 일반인에게는 너무 애매하고, 심지어는 종종 훈련된 전문가도 이해하기 어렵다고 주장했다. 판사의 업무는 서체 때문에도 특별히 어려웠다. 법원에서는 토착 영어 대신 라틴어와 프랑스어를 사용하고, "법원 서체"court hand라고 불리는 특별한 형태의 글씨체를 사용했다. 너무 많은 변화가 체계화되지 않은 채 단편적으로 도입되었다. 이 모든 문제로 인해 법체계가 불확실성이 심할 때 오는 특징을 갖게 되었다. 기능 상실에 이를 정도의 엄청난 고비용과 비효율의, 그리고 자주 접근 불가능한 법체계로 귀결되었다.

일반 사람들 또한 매우 다른 재판권과 법원, 그리고 규범 체계가 다중적으로 공존하는 상황에 대해 불평했다. 코먼로와 형평은 국왕법원들이 따르는 체계였다. 그에 병행해서 수백의 봉건법원과 교회법원, 그리고 도시법원이 존재했다. 각 법원은 각기 전혀 다른 규칙과 절차, 그리고 규범을 따랐다. 이런 다중적인 규범 체계는 국왕법원이 처음 설치된 중세 때는 정상적이라고 생각되었다. 그 시기의 법률가, 판사, 그리고 지식인들은 그런 상황이 유익하다고 믿었다. 유연성을 허용하고, 사회의 복잡성을 제대로 반영했기 때문이다. 당시 사회는 국왕이 도시와 봉건 권력보다 우위에 있다고 생각하였지만, 도시와 봉건 권력은 (거의) 간섭받지 않고 남아 있었다. 그러나 근대성의 도래, 경제 활동의 가속화, 그리고 점증하는 이민과 함께, 많은 사람이 이런 질서를 이제 혼란스럽다고 강경하게 주장하기 시작했다. 그들은 좀 더 법적 확실성과 명료성을 확보하기 위해서는 법을 합리화하고, 축적된 지식을 체계화하며, 규범 및 재판권 사이의 위계를 분명히 할 필요가 있다고 주장했다.

국왕의 정의에 대한 의문

법 상황의 불투명성, 어려움, 그리고 다중적 규범 체계에 대한 비판은 상당했지만, 처음에는 그것이 코먼로 체계의 중심을 타격하지는 않았다. 대부분의 판사와 법률가, 지식인들은 약간의 개혁만으로도 상황을 좀 더 견딜 만하게 하는 데 충분하다고 생각했다. 그러나 16, 17세기에는 잠재적으로 훨씬 더 위험한 요소가 추가되었다. 극심한 종교적 정치적 격변의 와중에서 군주제에 대한 비판이 커간 것이다. 이것은 코먼로에 대한 심각한 위협이었다. 12, 13, 14세기에 일어난 코먼로의 확장은 군주제의 위광과 직접적으로 연결되어 있었기 때문이다. 이런 확장은 소송인들이 다른 사법적 행정적 심급보다도 국왕법원에서 더 공정하며 중립적이고 효과적인 정의를 발견할 수 있다는 가정에 근거하고 있었다. 이 형성기에 국왕의 재판권이 확장되었다면, 그것은 왕이 정의 시행에 기꺼이 관여하려 하였고, 왕의 봉신들이 그렇게 요청했기 때문이었다. 그들이 봉건법원과 도시법원을 건너뛰어 국왕의 재판권에 의지하면 할수록 영장은 빠르게 창설되었고, 코먼로의 범위는 넓어졌다.

그러나 16, 17세기가 되면 누가 왕(혹은 여왕)이 되어야 하는가 하는 문제가 논쟁의 대상으로 떠올랐다. 합법적인 왕위 계승자를 어떻게 확정할 것인지에 관한 불일치의 확대와 함께, 재위 중의 군주가 마땅하게 행했는지, 아니면 권력을 남용했는지(찰스 1세와 제임스 2세와 관련하여 제기된 의문)에 대해서도 의견이 서로 갈렸다. 또한 왕이 법에 복종해야 하는지, 아니면 법 위에 있는지, 왕이 법을 변경할 수 있는지, 아니면 의회의 동의를 필요로 하는지와 같은 핵심적인 질문들도 논의되었다. 코먼로 판사와 형평 판사 사이의 갈등이 이런 긴장에 더해졌다. 갈등은 종종 정면으로 모순되는 해석을 허용함으로써, 정치적 성격이 강한 논쟁이 해석을 둘러싼 사법의 영역이 되었다. 그 결과로 국왕 관리들 사이에 갈등을 낳았다. 코먼로는 주로 의회를 뒷받침하는 전문가들과 규정을 두고 있었다. 그런 코먼로가 주로 국왕을 옹호하는 로마법 및 교회법 학자들로 구성된 형평에 우선해야 하는가, 아니면 그 반대여야 하는가? 법체계에 불만을 가진 왕이 그것을 정비하거나 대체시킬 수 있는가? 그런 조처는 허용되는가, 아니면 완전히 불법인가? 군주가 전제자였다는 결론은 17세기에 한 왕의 처형(찰스 1세)과 또 다른 한 왕(제임스 2세)의 폐위로 이어졌다.

이런 발전은 국왕 정의의 우월성에 관한 몇 가지 기본적인 전제에 의문을 던졌다. 군주정이 불신을 받게 되자, 법 전문가들은 왕에 대한 전통적인 의존으로부터 코먼로를 구해내고자 했다. 그래서 왕에 대한 비판이 법체계의 평판에 해를 끼치지 못하기를 희망했다. 그들은 또한 형평을 코먼로에 복속시키고자 했고, 그런 결과를 얻기 위해 코먼로가 무엇이고, 왜 그리고 어떻게 그것이 중요한지를 새롭게 설명하려 하였다.

위기에 대한 사법적 대응

이런 압력에 대응하여 법 전문가들은 16, 17세기에 코먼로를 개혁하고 보호하는 세 가지 조처를 취했다. 처음에는 이런 조처들에 합의가 있었던 것은 아니었다. 부분적으로 찬성했던 사람들도 자신이 찬성하는 부분이 의미하는 바가 무엇인지에 대해서는 생각이 서로 달랐다. 그렇지만 결국 그 조처들은 받아들여졌고, 당대의 (그리고 이후의) 관점을 깜짝 놀랄 만큼 변화시켰다.

첫 번째 조처는 코먼로를 국왕으로부터 분리하는 것이었다. 그들은 코먼로 체계는 국왕 개입의 산물이 아니라, 노르만 정복 이전부터 존재했던 관습법에 기초한 것이라고 주장하였다. 이 법을 국왕 판사들이 판결을 내리면서 발견했다는 것은 사실이다. 그리고 왕이 명령한 것도 사실이다. 그럼에도 불구하고 그것은 공동체에 의해 창조되었고, 고래의 규범들을 반영했다는 것이다. 두 번째 조처는 코먼로가 그 섬에 존재했던 유일하게 중요한 체계였다고 결론을 내린 것이다. 형평을 포함해서 다른 모든 재판권과 법원은 코먼로 체계보다 열등하고, 코먼로 체계에 복속되어야 한다고 주장했다. 세 번째 조처는 코먼로는 국왕 권력을 지지할 뿐만 아니라 그 권한을 제한하기도 한다고 확언한 것이다. 법 전문가들은 왕이 개인과 공동체의 관습적 특권 및 권리를 존중하는 한에서만, 공동체가 왕에게 복종하기로 동의했다고 주장했다.

이 조처들에 관해서는 다음에서 더 자세히 설명할 것이다. 어쨌든 이 조처들이 함께 작용하여 코먼로의 중요성과 본질을 상당히 변화시켰다. 그 때문에 영국법의 역사가 광범위하게 다시 써져야 했다. 그럼에도 불구하고 그 일은 엄청난 성공을 거둬 18, 19세기가 되면 더 이상 역사의 재해석을 다투는 사람이 없게 되었다. 그때가 되면 영국과 해외의 법 전문가들은 모두 코먼로를 영국에서 중요한 유일한 법체계로 이해했다. 그리고 그것은 헌법 제도를 포함하여 관습법을 재생한 것이라고 단언했다.

최근 몇십 년 사이에 비로소 역사학자들이 이런 결론에 도전하기 시작했다. 그들은 코먼로가 관습법인지 의문을 제기하고, 지방, 도시, 봉건, 그리고 교회 재판권의 중요성에 대해 말했다. 그 재판권들은 국왕법원들, 그리고 상대적으로 독립된 형평과 함께 영국에서 작동하고 있었다. 또한 최근의 역사학자들은 17세기의 저자들이 진술한 헌법 제도들이 과거에 대한 제한된, 그리고 종종 오도된 (그렇지만 항상 흥미로운) 독해에 근거하였다는 사실을 보여주고 있다.

첫 번째 조처

영국의 법 전문가들은 코먼로의 기초가 16, 17세기에 일어난 정치적 사건들로 인해 잠재적으로 위태롭게 되었다는 것을 의식하고 있었다. 그래서 그들은 영국의 법 전통에 관해 새롭고 독창적이며, 어느 정도는 자기 본위적인 독해를 제안하게 되었다. 그들의 목적은 이 시기의 필요에 부응하여 국왕으로부터 독립적인 법을 만들고, 국왕의 활동을 견제하며, 코먼로 판사를 정치 체계의 핵심에 놓는 것이었다. 이런 독해는 무엇이 법인가에 대한 가장 기본적인 이해를 뒤집는 허구의 이야기를 꽤 포함하였다. 그럼에도 불구하고 그 엄청난 정치적 유용성과 지적인 정교함 때문에, 그것은 곧 코먼로가 어떻게 출현했고, 무엇을 포함하고 있는지에 대한 표준적인 설명이 되었다.

이 새로운 설명은 주로 에드워드 코크Edward Coke(1552-1634)에게서 비롯되었다고 알려져 있다. 그러나 그런 생각은 사실은 코크 이전에 이미 시작되었고, 그 후로도 계속되었고, 어느 정도는 그와 동시대의 많은 사람도 가지고 있었다. 이 새로운 설명에 따르면, 코먼로는 왕이 영장 부여를 통해 창조한 것이 아니었다. 이 체계의 핵심은 오히려 노르만족 침입과 12, 13세기 국왕법원 및 영장의 제도화 이전부터 있었던 관습법이었다. 태고로까지 거슬러 올라가는, 즉 그 시작을 알 수 없을 정도로 오래된 이 관습법이 노르만족이 도착하기 이전에 그 섬을 지배했다. 그리고 로마가 아니라 앵글로 색슨(즉 게르만)에서 기원하는 이 관습법이 노르만인들에 의해 승인되었다. 노르만인들은 여러 번의 확약을 통해 관습법을 유지하기로 약속했다. 모든 관습법이 그런 것처럼 이 법은 왕이 부과한 것이 아니라, 공동체에 의해 창조되었다. 다시 말해서 국왕법원이 조직한 것이 아니었고, 단지 판사들이 발견해서 유지했을 뿐이었다. 간단히 말해 코먼로는 노르만인이 부과한 것이 아니라, 진정한 토착법이었다는 것이다.

무엇이 코먼로인지에 대한 이런 새로운 설명 덕분에 코먼로 체계가 왕에게 의존하는 것이 아닌 것으로 바라볼 수 있게 되었다. 이 설명에 따르면, 잉글랜드의 왕들과 왕의 판사들은 이 법에 복종해야 했다. 단지 그것이 관습적이었기 때문만이 아니라, 그들이 끊임없이 그렇게 하겠다고 약속했기 때문이기도 했다. 17세기의 격변은 왕이 갑자기 이 오랜 관습법을 무시하고 법을 변화시키려고 했을 때, 무슨 일이 일어나는지를 보여주는 실례였다. 신민들과 체결한 이 관습적인 계약을 위반한 왕들은 전제자이므로, 그들은 축출, 나아가 죽어 마땅했다.

이 새로운 해석의 최종적인 목적은 왕이 법의 창조자가 아니라고 주장함으로써 법을 왕과 분리하는 데만 있지 않았다. 코먼로 판사들을 사법 체계의 핵심에 위치시키는 것 역시 그 목적이었다. 이런 이해에 따르면, 판사는 더 이상 왕의 지시(영장)에 따라 왕을 대신해 정의를 베푸는 왕의 충복이 아니었다. 그들은 이미 존재하는 규범(관습)을 발견하고 적용하는 일을 책임진 사람들이었다. 또한 그 땅의 진정한 법의 존속을 보장하고, 법을 변경하려는 국왕의 압력이 있는 때에는 그 압력에 저항하는 수호자였다. 코먼로 판사는 행정적으로는 혹시 왕에게 의존할지도 모르지만, 법적으로는 오직 법에만 복종하는 자율적인 집단의 일원이었다.

이 놀라운 변화를 지탱하고 허구를 만들기 위해 코크와 다른 법 전문가들은 코먼로의 성격뿐만 아니라, 역사에 대한 이해도 수정해야 했다. 코먼로가 노르만족의 도래 전에 존재했던 관습법이라는 주장을 하기 위해서는 무엇보다도 노르만 정복의 역사를 다시 써야 했다. 그 노력의 일환으로 그들은 진정한 정복은 없었다고 주장했다. 그 이유는 노르만인들이 왕위의 합법적 상속자가 아니었거나(혹은 그렇게 볼 수 없거나), 혹은 그들이 진정한 정복자로 행세하지 않았기 때문이라는 것이었다. 노르만인들은 정복의 경우에 흔히 그런 것처럼 원주민들의 권리를 없애지 않았다. 오히려 기존의 규범 질서를 존중하려 하였다. 정상적인 상태를 파괴하기보다는 지속시키는 합법적인 상속자로 행세했다는 것이다. 이렇게 법 전문가들은 노르만 정복을 “아무 사건도 아닌 것”으로 뒤바꾸었다. 그렇게 함으로써 그들은 법적인 관점에서 노르만 정복은 어떤 변혁의 계기도 아니었다고 주장했다. 법적으로는 그것은 마치 일어나지 않은 것과 같았다. 그것이 잉글랜드 법의 기본적인 원칙들을 변경시키지 않았기 때문이라는 것이었다.

이런 재해석은 약간 이상한 방식으로 초기 노르만 왕들이 했던 말들을 재생시켜 되풀이했다. 초기 노르만 왕들이 자신들의 주된 목표는 법질서의 지속을 보장하는 것이라고 한 것은 사실이다. 그렇지만 그런 해석은 12, 13, 14세기에 잉글랜드에서 일어난 법적 혁명, 즉 코먼로의 탄생 사실을 무시한 것이었다. 대신에 코먼로의 역사를 재해석한 법 전문가들은 국왕법원의 창설과 영장제도의 발전이 심대한 변화를 도입한 것이 아니라, 오히려 예로부터의 연속이라는 특징을 보여준다고 주장했다.

이렇듯 정복의 부정이 코먼로의 유구성과 지속성을 뒷받침했을 뿐만 아니라, 그것은 또한 17세기 군주들의 야망에 대항하는 강력한 논거로도 작용했다. 스코틀랜드의 제임스 1세는 잉글랜드 왕에 오르자, 새로운 법체제를 강요했다. 그것이 아니라면, 적어도 기존 법체제를 실질적으로 변경함으로써 두 왕국을 통일하려고 하였다. 그런 조처에 반대했던 잉글랜드의 법 전문가들은 그와 같은 일은 노르만인들조차도 감히 행하지 못한 일이었다고 응대했다. 그 점은 노르만인들이 올 때까지 로마 시대로부터 그 섬을 이어 침입했던 수많은 통치자들과 왕들도 마찬가지였다고 주장했다. 오히려 그들은 기존의 법을 보존했다는 것이었다.

이 새로운 허구의 이야기에 따르면, 코먼로는 영장제도와 법률가들이 따랐던 법원 절차의 결합물이 아니라, 노르만인들의 도래 이전부터 존재했던 관습법이었다. 그런데 이 새로운 허구가 심대한 이데올로기의 변혁을 촉진했다. 코먼로가 "보통의"common 법인 이유는 더 이상 다음과 같은 이유 때문이 아니었다. 다시 말해서 그것이 왕에 의해 제도화가 이루어지고 모든 그의 봉신들에게 똑같이 적용되었기 때문이라거나, 혹은 보통의common 법원에 근무하는 판사와 변호사들이 창조했기 때문이 아니었다. 오히려 그것이 보통법인 이유는 공동체에서 기원했기 때문이라고 설명했다. 다른 모든 관습적인 체제가 그렇듯이, 그것은 공동체 성원들로부터 자생적으로 생겨났다. 그것은 관습적인 체제의 전형이고, 그 정신을 대표한다. 따라서 필연적으로 다른 곳의 어떤 법체계와도 현격하게 다를 수밖에 없다. 그것은 어느 한 개인(왕)의 의지를 대표한 것이 아니라, 수세대에 걸친 경험과 지혜를 대표한다. 그것은 사회의 필요에 완벽하게 부합한다. 그리고 이 관습법은 본질상 구전의 성격을 갖는데, 그것은 공동체 구성원들의 행동 방식과 그들이 규범적이라고 믿는 바에 기초했기 때문이라고 했다.

이 법은 이제 노르만 시대가 아니라, 앵글로 색슨 시대에서 유래한 것이 되었다.

따라서 그것은 로마 전통이라기보다는 게르만 전통에 기반하여 형성되었다. 그것은 유럽에서 로마법의 재탄생(11, 12세기) 훨씬 이전인 초기 중세 때 형성되었다. 이 법은 이제는 아주 이국적인 법으로 여겨진 교회법과 로마법의 영향에서 당연히 벗어나 있었다(혹은 벗어나 있어야 했다). 이 점은 코크가 로마법의 일부를 영국에 도입하자는 제안에 왜 반대했는지를 설명해 준다. 또한 그가 어떻게 그렇게 쉽게, 이제는 외국법처럼 보이는 그런 법의 전문가들이 앉아 있는 대법청법원을 비판할 수 있었는지를 설명해 준다. 이렇게 잉글랜드법을 게르만법으로 새롭게 상상함으로써, 코먼로는 또한 교황 권력, 주로는 교회에 의한 국왕 특권의 침식에 저항할 수 있는 도구로도 제시될 수 있었다.

이런 생각은 매우 급진적이었고, 심지어는 혁명적이기까지 했다. 그럼에도 불구하고 처음 제안되었을 때, 그런 생각은 법 전문가들 사이에서 광범위한 지지를 받았다. 예를 들어 18, 19세기에 가장 인기 있는 법학 서적이었던 《영국법 주해》*Commentaries on the Law of England*(1765-1769)의 저자 윌리엄 블랙스톤William Blackstone(1723-1780)은 이런 분석에 동의했다. 코먼로의 핵심적인 부분은 11세기 노르만인들이 도래하기 전, 앵글로색슨 시대로부터 유래한 불문의 관습으로 이루어졌다는 가정을 신뢰했다. 그에 따르면, 이 관습들은 "원시 브리턴인Britons 만큼이나 오래되었고", "변경되지 않고 불순물이 섞이지 않은 채로" 지속되었다. 블랙스톤은 또한 정복과 침입, 그리고 로마인, 색슨족, 데인족, 노르만족의 이주에도 불구하고 잉글랜드에서는 한 법체계가 다른 법체계로 "공식적으로 교체"되는 일은 결코 일어난 적이 없다는 데 대해서도 동의했다.[2] 그 거주자들의 정체성은 끊임없이 변화되었고, 그들의 정부도 그랬다. 그렇지만 법만큼은 변경되지 않고 지속되었다고 주장했다.

법의 구두성에 대한 믿음에도 불구하고, 코먼로에 대한 코크의 재해석은 역설적으로 그것이 출판되고 문자의 형태로 유포되었기 때문에 크게 성공했다고 역사학자들은 말한다. 코크는 자신의 개혁 의제를 진척시키기 위해 인쇄를 활용했다. 주로 판례선별집을

---

2 William Blackstone, *Commentaries on the Law of England* (Oxford: Clarendon Press, 1765-1769), introduction, third edition, 65.

출판했는데, 법률가들을 독자층으로 의도했다. 그것을 통해 그들의 법 지식과 집단으로서의 그들의 정체성 모두에 기여하기를 희망했다. 그런 목적에서 그는 판시된 규칙들을 싣고, 그 규칙들에 대한 추론을 설명하였다. 그렇게 함으로써 독자들 사이에 코먼로가 유구할 뿐만 아니라 우월하다는 견해를 퍼트리려고 했다. 그의 판례집은 법률가들이 법적 문제를 토의하기 위해 만나는 법률연수원과 법학생들 사이에서 매우 영향력이 컸다. 그 판례집을 통해 코크는 무엇이 코먼로인지에 대한 자신의 개인적 견해를 공적 기록으로 변환시킬 수 있었다. 이를 통해 "에드워드 코크 경이 코먼로라고 말한 것이 바로 코먼로"[3]인 것처럼 보일 정도로, 그는 하나의 권위가 되었다.

이렇게 17세기에 영국의 법 전문가들은 당시의 정치적 격변으로부터 코먼로를 보호할 수 있는 이론을 고안해 내었다. 심지어는 코먼로의 중요성을 강화하기 위해 이 격변을 이용하려 하기까지 하였다. 그들은 왕과 그의 영장에 대한 의존으로부터 이 법을 해방하였다. 그와 동시에 법원을 규범 체계의 중앙에 위치시켰다. 판사들이 코먼로의 내용을 확인하는 권한을 행사한다고 믿었기 때문이다. 법이 수 세기에 걸쳐 공동체에 의해 천천히, 자생적으로, 거의 알아챌 수 없는 과정을 통해 완성된 것은 사실이지만, 이제 이 법의 시행을 담당한 판사들이 이 진정한 관습의 규범을 발견하고, 그것을 안전하게 지키는 책임을 맡게 되었다는 것이다.

코먼로에 대한 이런 재해석은 또한 잠재적으로 당시 영국의 많은 사람들의 생각을 사로잡은 또 다른 난제를 해결했다. 그 난제란 왕위가 공석일 때 코먼로는 어떻게 될까 하는 것이었다. 그 대답은 다음과 같은 것이었다. 법원은 아마 왕을 필요로 했을 것이다. 그러나 법은 왕으로부터 독립될 수 있고, 실제로 많은 세대 동안 그런 일이 일어났다. 이런 허구의 주장을 내세우고 퍼트림으로써, 16, 17세기의 법 전문가들은 연속성의 가면을 쓰고 심대한 변화를 위장했다. 혁신(이것이 그들이 실제로 행한 것이었다)이 아니라, 왕이 부당하고 불법적으로 탈취한 것을 그저 회복시키려 했을 뿐이라는 것이 그들의 주장이었다.

---

3 Mark Kishlansky, *A Monarchy Transformed: Britain, 1603-1714* (London: Penguin, 1996), 37.

첫 번째 조처에 대한 의문 : 코먼로는 관습법인가?

코먼로가 정말 관습법인지에 대해 의문을 제기하는 가장 쉬운 방법은 그것이 출현한 과정을 검토하는 것이다. 이 점을 검토하면, 영장제도와 구제수단이 탄생하는 데 군주와 그의 관리들이 기여한 핵심적인 역할이 분명하게 드러날 것이다. 그러나 코먼로가 공동체보다는 왕과 분명히 결부되어 있다는 계보의 문제를 넘어, 영국의 법 전문가들이 16, 17세기에 서술한 대로의 관습법 개념이 실은 12, 13, 14세기에 고안된 것이었다는 사실은 분명하다. 이 개념을 고안한 공통법 학자들(제7장 참조)은 유럽의 아주 다양한 지방 제도들을 "관습"으로 볼 수 있다고 주장함으로써, 법질서를 체계화하려고 노력했다. 그들은 관습법이 공동체의 집회를 통해 다양한 사건에 반복적으로 적용된 원칙들로 이루어졌다고 설명했다. 그것은 법의 창조가 아니라, 법의 발견이었다. 이 설명에 따르면, 공동체 구성원 사이에서 자생적으로 생겨나는 관행들이 충분한 수의 사람들에 의해 규범이라고 여겨지기 시작할 때 관습이 되었다.

14, 15, 16세기에 공통법 학자들은 자신들이 속한 공동체의 소위 관습법이라는 것을 체계화하기 위해 기록을 하기 시작했다. 그리고 마침내는 관습법의 가장 중요한 기능을 국왕 재판권에 저항하는 도구라는 데서 찾았다. 관습법은 정부의 권한을 제한하는 헌법적 제도들을 포함하고 있다고 보았기 때문이다.

대륙의 법학자들의 이런 주장은 초기 중세의 지방법을 멋있게 재창조하였다. 이 법이 공통법 학자들이 묘사한 것과는 완전히 다른 것이라면, 그것은 16, 17세기의 영국의 법률가들이 상상한 것과도 근본적으로 다를 수밖에 없었다. 두 경우 모두 새로운 이해를 제안한 것은 규범 질서를 통제하고, 심지어 수정하려는 유사한 목적이 있었기 때문이었다. 관습에 호소함으로써 법률가들(그리고 결국은 통치자들)이 이루고자 했던 것은 좋은 오래된 법을 확인하는 것이 아니라, 그것들을 변경하는 것이었다. 이 점은 영국과 대륙 양쪽에서 모두 진실이었다. 그리고 법을 "관습적"이라고 한 이 해석은 대륙에서 먼저 등장했다.

예를 들어 잉글랜드를 침범한 노르만 왕들이 연속성을 가장하여 변화의 과정에 시동을 거는 전략을 따랐다는 명백한 증거가 있다. 이 점에서 가장 주목할 만한 것은 "참회왕 에드워드의 법들"Laws of Edward the Confessor이다. 이것은 "그 땅의 법들"을 보존하기 위해 기록한 것으로 알려져 있다. 거기에는 1070년에 노르만인들이 기존의 규범을 기록하기로 결정하고, 현지 배심원들에게 그 지역의 현존법이 무엇인지를 확정해 주도록 요청했다고 나와 있다. 그러나 역사학자들의 결론에 따르면, 이 제정법이 어떻게 생겨났는가에 대한 이 설명은 완전히 허구이다. 에드워드 법들은 공중이 참여한 결과가 아니라, 아마도 12세기에 왕과 계약한 한 법률가의 저작일 것이다. 에드워드 법들의 주장에도 불구하고, 그 법들의 목적은 연속성을 보장하는 것이 아니라 노르만인들의 마음에 드는 법만을 채택하는 것이었다. 글랜빌Glanvil과 블랙턴Bracton이 코먼로를 관습적이라고 기술한 것도 비슷한 충동에 대한 반응이었을 것이다.[4] 대륙에서 활동한 그들의 동료들처럼, 대륙의 사법 문화를 공유했던 글랜빌과 블랙턴은 잉글랜드법을 거의 "관습법"으로 느꼈을 것이다. 그 이유는 그것이 공동체에 의해 창조되었기 때문이 아니었다. 그 둘은 모두 분명히 왕을 신뢰했다. 오히려 그 이유는 그런 이해가 국왕의 추밀관과 법 전문직 사이에서 공유되었기 때문이었다. 간단히 말해 그들이 묘사한 관습은 공동체가 아니라, 법원이 창조하였다.

코먼로가 노르만 정복 전에 공동체에 의해 창조되었다는 의미에서 그것이 관습법이라는 관념은 잉글랜드에서 15세기 중반에 등장했을 것이다. 그 관념은 참된 지상의 법*lex terrae*은 그 땅의 관습을 포함한다고 말한 특정 저자들에게로 추적해 갈 수 있다.[5] 거기로부터 잉글랜드 사람들이 "자신의 지혜와 경험으로부터 그들 자신의 법을 만들었다"는

---

4 글랜빌은 《잉글랜드왕국의 법률과 관습법에 관한 논고》*Tractatus de legibus e consuetudinibus regni Angliae*(ca. 1187-1189)의 저자로 알려져 있고, 블랙턴은 《잉글랜드 법률과 관습법에 관하여》*De legibus et consuetudinibus Angliae*(ca. 1220s-1250s)의 저자로 알려져 있다. 두 책은 코먼로를 설명하는 가장 중요한 초기 저술로 여겨지고 있다.

5 그런 저자들로는 존 포테스큐John Fortescue, 크리스토퍼 세인트 저먼Christopher St. German, 안토니 피츠허버트 Anthony Fitzherbert, 로버트 브루크Robert Brooke 등을 들 수 있다.

결론에 이르기까지의 걸음은 짧지만 의미 있는 발걸음이었다.[6]

두 번째 조처 : 코먼로를 유일한 법으로 만들기

이렇듯 코먼로는 관습법의 지속적인 확인이라는 이야기에 맞추기 위해 그 본질이 변해야 했다. 그러나 코먼로를 그 땅의 유일한 법으로 만들어야 한다는 것 또한 17세기 법 전문가들이 제안한 이론에는 똑같이 중요했다. 코먼로를 유일한 법으로 만들기 위해서는 교회법, 지방법, 도시법, 봉건법, 그리고 형평까지도 코먼로의 하위법으로 분류하거나, 그 법들이 코먼로의 일부를 이룰 정도로 코먼로의 영향을 받았다고 하는 것이 필요했다. 혹은 코먼로가 다른 재판권을 감독할 권한을 갖는다고 할 필요가 있었다. 결국 코먼로가 국왕의 정의를 대표하고, 국왕이 다른 모든 권력보다 우월하다는 것이었다.

그 후로 법 전문가들은 코먼로법원이 그 땅의 가장 중요한 법원이고, 코먼로 자체가 현존하는 가장 중요한 법체계라고 주장하기 시작했다. 코크는 영국에 각기 서로 다른 규칙들과 원리들에 반응하는 100개 이상의 법원들이 존재한다는 사실을 인정했다. 그렇지만 코먼로가 "그 땅의 법 자체"(*lex terrae*)이기 때문에 가장 중요하다고 결론을 맺었다. 그 말은 아마도 코먼로가 전 왕국에 공통된common 유일한 법이라는 의미였을 것이다. 그러나 이후 그의 말에는 새로운 의미가 부여되어, 문자 그대로 코먼로가 그 땅의 유일한 법이라는 의미를 갖게 되었다.

이 해석을 이후의 학자들이 이어받았다. 19세기 유명한 법률가이자 교수이며 법사학자였던 프리데릭 윌리엄 메이트랜드Frederic William Maitland(1850-1906)는 한 걸음 더 나가

---

6 John David, *Iris Reports* (1613) : in Alan Cromartie, "The Idea of Common Law as Custom", in *The Nature of Customary Law*, ed. Amanda Perreu-Saussine and James Bernard Murphy (Cambridge: Cambridge University Press, 2007), 203-227, at 214.

결론적으로 이렇게 말했다. 중세 말에는 대부분의 봉건법원이 국왕법원의 절차를 따랐을 뿐만 아니라, 국왕법원로부터 실체적 해답도 가져왔다. 그의 이해에 따르면, 그때가 되면 봉건법원들은 일반적인 코먼로의 지방적인 형태에 불과했다. 영국의 교회법원위원회the English Ecclesiastical Courts Commission도 비슷한 결론에 도달했다. 위원회는 1883년에 교회법원의 재판은 교회법canon law에 의해 "지도"되기는 하지만, "결정"되지는 않는다고 말했다. 이런 시각에 따르면, 교회법은 일찍이 왕과 남작들에 의해 "잉글랜드의 법"에 종속되었다. 그 결과로 이후 잉글랜드의 관습들은 일종의 헌법적 통제로 작용했고, 그로 인해 이제 외국법으로 인식된 교회법은 코먼로에 배치되는 한 잉글랜드에 퍼질 수 없게 되었다.

두 번째 조처에 대한 의문 : 코먼로는 상위법이었는가?

코먼로가 어느 정도로 잉글랜드의 다른 재판권보다 우위에 있었는지, 혹은 어느 정도로 다른 재판권들에 영향을 주었는지에 대해서는 현재 논쟁이 진행 중이다. 가령 역사학자 중에는 대부분의 잉글랜드 농부들은 국왕법원에 대한 이해가 없었거나, 아니면 국왕법원을 필요로 하지 않았거나, 혹은 이용할 수 없었다고 주장하는 사람들이 있다. 대부분의 농부들은 주로 봉건적 재판권과 자신들의 특수한 규범 질서에 의존하고 있었다는 것이다. 이 역사학자들은 봉건법원이 단지 코먼로법원의 지방적 "복제물"이었다고 여길 근거를 발견하지 못했다. 대신에 그들은 이렇게 설명했다. 영주법원seigneurial instances은 영주와 봉신들의 관계를 규율하는 것이 목적이었다. 그것은 주로 다른 권력의 개입을 막는 방향으로 작용했다. 따라서 국왕 재판권을 모방하거나, 판결에 국왕의 규범과 기준이 영향을 미치도록 할 이유가 전혀 없었다. 그들에 따르면, 오히려 지방의 법은 종종 봉건법원 외 다른 법원의 이용을 금지했다. 이런 금지야말로 사람들이 바로 다른 법원을 이용한 증거라고 말하는 역사학자들도 있기는 하지만 말이다.

학자들은 또 이렇게 단언하기도 한다. 때때로 봉건법원들의 결정과 코먼로의 명령 사이에 유사성이 존재한다면, 그런 경우는 하나가 다른 하나를 모방한 것이라기보다는 그들이 비슷한 사회적 경제적 정치적 상황에 반응한 것일 수 있다고 말이다. 게다가 봉건법원의 판사들은 해결을 요구받은 구체적인 문제들에 대해 가장 편리하고 동의할 수 있는 해답을 찾으려고 했다. 그들의 판결은 이미 존재하는 규칙 체계나 심지어 관습에서도 출발하지 않았다. 판결은 장소와 당사자, 그리고 시간에 따라 달랐다. 잉글랜드에 존재한 수백의 봉건법원들은 제각각이었다. 각 법원 내 혹은 봉건법원들 사이에 통일성이 존재하지 않았다면, 그것들 모두를 왜 코먼로 체계의 부분이라고 생각해야 하는가? 영향이 있었다고 한다면, 그것은 봉건법원으로부터 코먼로법원에게로 흘렀다. 결국 국왕법원이 봉건 규범 혹은 지방의 현지 규범들을 인정할 때마다 국왕 재판권은 아마도 추가적인 정당성을 획득했을 것이다. 지방의 법 제도들도 마찬가지였다. 이런 경우에 증인의 증언이나 제출된 관습법서는 국왕 법률학jurisprudence에로 통합되었다. 이런 방식으로 국왕법원의 해답과는 다른 해답을 명령한 지방 현지의 규범 체계는 지속성과 탄력성을 보여주었다.

지방 규범들이 힘을 유지했기 때문에, 근대 초기에 지방민들은 종종 이 규범들을 확인하기 위해 투쟁했다. 그들은 관습법서와 같은 증거들을 파괴하고, 그것을 다시 쓰려고 시도했다. 그것이 항상 성공한 것은 아니었다. 그렇지만 많은 경우에 태고 때부터 존재했다고 이야기되지만 완전히 새로운 것일 수 있는 법 제도들에 영향을 미칠 수 있었다. 이 투쟁은 매우 지방적이어서, 아주 다양한 규범 체계들을 만들어 내었다. 그러나 그 규범을 지지한 사람들에게 그 규범들은 효력이 있었고, 아마 코먼로보다도 더 그랬을 것이다.

잉글랜드의 교회법원에 대한 연구도 비슷한 이야기를 한다. 종교개혁 때까지 교회법원들은 교회법canon law을 따랐다. 그러나 잉글랜드 왕이 로마와 단절하고 잉글랜드 국교회를 설립한 후로 교회법은 교황이 잉글랜드에 강요한 외국법으로 여겨졌다. 그럼에도 불구하고 그것은 계속 운영되었다. 종교개혁 후 즉각적이고 주목되는 유일한 변화는 교황에게 하던 전통적인 항소를 현지의 심급으로 대체한 새로운 항소 절차의 마련이었다.

독립된 잉글랜드의 교회법ecclesiastical law이 결코 생겨나지도 않았지만, 코먼로법원과는 계속 별도로 존재했던 교회 재판권이 폐지된 적도 없었다.

현재 주장되는 바에 따르면, 형평도 16세기에 코먼로와 통합되기 시작했지만, 이 논쟁이 일어난 17세기에도 여전히 별도의 체계로 생각되고 있었다. 실제로 형평은 의회와 코먼로법원의 분노를 일으키거나, 반대로 제임스와 같은 군주들이 코먼로의 상위에 형평이 존재해야 한다고 하달할 만큼 코먼로와는 분리되어 있었다.

요약하면 코먼로가 잉글랜드 법체계의 중요한, 나아가 핵심적인 구성요소였을 수는 있다. 그러나 17세기까지는 적어도 단독으로 작동하지는 않았다. 그것은 다른 재판권의 상위에 있지도 않았고, 위계적으로 사법 체계의 정점에 위치하지도 않았다. 예를 들어 코먼로법원들은 다른 재판권에 대한 항소심 권한이 없었다. 더구나 잉글랜드에 병존했던 다양한 체계들 사이에서 영향은 모든 방향으로 흘렀음이 틀림없다고 믿을 근거가 있다. 코먼로법원으로부터 다른 법원들에게로 영향이 일방적으로 흐른 것은 아니었다는 말이다. 이런 점 때문에 역사학자들은 코먼로가 다른 모든 재판권을 흡수하지도, 그것들에 영향을 끼치지도 못했다고 결론을 내리고 있다.

세 번째 조처 : 유구한 헌법

17세기의 법 전문가들은 소위 잉글랜드의 관습법의 중요한 구성요소는 개인, 공동체, 그리고 왕 사이의 관계를 규율한 규범들이라고 주장했다. 이 명제에 따르면, 노르만 왕들은 오랫동안 반복해서 공식적이고 의식적인 확약으로 기존의 앵글로 색슨의 법체계를 존중하겠다고 약속했다. 이 확약들은 이제 엄숙한 계약으로, 혹은 "유구한 헌법"ancient constitution으로 재해석되었다. 이 계약은 기존의 구조와 법들을 준수하겠다는 국왕의 약속과 군주에게 충성하고 복종하겠다는 공동체의 동의를 포함했다. 이 주장은 어떤 점에서는 국왕의 권위를 옹호했다. 그것은 군주에게 복종해야 할 신민들의 의무를 포함했고,

국왕의 명령을 정당화했다. 그렇지만 그것은 또한 왕이 할 수 있는 일을 제한하기도 했다. 만일 왕이 이 약속을 지키지 않는다면, 왕이 계약을 파기한 것이 되고, 폭군이 되었으며, 봉신들에게 자신을 반대할 수 있는 권리(심지어는 의무)를 부여했다. 게다가 이런 제도들은 관습이기 때문에 왕이 변경할 수도 없었다는 것이다.

그러나 지속적으로 확약했다는 이 신화는 계약의 내용에 관해서는 많은 것을 말하지 않았다. 17세기의 법 전문가들은 관습법의 구두성을 믿었음에도 불구하고, 그 내용을 확인하기 위해 문서 증거를 찾았다. 그들은 이 계약에 핵심적인 요소들을 포함하고 있다고 여긴 많은 역사적 문서들을 찾아냈다. 그중에 가장 상징적인 것이 대헌장이었다. 대헌장은 17세기 이후로 기존의 법을 유지하고, 권한을 제한하는 데 동의한다는 군주의 약속을 상징하게 되었다. 그런 권한의 제한에는 배심재판, 자의적인 체포의 금지, 그리고 새로운 과세에 대한 왕국의 동의 등이 있었다.

세 번째 조처에 대한 의문 : 왜 대헌장인가?

대헌장은 봉건적 헌장이었다. 라틴어로 쓰였고, 내부 봉기 끝에 왕과 그의 남작들 사이에서 맺은 평화조약 내지는 타협을 내용으로 하고 있었다. 그것은 주로 국왕의 권력 남용이라고 느낀 문제들을 회복시키려는 남작들의 욕망이 중심에 있었다. 그것은 "인민들"의 이익을 대표하는 문서가 아니었다. 오히려 그것은 토지에 대한 권리, 상속, 채무, 그리고 과세와 같이 봉건적 관계의 가장 중요한 부분을 다루었다. 그것은 왕과 남작들은 모두 노르만인들이었던 반면, 대부분의 속민들은 앵글로 색슨족이었던 식민지 상황에서 만들어졌다. 따라서 복속민의 권리를 보장하는 것은 대헌장의 관심사가 아니었다. 그 목적은 군주와 그의 남작들, 그리고 자유민들 사이의 지속적 협력을 보장하는 것이었다. 그들은 현지인들을 계속 예속시키려고 함께 공모했다.

대헌장은 일련의 불만 제기에 국왕의 대답으로 작성되었기 때문에 길고 개별 사안적이었다. 그것은 어떤 원칙을 선언하지도, 관습 혹은 그 어떤 형태의 규범도 열거하지 않았다. 대헌장이 공포되었을 때, 그리고 이후 수 세기 동안, 그 누구도 그것이 헌법적 의미를 갖는다거나, 위반 시에는 그에 대한 구제수단이 있는 것처럼 주장하지 않았다. 그것은 법적 절차를 가능하게 하는 것이 아니라, 먼저는 남작들, 그리고 다음으로는 의회가 왕을 압박하기 위해 사용할 수 있는 정치적 문서로 생각되었다.

그럼에도 불구하고 17세기의 저자들은 대헌장을 영국의 오래된 관습적 헌법의 가장 훌륭한 증거라고 내세웠다. 그들은 그 문서의 대부분을 무시했고, 그것을 맥락 속에서 이해하려거나 역사화하려 하지 않았다. 대신에 17세기 그들의 필요에 가장 들어맞는 몇 개의 단락에만 주의를 기울였다. 제39장이 그중의 하나이다. 그 장은 어떤 자유민도 동료의 합법적 판단이나 이 땅의 법에 의하는 경우를 제외하고는 체포 또는 구금할 수 없다고 선언하고 있다. 근대 초기의 법 전문가들은 이 단락이 배심제(동료에 의한 재판)와 적법절차(이 땅의 법에 따른 판결)에 대한 구상을 확약한 것이라고 보았다. 그들은 비단 남작뿐만 아니라, 모든 영국 사람들에게 신분에 관계없이 이 권리들을 부여한 것이라고 주장했다. 어떤 사람들은 더 나가 이 장이 자의적 체포로부터 개인들을 보호하는 인신보호영장*habeas corpus*의 선례이자 정당화라고까지 지적하기도 했다. 제12장도 마찬가지로 중요했다. 제12장은 "우리 왕국의 일반적 자문common counsel에 의해서만" 세금을 징수할 수 있다는 내용이었다.

이런 독해는 매우 선택적일 뿐만 아니라, 주로 16, 17세기에서 기원하는 구상을 대헌장에 투영한 것이었다. 두 가지 예를 들면, 원래 대헌장은 배심재판이나 인신보호영장을 약속하지 않았다. 그것이 귀족들의 불만에 직면한 왕이 자신의 권력을 제한하고, 그 땅의 법과 신민들의 자유를 회복시키기로 약속한 문서라는 17세기의 해석을 믿을 근거도 없다.

많은 역사학자는 대헌장이 왜 그리고 어떻게 이렇게 엄청난 상징적 무게를 지니게 되었는지를 묻곤 했다. 그들은 대헌장이 주목되기 시작한 시점을 14세기로, 그 명성이 높아가는 시점을 16, 17세기로 추적해 거슬러 올라간다. 어떤 사람들은 대헌장이 매우 이상하고 혼동을 야기하는 문서였기 때문에, 각각의 부분을 맥락에서 떠나 읽기가 상당히 쉬었다고 말한다. 또 어떤 사람들은 그것이 코먼로의 형성 시기에 쓰였고, 국왕 재판권의 확립과 확장에 대한 남작들의 항의를 표현했기 때문에 선택되었다고 주장한다. 그러나 대부분의 역사학자들이 믿는 바는 그런 점들을 넘어선다. 그들은 무엇보다도 대헌장이 17세기의 주역들의 목적에 완벽하게 봉사하는 문서였다고 믿고 있다. 그 이유는 왕과 귀족들 사이의 협상에서 대헌장이 끊임없이 언급되었기 때문이다. 또 그것이 의회의 여러 법률을 통해 해석되었고, 이후의 군주들에 의해 확인되었기 때문이다. 대헌장은 변질되기 쉬운 문서였다. 17세기 법 전문가들이 대헌장을 영국 자유의 상징으로 만들기 훨씬 이전부터 그에 대한 이해는 끊임없이 변해 왔다.

정치적 계약을 연이어 확약했다는 사실에 대헌장이 그토록 중요하게 된 이유가 무엇이었든지 간에 그 최종적인 취지는 분명했다. 영국에 오랜 관습 헌법이 존재한다면, 왕은 그것을 존중해야 하며, 왕과 신민 사이의 관계에 틀이 되었던 이 관습법은 모든 영국 사람들의 생명과 재산을 보호해야 한다는 것이었다. 그것은 현세대가 누리고 그대로 보존하여 넘겨주어야 할 유산이었다. 대헌장이 원래는 그런 요소들을 포함하고 있지 않았다는 사실은 더 이상 중요하지 않았다.

관습법의 보호자로서의 의회

영국은 이렇게 관습법의 국가가 되었다. 그 관습법은 노르만 정복 이전부터 존재했고, 이후로도 잉글랜드의 군주들이 신민들과 체결한 계약의 일부로 유지시켰다고 이야기되었다. 그리고 이 계약은 왕국의 정치적 헌법에 토대가 되는 많은 제도를 포함하고 있다고 했다. 그러나 누가 이 계약을 존중하고 따르도록 보증할 것인가?

17세기에 영국 의회가 이 과업을 자기 것으로 삼았다. 잉글랜드의 코먼로는 판사들에 의해 점진적으로 드러났다고 주장되었다. 판사들이 분쟁을 판결할 때, 그들은 무엇이 법인지를 선언했다. 그러나 판사들은 이 법이 침해되었을 때 그것을 보호할 수 없었고,

오직 의회만이 할 수 있었다. 의회는 왕국을 대표하는 모임이었기 때문에 이 과업에 가장 적합했다. 의회는 원래 궁정에서 청원에 대답하고, 명령을 발하며, 과세를 결정하는 것과 같은 다양한 활동을 떠맡은 사람들의 모임으로 시작했다. 그런데 그 후 입법기구로 재조직되었다. 의회는 이제 기존 법체계의 우월성을 보증하는 법들을 도입하고, 그것을 분명히 표현하고 통과시키는 책임을 맡게 되었다. 이론적으로는 왕과 협력해야 했다. 그렇지만 동시에 왕도 더 이상 독자적으로 입법을 할 수 없고, 의회와 협력하여 법을 제정해야 한다는 생각이 확고하게 되었다.

의회가 점차 긍정되고 권력을 행사하게 되었다는 사실은, 예를 들어 권리청원the Petition of Rights(1628)이 권리장전the Bill of Rights(1689)으로 이행한 데서 명백히 볼 수 있다. 권리청원은 추가 과세에 대해 의회가 동의하는 대가로 찰스 1세에게 제출한 요청이었다. 호소 형식의 권리청원은 은혜로 표현된 국왕의 동의를 담고 있었다. 권리청원은 ('대표 없이는 과세 없다.'라든가, '배심 또는 적법절차 없이는 재판 없다.'와 같이) 과거에 누렸던 권리와 자유가 침해되고 있다는 점을 보이기 위해 다양한 권위를 인용했다.

1689년(권리장전) 때는 정치적 동태가 극적으로 변화되었다. 권리장전은 권리청원과 같이 왕이 일방적으로 수여한 것이 아니었다. 그것은 윌리엄과 메리가 왕위에 등극할 때, 그들에게 제출한 의회의 엄숙한 선포였다. 최후통첩에 가까웠던 그것은 의회를 무대 중심에 두었다. 의회는 인민을 법적으로 대표하는(그것은 그 시점에서는 아직 해결되지 않은 문제였다) 합법적인 모임이라고 명시했다. 권리장전은 쫓겨난 왕(제임스 2세)을 비난했다. 그가 쫓겨난 것은 참되고 아주 오래된, 그리고 의심의 여지가 없는 그 땅의 법들과 자유를 침해했기 때문이라고 했다. 권리장전은 또한 그와 같은 행동을 하지 않기로 약속하는 조건으로 새 군주를 옹위하는 데 동의했다. 열거된 자유는 전통적인 목록(배심, 적법절차, 과세)을 포함했다. 그리고 국왕의 간섭으로부터 의회를 보호하고자 하는 많은 규정도 나열했다. 새로 즉위하는 군주들이 동의했기 때문에, 의회는 그들을 영국의 왕과 여왕으로 선언했다. 권리장전과 함께 의회는 영국인들의 권리를 보장하는 권위뿐만 아니라, 군주들을 선택해서 대관해 줄 권한도 갖게 되었다. 그 후로 이런 권리에 위배되는 국왕의 행위는 부당할 뿐만 아니라, 불법이 되었다.

일부 법 전문가들은 판사의 중요성을 다시 확언함으로써, 강화되는 의회의 권한 행사에 반응했다. 그들은 코먼로가 관습법이라는 관념을 철저히 고수했다. 그러면서도 입법은 법을 변경시킬 수 없다는 허구도 받아들였다. 그 결과로 의회에서 통과된 성문의 법은 법을 창조한 것이 아니라, 법을 "발견"한 것이 되었다. 성문법은 법이 무엇인지 선언할 뿐 법을 만들지는 못한다는 이 허구가 중요한 법적 결과를 가져왔다. 그 허구가 의미하는 바는 입법을 통한 모든 법령은 법의 변경이 아니라, 단지 법을 분명히 할 의도로 행하는 포고로 해석되어야 한다는 것이었다. 그럼에도 불구하고 의회의 권력은 18, 19세기 동안에 점점 강화되었기 때문에, 마침내 다이시Dicey와 같은 저명한 전문가는 그의 《헌법학 입문》*Introduction to the Study of the Law of the Constitution*(1885)에서 이렇게 결론을 맺었다. 의회는 주권자다. 의회는 어떤 법도 만들거나 폐지할 권리를 갖는다. 어떤 사람이나 기관도 이 법을 무시할 권리는 없다.[7]

판사의 중심적 역할을 보장하려는 또 다른 방법은 구속력 있는 선례라는 구상이었다. 이전의 사법적 결정들이 법의 의미를 밝혀주거나 장래의 판결을 정당화할 수 있다는 관념은 일찍이 13, 14세기부터 잉글랜드에 존재했고, 판례법의 기록과 연구를 뒷받침했다. 그렇지만 이런 실무는 의무적인 것이 아니었고, 판사들은 그에 따르지 않아도 되었다. 그러나 시간이 흐르면서 과거의 사례들을 인용하는 경향이 크게 증가했다. 이런 경향은 판례법의 배포를 더욱 용이하게 한 인쇄술, 판결에서 강화된 판사의 역할, 그리고 법률연수원 등록자 수의 증가에 의해 가속되었다. 그 덕분으로 에드워드 코크와 같은 판사는 선례를 자주 이용하였고, 나가 판사들이 독자적인 권위를 가져야 한다고 주장하기까지 했다. 코크는 그 유명한 칼빈 사건[8]에서 전문가는 자기 자신의 방법을 신뢰해야 한다는 생각을 고수하면서, 법이 명령하는 것을 결정하기 위해서는 사례들과 선례들, 그리고 유사한 사건의 판결을 참고해야 한다고 말했다.

---

7 의회가 제정한 법률에 모순되는 방식으로 판사가 코먼로를 적용하거나 발전시킬 수 없다는 이유로, 판사들이 입법의 우월성에 의해 자신들의 활동을 제약된다는 점을 분명히 인정한 것은 오직 20세기에 들어와서의 일이다.

8 제6장 참조.

그럼에도 불구하고 선례의 구속성이 코먼로와 형평에 도입된 것은 18세기에 이르러서였다. 이때서야 판사들은 과거에 내려진 유사 결정에 반드시 따라야 했다. 법적 지위를 갖는 선례는 판사의 관습법 확인을 확실하게 축적하는 수단이 되었다. 그러나 그것은 사법적 판결의 성격을 바꾸었다. 사법적 결정은 이제 그때그때의ad hoc 해답이 아니라, 판결 법리rulings의 긴 사슬을 구축하는 것으로 새롭게 개념화되었다. 그 사슬이 여러 세대를 거치면서 코먼로의 본질을 선언하고 분명하게 드러낸다고 보았다. 이런 변화로 인해 코먼로는 판사가 만든 법, 즉 선례 연구를 통해 원리를 도출하는 체계라는 오늘날의 생각이 권위를 지니게 되었다.

영국은 예외적이었는가?

현지의 규범을 관습법으로 재조직하는 것, 그 규범들은 헌법적 계약을 포함한다는 주장, 그리고 그 둘을 국왕의 권위를 제한하는 데 사용하고자 하는 시도들은 영국과 대륙 모두에게 공통된 현상이었다. 관습이 국왕 권력을 잠식하는 만큼이나 강화할 수도 있다는 인식 역시 공통적이었다. 그럼에도 불구하고 17세기의 영국의 법 전문가들은 자신들의 체계가 다른 어떤 유럽의 규범 체계와도 근본적으로 다르며, 더 우월하다고 주장했다. 이런 우월성은 다음의 주장에 근거했다. 즉 영국에는 인민의 정신을 반영하는 독자의 진정한 관습법이 존재하는 반면에, 유럽은 로마법(공통법)을 따른다는 것이었다.

이런 초상화는 코먼로의 형성과 제도화에 공통법 학자들의 기여가 있었다는 사실을 간과했다(제6장 참조). 그리고 영국의 법체계를 만드는 데 대학에서 훈련된 전문가들이 담당한 역할을 무시한 것이기도 했다. 14세기에 이르면 대부분의 코먼로 판사들이 더 이상 대학 졸업자가 아니었다는 것은 사실이다. 그렇지만 대학 졸업자들은 계속 법률연수원에 가입하고, 형평을 시행했던 대법청법원과 교회법원에 채용되었다. 법에 문헌학적이고 맥락에 따른 분석 방법을 적용했던 영국의 인문주의자들 역시 코먼로에 큰 영향을 끼쳤다. 대륙에서 온 법학자들과 대륙에서 유래한 관념은 정말로 중요한 의미가 있었다. 이 장에서 묘사한 16, 17세기 주역들의 많은 활동을 그 영향에 대한 반응이나, 적어도 그 영향과의 대화로 해석할 수 있을 정도이다. 16, 17세기 영국의 주역들이 영국과 대륙의 체계의 차이를 점점 더 강하게 느꼈을 수는 있다. 그러나 그들은 그 두 체계 사이의 유사성, 그리고 그 잠재적 침투성 역시 알고 있었다.

이런 놀랄 만한 유사성, 그리고 프랑스어와 라틴어의 용어 및 표현, 법리들이 영국에서 지속적으로 사용되었는데도 불구하고, 초기 근대 동안 영국 예외주의의 신화는 강하게 유지되어 오늘날까지도 살아남았다. 그러나 학자들의 연구는 영국과 대륙의 두 체계가 공통의 뿌리를 지니고 있다고 지적한다. 만일 영국이 다른 길을 걸었다면, 그것은 중세가 아니라 근대 초기에 일어난 일이며, 영국법의 실제 모습이라기보다는 영국법을 새롭게 상상한 결과라고 그들은 주장한다.

제9장

만민법에서 자연법으로: 유럽법의 보편화 I

근대 초기에 유럽 국가들은 해외 확장에 눈을 돌리기 시작했다. 그 첫 국가는 포르투갈이었다. 포르투갈의 선원과 상인들은 14세기에 아프리카 서부 연안을 탐험했다. 15세기 중반에는 중요했던 금과 노예 무역망이 활용되고 있었고, 수익이 큰 현지 상인들과의 상거래가 정착되었다. 얼마 지나지 않아 1487년에 바르톨로뮤 디아스Bartolomé Dias가 희망봉을 돌았다. 1492년에는 가톨릭 국왕의 후원을 받은 스페인의 탐험대를 콜럼버스Columbus가 이끌고 카리브해안에 다다랐다. 1497년에는 바스코 다 가마Vasco de Gama가 인도 캘리컷Calicut에 상륙했고, 1500년에는 페드로 알바르스 카브랄Pedro Álvares Cabral이 오늘날의 브라질에 도달했다. 이 초기의 탐험대 이후 후속의 항해들이 이어져, 마침내 유럽의 패권이 아프리카와 아시아, 그리고 아메리카의 여러 지역으로 확장되었고, 오늘날 우리가 부르는 식민주의로 나갔다.

이런 전개는 아주 다양한 모습의 복잡한 결과를 낳았다. 그것은 아프리카와 아시아, 아메리카의 여러 지역을 급격하게 변화시켰을 뿐만 아니라, 유럽에도 경제적, 정치적,

그리고 문화적으로 거대한 영향을 끼쳤다. 이 장에서는 어떻게 그런 발전이 유럽법을 형성했는지를 살펴보려고 한다. 나는 비유럽인들과의 강렬한 접촉과 해외에서 일어나는 유럽인들 사이의 경쟁을 안정시킬 필요 때문에, 유럽인들이 로마법을 갱신하여 다시 사용하게 되고, 자연법에 대한 논의가 촉진되었으며, 유럽법에 보편성이라는 장식이 달리게 되었다고 주장하려고 한다.

선례 : 로마와 중세의 만민법

제1장에서 설명한 바와 같이 고대 로마법은 모든 공동체에 공통되는 규범의 존재를 인정하였다. 이 규범들은 만민법(문자적으로 민족들, 이방족들, 혹은 부족들의 법)으로 재생되었고, 보편적으로 적용될 수 있었다. 그 규범들은 시공간을 뛰어넘어, 인간의 이성과 경험에 기초하고 있는 것으로 생각되었기 때문이다.

로마인들은 비로마 시민들과 거래할 때 만민법에 호소했다. 이미 고대 시대에도 만민법과 자연법을 동일시하는 일은 빈번하게 일어났다. 그것은 다음과 같은 가정에 근거하였다. 그 가정이란 공동체마다의 구체적인 역사적 상황의 차이와 관계없이 모든 공동체에 공통된 것은 어느 정도 인간에게 타고난 것이며, 따라서 자연법의 부분이라는 것이었다. 이론적으로 말한다면, 법률가들이 만민법의 내용을 결정하기 위해서는 주위의 사회를 관찰하고, 그 법 제도들을 비교하고 대조하는 방식으로 어떤 규범이 모두에게 공통된 것인지 결론을 내야 했다. 그러나 실제로 만민법의 시행을 책임진 로마의 법무관들은 결코 그렇게 하지 않았다. 대신에 그들은 무엇이 이성적이고 합리적인가에 대해 가정을 하고, 그것이 이성적이고 합리적이기 때문에 모든 공동체에 공통될 것이라고 결론을 내렸다.

기원 전 1세기경에 이르면 로마 법률가들은 자신들의 법체계(시민법)를 순수하고 시간에 구애받지 않는, 보편적이고 영구적인 이성으로 여기는 경향이 있었다. 그랬기 때문에 그들은 시민법*ius civile*을 만민법*ius gentium*과 동일시하고, 그 둘을 자연법과 동일시하기 시작했다. 이런 움직임은 로마법을 제국의 모든 시민에게 적용하는 것을 정당화했다. 만일 시민법이 입법자의 권위나 전문성을 가진 특정 계급의 저술에 기초한 것이 아니라면, 나아가 그것이 오히려 일을 처리하는 합리적이고 우월한 양태라고 한다면, 그것을 외국인에게 적용할 수 없는 이유는 없었다.

만민법과 시민법, 그리고 그 둘과 자연법의 동일시는 로마제국이 그리스도교로 개종한 후로는 공격을 받았다. 그리스도교의 규범 체계의 중심은 이성이 아니라, 창조자이자 입법자인 신이었기 때문이다. 이것은 자연법을 이제 신이 명령한 질서로 생각했다는 것을 의미한다. 신의 작품이자 창조의 부분으로서 이 법은 모든 인간의 마음에 새겨져 있고, 모든 인간은 그리스도교인이든 아니든 자신의 양심을 살펴봄으로써 그 법의 원칙들을 발견할 수 있다고 생각했다.

기원전 1세기경에 나타나서 성 아우구스티누스Saint Augustine(354-430)의 저술에 새겨진 이 자연법의 이상은 많은 중세의 학자들에 의해 옹호되었다. 토마스 아퀴나스Thomas Aquinas(1225-1274)와 같은 그리스도교 사상가들은 선과 악은 인간의 관행에 의해 규정되거나 인간 이성의 자의적 산물이 아니라고 주장했다. 그것은 신에 의해 인간의 마음에 새겨져 있기 때문에 인간은 신의 명령을 이해할 수 있다고 했다.

그리스도교 자연법은 정의상 영원하고 이성적이고 정당하지만, 그 힘은 그 자체의 선함에서 도출되는 것이 아니라 자연법의 창조자인 신의 권위로부터 도출되었다. 다른 모든 규범 질서보다 상위에 있는 신의 자연법은 인간의 제도를 비판하는 데 사용될 수 있었다. 자연법은 모든 법체계를 평가하는 표준으로서 심지어는 정부를 반대하는 것도 정당화할 수 있었다. 그런 불복종은 종교적인, 그래서 신성한 의무였다.

유럽의 확장 : 이베리아에서의 시작

많은 유럽의 정치공동체와 지식인들이 해외에서는 어떤 법이 적용되어야 하는가의 문제를 다루어야 했지만, 이 딜레마에 직면한 최초의 나라는 스페인이었다. 이 점에서 스페인의 선구성은 스페인 사람들이 거대한 인구의 비유럽인들을 통제해야 하는 정착민 식민주의의 초기 발전과 관련된다. 이 지배의 결과로 스페인의 군주, 관리, 지식인, 그리고 신민들은 무슨 권리로 스페인 사람들이 해외에까지 관할권을 확장하였는지, 어떤 규범이 이 모험에 적용되어야 하는지, 그리고 그 규범들은 무엇을 명령하는지를 질문하게 되었다.

콜럼버스가 그의 첫 번째 항해로부터 돌아온 직후에 제기된 이 질문들은 중요한 도덕적 정치적 함의뿐만 아니라, 의미심장한 법적 차원도 가지고 있었다. 당장 관건은 스페인 사람들이 해외에서 유럽인뿐만 아니라 비유럽인과도 어떻게 교류해야 하는지를 말해 줄 규칙을 확립하는 것이었다. 유럽의 규범이 해외에까지 확장되는가? 그 규범들은 스페인 사람들과 원주민 사이의 관계에도 적용될 수 있는가? 적용될 수 없다면, 어떤 다른 규범들이 이 관계를 규율할 수 있는가?

스페인 사람들은 처음에는 교서의 형태로 1493년에 발해진 교황의 특허장을 가지고 자신들의 활동을 정당화하려고 했다. "인테르 카이테라"Inter Caetera로 제목이 붙은 그 교서에는 스페인의 가톨릭 군주는 무슬림과의 싸움이 있었던 이베리아에서 이미 그리스도교의 확장에 기여했다고 써 있었다.[1] 그것은 그들이 이제 바다 건너에서 발견했고 또 발견할 지역들에서 똑같은 일을 하려고 한다는 것을 암시했다. 이 1493년의 교서는 오직

---

1 이 교서는 "재정복"(*reconquista*)으로 불린 역사적 과정에 대한 간접적 언급이다. 교서에서는 11세기부터 15세기까지 이베리아의 그리스도교 왕국이 711년의 무슬림의 반도 침입 이전에 존재했던 정치적 구조를 재구축하기 위해 무슬림 정복자들과 투쟁했다고 쓰여 있다. 그러나 과거에 대한 이런 이데올로기적 독해는 대부분의 역사학자들에 의해 거부되었다. 그들은 더 이상 무슬림을 침입자로 규정하지 않고, 그리스도교인들 역시 회복이라는 종교적 목표를 추구했다고 생각하지 않는다.

스페인 사람들만이 그리스도교를 전파하기 위해 이 지역들에 확장의 독점권을 갖는다고 끝을 맺고 있다. 그 독점권은 자오선을 설정하여 다른 유럽인들을 배제하였다. 자오선은 극에서부터 아조레스 제도Azores와 카보베르데 제도Cape Verde Islands에서 약 100리그leagues를 지나 반대편 극에까지 지구를 둘로 나누었는데, 자오선 서쪽의 영역들은 스페인에 독점권을 부여하는 반면, 그 동쪽의 영역들은 모두에게 개방하도록 하는 내용이었다.

그러나 그 구상은 제안되자마자 스페인 안팎에서 비판에 부딪쳤다. 스페인의 조신들과 지식인들, 법률가, 그리고 신학자들은 그것이 함축하고 있는 의미에 반대했다. 그것은 곧 교황이 라틴 기독교 지역 외부에서 한 번도 로마의 지배나 교회 선교 활동의 영향을 받은 적이 없는 영역 및 사람들에 대한 통제권을 갖는다는 것을 의미했기 때문이다. 또 다른 사람들은 교황의 권위가 영적인 일뿐만이 아니라, 사람과 토지에 대한 관할권과 같은 세속적 문제에도 미친다는 그 전제에 반대했다. 세 번째 부류는 그 교서가 잠재적으로 스페인의 특권을 제한할 수 있다는 점을 들어 통탄했다. 그 지역에서 스페인의 권한을 개종의 의무와 결부시킴으로써 스페인 사람들의 활동을 개종 활동으로 제한했다는 것이다. 따라서 그들이 개종을 추구하지 않는다면, 그들의 권리는 자동으로 소멸할 것이라고 우려한 사람들이 존재했다.

교서가 제공한 해결책이 충분히 만족스럽지 않았기 때문에 이듬해 스페인 국왕은 당시 확장에 실질적으로 유일한 경쟁자였던 포르투갈과 양자 조약을 체결했다. 그 조약(토르데시야스조약the Treaty of Tordesillas)은 1494년에 체결되어 1506년에 교황의 인준을 받았다. 그것은 대체로 교서에 따른 것이었지만, 지구를 분할하는 자오선의 위치를 카보베르데 서쪽 100리그에서 370리그로 옮겼다. 그 결과 스페인의 독점권이 미치는 잠재적 영역은 제한되고, 포르투갈에는 확장할 수 있는 지역이 더 넓게 할당되었다.

그러나 이 해답 역시 불만족스러운 것이었음이 증명되었다. 유럽의 두 정치체 사이의 조약이었기 때문에 다른 유럽인들이 그것을 준수할 이유는 없었다. 더군다나 그 조약은 유럽인들과 원주민 사이의 관계가 어떠해야 하는지에 관해서는 규정하지 않았다. 또한 왜 유럽인들 사이의 조약이 유럽 대륙이 아닌 영역에서 효력을 갖는지에 대해서도 설명하지 않았다.

이런 불완전함 때문에 법률가들은 유럽인들과 그들의 해외 신민들 사이의 관계를 규율하는 최선의 방법은 정복의 합법성에서 찾을 것을 제안했다. 그들은 로마법의 "정당한 전쟁"just war 법리에 호소했다. 그 법리에 따르면 정당한(따라서 합법적인) 전쟁과 그렇지 못한 전쟁은 구분된다. 이 구분은 중요했다. 로마법에 따를 때, 오직 정당한 전쟁만이 피정복민의 토지를 차지하고, 그들의 권리와 특권을 억압하며, 심지어 그들을 노예로 삼는 것과 같은 제재가 정당화될 수 있었기 때문이다.

근대 초기의 기준에 따르면 전쟁이 정당화되기 위해서는 자기방어를 위해서거나 공격할 것 같은 적에 대항하는 전쟁이어야 했다. 중세 때 이 이론은 보통은 오랜 대적자에 대한 전쟁을 합법화한다고 해석되었다. 가령 그 이론은 그리스도교 유럽인들이 무슬림에 대해 감행한 많은 전쟁을 합법화했다. 그리스도교인들과 항구적으로 적대하는 대적자로 무슬림을 생각했기 때문이다. 그럼에도 불구하고 새로 "발견된" 지역의 원주민들에 대해 정당한 전쟁 이론을 원용하기에는 곤란한 점이 존재했다. 로마법과 같이 유럽에 기초한 법을 유럽 바깥의 비유럽인들에게 적용할 수 있는가라는 문제와는 별개로, 비판자들은 유럽인들의 존재에 대한 원주민들의 저항이 과연 정당한 전쟁의 명문이 될 수 있는가를 질문했다. 원주민들은 분명히 무슬림처럼 그리스도교인들에게 전통적인 의미에서 적대적인 것은 아니었다. 그렇다고 스페인 사람들의 침입을 공격이 아닌, 방어 전쟁이라고 설명하기도 쉽지 않았다.

이 문제를 해결하고, 원주민들에 대한 적대가 정당하다고 설명할 필요가 있었다. 이를 위해 스페인 사람들은 자신들의 행위를 정당화할 목적으로 새로운 법적 의례ritual를 고안해냈다. "요구"(*requerimiento*)라고 불리는 그 의례에는 전쟁을 개시하기 전에 원주민들이 읽게 될, 그리고 필요하다면 번역될 전형적인 내용이 포함되었다. 그 전형적인 내용에는 세계 역사가 간략하게 요약되었다. 그것은 우주의 창조로부터 시작해서 아담과 이브를 거쳐 인류의 번성과 여러 국가의 분리, 그리스도의 강림, 교황직의 창설, 그리고 스페인 사람들에게 원주민의 개종에 대한 독점권을 부여한 교황의 교서를 언급하였다. 요구는 개종을 촉진하기 위해 스페인 사람들이 땅과 사람들을 지배할 권리를 부여받았다는 점을 분명히 했다. 그리고 원주민들에게 복종할 의무를 설명하는 것으로 끝을 맺고 있는데, 그 의무에는 선의와 저항 없이 스페인에게 복속하는 것을 받아들이는 것이 포함되었다. 그것은 또한 만일 그들이 그렇게 하지 않는다면 어떤 일이 일어나게 될 것인지를 밝혔다. 만일 그들이 "악의적으로" 교서가 명령하고 요구가 구체화한 것을 거절한다면, 스페인 사람들은 그들의 나라에 강제적으로 들어가서, 전쟁으로 사람들을 복속시키며, 그들의 재산과 자유를 빼앗을 수 있는 권한을 갖는다는 것이었다.

그 요구는 침입에 대한 인디언의 저항을 정당한 전쟁의 수행을 정당화하는 법적 불복종 행위로 바꾸어 놓으려고 했다. 도미니크수도회의 수사로 1520년대와 30년대에 아메리카에 살았던 바르톨로메 데 라스 카사스Bartolomé de las Casas(1484-1566)는 요구에 관해 들었을 때 웃어야 할지 울어야 할지 몰랐다고 말한 것으로 알려져 있다. 그러나 그 문서가 아무리 터무니없는 것이었다 하더라도, 많은 정복자가 그것을 지니고 다녔다. 실제로도 그들이 적대적 행위를 감행하기 전에 원주민들에게 읽어 주었다는 많은 증거가 존재한다.

만민법의 재탄생

식민주의의 법적 측면에 대해 스페인이 취한 최초의 대응은 그 범위와 상상에서 상당히 제한적이었다. 그 후 1530-40년대에 새 이론이 등장하였다. 살라망까Salamanca 대학에서 가르쳤던 도미니크 수사가 제안한 이 이론은 마침내는 유럽인들이 자신들의 권리와 의무를 논의하는 방식을 혁명적으로 뒤바꾸어 놓았다. 프란시스코 비토리아Francisco Vitoria(1486-1546)는 오늘날 우리가 "제2차 스콜라학" 또는 "살라망까학파"로 부르는 지적 운동에 가담하였던 학자였다. 이 운동은 도덕신학에 독자적인 분과의 지위를 부여하고자 하였다. 그에 따르면, 신학자의 의무는 당대의 가장 절박한 정치적 도덕적 문제들에 해결책을 제안하는 것이었다.

비토리아의 가장 유명한 글은 아마 1539년에 쓰였을 것이다. 신자가 아닌 자녀들에게 그들의 부모 뜻과 다르게 세례를 줄 수 있는가의 문제에 대답하면서, 비토리아는 아메리카 대륙에서 스페인의 존재를 뒷받침하는 법질서를 탐구하기 시작했다. 그는 스페인의 존재를 정당화하는 전통적인 논거 7가지를 하나하나 살펴본 후, 그 모두가 문제가 있다고 결론을 내렸다. 그는 스페인 국왕(찰스 5세)은 전 세계의 주인이 아니고, 따라서 신세계의 관할권도 갖지 않는다고 설명했다. 그리고 교황 역시 우주의 주인도 아니고, 더군다나 세속적인 문제에 대해서는 권한이 없다고 단언했다. 따라서 교황의 교서는 스페인 사람들에게 그 어떤 것도 줄 수 없다고 했다. 비토리아는 법에 따를 때 발견이 권리 획득의 좋은 근거가 될 수 있다는 점에 동의했다. 그러나 곧바로 그런 일은 발견된 땅에 아무도 살지 않았을 때만 가능한데, 아메리카는 그렇지 않았다고 설명했다. 그 시대 사람들에게 스페인의 지배를 정당화하는 또 다른 두 가지 이유는 원주민들이 그리스도교로 개종을 거부했다는 사실과 그들의 심각한 죄였다. 그러나 비토리아는 그것 역시 정당한 이유가 되지 못한다고 주장했다. 만일 원주민들이 자발적으로 스페인에 복종하기로 동의했다면, 그런 선택은 법적으로 충분한 근거가 될 수 있을 것이다. 그러나 아메리카에서 그런 선택이 행해졌다는 증거는 존재하지 않는다. 비토리아가 논한 일곱 번째 논거는 신이 스페인 사람들에게 특별한 은총으로 아메리카를 선사했다는 것이었다. 비토리아는 그런 가정에 대해서는 논의할 수 없다고 주장했다. 그것은 법과 이성에 근거하기보다는 믿음에 의존한 것이기 때문이라는 것이었다. 누군가는 그것을 믿겠지만, 누군가는 믿지 않을 것이다.

아메리카에 스페인의 관할권을 확장하는 것에 대한 이 모든 전통적인 정당화 근거들을 거부한 그는 한 새로운 명제를 생각해 냈다. 토마스 아퀴나스의 가르침을 따라 그는 다음과 같이 주장했다. 인간으로서 스페인 사람들이나 신대륙의 원주민들 모두는 정당하게 질서 잡힌 사회를 형성했고, 따라서 모두 자연법에 복종해야 한다는 것이었다. 이 자연법을 그는 만국법the law of nations(*ius gentium*)으로도 불렀는데, 그 법은 보편적이어서 모든 인간 사회에 적용할 수 있다고 했다. 그 구성원들이 그 법에 대해 알고 있는지, 동의했는지, 유럽에 살고 있는지, 그리스도교인인지 아닌지에 관계없이 말이다.

비토리아는 자연법이 몇몇 근본적인 자유를 포함하고 있다는 점을 인정했다. 한편으로는 인간의 사회성에 대한 믿음에서, 다른 한편으로는 법적으로 이 자유를 경험한 스페인 사람으로서, 비토리아는 대화하고, 여행하며, 상업 활동을 하고, 원하는 곳에 거주할 자유를 누린다고 주장했다. 이 자유 덕분에 스페인 사람들은 아메리카 대륙에 가서 정착하고 상거래를 할 수 있다고 했다. 그것은 또한 진리를 말할 수 있는 자유를 지지했다. 그것은 비토리아에게는 무엇보다도 복음을 전할 의무와 그리스도교 신의 뜻을 원주민들에게 전하는 의무를 포함했다. 비토리아의 결론에 따르면, 그것은 스페인 사람들이 아메리카 대륙으로 항해하고, 원주민들과 거래하며, 요새화된 정착지를 건설하고, 그 지역 원주민들을 개종시키기 위해 노력할 때 그들이 누린 자유였다. 이 모든 일은 자연법이 허용한 것이었다. 따라서 만일 원주민들이 그 허용을 거부하거나 폭력으로 저항한다면, 그것은 자연법에 위반되고, 합법적인 공격의 이유가 된다는 것이었다. 또한 비토리아는 스페인 사람들이 그리스도교로 개종한 원주민들을 보호하고, 그들을 통치할 그리스도교인 왕을 선출하며, 원주민들을 전제로부터 지키고, 그들의 친구들과 협조자들을 돕는 것과 같은 내용의 자연법도 설명했다.

결국 비토리아의 분석은 이전의 설명, 즉 원주민들에 대한 정당한 전쟁을 스페인 사람들에게 허용한 것과 동일한 결론에 도달하였다. 그럼에도 불구하고 그의 접근은 혁명적이었다. 자연의 만민법이 유럽인과 원주민 사이의 관계를 규율한다는 발상을 도입한 것이었다. 그것은 교황이나 황제와 같은 보다 상위 권위의 간섭이나 관련 당사자들 사이의 협약을 요구하지 않는 권리와 의무의 체계를 부과하였다. 비토리아가 주장한 만국법은 자연으로부터 직접 도출되었고, 자동으로 똑같이 모든 민족에게 적용되었다. 그것은 인간 사회들을 관찰함으로써 발견할 수 있었다. 그러나 (아리스토텔레스와 아퀴나스를 따라) 무엇보다도 창조자에 의해 인간의 마음 속에 새겨진 것이었고, 신이 인간에게 부여한 이성에 의해 이해할 수 있는 것이었다.

식민지의 만민법

유럽인들이 16세기에 상상한 만민법은 경험적인 것이 아니었다. 오히려 무엇이 옳고 이성적인가에 대한 뿌리 깊은 신념에 기초한 것이었다. 비토리아가 만국법은 온 우주를 위해 만들어졌고, 모든 민족에게 타당하다고 주장하기는 했다. 그러나 그 이전의 로마 법률가들이 그랬던 것처럼, 그는 자기 시대와 장소의 규범이 가장 논리적이고, 따라서 보편적이라고 여겼다.[2] 그는 자신이 옹호한 규범들이 유럽에서조차 별로 준수되지 않는 극단적인 사례에서조차 그런 결론에 도달했다. 자연법은 이민의 자유를 허용한다는 추론이 그 한 예이다. 이 자유는 15세기 이래로 스페인에서는 기본적인 자유로 인정되었지만, 유럽의 다른 거의 모든 국가들은 따르지 않았던 스페인에 특수한 제도였다.[3] 그럼에도 불구하고 그것이 비토리아에게는 완전히 합리적이었고, 그가 매일 경험하는 것의 일부였으며, 그의 신념에 부합하는 것이었다. 그 때문에 그는 조금도 의심 없이 자신이 상상한 생성 중인 나라들의 법에서 이민의 자유에 중요한 위치를 부여했다.

비토리아의 생각은 만민법을 자연법으로 여기도록 하는 데, 그리고 그 둘을 보편적인 것으로 만드는 데 핵심적인 역할을 하였다. 비토리아는 만국법이 로마에서 외인들에게 적용된 현지 지방법이 아니라, 서로 다른 정치체들 사이와 그 정치체 구성원들 사이의 관계를 규정하는 도구라고 생각했다. 이 새로운 만국법은 개인 사이가 아니라, 주권적인 단체 사이를 규율했다. 오늘날 국제법의 선구로서 만국법은 사적 개인들이 아닌, 주로 공적 권력들의 활동과 관련되었다. 궁극적으로 그것은 유럽인들이 자연적이고, 따

---

2 이것이 가능한 유일한 결론은 아니었다. 가령 몽테뉴Michael de Montaigne(1533-1592)는 어떤 사람에게는 자연스러운 것이 다른 사람에게는 그렇지 않을 수 있다고 주장했다. 이런 입장은 그의 유명한 에세이집 《카니발에 관하여》(1577경) 제30장에 나타나 있다. 그 에세이집은 다양한 판본이 존재하고, 온라인으로도 이용할 수 있다. https://www.gutenberg.org/files/3600-h/3600-h.htm.

3 Tamar Herzog, *Defining Nations: Immigrants and Citizens in Early Modern Spain and Spanish America* (New Haven: Yale University Press, 2003).

라서 보편적으로 효력을 갖는다고 여긴 규범을 표현했다는 점에서 정당화되었다. 다시 말해서 그 규범들은 전통이나 장소, 종교, 혹은 체계에 자리 잡은 것이 아니라, 맥락과는 관계없이 절대적이라고 생각되었다.

비토리아가 연 길을 곧 다른 지식인들이 밟았다. 스페인의 선구를 따라 포르투갈은 이런 논의를 법학으로 구체화했다. 그리고 네덜란드와 잉글랜드가 스페인을 그대로 따랐다. 잉글랜드에서는 알베리코 젠틸리Alberco Gentili(1552-1608)가 그의 논문 《전쟁법에 관하여》*On the Law of War*(1588-1589)에서 만국법을 자연법으로 이야기했다. 네덜란드에서는 휴고 그로티우스Hugo Grotius(1583-1645)가 항해의 자유(1609)를 옹호하고, 전쟁과 평화에 관한 법(1625)을 연구하면서 똑같은 이야기를 했다. 잉글랜드의 국왕과 식민주의자들 역시 원주민에 대한 자신들의 책무와 다른 유럽 열강과의 관계를 표현하기 위해 이 새로운 언어를 옹호했다. 만민법이 잉글랜드에 퍼져가자, 마침내는 잉글랜드의 법 전문가들이 만국법을 코먼로의 일부로 인정하게 되었다.

이 새로운 구상은 구체적인 문제를 해결할 필요 때문에 성공했다. 그러나 또한 정치적으로나 종교적으로 심하게 분열된 유럽인들 사이에 합의 가능한 규범을 탐색하려는 동기도 작용했다. 통일된 그리스도교의 붕괴, 증가하는 개신교 교파들, 그리고 뒤따른 전쟁들로 인해 유럽인과 원주민 사이뿐만 아니라, 경쟁하는 유럽인들 사이의 관계도 규율할 수 있는 새로운 규범에 대한 탐구가 장려되었다.

이 과정의 마지막에 이르면 대부분의 유럽인들은 그 법이 유럽 밖에서 그들 사이의 관계와 비유럽 원주민들과의 관계를 규율한다는 데 동의했다. 또한 만국법이나 자연법, 또는 그 둘 모두로 불렸던 그 법이 몇 가지 의문의 여지 없는 원칙을 포함하고 있다는 데도 동의했다. 처음에는 그런 원리를 성경, 전통, 또는 로마법에서 찾았다. 그러나 마침내는 오직 이성만을 들어 그 원리들을 정당화하였다. 제안된 원칙들은 이성적이기 때문에, 그 자체로 충분히 자명하여 더 이상 외부로부터의 효력 부여를 필요로 하지 않는다고 결론지었다.

자명한 진리의 지배

증명이 필요 없는 자명한 진리의 지배는 보통 그로티우스에 의해 시작되었다고 알려져 있다. 그는 이전 저자들의 저술들과 교회와 로마의 문헌들을 활용했다. 또한 자신이 검토한 상황에 대한 합리적 분석에 기초하여 상식적인 결론을 끌어내었다. 그는 자신의 결론이 자연에 근거한 것이어서 유럽인과 비유럽인, 법률가와 비법률가 모두 이해할 수 있다고 주장했다. 그 결론은 로마법을 포함한 이전의 법과 규정들로부터 체계화한 것이 아니라, 오히려 사회와 자연을 관찰하고 이성을 활용하여 연역했다고 했다. 그것은 복잡하지 않고 단순명료했다.

사유재산의 출현을 설명하기 위해 성경을 따라 그로티우스는 다음과 같이 추론하였다. 신은 인류가 생존하고 재생산할 수 있도록 세계를 인류에게 주었다. 그러나 사람들이 싸우기 시작했기 때문에 이 공동의 유산을 분배할 필요가 생겨났다. 그래서 사유재산이 생겨나고, 누군가가 소유하고 있는 것은 그 소유자의 것으로 남아 있어야 한다는 관념이 출현하였다는 것이다. 마찬가지로 그로티우스는 항해의 자유를 옹호하기 위해 먼저 재산을 사람들이 소유할 수 있는 것으로 정의했다. 그러나 바다는 누가 넘겨받거나 차지할 수 있는 것이 아니기 때문에 결코 전유될 수 없다고 논증했다. 그가 도달한 결론은 유럽에서 아시아로 향하는 해로에 대한 포르투갈의 독점 주장은 말도 안 되고, 따라서 네덜란드 역시 그 지역에서 무역을 할 수 있다는 것이었다.

그로티우스는 권위 있는 저작을 인용하길 원하면서도, 다른 한편으로는 권위 있는 자료들에서 선포되었던 원칙들을 의존하지 않고 논리적이고 상식적인 설명으로 나가기를 원했다. 그런 소망은 아마도 당시의 상황과 관련이 있었을 것이다. 종교개혁과 개신교 교파들의 확산으로 인해 유럽인들은 종교적 계율에 근거하지 않는, 오히려 공유된 경험을 정연하게 표현해줄 공통의 언어를 찾아야만 했다. 교황이나 황제와 같이 모두에게 통하는 권위적 목소리가 한때는 유럽에 존재했으나, 이제는 존재하지 않게 되었다. 그 때문에 서로 다른 공동체 사이의 분쟁을 해결할 주권적 의지에 의존하는 것은 점점 더 가망이 없어졌다. 게다가 유럽의 팽창은 학자들을 더욱 세속화의 길로 향하게 했다. 비유럽인들 및 비그리스도교인들과 공유할 수 있는 규범 체계를 발견해야 할 필요성 때문이었다. 종교개혁, 국가들로의 분열 및 팽창만큼이나 소위 17세기의 과학혁명도 자연법을 재발명하는 과정에 필수적이었다. 과학혁명으로 인해 참된 지식은 오직 관찰에 의해서만 얻어질 수 있다고 주장하는 새로운 인식론이 정립되었다. 이 새로운 인식론은 먼저 사실적 데이터들을 수집한 후, 이성을 사용하여 그것이 의미하는 바를 이해하려고 노력하는 방식으로 그 데이터들을 처리해야 한다고 주장했다.

이 새로운 방법이 법률가를 포함하여 학자들에게 어떻게 영향을 미쳤는지를 보여주는 극단적인 사례가 프랑스의 철학자 데카르트René Descartes(1596-1650)의 저작이다. 《제1철학에 관한 사색》*Meditations on First Philosophy*(1641)에서 그는 참된 논리적 결론에 도달하기 위해서는 자신이 알았던 모든 것을 잊어버려야 한다고 주장했다. 데카르트는 "체계적 의심"이라는 전략을 채택했다. 그리고 그 전략에 따라 동시대인들에게 가장 기본적인 전제라 할지라도 그 전제를 검토해 보라고 요청했다. 그런 전제에는 그들 자신이 존재한다는 명제도 포함되었다. 데카르트에 따르면, 인간의 추론 능력을 흐리는 관행을 제거하고 인간의 지성을 자유롭게 만들어야 했다. 그렇게 함으로써만 지식과 세계에 대한 이해가 정말로 사실과 이성에 근거했다고 보장할 수 있다는 것이었다. 이 첫 번째의 입증된 진리, 곧 그 자신이 존재한다는 진리의 토대 위에서 데카르트는 차례로 다른 모든 것의 확실성을 다시 세워가기 시작했다.

데카르트는 인간이 편견을 극복하기 위해 기울여야 할 노력을 상세히 서술했다. 그럼에도 불구하고 그는 인간이 신체와 감각을 길들인다면, 참된 이성을 발휘할 수 있으리라고 확신했다. 이 신념은 많은 당대인들에게 공유되었다. 그들은 순수한 이성이 존재할 뿐만 아니라, 모든 인간이 그것을 공유하고 있다고 확신했다. 바르게만 행사된다면, 이성은 그들 모두를 똑같은 결론에 이끌 것이라고 믿었다.

17세기에 이르면 학자들과 법률가들이 이 새로운 인식론을 사회의 분석에 적용하기 시작했다. 많은 사람이 오늘날 우리가 계몽철학이라고 부르는 철학을 발전시켰다. 그들은 사람과 같이 사회도 전통을 중시하는 것을 포기하고, 오히려 단순함과 자연, 즉 순수한 이성으로 돌아갈 필요가 있다고 주장했다. 지성인들이 자연이 명하는 바를 이해한 후에야 비로소 법률가가 그 발견을 행복을 보장할 수 있는 새롭고 완전한 규범 질서로 변환할 수 있다고 생각했다.

해외로 확장된 질서의 탐색이 자명한 진리를 추구하는 하나의 동기였다면, 또 다른 하나의 동기는 유럽 자신을 개혁하는 것이었다. 이 과제를 달성하기 위해 17세기 말 유럽 대륙 전체에 걸쳐 정치철학자들과 법률가들은 자연이 명하는 바를 찾는 일에 착수했다. 그들은 전통과 역사가 인간의 이성 능력을 흐리게 하기 전에 인간이 어떻게 행동했을지를 가정했다. 그리고 사회가 창설되기 전의 인간의 원시적 상태를 복원해 보려고 했다. 그들은 사고 속에서 과거와 현재, 혹은 문화적 성향을 갖지 않는 추상적 개인을 고안함으로써, 불변의 무시간적이고 보편적인 자연적 인간을 상상해 내었다. 사회 이전의 존재로서의 사람은 가족이나 사회가 생기기 전부터 존재했다. 그들은 이성적이라고 간주되었기 때문에, 사회적 관계에 들어가는 결정은 그 자신의 목표의 진전과 기본적 필요의 만족에 근거해서 설명되어야 했다.

대부분의 학자들이 이론 작업 속에서 가상의 사회 이전의 먼 과거를 상상했다. 그러나 사람들이 사회를 이룰 때 어떤 조건에 동의할지에 관해서는 서로 의견이 달랐다. 토마스 홉스Thomas Hobbes(1588-1679)에 따르면, 사회 이전의 상태는 무질서와 전쟁이 상존하는 상태였다. 따라서 사람들은 사회를 형성하기 위해 자신의 많은 자연적 자유를 포기해야 했다. 존 로크John Locke(1632-1704)에 따르면, 사회 이전의 상태는 꽤 편안하고 질서가 존재했다. 따라서 사회에 들어갈 때 사람들은 매우 작은 양보만을 하고, 대부분의 자연권은 영향을 받지 않은 채 보존되어야 한다는 점에 동의했다고 보았다. 로크는 홉스가 생각한 것처럼 공포 때문에 사회에 들어가는 것이 아니라, 자신의 권리를 더 잘 보호하고 발전시키기 위해 사회를 자유롭게 선택한다고 믿었다. 이런 분석의 결과로 홉스의 사회계약은 국가에 복종할 의무를 포함하는 반면에, 로크에게서 사회계약은 권리를 보호하고 자신의 이익을 방어하는 수단이 되었다.

이 논쟁은 완전히 허구적인 기초 위에서 이루어졌지만, 매우 진지했다. 17세기와 18세기의 학자들은 당대의 사회를 검토하는 데 주로 이 논쟁을 활용하였다. 이 논쟁은 이념적으로 중립적이기보다는 오히려 매우 정치적이었다. 그것은 사회적, 경제적, 정치적 구조들의 출현을 정당화하거나 의문시하였다. 그러나 그들이 어떤 입장을 취했는지에 관계없이 근대 초기의 학자들은 더 이상 신의 권력이나 전통의 명령에 호소하지 않았다. 대신에 그들은 이성만을 언급했다. 그들의 사상의 중심에는 자기 이익의 동기에서 움직이는 개인이 존재했다. 이 개인에게는 사려 깊은 결정을 할 수 있는 능력이 있었는데, 이 결정들이 사회질서를 형성한다고 주장했다.

혁명으로의 길

이런 논의로부터 귀결된 새로운 자연법은 이성적이고 개인주의적이었다. 이 새로운 법은 사람이 사회를 창조하는 것은 각자 자기의 이익을 증진하기 위한 신중하고도 합리적인 시도라는 가정으로부터 출발했다. 18세기에 정점에 이른 이 법은 사람과 그의 필요를 규범 질서의 중심에 놓았다. 사회를 개인들과 그들의 결정의 산물로 보았을 뿐만 아니라, 각 사람도 자기를 통제하고 미래를 자유롭게 결정할 수 있는 능력을 지닌 인격으로 생각했다. 이성에 의해 지배되기 때문에 그들은 더 이상 자신의 활동을 외부의 권위에 의지해서 정당화할 필요가 없었다. 대신에 각 개인은 이론적으로 무엇이 옳고 그른지 이성을 사용하여 결정할 수 있었다. 올바른 추론에 이르기 위해 외부의 근거가 필요하지 않고, 일어난 일과 일어날 일을 정당화하기 위해 누구도 필요하지 않다는 결론은, 예를 들어 "자명한 진리" 혹은 "다툴 수 없는 원리"와 같은 것이 존재한다는 주장에서 분명하게 나타난다.

이성적이고 개인주의적인 근대의 자연법은 또한 급진적이었다. 자연법을 근거로 그 시대 사람들은 자연적이고 양도할 수 없다고 생각한 권리들에 의한 일련의 정당화를 옹호했다. 이제 사회는 이 권리들을 보호할 목적으로만 제도화될 수 있고, 사회의 주된 과제는 구성원들의 경합하는 권리들 사이의 갈등을 해결하는 것이라고 주장하였다. 따라서 규범 질서는 오로지 개인들 사이의 권리를 조화시키는 것만을 목적으로 하는 체계여야 했다. 다른 사람의 권리를 침해하지 않는 한, 각자 권리의 자유로운 행사는 허용되어야 했다. 이런 내용과 함께 이성과 사람, 그리고 권리를 정치와 법 체계의 중심에 위치시킴으로써 폭발이 일어났다. 마침내 미국혁명과 프랑스혁명(제10장과 제11장 참조)에서 표출될, 그리고 많은 사람이 대담한 신세계를 도래시켰다고 평가하는 극한 혼란이 도래하게 된 것이다.

식민지 논쟁은 스페인에서 시작되어 다른 많은 유럽 국가들을 사로잡았다. 그 국가들이 직접적으로 확장에 관련되었는지에 관계없이 말이다. 이 논쟁은 해외에서의 소유문제에만 영향을 미친 것도 아니었고, 그 영향이 원주민들의 권리에만 국한된 것도 아니었다. 그것은 대양 건너 비유럽 원주민들과의 관계에서 유럽인이 갖는 권리에 관한 논쟁이었다. 그리고 그 논쟁으로 인해 유럽과 유럽의 법도 크게 변화되었다. 그 논쟁의 과정에서 로마와 중세의 만민법은 자연법으로 간주되었고, 그 둘은 보편적인 것이 되었다. 그리고 마침내 하나의 가설이 만들어졌는데, 그 가설이 나중에는 사실로 받아들여지게 되었다. 그 가설이란 다름 아니라 어떤 사항은 이성적이기 때문에 자연적이라는 것이었다. 적어도 그것을 제안한 사람들은 그렇게 생각했다.

근대성

제 5 부

제10장

북아메리카의 발전

북아메리카의 13개 영국의 식민지는 1776년 독립을 선언하고, 기존의 식민 체제를 대체하는 헌법을 채택함으로써 공화정부 수립으로 나갔다. 이 새로 수립된 주의 대표들은 1787년에 연방헌법을 제안했다. 그 제안된 헌법은 자신들의 공동 정부의 구조를 구체화한 것이었다. 1789년에는 연방헌법에 12개의 수정조항이 제안되었다. 그중에서 충분한 수의 주의 인준을 받은 10개 조항이 권리장전the Bill of Rights(1791)으로 알려지게 되었다.

이런 발전이 일어난 이후로 역사학자들은 그것을 어떻게 설명해야 할지 질문을 해왔다. 그들은 그런 발전을 가능하게 한 사회적, 문화적, 경제적, 지성적, 그리고 정치적 상황을 조사하고, 그 결과를 검토했다. 그들은 영국의 정책결정자들과 식민지 사이를 멀어지게 한 헌법적 불일치의 중요성을 가장 강조했다. 이 해석에 따르면, 논쟁의 중심에는 의회가 식민지를 대표하는지, 따라서 의회가 과세를 승인하면 식민지 신민들에게 새로운 의무를 부과할 수 있는지에 관한 질문이 있었다. 또한 식민지 의회와 총독의 지위, 그리고 현지의 생활을 규율할 수 있는 그들의 권위도 논쟁의 대상이었다. 식민지의 신민들은 왕과 의회의 행위가 오랜 관습을 위반했다고 믿었기 때문에, 이 위반이 반란을 정당화한다고 결론을 내렸다.

이런 결론에 도달한 식민지인들은 독립적인 정치체를 세우기 위해 움직였다. 독립을 선언하고, 자신들과 정부 사이에 새 계약을 기초할 제헌회의를 구성했다. 그들이 어떻게 진행해 나갔는지, 그리고 그것이 유럽법의 발전에 의미하는 것은 무엇인지가 이 장의 주제이다. 이 장에서 나는 어떤 법적인 선례들이 이런 발전을 정당화해 주었고, 여기서 발생한 일이 어떻게 유럽법에 영향을 끼쳤는가를 질문해 보려고 한다.

기본 문서들

1776년의 독립선언은 영국과의 유대를 해체할 수 있는 13개 주의 권리를 공포했다. 이 조처를 정당화하기 위해 그 선언은 인간 사회가 어떻게 존재하게 되었는지에 관해 간략하게 개관했다. 그 내용은 이렇다. 모든 인간은 평등하게 창조되었고, 생명권, 자유, 그리고 행복의 추구를 포함하는 몇몇 양도 불가능한 권리들을 가지고 있다. 정부는 피치자들의 동의에서 기원하며, 정부의 일은 그 권리의 보호를 목적으로 한다. 만일 정부가 이 과업에 실패하는 경우에는 동의했던 사람들은 그 동의를 변경하거나 취소할 수 있다. 그리고 자신들의 안전과 행복을 가장 보장할 수 있을 구상에 맞춰 새 정부를 수립할 수 있다. 선언은 또한 왕이 가한 “손해와 수탈”을 열거하고, 식민지를 모국에 묶어놓았던 계약을 영국이 위반했음을 적시했다. 이 선언은 “식민지의 선량한 인민들”의 이름과 권위로 행했음을 선언하는 것으로 끝을 맺었다.

그 선언 이후로 (그 전에 이루어진 예외적인 경우가 있긴 하지만), 여러 식민지에서 헌법이 기초되었다. 어떤 주는 그들 자신의 주도로 그렇게 한 반면에, (13개 주의 대표들로 구성된) 대륙회의the Continental Congress의 요청에 따라 그렇게 한 주들도 있었다. 대륙회의는 각 주 의회에 자유와 독립을 선언하는 성문헌법을 채택하도록 지시했다.

그렇게 하는 것이 식민지들의 연합을 위한 필수적인 예비 조처라고 생각했다. 대부분의 주 헌법들은 기존의 정치제도를 그대로 규정에 담았다. 새로운 계몽 어휘들을 사용하여 전통적인 구조를 기술하면서, 왕과 영국에게 의존하는 것과 관련된 언급은 당연히 뺐다. 그러나 당시에 잘 기능하고 있다고 생각되던 기존의 현지법 및 정치체제는 많은 헌법에서 대부분 보존되었다. 8개 주는 헌법에 원칙의 선언을 부가했다.[1] 흔히 권리장전으로 불린 이 선언들은 보편적 원칙들과 코먼로에서 유래하는 특수한 제도들을 나열한 목록이었다. 그것을 옹호한 사람들에 의하면, 그 장전들이 필수적인 이유는 "전체 인민"the people이 이 새로운 정부들에 모든 권력을 부여했고, 정부가 스스로 그 권력을 보유한 것이 아니었기 때문이었다. 이렇게 정부에 대한 견제를 명시하는 것이 권리장전의 핵심이었다.

열띤 긴 논쟁 끝에 새로 수립된 주의 대표자들은 공통의 제도들, 그리고 그들 주 사이의 관계를 규정한 헌법을 제정하였다. 1787년에 기초된 그 헌법은 행정부(대통령), 양원의 입법부(의회), 그리고 사법부로 구성된 연방 조직을 수립하였다. 이 헌법은 상원과 하원으로 의회를 구성하도록 "우리 합중국 인민"의 이름으로 명령하고, 의원들은 봉급자이며 일부 면책특권을 갖도록 하였다. 행정권은 대통령에게 속하도록 하고, 그 권한을 규정하였다. 헌법은 또한 보수를 받는 판사들로 구성된 대법원을 두었다.

연방헌법의 첫 10개 수정조항은 정부가 침해할 수 없는 권리를 열거했다. 종교, 표현, 집회, 그리고 청원의 자유, 민병대를 조직하고 무기를 소지할 수 있는 권리, 군대의 숙영에는 정부가 승낙을 받아야 한다는 요구, 부당한 수색과 체포로부터의 안전, 형법과 관련한 몇몇 보호장치들(대배심에 의한 기소, 이중위험의 금지, 자기부죄의 금지, 적법절차의 보장, 잔인하고 비정상적인 형벌의 금지), 그리고 민사와 형사에서 배심에 의한 재판을 받을 권리들이었다. 권리장전은 또한 일반원칙을 다룬 두 수정조항을 포함했다.

---

1 헌법에 권리장전을 추가한 주는 버지니아, 펜실베이니아, 매릴랜드, 델라웨어, 노스캐롤라이나, 버몬트, 매사추세츠, 그리고 뉴햄프셔였다. 다른 주들은 독립된 권리장전을 포함하고 있지는 않지만, 헌법에서 권리를 언급하거나 열거했다.

그 첫 번째는 장전에 포함된 권리들은 배제적이 아니라는 점, 즉 열거되지 않은 다른 권리도 인민에 의해 보유된다는 점을 규정했다(수정조항 제9조). 두 번째는 연방정부에 명시적으로 위임되지 않았거나 각 주에게 금지되지 않은 권한은 각 주나 "인민"이 보유한다고 규정하였다.

새 정치공동체의 창설

독립선언서와 주 헌법들, 연방헌법, 그리고 권리장전들에 포함된 많은 제도가 영국의 법적 정치적 전통에서 유래했지만, 완전히 새로운 제도들도 있었다. 예를 들어 권력분립은 많은 저자들에 의해 주장되었다. 아마 가장 유명하게는 몽테스키외Montesquieu(1689-1755)의 《법의 정신》*The Spirit of the Law*(1748)일 것이다. 그러나 그 시행이 처음 공식화된 것은 여기에서였다. 연방헌법은 또한 연방정부와 주 정부 사이의 역할 분담을 특징으로 하는 새로운 형태의 정치체제를 확립했다. 그 정치체제에서 각 주의 시민들은 다른 모든 주에서 시민으로서 대우받을 권리를 부여받았다.

이런 혁신들이 중요하긴 했지만, 특별히 혁명적인 것은 헌법의 내용이 아니라 법 자체의 변형이었다. 제8장에서 이야기한 대로 영국 사람들은 헌법을 아주 오래된 것으로 생각했다. 17세기에 등장한 설명에 따르면, 그것은 중세로부터 기원하는 계약에 근거했고, 여러 차례의 확약을 통해 살아남았다. 이 계약은 오래되고 구두로 전승된다고 이야기되는 관습법의 일부를 이루었다. 대헌장이나 (영국의) 권리장전(1689)과 같은 몇몇 상징적 문서들은 이 계약의 존재를 확인해 주었다. 그러나 이 문서들은 그것을 창조한 것이 아니라, 오직 그중의 일부를 성문의 형태로 재생한 것에 불과하다. 영국 헌법은 극단적으로 개별 사안적이다. 원칙들을 명시하거나 사회질서가 어떠해야 하는지에 대한 세계적 비전을 내용으로 하는 대신에, 다양한 그때마다의 구체적인 조율방식을 담고 있다는 것이 당시의 이해였다.

더군다나 영국의 체계 아래서 개개의 권리는 법원에 의해 보호되었다. 즉 법원이 권리 침해에 대한 구제수단을 제공했다. 그러나 의회에 대한 법적 견제는 존재하지 않았다. 의회는 주권적이라고 이해되었고, 이론적으로는 가장 기본적인 권리들을 침해하는 입법도 할 수 있었다. 다만 하원이 인민을 대표하고 인민의 권리를 보장할 것이기 때문에, 그런 일은 일어나지 않을 것이라는 기대가 있었다. 견제와 균형의 체계가 또한 의회(하원과 상원 모두)의 바른 처신을 보장해야 했다. 그러나 영국의 헌법 체계 내에는 권리의 존중을 보장하기 위한 수단은 자기 절제(혹은 다음 선거) 외 아무것도 없었다.

13개 식민주들은 그와는 근본적으로 다른 헌법 제도를 채택했다. 그들은 권리를 보장하는 오래된 정치적 계약에 대한 믿음을 공유했지만, 다른 해결책을 찾았다. 그들은 관습적인 처리방식과 이성으로 정당화한 혁신을 혼합하였다. 그렇게 함으로써, 그들은 자신들과 정부 사이에 체결될 새로운 계약(헌법)의 구성요소들을 채택했다. 다시 말해서 사회와 법을 만들기도 폐지할 수도 있는 절대적인 권력을 행사했다.

식민지 사람들은 영국 전통과의 연속성을 주장했다. 기본 문서들에서 그들이 영국 군주를 비난한 것은 그들이 유지하기를 원했던 계약을 영국 군주가 깨뜨렸기 때문이라고 했다. 그러나 실제로는 그들은 영국의 전통을 뒤집어엎었다. 그들이 단행한 중요한 구조적 혁신은 다음과 같다. 첫째로, 그들은 독립선언서를 통해 새로운 사회계약에 기초해서 새 정치공동체를 구성할 수 있는 권리를 선언했다. 그 다음에는 헌법 제정을 통해 새 협정의 내용을 명확히 했다. 헌법은 일부 유사한 요소들을 담고 있기는 했지만, 더 이상 역사적으로 진화해 온 관습적 합의를 재현한 것이 아니었다. 오히려 헌법에는 당시 사람들이 가장 효과적이라고 믿은 것에 따라 고안되고 계획된 정부를 위한 프로그램이 포함되었다. 이 새 협정은 사안별 요소 목록이 아니라, 일반적 원칙을 내용으로 담았다. 그것은 포괄적이기를 의도했고, 가장 중요한 모든 법적 처리방식들을 열거했다. 그것은 전통을 신뢰하지 않았다. 그보다는 인간 이성, 그리고 인류를 개선하는 쪽으로 사회질서를 다시 생각할 수 있는 인간 능력에 대한 깊은 믿음을 표현하였다.

둘째로, 당시의 사람들은 자신들이 취한 조처들은 자신들이 견딘 고통 외에 다른 어떤 정당화도 필요로 하지 않는다고 말했다. 그 조처들이 이미 존재하고 있다거나 그

가치에 동의했다고 증명할 어떤 고문서나 법, 확리, 또는 사법적 의견도 필요하지 않다는 것이었다. 그 대신 그 조처들은 오직 "자명한" 진리에 의해서만 옹호되었다.[2] 독립선언서와 주 헌법들, 그리고 연방헌법을 기초한 사람들은 "세상의 최고 심판자"에게 호소했다. 그리고 "자신들의 의도가 올바름"을 주장함으로써 자신들의 이상이 옳다는 주장을 뒷받침했다. 거기에는 어떤 의문도 끼어들 여지가 없었다. 그들의 주장에 따르면, 그들에게 정치공동체를 창설하고 그 유지를 위해 자신들의 이익에 가장 잘 부합하는 법을 가질 수 있는 정당한 권리를 부여한 것은 자연법이었다. 그들은 자신들의 전통적이고 관습적인 권리들을 자연권이라고 규정했고, 인민의 이름으로 행했다. 그리고 자신들의 번영을 위하여 "더 온전한 연합을 형성하고, 정의를 세우며, 국내의 평온을 보장하고, 공동의 방위를 제공하며, 공공복리를 증진하고, 자유의 축복을 확보"[3]하기를 구했다. 더 이상 다른 어떤 것도 말할 필요를 느끼지 않았다.

세 번째 혁신은 이 기간에 성문화를 도입한 것이었다. 새로운 주들의 대표자들은 기본 문서들을 마련하여, 정치공동체를 위한 조항들과 자신들의 활동을 지도하고 제한할 권위와 권한, 그리고 권리를 명시했다. 이런 성문화의 조처 역시 혁명적이었다. 오랜 시간에 걸쳐 이어온 영국 헌법은 구두로 전승된다고 이야기되었다. 그것은 여러 원천들에 산재해 있었다. 그 원천 중에는 문서도 있었지만, 대부분은 아니었다. 자연법에 관해 말한다면, 그 내용을 공식적으로 모아 공인한 것은 없었다. 제정된 법률로 명시된 적도 없었다. 1770년대에는 물론 철학자, 신학자, 정치가, 법률가, 그리고 법학자들이 자연법은 무엇이고 그 내용은 무엇인가에 대해 널리 글을 썼다. 그러나 이 저술 중 어떤 것도 규범적 효력을 갖지는 않았다.

넷째로, 미국인들이 선언한 권리들 역시 새로운 것이었다. 그 권리들은 더 이상 특권이나 군주가 수여한 자유가 아니었다. 출생과 함께, 그리고 자연이 그렇게 명했기 때문에 각자가 소유하게 된 권리였다. 전통적인 코먼로 권리들과 자연법에 근거한 추상적인

---

2 다음은 독립선언서에서 인용했음.

3 미합중국헌법 전문.

원칙들을 혼합하고 결합한 버지니아와 펜실베이니아의 두 권리선언(1776)을 예로 들 수 있다. 그 두 선언은 이 권리들이 새로운 조직 형성의 (결과가 아니라) 지침이 될 것이라고 썼다. 때로는 진리를 반영하는 어투로("모든 인간은 동등하게 자유롭고 독립적으로 태어났다."), 때로는 열망을 표현하는 어투로("선거는 자유로워야 한다.") 쓰인 이 두 선언은 사람은 생명, 자유, 재산, 행복, 안전과 같은 빼앗길 수 없는 고유한 자연적 권리들을 갖는다는 점을 확실히 했다. 그리고 모든 권력은 인민에게 있고, 정부는 인민과 국가, 그리고 지역사회의 공동의 이익, 보호, 그리고 안전을 위해 수립되며, 정의, 절제, 자제, 절약 및 덕행을 고수해야 한다고 선언했다. 두 선언은 또한 예배와 표현의 자유를 제도화하고, 공정한 재판을 받을 권리를 지지했다.

그렇지만 전통적인 권리뿐만 아니라 자연법과 자명한 원리들을 문자로 재생하고, 그것들을 법적 구속력이 있는 문서로 변환하는 과업은 매우 위험스러운 일임이 증명되었다. 그것은 특별히 권리장전과 관련해서 명백했다. 그 원래 의도는 일련의 원칙들을 명시하는 것이었다. 그 원칙들에 표현된 기준을 가지고 정부의 합법성을 측정하고, 시민들을 교육하며, 시민들에게 무엇이 보호되는지 상기시켜 주는 것이 원래 의도였다. 그러나 그것은 곧 법적 명령으로 이해되었다. 권리장전이 19세기에 연방정부에, 그리고 제2차 세계대전 직후에는 주 정부들에게도 적용되면서 대답해야 할 질문들이 많이 생겨났다. 권리의 명기는 그런 권리들이 이미 (자연적으로) 존재한다는 사실을 확인한 것인가, 아니면 그런 권리들을 법적 구속력 있는 공적 약속으로 전환한 것인가? 열거되지 않은 권리들은 어떻게 되는가? 그것들은 더 이상 존재하지 않게 되는가, 아니면 이 기본 문서에서 누락되었지만 그 효력은 여전히 유지되고 있는가? (자연권은 권리장전보다 선재하고 그것과 독립적으로 존재하는 보다 고차의 외부 규범에 근거하기 때문에) 성문화로 아무것도 변하지 않는다면, 권리장전의 목적은 무엇인가? 만일 권리장전으로 인해 차이가 발생한다면, 열거되지 않은 자연권들이 그 배제로 인해 어떻게 손상을 받지 않을 수 있는가? 그리고 아직 존재하지는 않지만, 미래에 생겨날 수 있는 권리들은 어떻게 되는가?

수정헌법 제9조에서 권리의 열거가 다른 열거되지 않은 기본적 권리의 존재를 부정하는 것은 아니라고 규정함으로써 이 문제를 언급하기는 했다. 그렇지만 이 수정헌법 조항을 어떻게 적용해야 할지는 이후 법률가들과 학자들의 탐구 대상이 되었다.[4] 그 조항은 권리를 열거하는 것이 독립 이후에 수월하게 권리를 보호하기 위한 수단일 뿐이라는 것을 증명하는가, 아니면 다른 권리가 아니라 바로 그 권리들을 열거했다는 사실로 인해 그 권리들이 더 중요하다는 점을 가리키는가? 입법부, 행정부, 그리고 사법부는 이 수정헌법 조항에 근거해서 권리 목록에 권리들을 추가할 수 있는가? 이 추가된 권리들은 인식된 자연권 전통의 일부인가, 아니면 전혀 새로운 것인가?

이런 복잡성 때문에 미국 법원은 수정헌법 제9조의 적용을 거의 회피했다. 그 대신 새 권리의 인정을 기존 조항에서 끌어내는 방식으로 정당화하는 경향을 보여 왔다. 프라이버시권은 그 한 예이다. 미연방대법원은 1920년부터 수정헌법 제1조나 제4조와 같은 다른 수정헌법 조항들로부터 이 권리를 도출해내기 시작했다. 수정헌법 제1조는 종교 문제와 관련된 법을 금지하고 표현의 자유를 보장하였고(이것은 신앙의 프라이버시를 포함하는 것으로 이해되었다), 제4조는 "부당한 수색과 체포로부터의 자유"를 보호하는(이것은 인신과 소유, 그리고 가택의 프라이버시를 보호하는 것으로 해석되었다) 조항이었다. 또한 연방대법원은 (1868년에 추가된) 수정헌법 제14조의 "자유 법구法句"liberty clause에서도 프라이버시권의 근거를 구했다. 그 법구는 주가 어떤 사람에게도 생명과 자유, 그리고 재산의 권리를 부정해서는 안 된다는 내용이었다.

다섯째로 13개 식민주가 도입한 아마 가장 중요한 혁신은 새 헌법 제도들이 통상의 법보다 상위의 고차적인 규범 질서에 속한다고 결정한 것일 것이다. 이 시각에 따르면, 헌법상 장치들은 단지 통치의 틀을 정한 것만이 아니었다. 그것은 또한 입법의 권력을 제한했다. 헌법은 더 우월한 법의 자격을 지닌 새 영역에 속하기 때문에, 어떤 법이나 정부의 조처도 헌법에 위배될 수 없었다. 영국의 오랜 헌법은 주로 왕을 견제하기 위한 코먼로의 일부였다. 그런데 미국에서는 그와 반대로 법의 최상위 형태로서 헌법이 다른 어떤 종류의 법보다 상위에 존재했다. 또한 헌법은 의회의 재량을 제한하고자 했다.

---

4 "헌법에 열거된 권리는 인민이 보유한 다른 권리를 부정하거나 덜 중요한 것으로 해석되어서는 안 된다."

영국에서는 의회와 왕이 주권자로 인정되는 반면에, 미국에서는 의회와 행정부가 주권자가 아니었다. 두 기관 모두 헌법에 제한을 받기 때문이었다. 그 목적은 (영국에서처럼) 단지 정부로부터 "인민"을 보호하는 데만 있지 않았다. 헌법이 없었다면 주와 연방 차원에서 정당한 입법 권한을 행사할 수 있었을 다수의 결정으로부터도 인민을 보호하고자 하는 목적이 있었다.

전통적이자 새로운 계약에 근거해서 새 정치공동체를 구성할 수 있는 권리에 대한 13개 식민주들의 요구, 이 자결권은 어떤 정당화도 필요로 하지 않는다는 주장, 그리고 다른 법들보다 상위의 규범적 가치를 가진 기본 문서의 작성, 그 모든 행위는 혁신적이었다. 그러나 그런 행위들은 이전의 식민지인들이 누구이며, 누구이기를 원했는지를 살펴볼 때 설명될 수 있다. 또한 그 행위들은 지성인들이 유포한 신념에 의존했다. 즉 기초자들의 법 지식에 근거했고, 식민지 경험의 결과였던 것이다.

영국의 선례

식민지 사람들이 왜 반역을 했고, 어떻게 새 정부의 틀을 짰는가를 설명하기 위해 역사학자 대부분은 17세기 영국과 18세기 식민지에서의 발전 사이에 보이는 커다란 유사성에 주목한다. 정통성 위기와 국왕 절대주의에 직면하여 영국의 반대파는 혁명으로 나갔다. 혁명이 진행되는 동안 그들은 태고 때부터 영국에는 군주와 그의 봉신들 사이에 보호와 복종의 계약을 내용으로 하는 헌법이 있었다고 주장했다. 이 헌법은 왕을 견제하고 신민들의 권리를 보장했다. 17세기 영국의 주역들은 대헌장과 그 밖의 여러 법률을 이 계약의 증거 문서로 보았다. 이 오랜 헌법의 가장 주목할 만한 요소는 대표 없는 과세 금지, 적법절차, 그리고 배심재판이었다.

식민지에서의 발전도 비슷한 경로를 따랐다. 의회와 군주가 가졌다고 주장한 권한을 그들이 가지고 있지 않다는 주장에 의해 정통성의 위기가 초래되었다. 이 위기를 계기로 식민지의 사람들은 그들의 오랜 권리를 옹호했다. 그들은 이 권리를 보호하기 위해서라고 주장하면서 영국과의 유대를 파기하고, 헌법에 의해 제한되는 정부를 수립했다. 그들이 채택한 헌법적 장치들은 서로 달랐고, 또 그 헌법적 장치들을 보호하기 위해 구상한 수단도 서로 달랐다. 그렇지만 그 방법은 비슷했다. 두 곳 모두에서 반대자들이 동일한 요구를 했기 때문이다. 왕은 명령이나 대권으로 통치할 수 없고, 법을 발하기 위해서는 동의를 받아야 하며, 그 법은 근본법들fundamental rules에 따라야 한다는 것이었다.

역사학자 대다수는 영국과 식민지들에서 사건이 서로 유사성을 보이는 것은 당연하다고, 나가서는 자명하다고까지 평가했다. 영국 이민자들이 거주하고 영국이 통치한 식민주들이 옛 정치공동체에 반역하고 새 정치공동체를 건설하는 데 코먼로의 틀을 사용한 것은 당연했기 때문이라는 것이다. 그러나 영국에서의 발전과 식민주에서의 발전 사이의 관계가 당연하다는 결론은 확실하지 않은 몇 가지 가정에 근거했다. 그중에 가장 대표적인 것은 북미 식민주에서 작동한 법체계가 코먼로였다는 확신이었다. 이 확신은 종종 "이전이론"transfer theory이라고 불리는데, 코먼로가 영국으로부터 미국으로 이전되었다는 이론이다. 그러나 이 확신은 한때는 대다수가 동의했으나, 최근에 이르러서는 광범위하게 비판되고 있다.

"이전이론"에 의문을 제기하는 역사학자들은 코먼로가 식민주들의 법체계가 될 수 없었던 몇 가지 이유를 지적한다. 그들은 코먼로는 국왕법원의 존재에 의존하는 판결체계로 구성되었다고 설명한다(제6장 참조). 따라서 국왕법원이 존재하지 않고, 오직 현지의 (관습적인) 재판소만이 존재하는 곳에서는 코먼로는 실행될 수 없었다는 것이다. 이런 입장은 코먼로의 위대한 개혁자 에드워드 코크와 같은 일련의 근대 초기 사상가들의 결론을 되풀이한 것이었다. 코크는 1628년에 단언하기를, 코먼로는 "해양 너머에서 일어난 어떤 일에도 간섭하지 않는다"고 했다. 특히 장구한 헌법과 관련해서 코크는 그것은 오직 영국에서만 작동한다고 확언했다. 18세기 중반에 인기서였던 《영국법 주해》의 저자이자, 유명한 법률가요 교수였던 윌리엄 블랙스톤 역시 코먼로는 식민지에서는 권위를 갖지 않는다는 데 같은 의견이었다.[5] 그의 주장에 따르면, 식민지의 법체계가 뭔가 코먼로를 연상시킨다 하더라도, 이런 유사성은 영국법이 미국에 자동으로 적용된다는 증거는 아니었다. 오히려 그것은 식민지의 사람들이 코먼로의 (전부가 아니라) 어떤 부분을 숙고 가운데 모방한 결과였다는 것이다.

코크와 블랙스톤이 이전이론에 동의할 수 없었던 이유는 코먼로는 어떤 다른 재판소가 적용할 수 있는 규칙과 원리들로 이루어지지 않았기 때문이었다. 그것은 (오늘날 많은 사람이 그렇게 잘못 생각하듯이) 영국의 모든 곳에 존재했던 실체적인 법이 아니었다. 그들에게 코먼로란 오직 국왕법원들(코먼로법원들)만이 적용할 수 있는 매우 특별한 절차들의 총체였다. 그렇지만 군주들과 그들의 자연적 신민들 간에 상호 의무를 수립한 오래된 계약(헌법)은 이 신민들이 국왕 지배의 다른 지역으로 이주를 했을 때에도 존속한다고 코크는 생각했다. 코먼로가 덩어리로 식민지들에 이전되었다는 사실은 부정했지만 말이다. 잉글랜드에 거주하는 스코틀랜드인의 경우처럼(제6장 참조), 식민지로 이주한 영국인은 왕과의 관계가 단절되지 않았고, 왕도 그들의 기본적인 권리들을 존중해야 할 의무를 파기하지 않았다. 코먼로도 장구한 헌법도 대서양을 건너지 않았지만, 영국의 군주들은 해외에 거주하는 신민들의 핵심적인 자유들, 주로는 재산권과 과세에 대한 신민들의 동의를 존중해야 했다는 것이다.

보통은 식민지 거주민들에게 영국인의 자유, 독점사업권, 면책, 특권을 보장하는 내용의 식민지 헌장과 특허장들이 이 해석에 효력을 부여했다.[6] 그러나 결국 식민지에서의 영국인들의 권리를 공고하게 한 것은 왕이 약속한 내용(또는 왕이 수락할 수밖에 없었던 것)이 아니었다. 오히려 코먼로 그 자체가 진화한 방식이었다. 이미 말한 대로 17세기에 영국의 법 전문가들은 코먼로를 영국에 항상 존재했던 유일하게 중요한 법으로 새롭게 상상했다. 코먼로를 (역사적 사실인) 국왕법원들의 산물로 이해하지 않고, 오히려 모든 영국인이 공유하는 관습법으로 이해했다(제8장 참조). 이 새로운 장신구를 달고서 코먼로는 쉽게 바다 건너에서 시행될 수 있었다. 코먼로는 이제 일련의 원칙들, 즉 실체적인

---

5 William Blackstone, *Commentaries on the Law of England* (Oxford: John Hatchard and Son, 1822 [1765-1769]), 105.

6 식민지헌장의 이 규정들이 해외의 식민지 거주자들에게 부여한 권리인지, 아니면 그들이 영국으로 귀환한 때에만 신민으로 대우받을 권리를 부여한 것인지에 대해서는 현재 역사가들 사이에서 논쟁이 되고 있다.

법이고 권리의 보고가 되었다. 그에 따라 현지의 식민지 법원에 의해 (비록 국왕 코먼로 법원이 아니었지만) 적용될 수 있었고, 아메리카에 거주하는 신민들에 의해 주장될 수 있었다.

이런 발전의 결과로서 역설적이게도 식민지의 법은 시간이 지남에 따라 점점 영국의 법과 분리되기보다 융합되어 갔다. 이런 경향은 국가화가 진전되고, 제국의 시장에서 식민지의 상인들과 상업이 점점 더 큰 역할을 하게 됨에 따라 심화되어 갔다. 식민주들이 점점 "영국화"되었다는 이 설명은 독립 직전의 몇십 년 동안만큼 미국 사람들이 영국적인 적이 없었다는 것을 의미한다. 이렇듯 17세기와 18세기 초의 상황과 관련해서는 이전이론에 의문이 제기될 수 있지만, 식민지 시기 막바지에는 코먼로가 정말로 미국에 넓게 퍼져 있었을 가능성이 있다.

그러나 그렇다 하더라도, 어떤 코먼로였는가? 식민주들은 자율적인 집단들의 느슨한 연합으로서, 각 주는 어느 정도 독자적인 법체계를 가지고 있었다. 특별히 매사추세츠는 영국과는 크게 다른 체계여서 그것이 과연 코먼로의 부분인지 의문일 정도였다. 이런 차이는 식민지의 법적 조율이 영국법에 "역겨운"repugnant, 즉 직접적으로 모순되지 않는 한에는 문제라고 생각되지 않았다. 그러나 모순 원칙은 영국과 식민주 사이에 존재하는 어떤 차이들이 허용될 수 있고, 어떤 차이들이 허용될 수 없는지에 관해 유럽과 미국의 당국 사이에 끊임없는 논쟁을 초래했다. 그것은 또한 영국법의 어느 부분이 해외에서도 적용되고, 어느 정도로 적용되는지에 관해 의견의 불일치를 낳았다.

이런 복잡성에 영국의 법과 체계의 큰 다양성이 더해졌다. 코먼로는 몇백 개에 달하는 현지 법원들과 봉건법원들, 그리고 교회법원들과 함께 공존하고 있었고, 그 각각은 각자의 규범 질서를 시행하고 있었다. 이런 배경을 고려할 때, 식민주들에서도 다수의 규범 체계들이 되풀이되고 있지 않았다고 믿을 이유는 없다. 지금은 많은 역사학자가 주장하듯이, 영국의 대부분의 사람들은 국왕법원과 거의 접촉이 없었다. 대서양을 건넜던 영국인들이라고 달랐다고 볼 이유도 없다. 이렇듯 이민자들로 이루어진 식민지 주민들은 주로 영국의 지방법이나 봉건법을 경험했기 때문에, 코먼로보다는 이런 체계에 친숙했을 것이 틀림없었다.

게다가 어떤 역사학자들은 식민주에 이주한 많은 사람이 영국인이 아니었다는 사실을 강조했다. 이전이론은 이들 역사학자에 의해서도 도전받았다. 영국인이 아닌 이민자들은 (독일이나 네덜란드 출신들처럼) 영국인의 특권에서 배제되었거나, (스코틀랜드 출신들처럼) 그것에 그냥 친숙하지 않았다. 그들은 법에 관한 자신들의 이상을 가지고 왔다. 그런데도 그것이 식민지 현지법에 미친 영향은 아직 충분히 연구되지 않았다. 아프리카인들(자유민이었든 노예이었든)과 원주민들의 존재가 어떻게 법 발전에 영향을 끼쳤는지에 대해서도 마찬가지로 연구가 방치되었다. 요약하면, 코먼로는 식민시기 말에는 식민주들에 존재했을 것이다. 그러나 다른 많은 규범과 체계들도 존재했다. 그것이 아무런 차이도 아니었을까?

이제까지의 결론은 코먼로가 어느 단계에서는 식민주들에 들어왔다 할지라도, 그것은 분명히 유일한 법체계도 아니었고, 심지어는 가장 중요하지도 않았다는 것이다. 그럼에도 불구하고 18세기 말에는 권리에 대한 요구가 점점 높아지고 있었기 때문에, (그런 요구를 정당화한) 코먼로는 중요하게 되었다. 아마도 이 점이 독립 당시에 식민주들에서 주도적인 목소리들이 왜 코먼로에 호소했는가에 대한 설명이 될 것이다. 그들은 영국과 비교해서 대안을 놓고 논쟁했고, 영국 전통을 참조해서 새 정치공동체를 건설했다. 심지어 그들 대부분은 자신들이 의회나 왕보다도 코먼로를 더 신뢰했기 때문에 반역을 할 수밖에 없었다고 주장하기까지 했다. 이제 왕은 관습적인 장치들을 위반했다는 이유로 비난받는 존재가 되었다. 그러나 그들이 코먼로에 의지하게 된 것이 자동적이거나 당연하지는 않았다. 그것은 오히려 많은 전략적인 결정들이 관련된 긴 과정의 결과였다.

계몽주의의 뿌리

계몽주의는 18세기에 유럽의 여러 지역에서 일어난 지성적 운동이었다. 제9장에서 묘사한 대로 그 핵심은 합리성과 법질서를 개혁할 수 있는 인간 능력에 대한 확고한 믿음이었다. 이전 세대들의 발자취를 따라 계몽사상가들은 사회는 자연상태에 있는 개인들이 "사회계약"을 체결한 후에 생기게 되었다는 데 의견이 일치했다. 계약 체결에 관련된 사람들은 자신들의 조건을 개선하겠다는 희망에 따라 움직이는 합리적인 사람들이었다. 따라서 그들은 이익과 제한 내지 의무를 교환하는 특정 조건에 동의했다. 이 개인들은 사회가 어떻게 기능하는지를 이해할 수 있었기 때문에 자신들의 활동을 계획할 수 있었다. 이성을 사용함으로써 그들은 자연의 법을 발견할 수 있었고, 이를 법과 제도에 적용할 수 있었다. 다시 말해서 계몽주의는 행위자로서 인간을 신뢰했다. 그리고 인간을 자신의 권리(그리고 의무)를 알고, 아주 중요하고 가치 있는 명분을 위해서만 권리를 제한할 용의를 가진 이성적인 존재라고 생각했다.

어떤 체계가 최대의 행복으로 이끌 것인가에 관한 논쟁을 통해 계몽주의는 과거의 전통과 권위에 의존하는 것으로부터 인간을 해방하려 하였다. 임마누엘 칸트가 1784년에 아름답게 말했듯이, 계몽이란 타인에 의해 획득된 지식에 대한 의존에 종언을 고하고, 오직 자기 자신의 능력에만 의지하여 스스로 생각하자는 운동을 가리키는 것이었다.[7]

이런 제안은 유럽 전역에서 반향을 불러일으켰고, 대서양 양안에서 우호적으로 수용되었다. 그것은 마침내 유럽에서 프랑스혁명을 불러일으켰다. 그리고 미국의 영국 식민지역에서는 모국으로부터 독립하여, 자신들의 권리를 좀 더 효과적으로 보호해 줄 새로운 정부 조직을 구상하려는 식민지 주민들의 결단으로 이어졌다. 새로 독립한 주들의 대표자들은 먼저는 계몽 이론을 요약한 독립선언서의 원칙들에 호소했고, 1787년의 연방헌법에서 자신들의 프로그램을 천명했다. 그들은 이 프로그램이 위로부터 명령되거나 전통에 의존하지 않고, "우리, 인민들"의 이성적 분석으로부터 나왔다고 선언했다.

계몽주의 덕분에 18세기 말의 주역들은 자신들이 경험과 이성을 따라 사회를 새로 구성할 능력을 지녔다고 믿을 수 있었다. 또한 이런 조처들은 (사실은 매우 혁명적이었지만) 어떤 정당화도 필요로 하지 않는다는 신념을 가질 수 있었다. 그들은 그 조처들을

---

7 Immanuel Kant, "What Is the Enlightment?", Lonigsberg, Prussia, September 30, 1784. http://legacy.fordham.edu/halsall/mod/kant-whatis.asp.

자연의 법으로부터 추론한 결과로 제시하면서, 그것들이 자명한 진리라고 선언했다. 그것들을 정당화하는 것은 오로지 사회가 어떻게 존재하게 되었는지에 관한 허구적 이론이었다. 이 이론은 역사적이라기보다는 철학적이었는데, 독립선언서에서 요령 있게 반복되었다.

미국의 기본 문서들에 열거된 이런 신념들은 특별히 영국적이라거나 미국적이라기보다는 범유럽적이었다. 그 신념들은 프랑스혁명 동안에(1789-1799) 다시 불려 나와 더욱 현기증 나는 결과를 만들어 내었다. 13개 식민주에서 진행된 발전이 프랑스에서 몇 년 후에 일어날 일과 유사한 점이 많았기 때문에, 많은 역사학자들은 누가 누구에게 영향을 끼쳤고, 어느 정도로 그랬는지를 탐구했다. 확실히 대답하기가 종종 불가능한 계보의 문제와 관계없이 다음의 사실은 분명하다. 그것은 법 전통과 두 지역의 맥락상 차이에도 불구하고, 그리고 어느 정도 서로 상이한 영향에도 불구하고, 미국과 프랑스 모두 성문헌법으로 귀결되었다는 것이다. 두 성문헌법은 엄격한 권력분립을 채택하고, 자명하기 때문에 따로 증명이 필요 없는 양도 불가능한 권리들의 비슷한 목록을 담고 있었다. 이런 유사성은 무엇보다도 18세기 말 미국에서 이루어진 발전을 영국이나 다른 특정 지역의 관점에서 생각해서는 안 된다는 점을 시사하는 것 같다. 그것은 다른 곳에서 일어난 일들도 함께 고려해서 설명되어야 한다. 마찬가지 이유에서 13개 식민주에서 일어난 일들은 미국에서 일어나기는 했지만, 유럽적인 운동의 부분이었으며 유럽법의 발전을 촉발하고 그에 관여했다고 보아야 한다.

만국법이 자연법으로

독립선언서와 헌법의 틀을 짠 사람들은 자연법에 직접 호소했다. 자연법은 계몽주의의 철학적 도구상자에서 핵심 부분이었고, 영국학자들의 사고 어디에나 (비록 법률가들에게서는 덜 했지만) 편재해 있었다. 특히 18세기에는 가장 그랬다. 그러나 자연법은 (외국인에게 적용된 고대의 로마법인) 만민법*ius gentium*에서 시작해서, (중세 때는) 신이 명령한 법으로, 그리고 16세기 말과 17세기에는 경험과 이성을 들어 설명된 오랜 역사를 가지고 있었다. 자연법은 근대 초기에는 유럽인들 사이, 그리고 유럽인들과 비유럽인들 사이의 관계를 규율하는 규범들의 보고였다. 처음에는 해외에 거주하는 유럽인들의 행위를 정당화하기 위해 사용되었지만, 그것은 기존의 구조와 법을 비판하는 강력한 도구가 되기도 했다. 자연적이지 않다고 규정하는 것은 그것을 수정, 나가서는 폐지해야 한다는 것을 의미했다.

그런 감각의 전형이 바텔Vattel의 《만국법》*droit des gens*(1758)이었다. 그 책에서 바텔은 국가는 이익과 안전을 얻기 위해 결합한 사람들의 정치적 단체 또는 사회라고 말했다. 그런데 이 결사체는 헌법, 즉 공적 권력이 행사되는 방법을 결정하는 근본적인 규정을 필요로 한다고 했다.

13개 주 대표들은 이런 이론을 광범위하게 활용했다. 이 이론을 이용해 그들은 (왕의 행위가 자연적이지 않다는 이유를 들어) 영국과의 단절을 설명할 수 있었고, 새 정치공동체의 헌법을 정당화할 수 있었다. 그러나 자연법이 주권의 인수만을 정당화해 준 것은 아니었다. 자연법에 근거해서 당시의 주역들은 정당한 정치공동체의 대표들로서 자신들을 동등한 자로 승인하는 다른 국가와 조약을 체결할 수 있다고 확신했다.

일부 학자에 따르면, 이것이 독립선언서의 본래 목적이었을지도 모른다. 독립선언서가 꼭 자기 나라 청중이나, 나가 영국을 직접 향한 것이라고 볼 필요는 없다. (시간적으로 안 맞는 용어를 사용한다면) 오히려 그것은 "국제사회"를 직접 향한 것이었다는 것이다. 선언서는 이 점을, 즉 자신들이 왜 그렇게 행했는지를 설명하는 가운데 "인류의 견해"opinion of mankind에 호소할 필요를 지적하는 것으로 시작했다. 그리고 자신들이 이제는 주권적 단체로서 "전쟁을 개시하고, 평화협정을 체결하며, 동맹조약을 맺고, 교역할" 수 있는 "자유롭고 자주적인 국가들"이라고 확언하는 것으로 끝을 맺었다. 이런 식으로 이전의 식민지 거주자들은 본질적으로는 지역적 반란, 즉 자신들과 자신들의 정부 사이의 내전을 두 주권적 단체 사이의 국제적 갈등으로 변환시키려고 하였다. 정확히 이 목적을 위해 독립선언서가 국왕 조지George 3세를 비난한 것은 신민들을 부당하게 대우하고(그들의 오랜 관습과 자유의 침해), 비자연적으로 행했다는 것(자연법 위반)에 그치지 않았다. 정치공동체 사이의 관계를 규율하는 전쟁법과 상관습을 위반하였다는 것도 비난의 이유였다.

연방헌법과 주 헌법들은 또한 외국 열강들이 새로운 주들과 그들의 연방을 인정할 수 있도록 확신을 주려 하였다. 이 헌법들은 새 정치공동체에 정당성을 부여하려고만 한 것이 아니었다. 그 헌법들은 또한 지역성을 넘어선 초국가적인 이념에 근거하여 당시의 이론이 어떻게 시행될 수 있는지를 보여주는 모델을 제공했다. 그 헌법들로 인해 어떻게 완벽한 사회와 제도를 이룰 수 있는지 유럽 차원의 토론이 가능하게 되었다. 또한 많은 사람에게 그 헌법들은 무엇을 할 수 있고 해야 하는지에 관한 시금석으로 생각되었다. 반군주, 반식민지 측면에 초점을 맞추기보다 오히려 정부 조직과 인간의 권리에 초점을 맞춤으로써, 미국의 사례는 그 후 보편적 사례가 될 수 있었다.

식민지 배경

식민지 주민들과 영국 정부 사이의 대결이 지닌 성격은 새 국가가 갖게 될 법의 형태에도 영향을 미쳤다. 식민지 주민들은 의회의 주권 주장에 대한 항의로 대표자 회의의 권력을 제한하는 방식을 모색했다. 만일 헌법을 제정함으로써 의회를 제한하는 조처가 이해할 만하다면, 구두의 관습법(영국의 경우)을 법 제도(미국의 경우)로 변환시킬 성문 문서를 바라는 것 역시 마찬가지였다. 성문화는 더 큰 투명성과 명확성을 약속했다. 그러나 성문화 역시 식민지 전통의 부분이었다. 식민지의 전통은 신민들의 권리를 명기한 헌장들과 규범 질서를 구체화한 법 등 성문의 자료에 크게 의존하고 있었다. 18세기 말이 되면 이미 식민지 헌장들은 일종의 헌법(정부의 기본 구조에 관한 입법)으로 생각되고 있었다. 다시 말해 헌장을 권력 오용에 대한 방어 수단으로 사용할 수 있었다. 헌장은 또한 왕과 식민지 주민들 사이의 일종의 계약을 구체화했기 때문에 권리를 인식하는 수단이 되기도 했다.

미국의 기본 문서들에는 이런 특수한 상황과 필요, 그리고 전통이 반영되었다. 권리장전은 특별히 이런 의존을 보여준다. 권리장전이 열거한 사항들은 아마 객관적으로도 중요하고, 확실히 영국 전통의 일부였을 것이다. 그러나 그것들이 권리장전에 포함된 것은 독립전쟁 전과 도중에 발생했던 사건들과 직접으로 관계되었다. 대표 없는 과세는 분명히 그런 하나의 경우였다. 그러나 식민지 주민들과 본국 정부는 군대의 숙영, 주민병대를 둘 수 있는 권리, 주 법원에서의 배심재판 및 적법절차 약속, 그리고 사법부의 독립과 같은 문제들로도 논쟁을 벌였다. 그 모두는 권리장전에 포함되었지만, 다른 권리들은 덜 중요한 것이 아니었음에도 불구하고 권리장전에 포함되지 않았다.

이 발전의 법적 의미

독립선언서, 연방과 주의 헌법들, 그리고 권리장전들은 법과 정치의 역사에서 새로운 시대로 안내했다. 18세기 말에 그것들이 공포된 이래로 수많은 다른 국가들 역시 이전의 통치자들에게 항의하고, 새 정치공동체를 구성할 권리를 주장함으로써 독립을 선언하는 데로 나갔다. 미국 헌법과 크게 다르지 않은 헌법을 채택하는 일도 마찬가지로 유행했다. 이 헌법들은 종종 이전의 13개 식민주들이 채택한 통치구조와는 달랐지만, 보통은 권력분립과 보다 최근에는 사법심사를 포함하는 통치구조를 상세히 규정했다. 이 헌법들은 다른 법들과 정부 조처들이 지켜야 하는 상위의 규범을 구체화한 것으로 이해되었다.

유럽법에 대한 미국의 이런 기여가 완전히 자생적인 것만은 아니었다. 결국 그것은 영국의 법 전통, 자연법과 만국법에 대한 유럽에서의 논쟁, 그리고 계몽주의 철학에 근거했다. 그럼에도 불구하고 13개 식민주의 대표들이 이런 이상을 공식적으로 승인된 법적 구조로 변환시킨 최초의 사람들이라는 점은 분명하다. 그들은 또한 집단적인 생활의 가장 기본적인 요소들(통치구조)은 의회에서 투표에 의해 결정되어야 한다고 가장 먼저 결정한 사람들이었다. "전체 인민"의 요구를 반영하고 분명히 해주는 기관이라고 주장된 의회에서 말이다. 그들이 상상한 헌법은 전통과 이성 모두의 산물이었다. 그러나 그 궁극적인 목표는 모두의 행복을 보장하는 것이었다.

이런 발전은 다른 어떤 것도 따를 수 없는 모범 사례가 되었다. 직접적이든 간접적이든 그로부터 영향을 받고, 독립을 선언하거나 헌법의 채택에로 나간 국가들의 목록은 엄청났다. 이 목록에 속한 국가들을 든다면(전부가 아니며, 역사적 시간에 맞지 않는 이름도 있다), 벨기에, 아이티, 아메리카 대륙의 이전 스페인 식민지들(그란 콜롬비아, 베네수엘라, 아르헨티나, 칠레, 코스타리카, 엘살바도르, 과테말라, 온두라스, 멕시코, 니카라과, 페루, 볼리비아, 우루과이, 에콰도르, 콜롬비아, 파라과이, 그리고 도미니카공화국), 이베리아, 헝가리, 뉴질랜드, 독일, 이탈리아, 일본, 이전의 체코슬로바키아, 그리고 이전의 로데시아가 있었다.

이 과정의 끝에 이르면, 자신들의 권리에 관한 미국 혁명가들의 강력한 메시지는 그들이 설익게 상상했던 대로 정말 자명한 진리가 되었다. 공동체마다 자결권을 가지며, 새 공동체를 수립할 수 있으며, 사회계약의 조건들을 변경하고, 효과적인 정부를 구상할 수 있으며, 입법부와 행정부의 행위를 제한하고 자신들의 권리를 확인하고 보호해 줄 헌법을 제정할 수 있다는 것이 바로 이 진리였다. 그것은 지금은 확고한 합의를 이루어 더 이상 정당화를 필요로 하지 않을 정도가 되었다.

제11장
프랑스혁명

1789년 6월 14일 성난 군중이 파리 동쪽의 요새 바스티유에 몰려 들어갔다. 프랑스혁명의 시작을 알린 장면이다. 그 이후로 많은 학자들이 어떻게 프랑스혁명이 발발하게 되었고, 그 단기적 영향과 장기적 영향은 무엇이었는지를 알아내기 위해 노력했다. 그들은 어떻게 군주가 통치권의 많은 부분을 포기해야 했는지, 농부들이 어떻게 영주들의 재산을 공격하기 시작했는지, 새로운 헌법 제도들은 어떻게 발전했는지, 그리고 루이 16세가 어떻게 처형되었는지를 서술해 왔다. 그들은 또한 혁명이 시간이 지날수록 어떻게 더 급진적이고 폭력적으로 변해갔는지, 그리고 혁명에 저항한 사람들이 어떻게 박해를 받았는지에 대해 이야기를 해왔다. 단두대의 발명이 상징하듯이 박해는 많은 사람들의 처형으로 이어졌다. 특히 "공포"the Terror로 불리는 폭풍 시대에 그랬다. 몇 차례 헌법이 만들어지고 극도의 폭력과 혼란으로 특징되는 시기를 지난 후, 1799년 나폴레옹 보나파르트Napoleon Bonaparte가 권좌에 올랐다. 어떤 학자들은 나폴레옹의 등장을 혁명이 종말에 다다랐다는 신호로 생각했다. 반면에 다른 학자들은 그것이 혁명의 주된 원리를 유럽 전역에 확산시키는 데로 이끌었다고 생각했다.

다음에서는 발생했던 사건들의 법적 의미에 집중하려고 한다. 나는 프랑스혁명이 급격한 변화, 아마도 유럽법이 지금까지 경험한 가장 급격한 변화를 보여주었다고 주장하고자 한다. 프랑스혁명은 기존의 전통을 완전히 뒤집어엎었다. 그것은 관련 인물들이 대부분 자연법에 호소하면서도 많은 전통을 계속해서 유지하길 원했던 13개 식민주에서 일어났던 일과는 반대되는 일이었다. 전통의 전복을 통해 프랑스혁명은 법적 정치적 체계를 철저히 점검할 필요가 있다고 선언했다.

혁명 조처들

급격한 정치적 법적 변화는 1789년, 삼부회의 의원들이 자신들의 회합을 국민의회라고 선포했을 때 시작되었다. 이 선포는 이제 모든 신분과 지역을 대표하는 하나의 원院으로 구성되는 의회가 이전의 삼부회를 대신한다는 것을 의미했다. 삼부회는 신분(귀족, 성직자, 평민)에 따라 구분되고, (평민의 경우) 특정 지역들의 이익을 대표했다. 반면에 의회는 이제 단체들과 성직자로 구성된 몸체라기보다는 시민들의 사회로 생각되는 국가를 대신하여 말하는 기관이 될 것이었다.

이 선포를 따라 국민의회의 의원들은 자신들이 기존 정치와 법의 구조를 바꿀 권한을 갖는다고 선언했다. 그들은 계속해서 봉건체제와 십일조를 거둘 권리와 같은 교회의 많은 특권을 폐지했다. 그들은 또한 사법과 행정의 공직 매매를 금지하였고, 모든 공적 직임은 능력에 따라 모든 후보자에게 열려 있어야 한다고 선언했다. 그리고 중요한 과세로부터 면제를 받는 귀족과 성직자의 재정적 특권도 소멸시켰다. 그리고 "8월의 포고들"이라고 알려진 일련의 포고들을 통해 국민의회 의원들은 모든 지방과 지역, 도시의 법적인 특별 취급을 없애고, 그 대신으로 단일한 법이 전 프랑스에 적용되어야 한다고 선언했다. 모든 프랑스인으로 구성된 연합이 일부 프랑스 지방이 누리는 특별한 특권보다 더 유리하기 때문이라고 했다.

국민의회는 그 다음으로 <인간과 시민의 권리선언>(1780)을 채택하는 데로 나갔다. 이 선언은 평등, 자유, 재산, 압제로부터의 안전, 무죄 추정, 의회의 동의 없는 과세 금지, 언론과 출판의 자유를 포함하는 양도 불가능한 권리의 존재를 공포했다. 아울러 이 선언은 일련의 헌법적 원칙들도 열거했다. 그런 원칙들 중에는 주권은 국민에게 있다든가, 입법은 일반의지를 표현한다, 군대는 왕이 아니라 공동선을 보호해야 한다와 같은 것들이 포함됐다. 선언은 또한 법률에 의해 금지되지 않은 사항은 허용되고, 법률로 금지하지 않는 한 누구도 행동을 제지받지 않는다는 일반원칙을 확립했다.

이런 법적 조처들은 완전히 새로운 것이었다. 그럼에도 불구하고 선언은 그 조처들을 설명이나 정당화가 필요 없는 것으로 제시했다. 그것들은 "자연적이고, 불가양적이며, 신성하고, … 단순하며 다툴 수 없는 원칙들"로서, 프랑스 인민의 대표들이 "엄숙한 선언을 통해 … 지고의 존재의 후원 아래 제시했다"는 것이다.[1] 13개 식민주의 대표들과 마찬가지로 권리선언의 저자들은 자명한 진리에 호소했다. 자신들이 도입한 변화는 실은 회복이라고 주장했다. 그 선언의 전문에 따르면, 공적인 재난과 의회 의원들이 바로 잡으려고 하는 부패를 초래한 것은 바로 이 자명한 진리에 대한 무지와 무시, 또는 경멸이었다.

국민의회는 1790년에 모든 교회의 세금을 폐지하고 교회 재산을 몰수했다. 그리고 성직자들을 국가의 피고용인으로 전환했다. 다음으로 매우 짧은 시간 동안에 수 개의 헌법들을 채택해 갔다. 정치적 실험이 가장 활발하던 시기에 헌법이 다른 헌법을 대체하고, 그 각각은 정부의 구조를 실질적으로 변경했다. 서로 다른 혁명 집단과 사람들이 이상사회에 대한 자신들의 상상에 가장 잘 들어맞는 구조를 확실히 하려고 노력했다.

국민의회는 1791년에 첫 번째 새 헌법을 채택했다. 그 헌법은 근본적인 최초 변화의 많은 부분을 포함하고 있었다. 그 전문은 이 문서의 목적은 인간의 자유와 평등을 침해하는 제도들을 되돌릴 수 없도록 폐지하는 것이라고 적었다. 장래에는 출생에 근거한

---

1 <인간과 시민의 권리선언>(1789) 전문.

차별과 모든 프랑스인에게 부여된 것 외의 특권들은 없을 것이다, 노동 역시 자유롭게 될 것이다, 노동이 길드 조합원에 제한되어서는 안 된다, 고용은 능력과 재능 외에 차별 없이 이루어질 것이다와 같은 원칙들이 선언되었다. 그 헌법의 목적은 또한 모든 프랑스인의 자연적 권리와 시민적 권리를 보장하는 것이었다. 그 권리들은 직업을 가질 권리, 재산에 따른 과세의 공평한 부담, 동일 범죄에 대한 동일한 형벌, 이동의 자유, 체포로부터의 보호, 언론의 자유, 결사의 자유, 그리고 청원의 자유를 포함했다. 이 1791년 헌법은 누구도 공공의 안전이나 다른 사람의 권리를 위험에 빠지게 하지 않는 한 재산권을 제한할 수 없다고 규정함으로써 재산권의 불가침성을 보호했다. 그것은 또한 프랑스는 단일한 불가분의 정치체라고 선언했고, 국민 전체에 존재하는 불가양의 주권을 공포했다. 권력분립을 확보하기 위해 헌법은 (국왕에 의해 행사되는) 집행부, (국민에 의해 선출된 대표들로 구성되는) 입법부, 그리고 (역시 선출된) 사법부를 제도화했다. 프랑스 시민들은 둘로 구분되었다. 하나는 25세 남성으로 일정액 이상의 세금을 납부하기 때문에 선거를 할 수 있는 능동적 시민이었고, 다른 하나는 선거를 할 수 없는 수동적 시민이었다.

그럼에도 불구하고 또 하나의 급진적인 변화가 1792년에 이루어졌다. 프랑스를 공화국으로 바꾸고, 의회는 남성의 보편 선거로 선출되도록 한 것이다. 1793년에는 루이 16세가 처형되었고, 새로운 헌법이 채택되었다. 이 헌법에 따르면, 국민의회는 모든 남성 시민들에 의해 선출되고 법률을 제안할 수 있었다. 제안된 법률은 지역의 기초의회가 인준해야 했다. 국민의회는 기초의회가 추천한 후보자 명단에서 집행부를 담당하는 자들을 임명하도록 하였다. 국민의회 안에서의 토론은 공중에 공개하도록 하였고, 출석 의원의 과반수로 결정하게 하였다. 이 1793년 헌법의 마지막 조항들에서는 프랑스인들의 주된 권리들을 열거하였다. 그 권리들에는 평등, 자유, 안전, 재산, 종교의 자유로운 행사, 교육과 공적 부조를 받을 권리, 언론의 자유, 결사의 권리, 그리고 다른 모든 인간의 권리들을 누릴 권리가 포함되었다. 그 헌법은 또한 "충성, 용기, 연륜, 효성, 역경, 그리고 그 외 모든 덕성"에 대한 "경의"를 보장했다.

인민주권이라는 관념에 뿌리를 둔 1793년 헌법은 국민투표에 의해 확정되었다. 그러나 그 시행은 평화가 성취될 때까지로 확정된 시기를 정하지 않고 보류되었다. 그러나 1795년에 또 다른 헌법이 채택되었다. 이 헌법은 집정관Directorate이라고 불리는 5명의 집행관에게 더 큰 권한을 부여하고, 정치과정을 통제하려고 하였다. 반면에 사적 소유권의 보장과 적절한 영장 없이는 침입과 수색을 할 수 없도록 주거의 불가침성을 보강하였다. 1795년 헌법은 또한 공중질서에 반하는 단체나 결사의 형성, 그리고 정치적 문제와 관련된 결사의 창설을 금지했다. 정치적 권리는 법에 복종하는 기초 공동의회에서만 행사되도록 하였다. 그 외의 허락받지 않은 집회는 헌법에 대한 공격으로 간주되었고, 곧 해산되도록 하였다. 이 새로운 시대의 시작을 위해 헌법은 공화국의 수립일인 1792년 9월 22일부터 기산하는 "프랑스 시대"를 제안했다. 이 새 달력에 따라 1795년 헌법은 3년에 제정되었다.

법에 대한 새로운 비전

혼동스럽고 단편적이며 때때로 모순적이기까지 한 새로운 법 제도들은 종종 타협의 결과였다. 그 법 제도들은 정적들을 굴복시키기(혹은 제거하기) 위해 자주 폭력의 행사로까지 나갔던 개인과 집단들 사이의 오랜 논쟁의 뒤를 이어 채택되었다. 제안된 해결책들은 극적일 정도로 다양했다. 그러나 그 결과는 의도했던 것보다는 덜 일관되었고, 실제 시행에서는 많은 희망 사항을 남겨 놓았다. 그럼에도 불구하고 1780년 말과 1790년대 초에 프랑스에서 제안된 많은 변화가 정말로 급진적이었다는 점은 분명했다. 법률과 헌법의 세부적인 사항들을 넘어서, 그리고 정파들 사이의 비열한 권력투쟁에도 불구하고, 이 발전은 법이 무엇이고, 어디에서 유래하며, 무엇에 기초하는지를 새롭게 이해하는 데 기여했다.

역설적으로 이 새로운 법의 개념화는 서로 경쟁하는 파당들 사이에서 꽤 합의를 이루었다. 예를 들어 <인간과 시민의 권리선언>에서는 분명하게 다음과 같이 규정했다.

(1) 주권은 법률을 통해 일반의지를 표출하는 국민에게 존재하며, (2) 법률에 의해 금지되지 않은 사항은 무엇이든 허용되며, (3) 법률로 규정하지 않는 한, 누구도 자유로운 행위를 제한받지 않는다.

이런 혁명적인 조처들이 의미하는 바는 오직 국민의 뜻에 지도되는 법률만이 정당한 규범 원천이라는 것이었다. 더 이상 사람들과 공동체는 관습이나 확리, 종교적 또는 도덕적 의무, 심지어는 법학에 호소할 수 없었다. 대신에 어떤 제도를 승인하고 합법적으로 만드는 것은 법률이었다. 만일 법률이 승인하지 않는다면, 그런 제도는 존재하지 않는다. 법질서는 깨끗한 점토판과 같았다. 이성적이고, 자연법(그 의미와 외연은 물론 논쟁의 대상이 될 수 있지만)에 모순되지 않는 한, 그리고 일반의지에 복종하는 한, 그 점토판 위에 원하는 것은 무엇이든지 그려낼 수 있었다.[2] 이후로 모든 법은, 사적 영역이든 공적 영역이든 (시기적으로 그런 영역의 구분은 이후의 일이지만), 인간의 의지적이고 의식적인 활동의 산물이 되었다. 그리고 (흔히 관습이 그렇다고 이야기되어 온 것처럼) 공동체 안에서 저절로가 아니라, 이성적인 토론과 논쟁 후에 제정되었다. 법률은 더 이상 전통이나 전문가의 자문, 혹은 사법 활동의 결과로 명령된 것이 아니었다. 필요에 따라 우리가 "정치가"라고 부르게 될 새로운 행위자들이 채택하는 것이었다. 법률은 시민들에 의해 선출된 합리적인 비전문가들에 의해 제안되었다. 따라서 법률은 그 내용을 법전에 요약할 수 있을 만큼 매우 단순하고 명료해야 했다. 그 결과로 법률의 내용은 모든 시민이 이해할 수 있게 되었고, 모든 가족이 법전을 소유할 수 있게 되었다. 이 단순함 덕분에 전문가들의 개입을 막는 것이 정당화되었다. 법에 훈련된 재판관이나 법률가들이 더 이상 필요하지 않게 되었다. 그동안 그들이 행사했던 많은 활동은 특별한 준비가 요구되지 않고 직무에 대해 독점권을 갖지 않는 합리적인 사람들에게로 넘어갔다. 같은 이유에서 많은 소송이 공식적인 법원으로부터 화해에 초점을 맞추는 비공식적

---

2 제10장에서 언급했듯이, 자연법은 법전화되지 않았다. 자연법은 많은 철학자, 법학자, 신학자, 그리고 여타 지식인들이 받아들인 관념이었지만, 그 내용에 관해서는 의견이 서로 일치하지 않았다. 그것은 나열된 규범들이나 특정 해결책들의 체계라기보다는 하나의 준거틀이었다.

인 중재로 다시 향할 수 있게 되었다.

이 새로운 비전은 이전의 제도들과 근본적으로 결별했다. 구체제의 법은 다양한 법원(관습, 확리, 법학, 신법, 제정법)을 포함했다. 반면에 프랑스혁명에 의해 시작된 새로운 법은 오직 법률에만 효력을 부여했고, 이론적으로 다른 모든 규범의 원천들은 몰아냈다. 구체제에서 법은 법률가들이 독점적으로 법의 확인과 적용의 책임을 맡았다. 반면에 새 체제 아래서는 법은 합리적인 사람들에 의해 제정되고 집행되고 이해될 수 있었다. 구체제에서 법률가들과 판사의 주된 과업은 이미 존재하는 법을 발견하고 적용하는 것이었다. 이미 존재하는 법은 사물들이 존재하거나 존재해야 하는 방식(관습) 안에, 혹은 축적된 전문가들의 방법(공통법)이나 신의 뜻(교회법)과의 관련 속에서 놓여 있었다. 반면에 프랑스혁명 동안에 행해진 조처들은 법의 창설을 가능하게 하였고, 심지어 옹호하기까지 하였다. 법질서의 목표는 더 이상 현상을 보호하는 것이 아니라, 사회를 변화시키고 개선하는 것이었다. 역설적으로 이 혁명적인 조처들은 대행인deputies으로 변신한 법률가들에 의해 옹호되었다. 그들은 자신의 위치를 정치가보다는 기술자로 규정하고, 집단으로서의 자신들의 독점을 해체할 수 있는 프로그램을 성공적으로 추구했다.

법의 성격이 변화된 것처럼 법이 적용되는 공동체의 성격 역시 변화되었다. 구체제 기간에는 범유럽적인 법질서가 존재하였다. 그 법질서에서는 전역에 미치는 체계(공통법)가 극단적으로 현지화된 법제도들(지금은 관습법으로 불리는 고유법*ius proprium*)과 공존하였다. 새로운 프랑스의 체계는 이제 하나의 국가법을 상상했다. 프랑스에는 오직 하나의 법만이 존재하고, 이 법이 모든 프랑스인들에게 평등하게 적용된다는 것이었다. 이제는 더 이상 한때 볼테르Voltaire(1694-1778)가 주장했던 것처럼, 프랑스를 여행할 때 말을 바꿔 타는 것보다 더 자주 법이 바뀌는 일은 없게 되었다.[3]

프랑스혁명으로부터 출현한 규범 질서는 법은 국민이 선출한 대표자들에 의해 제정

---

3 "법의 효력을 가진 관습이 프랑스에는 144종이 존재한다고 알려져 있다. 이 법들은 거의 완전히 다르다. 이 나라를 여행하는 사람은 말을 갈아타는 만큼이나 자주 법을 갈아타야 한다." Voltaire, "Courtisans lettrés: Coutoumes", in *Oeuvres complètes de Voltaire*, vol.7: *Dictionnaire philosophique I* (Paris: Chez Furne, 1835).

되어야 한다는 원칙을 확립하였다. 법률은 이성에 의해 지도되고, 법질서에는 당대인들이 개입할 수 있다는, 때로는 개입해야만 한다는 가정에 근거했다. 법률은 사회를 개선하거나 재조직하려고 하였다. 그것은 한 국가의 영역 안에서만, 그러나 모든 시민에게 평등하게 적용되었다. 이 모든 특징이 오늘날 우리가 법이라고 하는 것에 대한 이해를 서술하고 있다. 이런 특징이 프랑스혁명과 함께 탄생한 것은 아니지만, 그것이 처음 법적으로 제도화된 것은 확실히 프랑스혁명과 함께였다.

규범 질서를 재정의하는 데 엄청난 기여를 한 것을 넘어, 프랑스혁명은 또한 법의 근대성 출현에 토대가 되는 세 가지 변화를 선도했다. 그 첫째는 법 주체의 통일이었다. 이를 통해 우리는 동일한 권리와 의무를 갖는 개인들을 생각할 수 있게 되었다. 둘째는 물건에 대한 다양한 권리들을 오늘날 우리가 이해하는 방식의 "재산권"으로 통일한 것이었다. 셋째는 권력의 통일과 분할되지 않는 주권의 창조였다.

법 주체의 통합

프랑스혁명이 진행되는 동안에 제정된 법률들은 인간은 출생, 직업, 거주, 혹은 종교에 따라 구별되기 때문에 서로 다르다는 기존의 중심 원칙을 깨뜨렸고, 모든 인간은 평등하다고 선언하였다. 현실에서 이것이 의미하는 바는 사람이 누구인가에 따라 권리와 특권을 부여하는 옛 체제를 철폐하는 것이었다. 토지 소유나 직업, 거주 장소에 따른 구별을 폐지하거나 아무 의미도 없다고 선언하고, 그런 구별을 인정하지 않는 새 체제로 대체했다. 그러나 평등의 약속은 철저하지 못해서 몇 가지 구별은 살아남았다. 그중에는 성, 재산, 시민 여부(노예 혹은 자유인)에 기초한 차별이 있었고, 어느 정도는 종교에 기초한 차별도 살아남았다.

토지 소유, 직업, 그리고 거주의 장소에 따른 구별을 철폐하기 위해서는 새로운 인간 유형, 즉 추상적인 개인의 상상이 요구되었다. 각 사람의 역사나 성향, 구체적인 특성들에도 불구하고 다른 모든 사람과 같다고 간주되는 개인 말이다. 이 새로운 개인은 법적 의제를 통해 탈맥락화되었다. 각 사람을 독특하게 만드는 모든 요소는 이 법적 의제를 통해 평등의 이름으로 무시되거나, 중요하지 않은 것으로 분류되었다.

차이들의 무시가 하나의 조건이었다면, 새로운 법 주체를 조합할 필요성은 또 다른 조건이었다. 이것이 의미하는 바는 다음의 예로 가장 잘 설명될 수 있을 것이다. 구체제 아래에서 도시에 살며 군인인 귀족은 여러 법인격을 지니고 있었다. 그는 귀족으로서 한 법체제 안에서, 그리고 도시 거주자로서는 다른 법체제 안에서, 그러고도 군인으로서 또 다른 법체제 안에서 살았다. 각 법체제는 서로 다른 특권과 의무를 부여했다. 법의 이런 다양성은 여러 재판관할권의 존재를 통해 유지되었다. 귀족들은 자신들의 권력체와 자신들의 분쟁을 판정할 재판소를 가지고 있었고, 도시들과 군대도 그랬다. 이 권력체들과 재판소들은 각기 집단에게 적용되는 특수한 법체제를 실현하는 책임을 맡고 있었다. 그 법체제는 때로는 번거로웠지만, 대부분의 경우는 유리한 것으로 여겨졌다.

마치 길버트와 설리반의 오페라 미카도*The Mikado*에서 푸바Pooh-Bah가 수석 재무상이자, 대법관, 최고사령관, 해군 제독, 사냥개들의 주인, 비밀영접관, 대주교, 그리고 시장이었던 것처럼, 우리의 이 귀족은 여러 모자를 겹쳐 썼다. 그는 선택적으로 그의 여러 인격을 내세울 수 있었다. 그러나 그것을 하나로 결합할 수는 없었다. 그는 귀족으로서 그에 해당하는 권리를 행사하고 귀족의 의무를 부담하거나, 도시의 특권을 누리며 도시 당국의 보호를 받거나, 군사재판에 호소할 수 있었다. 구체제에서는 이런 중첩성이 우스꽝스럽거나 부조리한 상황이 아니라, 바로 현실이었다.

오늘날 이런 상황과 가장 유사한 사례는 한 개인이 회사를 위해(첫째 법인격), 혹은 사인으로서 자신을 위해(둘째 법인격) 행위를 하는 경우를 들 수 있다. 만일 그가 수탁자라면, 그가 신탁자를 위해 행위를 할 때 셋째 법인격을 갖게 될 것이다. 그러나 오늘날에도 회사 사장으로서의 권리를 수탁자 혹은 사인으로서의 권리와 결합할 수는 없다. 법과 관련되는 한, 한 개인이 이 모든 역할을 수행하고 있고, 이 여러 법인격을 구현하고 있다는 사실을 우리 모두가 알고 있다고 하더라도, 각 행위는 오직 하나의 인격에게만 귀속한다. 마치 다른 법인격들은 존재하지 않는 것처럼 말이다.

이렇듯 중첩성은 어느 정도 오늘날에도 존재하고 있다. 그렇지만 프랑스혁명 이전이 오늘날과 다른 점은 개인들의 사적인 행위에 대응하는 단일한 법인격이 법적으로 존재하지 않았다는 점이었다. 사적인 생활에서 대부분의 사람들은 중첩적인 법인격을 구현했다. 오늘날처럼 회사를 위해 행위를 할 때에만 중첩적 법인격을 가졌던 것이 아니었다. 앞의 예로 돌아온다면, 귀족과 도시 거주자, 그리고 군인의 법인격을 중첩적으로 구현했다. 이런 부분들로부터 단일 법주체를 창조하기 위해서는 서로 다른 개인들이 본질적으로는 동일(따라서 평등)한 존재라고 상상하는 것만으로는 부족했다. 다양한 법인격들을 하나로 통합할 체계를 고안하는 것도 필요했다. 혁명적인 입법을 통해 기존의 질서와 재판관할권을 파괴하고, 그것들을 개인의 권리와 의무(재산을 소유할 권리, 노동의 권리, 도시에 거주할 권리, 납세의 의무)로 해체했다. 그리고 나가 추상적인 개인을 고안해 그 개인에게 모든 보호할 가치가 있는 특성들을 부착시켰다.

재산권의 통합

재산의 단일화는 법적 인격의 단일화와는 또 다른 기획이었다. 구체제 아래서는 오늘날 우리가 재산권이라고 부르는 대부분의 권리는 한 사람에게 속하지 않고, 여러 사람에게 나뉘어 있었다. 토지권을 예로 든다면, 법률가들은 "직접소유권"(*dominum directum*)과 "사용소유권"(*dominium utile*)을 구분하였다. 전자는 해당 토지에서 일어날 일을 지시하고 과조를 징수하고 권위를 행사하는 권리를 포함하였고, 후자는 토지를 사용해서 주로는 그 수익을 얻는 권리를 포함하였다. 법률가들은 또한 군주들이 프랑스의 모든 토지에 대해 갖는 추상적인 권리를 인정하고 있었고, 나아가 공동체 구성원들 혹은 모든 프랑스인들이 목축이나 이삭줍기와 같이 특정 목적을 위해 토지를 사용할 권리를 인정하였다. 교회도 인적이라기보다는 물적으로 여겨진 일정한 과세에 대한 권리를 가졌다. 그리고 대부분의 토지는 추가적인 부담, 독점권, 부역에 종속되었다. 이 권리들의 위계가 항상 명확한 것은 아니어서 갈등으로 이어지곤 했다. 한편 토지권의 파편적인 속성은 화석화되어 사고파는 것이 어려웠다. 이런 복잡성에 더하여 토지를 어떻게 사용하고, 무엇을 경작할 수 있는지, 무엇을 없앴을 수 있는지, 그리고 언제 경작이 허용되는지에 대한 여러 법적 제약이 존재하였다. 토지권은 또한 장소 및 지역, 그리고 토지의 형태나 어떻게 획득되었는가에 따라 천차만별인 지방 현지의 법들codes에도 종속되었다.

혁명적 입법의 첫 번째 목표 중의 하나는 이런 상황을 변화시키는 것이었다. 그것은 많은 사람이 보기에 혼동스럽고 극히 해로웠다. 입법자들은 관할권과 재산권, 다시 말해서 (영지에서 영주가 갖는 권한과 같은) 권한을 행사할 권리와 토지를 소유할 권리를 구분하기를 원했다. 그들은 또한 토지 시장을 개혁하고, 농부들을 소자작농으로 변모시키며, 농업의 상태를 개선하고, 권력 남용에 대항하여 재산을 보호하며, 이성과 단순함의 원칙에 호소하기를 원했다.

프랑스의 혁명적인 입법은 재산권은 가능한 한 완전하고 자유로워야 한다는 생각에서 새로운 근대적인 재산권을 구상했다. 그것은 이전에는 여러 사람에게 나뉘어 있던 권원들을 모두 포함했다. 그 이후로 지시하고 사용하고 수익을 누릴 권리를 갖는 오직 한 소유자만이 존재하게 되었다. 이 소유자는 국가의 규제와 제삼자가 부과하는 부담에서 자유로우며, 그의 권리는 공익의 고려나 타인의 권리에 의해 정당화되지 않는 한 어떤 제한도 받지 않게 되었다. 재산권은 〈인간과 시민의 권리선언〉 제14조가 선언한 대로 "자연적이고 소멸하지 않을" 뿐만 아니라, "신성하고 불가침적"이었다. 달리 말해서 1804년의 프랑스 민법전이 규정한 대로 재산권은 "법과 규정에 의해 금지되지 않는 방법으로 사용하는 한, 물건을 절대적으로 사용하고 처분할 권리"가 되었다.[4]

---

4 제544조. 프랑스 민법전에 대해서는 제12장 참조.

권력의 통합과 불가분의 주권

모든 공적인 권력을 하나의 불가분의 주권으로 통합하는 혁명적인 위탁 역시 중요했다. 구체제에서 공적 권력은 여러 개인과 공직 담당자들, 그리고 기관들에 분산되어 있었다. 이런 통합은 이미 장 보댕Jean Bodin(1530-1596)이 제안한 바 있었다. 가톨릭과 개신교 사이의 종교전쟁(1562-1598)이 초래한 혼란에 대응하여, 보댕은 사회는 모든 시민에게 최상의 명령을 내릴 수 있는 정부를 가질 필요가 있다는 이론을 전개하였다. 공적인 권력을 여럿에게(왕, 영주, 교회, 길드 등) 분산하기보다는 모든 권력을 집중해서 소유하고 다른 관할권보다 확실하게 우위에 있는 한 사람(군주)이 있어야 했다. 그는 전쟁과 평화를 선포할 수 있고, 최종심으로서 상소를 담당하며, 관료들을 임명하거나 해임하고, 세금을 부과하고 징수할 수 있는 자이다. 그러나 가장 중요한 것은 다른 사람의 동의 없이도 법을 만들고 변경할 절대적인 권한을 갖는 것이었다. 보댕은 행위에 제한을 받지 않고 신법과 (만국법을 포함하는) 자연법 외에는 어떤 제약도 없는 주권이 모든 정치체의 존속에 필수적인 조건이라고 주장했다.

보댕이 그 이론을 주장했을 때는 그것이 비교적 새로웠고, 물의를 빚기조차 했다. 그럼에도 불구하고 그 주장은 그로티우스Grotius, 홉스Hobbes, 로크Locke, 그리고 푸펜도르프Pufendorf 등에 의해 논의되었고, 프랑스혁명에 의해 결실을 맺게 되었다. 혁명적 입법에서 보이는 첫 움직임 중의 하나는 불가분의 주권을 고집스럽게 창조하는 것이었다. 자신의 직을 매수한 공직 담당자들과 영주들, 그리고 교회가 소유한 권력을 점진적으로 입법을 통해 제거하고, 그 관할권의 조각들을 합쳐 새로운 유형의 공적인 권위를 창조했다. 그 권위는 모든 공적인 권력을 떠맡았고, 위계질서의 최상위에 존재했다. 1791년의 헌법은 "주권은 불가분, 불가양, 불가침"[5]이라고 선언하는 방식으로 그 점을 언급했다.

미국의 13개 식민지의 발전에서도 그랬던 것처럼, 그런 구상의 많은 부분은 프랑스

---

5 제3편 제1조.

에서 기원한 것도, 프랑스에서만 받아들여진 것도 아니었다. 그러나 프랑스의 특별한 전제 조건들, 그리고 혁명이 전개해 나간 방식 덕분에 그 논리와 목표가 그곳에서 특히 강력하게 작용했다. 그런 구상은 다른 곳에서도 존재했음에도 말이다. 왜 그렇게 되었는지를 이해하기 위해서는 계몽철학의 영향, 입법권을 주장하고 사용했던 프랑스 군주들의 성향, 그리고 군주와의 대결이 모양을 갖추어가는 방식을 추적하는 것이 필수적이다.

계몽주의

계몽주의라고 알려진 지적 운동은 17세기 말과 18세기에 유럽의 여러 지역에서 위력을 떨쳤다. 17세기 말 사상가들은 사회가 자연법에 의해 규율되어야 한다는 신념을 가지고 있었고, 사회는 잘 조직된 구조 속에서 더불어 살기를 선택한 합리적인 개인들에 의해 제도화되어야 한다고 주장했다. 각 사람은 협상을 통해 어떤 것을 양보하는 대신 어떤 것을 얻기로 동의한다는 것이었다. 사회 형성의 조건이 무엇인가에 대해 사상가들의 생각은 서로 달랐다. 그럼에도 불구하고 사회는 일정한 목적을 가지고 의식적으로 사람이 창조한 것이고, 따라서 그 기초가 되는 사회계약에 의해 규율된다는 데 대해서는 모두 동의했다. 그것이 의미하는 바는 이 원초적 계약에 담겨 있는 특정 규범들은 사회를 재창설하려고 하지 않고는 변경될 수 없다는 것이었다.

18세기에 이르면 이런 신념과 함께 인간 사회는 그 조직과 법이 자연에 부합할수록 더 개선될 수 있다는 믿음이 생겨났다. 그 후로 자연과학에 적용되던 탐구 방법이 사회를 설명하는 데도 이용되었다. 자연과 같이 사회도 정규적이고 획일적인 법칙에 따른다는 것이었다. 인간은 이성을 사용함으로써 자연을 이해할 수 있다고 보았다. 이 법칙들을 발견하는 것이 매우 중요했다. 이 지식이 있을 때 더 큰 행복을 가져다 줄 수 있는 적절한 제도와 규칙을 만들 수 있기 때문이었다. 나아가 이를 통해 인간이 자신들의 활동과 사회에 대한 계획을 세울 수 있게 되기 때문이었다. 그리고 만일 인간이 기본이 되는 사회계약을 체결할 수 있다면, 상황이 요구하는 한 새로운 계약을 체결함으로써 처음의 사회계약을 변경할 수도 있었다. 다시 말해서 18세기가 되면 최초의 계약은 단지 사람들과 정부가 할 수 있는 것과 없는 것을 규정하는 데 그치지 않았다. 그것은 또한 변화의 도구도 될 수 있었다. 그 후로 한 정치체에 속한 사람들은 자신들의 결사체를 형성하거나 해체할 뿐만 아니라, 그 동의의 조건들을 변경할 수 있는 권능도 가지고 있다고 보았다.

계몽사상 내 급진적인 흐름은 기존의 사회계약이 인간의 행복을 증진하기보다는 오히려 제한한다고 주장했다. 사회를 되돌리기 위해 필요한 것은 분식된 개혁이 아니라 근본적인 변화였다. 더 나은 미래를 상상하기 위해서는 과거를 파괴하는 것이 필요했다. 그런 급격한 흐름의 옹호자로 가장 잘 알려진 사람이 장 자크 루소Jean-Jacques Rousseau(1712-1778)였다. 그는 자신의 저서 《사회계약론》*Social Contract*(1762)에서 사회는 인간을 개선하기보다는 타락시켰다고 결론을 내렸다. 그리고는 더 나은 합의를 바탕으로 사회를 다시 기초할 것을 옹호했다. 그가 제안한 사회계약은 인간을 과거에 그랬던 것처럼 국가나 왕, 정부에게가 아니라, 그 자신이 구성원으로 참여하는 공동체에 복종하는 것이었다. 루소에 의하면, 이 구조에 따를 때 모든 인간은 평등하고 주권적일 수 있으며, 참된 행복을 보장받을 수 있다는 것이었다.

계몽의 신념을 구체화한 이 비전은 13개 혁명적 식민주들이 1770년대와 1780년대에 채택한 헌법전들과 권리장전들로부터도 영향을 받았을 것이다. 이 문서들은 봉기를 정당화하고 국제적 지원을 결집할 목적으로 신중하게 준비되어 복사되고 번역된 포트폴리오portfolio로 묘사되기도 했는데, 그 문서들은 프랑스에서도 널리 활용되었다. 프랑스의 궁전 관리들과 지식인들이 그 문서들을 읽고 토론을 했고, 그 결과 그들 중의 일부는 북아메리카에서 일어난 그 사건이 문명 세계에 두루 퍼질 변혁의 시작이라고 믿기에 이르렀다. 그들은 13주의 경험에 바탕한 이 새로운 실험의 세기에는 그 변혁으로 말미암아 인간애가 자리하기를 희망했다.

계몽주의에 의해 진전된 그 신념의 많은 부분은 혁명적이고 근본적이었지만, 물론 더 깊은 뿌리도 가지고 있었다. 두 예만 든다면, 그 신념들은 사회계약에 관한 17세기의 논쟁에 기초하고 있었고, 주권과 재산에 관한 법적 논의에 의존하고 있었다. 그런 논쟁과 논의를 추적했던 법률가와 지식인들은 과거 전통에 정통한 자들이었다. 그들은 자주 이 전통들에 반대했을 뿐만 아니라 그 연속선에서 행동하기도 했다. 이런 논쟁을 통해 무엇이 변화되어야 하고, 무엇이 그대로 남아야 하는지, 그리고 무엇이 수정되어야 하고, 어떻게 수정되어야 하는지를 배웠다.

현지의 조건 I : 입법

우리가 보아온 대로 15, 16, 17세기 동안에 프랑스 군주들은 점차로 입법권을 갖게 되었다. 연속성이라는 탈을 쓰고 자신들의 간섭이 전통적인 권리에 대한 존중의 신호라고 주장하면서, 군주들은 여러 프랑스 지역의 관습법을 기록하는 운동을 장려하고, 때로는 강요하기도 했다. 이 운동 기간에 왕실 법률가들은 어떤 관습이 기록되어야 하고 어떤 관습이 잊혀야 하는지를 선택했다. 그들은 또한 관습이 어떤 문구로 기록되고, 원래는 일정한 지역에 제한되었던 관습 중에서 어떤 관습이 왕국 전역에 적용되어야 하는지를 결정했다. 그 결과 17세기에 이르면 프랑스의 관습법은 크게 변경되기에 이르렀다. 관습법은 원래가 그랬던 것처럼 고대의 관행이나 협상의 결과에 의존하지 않았다. 그것은 왕이 재가한 성문법으로 변화되었고, 특정 상황에서 특정 방식으로 기록되었다.

공식적으로 관습의 기록은 규범을 변경하지 않고, 단지 그것을 분명히 하고 문자화하는 것에 불과했다. 그렇지만 프랑스 군주들은 16세기 중반부터 법질서에 개입을 강화하기 시작했다. 새로운 군주 입법을 통해 기존의 관할을 변경하고, 절차법에 영향을 미치며, 많은 제도를 새롭게 정의했다. 그 군주 입법들은 프랑스의 법체계를 변화시켰다. 루이 14세 때 행해진 16세기 중반의 개혁들이 특히 유명하다. 그의 재임 중에 법률가들로 구성된 위원회가 민사절차와 형사절차를 재정비하고, 상업 활동과 항해의 많은 측면을 규율하는 일반적인 왕령들을 기초했다. 또한 프랑스법의 연구를 프랑스 현지의 대학들에 도입하고, 법률가들이 책을 쓰도록 권장했다. 군주의 입법 노력은 18세기까지 지속되었고, 특히 증여와 상속과 같은 사법 영역에서 뚜렷하게 나타났다.

왕실의 법률가들에 따르면, 이런 개입은 불가피했다. 프랑스법은 너무 혼란스럽고 너무 어려우며 너무나 비실제적이었기 때문이었다. 따라서 체계화와 함께 과거의 어떤 부분이 현재의 상황에 적당하고 어떤 부분이 그렇지 않은지를 검토하는 것이 필요했다. 그러나 이런 조처들이 엄청나게 이루어졌음에도 불구하고 왕실의 법률가들은 체계 자체를 점검하는 것처럼 행동하지는 않았다. 오히려 그들은 자신들의 작업이 무엇이 정당하고 효과적인지에 관한 당대의 기준에 따라 수정이 필요한 부분에 개입해서 변화시키는 것이라고 보았다.

이 목표는 법적으로 그리고 정치적으로 진작되었고, 이 시기 부상하는 철학에 의해서도 지지되었다. 보댕과 그를 추종하는 사람들은 공적인 권력은 한 사람(국왕)에게 집중되어야 하는데, 국왕은 자신의 권력을 법 제정을 통해 행사해야 한다고 주장했다. 당대의 많은 사람들처럼 보댕도 법을 여전히 신학에 기초한 진리(*veritas*)로 정당화하였다. 그렇지만 한편으로 그는 법은 이제 군주의 손에 있고, 군주의 의지(*voluntas*)에 의존한다고 주장했다. 수수께끼의 한 요소가 주권이라면, 또 다른 요소는 “국가이성” 이론이었다. 국가이성은 비도덕적이거나 불법적인 조치를 취하는 한이 있더라도, 왕국의 복지를 확보하기 위해 통치자에게 적극적으로 개입할 것을 요구했다. 짧게 말한다면, 더 큰 선을 위해서라면 일을 처리하는 통상의 방식에 위배되더라도 정당화된다는 것이었다. 그 후로 규범질서에 왕이 개입하는 것은 특권이라기보다는 의무가 되었다.

18세기에는 이런 개입이 거의 일상이 되었다. 그것이 반발을 격동시키기도 했다. 그러나 입법이 현실을 개조하는 효과적인 방법이라는 생각을 서서히 주입함으로써, 군주의 개입은 습관적으로 일어났다. 이런 발전의 결과로 18세기 말에는 프랑스는 상대적으로 입법이 중심적인 역할을 하는 법체계를 갖게 되었다. 또한 (역설적으로 무엇보다도 새 규범을 창조하는 방식을 통해 법을 초월해서 행동할 수 있는 권한으로 이해된) 주권을 정당화하는 강한 정치적 전통, 그리고 정부에게 단지 현상의 유지뿐만 아니라 더 큰 행복의 증진을 위해 나가도록 요구하는 이론을 갖게 되었다.

현지의 조건 II : 프랑스 의회의 역할

국왕이 실행한 일들과 계몽사상으로 인해 당대인들이 법질서를 새로운 방식으로 생각하게 된 것만큼이나 혁명 전야의 프랑스의 구체적인 상황들 역시 중요했다. 앞에서 본대로, 혁명 발발 전에 국왕의 적극적인 활동이 수 세기에 걸쳐 활발해 갔는데, 그것은 주로 법질서에 대한 개입으로 표현되었다. 이런 경향은 국왕이 제도적으로 자신을 절대적인 군주로 확립하기 위한 시도로 해석되었다. 그에 대한 저항이 주로 프랑스의 파를망 *parlements*의 활동을 통해 이루어졌다. 그것은 영어의 번역어가 보여주는 바와 같은 정치적 회합은 아니었다. 그것은 각 지역에서 국왕을 대신하는 국왕재판소들이었다. 파리와 각 지역의 법의 감독자로서 국왕재판소는 관할 지역에 국왕의 명령(왕령, 국왕 편지, 포고, 조약 등)이 공포되고 준수되기 전에 그 명령들을 받아 두루마리에 등록했다.

원래 이것은 재판관들이 국왕의 지시를 확인하기 위한 비교적 순수한 관료적 관행이었다. 그러나 근대 초기에 파를망은 국왕의 의지를 견제할 목적으로 이 제도를 이용하기 시작했다. 파를망의 판사들은 자신들이 왕령에 항의할 수 있는 권리를 가지고 있고, 자신들이 필요한 수정을 가하기 전까지는 등록을 거절할 수 있다고 주장했다. 비록 이론적으로는 파를망의 왕령 등록 여부와 관계없이 왕령은 효력을 가졌지만, 프랑스의 법률가들은 종종 등록을 사실상의 비준으로 여겼다.

그들이 왕령의 등록에 대해 불만을 제기하고 그것을 지연시킨 가장 흔한 구실은 그 왕령들이 왕실 입법 및 근본적이라고 간주되는 지역의 규범에 위반된다는 것이었다. 파를망들은 법의 보호자이며, 확립된 법원칙과 근본적인 법들을 위반하지 않을 의무를 국왕에게 상기시키는 것이 자신들의 책무라고 주장했다. 이에 대응하여 대부분의 국왕들은 파를망에게 왕령을 등록하도록 지시하고, 판사들을 형벌로 위협했다. 프랑스 군주들은 또한 16세기에 이르면 직접 파를망의 회의, 즉 명령 문서와는 다른 방식으로 존경과 복종을 강요하는 의식(*lit de justice*)에 직접 참석하는 방식으로 대응했다.

파를망과 프랑스 군주 사이의 관계는 시간에 따라 변해갔다. 그렇지만 프랑스혁명

전야에 이르면 많은 파를망의 판사들과 왕실 권부는 권력 다툼에 갇히게 되었다. 절대 주권자로서 국왕은 새로운 세금을 징수하고 국가의 구조를 변경하려 했고, 파를망들은 국왕이 국가의 근본적인 법들에 복종해야 한다고 대답했다. 바로 그것을 지키는 것이 파를망 판사들의 임무라는 것이었다. 17세기의 영국에서처럼 18세기의 프랑스 판사들도 군주도 변경할 수 없는 헌법적 기능을 갖는 근본적인 법제도들이 프랑스에 존재한다고 주장했다. 특히 이 점에 관해 파리 파를망의 판사들이 단호했다. 파리 파를망은 1753년에 국왕과 신민 사이에는 계약이 존재한다고 선언했다. 그 계약에 따르면 신민은 국왕에게 복종하고, 국왕은 법에 복종해야 했다.

왕령의 등록과 관련한 파를망의 투쟁 덕분에 일부 프랑스 엘리트들이 규범 질서의 준수와 전통적인 자유의 보호를 구실로 삼아 국왕 특권의 확장에 저항할 수 있었다. 특히 1770년대와 1780년대에 저항이 활발했다. 파리의 파를망은 국왕의 행위는 왕국의 근본법뿐만 아니라, 파를망이 그 보호의 책임을 맡고 있는 "국민의 권리"에도 위배해서는 안 된다고 주장했다. 이런 첨예한 갈등은 군주의 파를망 개혁(1771)과 폐지(1788)로 이어졌다.

파를망이 지역과 국민의 이름을 빌어 행한 역할은 혁명이 발발하기 1년 전인 1788년 5월 3일의 선언에서 분명하게 요약되었다. 근본법의 선언에서 파리 파를망의 판사들은 국왕이 준수해야 할 오랜 관습의 헌법이 프랑스에 존재한다는 신념을 표현했다. 그들이 이해한 바에 따르면, 그 헌법에 포함된 가장 근본적인 규범은 장자상속권에 따른 남자의 왕위 계승, 삼부회에서 자신의 대표자들이 결정한 바에 따라 자유롭게 세금을 납부할 국민의 권리(즉 의회의 동의 없이는 세금 없다), 관습의 준수와 지역들의 권리, 판사직의 회수 불가(국왕에 의해 임명된 것이 아니라, 그 직을 매수하거나 상속받은 경우), 그리고 국왕의 입법 행위들을 확증하고, 그것들이 "지역의 기본적인 법들"과 "국가의 근본적인 법들"에 위배하지 않을 때만 등록할 수 있는 판사의 권리였다. 또한 1788년의 선언에는 "자연적 관할에 따른 재판관들"natural judges 앞에만 소환되고, 체포 후에는 즉시 판사를 만날 수 있는 (인신보호영장과 비슷한) 시민들의 권리가 열거되었다.

파를망은 국왕의 권력을 억제하는 데 아주 성공적이었다. 그러나 혁명이 일어났을 때는 파를망 역시 크게 불신의 대상이 되어 있었다. 파를망은 지역주의의 수호자로 인식되고, 직을 매수하거나 상속한 귀족 법률가들에 의해 운영되었다. 그 때문에 파를망은 찬양보다는 비판을 받고 조롱을 당했다. 특히 파리의 파를망은 연속성을 위하는 나머지 보수적 입장을 취한다고 비난받았다. 그런 보수적 입장은 예를 들어 평민들(제3신분)보다 성직자와 (파를망 구성원 대부분이 속한) 귀족에게 유리한 옛 형식으로 삼부회를 소집하도록 요구하는 데서 구체적으로 볼 수 있었다. 간단히 말해서, 사람들은 더 이상 요구를 촉진하는 통로로 파를망을 생각하지 않았다. 오히려 파를망을 그 구성원의 이익을 주로 보호하는 하찮은 제도라고 생각했다.

비록 파를망이 마침내는 바람직하지 않은 것으로 보였지만, 그것이 가르친 교훈은 손상되지 않은 채 그대로 남았다. 법은 절대주의 주장을 제한하는 막강한 도구였다는, 혹은 도구일 수 있다는 교훈이다. 이 교훈을 따라 새로운 사회협약을 모색했던 여러 혁명 모임과 사람들은 행정부의 권력 주장을 억제할 법적 작동장치를 찾아내려고 했다. 그리고 마침내 그들은 인민을 위하고 인민에 의해 선출되는 입법권을 가진 국민의회 제도를 만들어 내었다. 역설적으로 그들이 얻은 또 하나의 교훈은 파를망과의 전투에서 군주가 승리하지 못했다는 사실이었다. 그 당시 사람들에게 판사들은 정부의 권한을 제한할 수 있는 막대한 권력을 가지고 있다고 생각되었다. 그 결과 그들은 법을 만들 수 있는 권한을 박탈당했고, 다른 기관에서 결정하고 아마 심지어는 해석하기도 한 법을 수동적으로 실현하는 기관으로 변모되었다. 그 두 가지 모두가 주는 교훈은 행정과 입법, 그리고 사법의 권력을 확실하게 분리해야 한다는 점이었다.

첫 딜레마 : 보편적인 청중을 위한 국가적 체계?

1780년대 말과 1790년대에 프랑스에서 취해진 혁명적 조처들은 몇몇 차원에서는 심각하게 모순적이었다. 그 조처들은 한편으로는 국민 전체에 권한을 부여하고, 주권과 법질서를 변경할 수 있는 권능을 국민에게 확보시키려 하였다. 그러면서도 다른 한편으로는 모든 인간을 포함하는 더 큰 공동체, 그리고 보편적이라고 말해지는 자연법에 호소했다. 그래서 국민의회의 일반의지에 의해 제정된 법이 오직 프랑스 내에서만 적용됨에도 불구하고, 이론적으로는 그 법은 모든 인류에게 공통된 이성과 같은 원칙들에 근거하고 있다고 주장되었다.

특별히 국민적인 법의 출현은 통일된 유럽의 법체계, 즉 유럽 대륙 전역에 적용되었던 공통법의 종언을 고했다. 전통과 경험, 그리고 그리스도교에 기초한 옛 공통성 대신에 이제는 이성과 자연법에 닻을 내린 새로운 공통성이 제안되었다. 이 변화는 인간의 이성은 시대의 문화적 가정들에 의존하지 않고, 언제 어디서나 하나이며 동일하다는 믿음에 의해 가능했다. 이것은 법이 비록 국민적으로 제정되고 국민적으로 구속력을 갖는다 할지라도, 프랑스의 일반의지에 따라 제정된 법이 다른 나라와 그 국민들에게도 잠재적으로는 효력을 가질 수 있다는 것을 의미했다. 그 법은 오직 이성에 의해서만 지도되었기 때문이었다. 이 법은 수출될 수 있을 뿐만 아니라, 그렇게 되어야만 했다. 인간의 행복은 이성의 확장과 그에 복종하는 사회에 달려 있다고 보았기 때문이었다.

이 메시지의 보편성은 결국 혁명전쟁, 그리고 적어도 몇몇 혁명적 법률들을 전 유럽에 시행하고자 했던 나폴레옹의 노력을 정당화했다. 그러나 보편적인 메시지는 초기에도 존재했다. 1789년에 선포된 <인간과 시민의 권리선언>은 이 점에서 전형적이었다. 시민들 즉 프랑스의 정치공동체에 속한 사람들뿐만 아니라 인간 일반을 보호 대상으로 삼음으로써, 그 선언은 (13개 주 대표들이 표현한 바와 같은) "우리 인민들"과 인류 양자에 관련되는 문서를 만들었다. 그것은 일반적이고 앞으로 실현되어야 할 권리들을 열거하였다. 그 권리에는 해방과 평등의 권리, 자유, 재산, 안전, 그리고 압제에 대한 저항이 포함되었다. 또한 어느 곳에서나 그런 권리들을 보장해야 할 좋은 정부의 구조에 대해서도 일부 명기하였다.

미국의 권리장전이 그랬던 것처럼 이 프랑스의 선언에서 열거된 많은 부분은 1770년대와 80년대, 그리고 90년대에 펼쳐진 정치적 대결의 직접적인 결과였다. 그 선언은 모든 사람의 평등을 인정하는 데 초점을 맞추었다. 당시의 프랑스 사람들에게 그것은 귀족과 성직자가 누리던 특권의 폐지를 의미하였다. 또한 그 선언이 중요하게 다룬 부분은 국왕 정부로부터의 보호였다. 당시 사람들이 주장한 바에 따르면, 국왕 정부는 주권적이지 않은데도 주권을 가졌다고 주장했다. 그러면서 이유 없이 사람을 체포하고, 정적의 유죄를 예단하며, 부과할 형벌을 끊임없이 바꾸었다. 표현의 자유, 군대는 공동선을 공격하기 위해서가 아니라 그 보호를 위해서만 사용되도록 확실히 하는 것, 모든 세금은 동의에 근거해야 한다는 요구, 그리고 사법의judicial 자유를 보장하는 것 역시 그 선언의 중요한 내용이었다.

프랑스의 선언은 당시의 특수한 상황으로 설명할 수 있음에도 불구하고, 일반적이고 무시간적인, 즉 몰역사적이고 불변하는 원칙들을 선언한다고 자처했다. 선언은 전 세계적으로 적용할 수 있도록 매우 추상적인 언어를 사용했다. 그것은 권리들을 맥락에서 떼어내고, 장소와 시간, 또는 법적 전통의 특수한 상황들로부터 단절시켰다. 예를 들어 선언의 제1조는 인간은 자유롭게 태어났으며, 계속 자유로워야 한다고 규정했다. 제2조는 모든 정치적 결사의 목표는 인간의 자연적 권리, 주로 자유, 재산, 안전, 그리고 억압에 대한 저항의 보존이라고 되어 있다. 제4조는 자유는 다른 사람들에게 해를 끼치지 않는 한 어떤 행위라도 할 수 있는 것이라고 규정했다. 이어지는 조에서는 법은 사회에 해가 되는 행위만을 금지할 수 있음과 무죄 추정을 선언했다.

이런 추상적인 언어는 열거된 권리들이 정말로 모든 인간과 사회에 공통된다는 신념을 반영했다. 각 인간과 사회의 구체적인 본성이 무엇이든지 간에 말이다. 그러나 추상적인 언어는 또한 유용한 도구이기도 했다. 표현이 추상적이면 추상적일수록, 더 포용적이고 더 다양한 해석에 열려 있었다. 모든 인간은 자유롭게 태어났다는 제1조로 돌아가면, 이 추상적인 언어는 그저 안전밸브와 같은 작용을 했다. 추상적인 언어 덕분에 그때나 그 후로 전문가들은 저술할 때 '인간'men에 무엇이 포함되는지 물을 수 있었다. 가령 인간은 여성을 포함하는가? 그것은 어린아이들을 포함하는가? 모든 인간은 오직 이성적인 (이성이 무엇을 의미하든지 간에) 사람만을 포함하는가? 노예들은 포함되는가? 저자마다 시대마다 이런 질문들에 서로 다르게 대답했다. 결국 이 추상적인 언어는 이 선언이 끊임없이 변화하는 사회의 요구에 적응하도록 했다. 사회가 변화하는 동안에는 원칙이 무엇을 의미하고 어떻게 실행되어야 하는가보다 원칙 그 자체에 대한 동의가 더 용이했기 때문이다.

두 번째 딜레마 : 자연법의 지위

법이 주권자인 인민의 대표자들에 의해 창조된 것이라면, 그리고 법이 국가적인 경계를 갖는다면, 또 법에 의해 명시적으로 금지되지 않은 것은 허용되는 것이라면, 혁명가들이 믿었던 자연법은 어떻게 무엇을 명령할 수 있을까? 반대로 국민의회의 입법 활동이, 가령 <인간과 시민의 권리선언>이 천명한 바와 같이 자연법에 의해 제한받아야 한다면, 어떻게 국민의회가 정말로 주권적일 수 있을까?

이런 딜레마를 풀기 위해 18세기 프랑스 입법자들은 자신들이 자연법의 핵심 명령이라고 생각한 것을 입법에 반영하려고 하였다. <인간과 시민의 권리선언>은 그런 조처 중의 하나였다. 그것은 기존의 규범들을 승인한 것이면서, 동시에 국민의회가 공식적으로 채택함으로써 그 규범들에 새로운 성격을 부여하려는 의도에서 만들어졌다. 서로를 보완하는 이 두 차원을 고려할 때, 그 선언이 "인간의 자연적이고 양도 불가능한 신성한 권리들"의 우위성을 긍정하면서, 동시에 그 권리들을 열거하고 있는 이유가 설명된다. 그 목적은 단지 청중들에게 그 권리들이 무엇인지 상기시키려는 데만 있지 않았다. 프랑스의 법체계는 입법 외에 다른 법원을 인정하지 않았기 때문에. 그런 체계에서 규범적인 가치를 그 권리들에 부여하려는 목적도 가지고 있었다.

그러나 이런 절차를 통해 제공된 것은 자연적인 권리들을 어떻게 보호할 것인가에 대한 불완전한 해결책이었다. 선언이 그 권리들을 유효한 규범으로 변환시켰을 수도 있다. 그러나 그것은 국민의회의 주권을 제한하거나 억제할 만큼 강력하지는 못했다. 국민의회는 여전히 이 권리들에 위배되는 법률을 제정할 수 있었기 때문이다. 권리 보호를 확실히 하기 위해 법률과 헌법의 문언은 무엇보다도 입법자의 양심에 호소했다.

1791년의 헌법은 권리의 보호를 입법부와 국왕, 재판관들의 "신의"fidelity, 그리고 아버지들과 아내들, 어머니들, 젊은 시민들, 그리고 모든 프랑스인들의 "경계심"vigilance에 맡겼다. 1793년 헌법은 권리의 목록을 기록한 커다란 판을 입법부의 홀과 공중장소에 설치하도록 규정했다. 그리고 1795년에 다시 헌법과 권리의 보호는 입법부와 집행부, 행정가, 재판관, 아버지들, 아내들, 어머니들, 젊은 시민들, 그리고 모든 프랑스인들에게 "맡겨졌다."[6]

혁명의 순간?

영국과 13개 식민주, 그리고 프랑스에서 군주제에 대한 저항은 유구한 헌법을 불러내는 것으로 이어졌다. 군주는 그 헌법을 위반한 것으로 고소되었다. 그리고 그것은 뒤이어 의회 권력의 긍정으로 이어졌다. 그 세 지역에서 당시 사람들은 법과 권리의 보호자로 행동하고 있다고 주장하였다. 그렇지만 이 법이 무엇인지, 그리고 이 권리들이 어디에 위치하는지는 각 경우마다 달랐다. 그 권리들은 국왕의 약속에 따라 공동체 구성원들이 보유한 전통적인 특권이라는 데서부터 출발했다(영국). 그러나 마지막은 해당 공동체의 구성원뿐만 아니라 자연법에 따라 모든 인간에게 부여된 이성적인 권원이라는 주장에 도달했다(13개 식민주와 프랑스). 그 과정에서 법에 대한 생각도 달라졌다. 법은 관습적이고 전래된 제도라는 데서 출발했다(영국과 13개 식민주). 그러나 최종적으로는 법은 최대한의 행복을 보장할 목적에서 이론적으로는 자연과 사회를 조사해서 이성적이고 정당하다고 결론이 난 것에 근거한 새로운 해결책이라는 데 도달했다(프랑스와 그보다

---

6 프랑스는 1958년에야 법률 공포 전에 헌법위원회*Conseil Constitutionnel*가 그 합헌성을 심사하도록 하는 일종의 사법심사를 도입했다. 이 제도는 2010년에 소송당사자들이 소송 중에 위헌성을 주장할 수 있도록 확장되었다. 이 경우 그 심리는 중지되고, 위헌성 여부를 판단하기 위해 헌법적 쟁점이 헌법위원회에 회부된다.

조금 덜 하게는 13개 식민주).

이런 차이에도 불구하고 영국과 13개 식민주, 그리고 프랑스를 휩쓴 혁명에서 가장 두드러진 점은 그 혁명들이 성취한 것들뿐만 아니라, 그 혁명들에 동반된 다양한 태도였다. 17세기 영국의 혁명가들은 그 엄청난 내용에도 불구하고 혁명이 연속선에 위치해 있다고 이해했다. 13개주 대표들 또한 혁신적이었음에도 불구하고 자신들의 특수한 전통의 우위를 주장했다. 그들은 전통을 지키려고 하면서, 동시에 자연법의 명령에 호소했다. 마치 그 둘이 하나인 것처럼 말이다. 대부분의 프랑스 혁명가들은 과거와 현재의 연속성을 (그것이 분명할 때조차) 무시하면서, 자신들이 급격한 단절을 선호한다고 이야기했다.

이런 이미지에도 불구하고 영국과 13개 식민주는 확실히 혁명적이었다. 프랑스에서는 사회계약을 다시 기초하고 새로운 시대를 시작하려는 열망이 항상 이루어졌던 것은 아니다. 입법의회 제도라든가 배심원에 의한 재판의 채택과 같은 조처들은 진짜로 혁명적이었다. 그렇지만 어떤 것들은 훨씬 덜 급진적이거나 부분적으로만 시행되었다. 두 가지만 예로 든다면, 귀족 계급의 모든 특권과 모든 길드를 폐지하려는 열망은 완전히 성공하지 못했다. 몇몇 귀족들은 봉건적 기원을 갖는 특권에 기해 계속해서 급여를 받았고, 몇몇 길드들은 직업상의 독점을 유지했다. 부분적으로는 정치적 타협의 필요 때문에, 또 부분적으로는 백지상태로 돌아가는 것이 불가능했기 때문에, 프랑스에서도 영국과 13개 식민주에서와 같이 연속과 변화가 병존했다.

프랑스에서 체계의 완벽한 전복은 결코 달성되지 못했지만, 프랑스혁명에서 비롯된 법의 변화는 극적이었다. 영국에서는 관습법이 그랬던 것처럼 법원의 국왕적 체계가 재조직되었고, 13개 식민주에서는 헌법적 구조가 법 자체는 그렇지 않았음에도 불구하고 급격하게 영향을 받았다. 프랑스에서는 공통법과 관습, 그리고 왕법에 기초한 법체계가 거의 전적으로 국민의회의 입법에 의존하게 되었다. 현상 유지에 기여했던 규범 세계가 변화의 도입을 위해 의도적으로 재설계되었던 것이다.

이런 혁신의 결과로 우리가 어느 곳에 살고 있는가와 관계없이 우리 대부분은 어느 정도 프랑스혁명의 상속자라고 할 수 있다. 13개 식민주에서의 발전 덕분에 인민들이 정치체를 구성하고 그 구조를 결정할 수 있는 권리를 상상할 수 있게 되었으며, 의회주권을 제한하는 상위의 법으로 헌법을 생각할 수 있게 되었다. 그리고 프랑스에서의 발전 덕분에 새로운 유형의 법체계의 형성이 가능했다. 새로운 법체계는 인민의 의사에 의해 대의기구에서 만들어지고 이성에 의해 지도되는 입법권에 근거했다. 오늘날 우리 대부분이 "법"이라고 부르는 것을 산출하는 이 체계는 국가 전체에 효력을 가지며, 변화를 가져올 수 있도록 설계되었다.

유럽법약사
A Short History of European Law

19세기

제 6 부

제12장

유럽법의 법전화: 유럽법의 보편화 II

19세기에 대부분의 유럽 국가들은 법전화 열풍을 경험했다. 프랑스로부터 시작해서 독일을 마지막으로 19세기 동안 영국을 제외하고 대부분의 유럽 국가들에서 법은 어느 정도 법전화되었다. 프랑스혁명 이후로 입법에 부여된 중심적인 역할을 이용하여 유럽 전역의 법률가와 정치가들은 법전을 제정했고, 이를 통해 규범 질서를 실질적으로 변화시켰다. 제정된 법전들은 대부분 혹은 모든 법제도를 대체하도록 구상되었다. 이 기간에 기본적인 두 법전 모델이 등장했다. 하나는 프랑스에서 유래한 것이고, 다른 하나는 독일에서 유래하였다. 프랑스 법전은 이성에 호소하였고, 단순함을 추구하였다. 반면에 독일의 법전은 전통을 불러들였으며, 매우 전문적이었다. 이런 차이에도 불구하고 그 두 법전은 매우 유사했고, 세계적으로 모방되었으며, 또 한 번 유럽법의 세계화를 추동하였다.

19세기의 프랑스 : 내부 혁명으로부터 외부 전쟁으로

프랑스혁명을 계기로 법은 무엇이고 어디에서 유래하는가에 대해 새로운 이해를 얻게 되었다. 새롭게 이해된 바에 따르면, 입법이 유일하게 정당한 규범의 원천이었다. 그리고 그것은 주권적인 국민의회의 결정에서 유래하였다. 입법의 목표는 이성과 의지에 근거하여 개선된 새 법을 만들고, 이로써 개선된 새로운 사회를 창조하는 것이었다. 다른 덜 중요한 목표들은 여러 지역 제도들의 복잡성에서 벗어난 단일한 국가적 법을 만들고, 전통과 그리스도교가 아니라 이성과 권리에 근거한 새로운 보편성을 창조하는 것이었다.

프랑스혁명은 프랑스 안팎에서 극심한 적대감에 부딪쳤고, 그로 인해 급진성과 혼란이 초래되었다. 1792년부터 1802년 사이에 일어난 일련의 전쟁에서 프로이센, 오스트리아, 러시아, 영국, 스페인, 포르투갈, 스웨덴, 네덜란드, 그리고 몇몇 이탈리아와 독일의 정치체들, 그리고 오스만제국 중에서 다양한 연합세력이 새 프랑스의 혁명정부에 맞섰다. 매우 성공적이었던 장군 나폴레옹 보나파르트가 지도자로 부상하여, 1799년에 통령, 1802년에는 종신 통령, 그리고 1804년에는 황제가 되었던 것도 이 기간에 일어난 일이었다.

나폴레옹은 프랑스 내의 질서를 회복하기 위해 애를 썼다. 그러나 그는 또한 프랑스의 적들을 무찌르고 프랑스혁명의 대의를 프랑스 너머에까지 전파하려 하였다. 러시아 침공의 실패 때(1812)까지 나폴레옹은 천하무적으로 보였다. 그러나 1815에는 최종적인 패배에 이르렀다.

프랑스의 초기 승리는 유럽에서 법전의 준비 및 확산과 관련되는 법적 변화의 결과를 낳았다. 그 법전들은 프랑스혁명의 정신을 구체화하고, 그 대의 중 일부를 재생했다고 일컬어진다. 그 법전들은 처음에는 프랑스에서 적용되었다. 그러나 곧 프랑스에 점령되었거나 그 영향력 아래 놓이게 된 지역에서도 시행되었고, 마침내는 세계 곳곳에서 사용 또는 모방되었다.

나폴레옹 법전

일찍이 1790년부터 프랑스의 법률가들은 혁명적인 법은 이론적으로 이성에 근거했기 때문에 쉽게 체계화할 수 있다고 주장했다. 전 프랑스에 적용되어 자유와 평등, 그리고 박애의 통치를 보장할 하나의 통일된 법전을 창조할 수 있다는 것이었다. 이상적인 법전은 명확하고 간략하며 쉽게 접근할 수 있어서, 따로 전문가의 지식이나 준비가 없이도 이해할 수 있어야 했다. 그것은 이성적인 개인들이 어떻게 행동해야 할지 계획할 때 사용할 수 있도록 모든 가정마다 구비해야 하는 지침서여야 했다. 법전은 또한 시민들에게 그들의 권리와 의무에 관해 교육할 수 있어야 했다.

희망은 18세기 말에 편찬된 《베니스봉건법전》(1780), 《투스카니의 레오폴드법전》(1786), 오스트리아에서 편찬된 여러 법전들, 그리고 《프로이센일반란트법전》(1794)과 같은 이전의 법전들과는 아주 다른 법전을 만드는 것이었다. 이전의 법전들은 이미 존재하는 규범들을 모아 단순화하고 체계화하는 것이었다. 반면에 프랑스 법률가들에 의해 제안된 이 새 법전은 혁신을 의도하였다. 그 의도는 새롭고 완전하며 명확한 법적 질서를 도입하는 것이었다. 전통이 아니라 인민의 의지와 이성에 근거한 이 새 법질서로 이전에 존재했던 모든 것을 대체하려고 했다.

법전의 초안 작성을 위해 여러 위원회가 조직되었으나, 그들이 만든 초안들은 국민의회에 의해 거부되었다. 대부분 초안들이 너무 길고 복잡하며, 충분히 개념화되지 않았고, 과도하게 과거의 전통에 얽매여 있다는 이유에서였다. 혹은 그 반대로 너무 짧고 모호하다는 이유에서 거부되기도 했다. 새 위원회의 위원들이 법전안을 제출하여 입법부를 통과한 것은 나폴레옹이 권좌에 오르고 난 이후였다. 그 법전안은 1804년에 나폴레옹이 통제하는 입법부에서 《프랑스인의 민법전》*Le code civil des français*이란 이름으로 공포되었는데, 나폴레옹 법전*Code Napoléon*으로 더 잘 알려져 있다.

나폴레옹 법전은 생각한 것과는 전혀 달랐다. 그것이 법 앞의 평등, 사유재산권의 보호, 혼인의 세속화, 이혼의 합법화, 그리고 종교의 자유와 같이 혁명적인 법률이 도입한 가장 중요한 몇 가지 개혁을 포함하고 있기는 했다. 그럼에도 불구하고 그 법전은 다른 많은 영역에서는 구체제의 구조에 가까웠다. 새로운 판에서 시작하기보다는 로마법과 관습법, 그리고 혁명적인 법들이 섞여 있었고, 오히려 그것이 의도였다고 표명되었다. 실제로도 그것은 이전과 새로운 것의 혼합물이었다.

그 법전은 또한 기대한 만큼 읽고 이해하기에도 쉽지 않았다. 짧은 법문 안에 사법의 모든 것을 재생하기 위해 법전기초위원회는 일반원칙을 사용했고, 종종 매우 추상적인 언어를 동원했다. 그로 인해 이해성과 정확성은 감소되었다. 법전이 법률가들과 법적으로 훈련된 재판관에게 의존하지 않게 해 주리라는 희망은 이렇게 좌절되었다. 그 법전의 공포 이후에도 법은 계속해서 법문에 익숙하고 그 의미들을 파악할 수 있는 전문가들의 배타적인 영역으로 남게 되었다.

기초위원 중 한 사람이었던 포탈리스Jean-Étienne Portalis(1746-1807)는 이런 결함을 알고 있었다. 그 점은 당대의 다른 법률가들과 뒤따른 역사가들도 마찬가지였다. 포탈리스는 모든 사항을 포괄하면서도 해석이 필요하지 않은 법전을 만드는 것이나, 짧고 간명한 법문으로 복잡한 법을 재생하는 것은 아무리 노력하더라도 불가능하리라는 점을 확신하고 있었다. 오히려 그는 법이란 이성으로 이해할 수 있는 (그리고 필요하다면 확장할 수 있는) 일련의 일관된 원칙들이라고 말했다.

이런 결함에도 불구하고 나폴레옹 법전은 법적 혁명을 일으킬 수 있는 지위를 완벽하게 누렸다. 법전을 공포한 법이 그렇게 지위를 규정했다. 법전이 효력이 갖게 된 후에는 모든 로마법상의 원칙, 일반법령, 지역 관습, 성문법규, 그리고 규정들은 그 법전이 적용되는 사안에 대해서는 더 이상 적용될 수 없다고 규정했다. 혁명적인 입법의 일환으로 그 법은 또한 그 법전이 프랑스 영토 전역에서 적용되고, 거기에 거주하는 모든 사람에게 그들이 누구인가를 불문하고 시행된다고 규정했다.

제4조와 제5조에는 다른 극적인 조처들이 숨겨져 있었다. 제4조는 법이 존재하지 않는다거나 모호하다거나, 또는 불충분하다는 이유로 판사가 재판을 거부하는 행위는 정의를 거부한 죄에 해당한다고 규정했다. 제5조는 판사가 법률로 생각될 수 있는 일반적인 포고를 발하는 것은 금지된다고 규정했다. 이런 조처들은 법전의 우위성을 보장하

려고 한 것이었다. 정의상 그 법전은 완전하고 결정적이며, 모든 가능한 문제에 대한 해답을 포함하고 있었다. 그 법전의 발효 이후로는 더 이상 법의 흠결 상태는 존재하지 않게 되었다. 그것은 법전이 법의 흠결을 인정하지 않았기 때문이었다. 이런 이유로 판사는 법전에 규정이 없다는 결론을 내릴 수 없고, 일반적인 포고를 통해 새로운 해결책을 창조할 수도 없게 되었다. 창조를 금지한 제5조는 판사가 규칙을 만드는 일에 관여하지 못하게 함으로써 권력분립을 보호하고자 했다.

하나의 법전에서 많은 법전으로

민법전이 제정되고 난 후에 다른 법전들도 모습을 드러내었다. 민사소송법전(1806)은 법원의 절차와 법원 명령의 집행 문제를 취급하였다. 이듬해 등장한 상법전(1807)은 상사 일반의 문제와 해상법, 파산, 그리고 상사관할권에 관해 규정하였다. 다음으로 형사소송법전(1808)과 형법전(1810)이 제정되었다.[1]

이 법전들은 민법전이 가진 많은 이점과 결함을 반복하였다. 그 법전들을 통해 모든 것을 변화시키려고 의도했지만, 법전들에는 프랑스혁명의 기본적인 원리들이 담겼을 뿐만 아니라, 과거와 연속적이기도 했다. 그 법전들의 주된 기여는 새로운 해결책의 채용이 아니라 해당 법의 재조직이었다. 전통법, 관습법, 왕법, 또는 로마법의 제도들이 제정법으로 변환되었다. 그리고 민법과 상법, 그리고 형법과 같은 분야로 법의 구분이 두드러지게 되었다. 실체법(민법전과 형법전에서와 같이 합리적인 규범을 규정한 법)과 절차법(민사소송법전과 형사소송법전과 같이 합리성이 어떻게 입증될 수 있는가를 규정한 법)의 확연한 분리 또한 주목할 만했다.

1 프랑스에서 법전 제정은 지속되었다(현재 약 50여 개의 법전이 존재한다). 그렇지만 나폴레옹 시대 이후에 제정된 법전들은 "이데올로기적"이라기보다는 "행정적" 특징을 갖는다.

프랑스 법전들의 세계화

프랑스의 법전들, 특히 민법전은 공포된 후 몇십 년 내에 유럽 전역과 아메리카, 그리고 그보다는 좀 덜하지만 아시아와 아프리카에서 엄청난 반향을 일으켰다.[2] 역사가들은 이런 영향의 원인을 몇 가지 요인에서 찾고 있다. 나폴레옹은 자신이 "문명화의 사명"을 수행한다고 생각했는데, 그에 의해 프랑스 법전들은 북이탈리아, 벨기에, 네덜란드, 룩셈부르크, 모나코, 그리고 일부 독일의 영방들polities과 같은 점령지에서 시행되었다. 정치적 또는 군사적 지배권을 갖지 못했던 다른 지역에서는 설득을 통해 지역의 지도자들에게 프랑스 법전의 수용을 촉구했다. 독일의 일부 또 다른 영방들, 스위스의 주들cantons, 그리고 폴란드가 이런 경우에 해당했다. 그러나 19세기가 지나면서 점점 더 많은 세계의 엘리트 집단들이 나폴레옹이 이루고자 했던 것 이상으로 프랑스 법전들, 특히 민법전을 유용한 도구로 보게 되었다. 일부는 자신의 국가의 다양한 법들을 단일한 국가적 체계로 통일하기를 원했다. 또 다른 일부는 프랑스 법전이 현대의 경제적 사회적 정치적 여건에서 필요에 부합한다고 생각했다. 프랑스 법전들은 법 앞의 평등과 재산권의 보호와 같이 부상하는 중간계급이 가진 열망을 구체화한 상징이었다. 그 법전들(또는 그 번역들)은 나폴레옹이 군사적 정치적 전투에서 패배하고 난 이후에도 오랫동안 계속해서 수용되었다.

프랑스혁명이 그랬던 것처럼 혁명 후의 이 법전들 역시 인민의 의지에 의해 제정된 국가법의 지배와 이성에 기초한 새로운 지평의 공통성을 제안했다. 법전들은 하나의 정치체에 특유한 하나의 법체계를 구현했다. 그리고 분열된 지방법을 국가화하기 위해 사용되었다. 그럼에도 불구하고 그 법전들은 그 지향이 역설적으로 범유럽적이고 보편적

---

2 나폴레옹 법전의 영향을 받은 국가의 목록에는 여러 이탈리아의 (통일 전의) 도시국가들, 벨기에, 네덜란드, 룩셈부르크, (1871년 통일 전의) 독일 일부, 오스트리아, 스위스, 폴란드, 그리스, 루마니아, 스페인, 포르투갈, 루이지애나, 퀘벡, 도미니카공화국, 볼리비아, 페루, 칠레, 우루과이, 아르헨티나, 멕시코, 니카라과, 과테말라, 온두라스, 엘살바도르, 베네수엘라, 터키, 이집트, 그리고 레바논이 포함된다.

이었다. 그 법전들은 "법의 이식"을 촉진했다. 법 이식은 구조나 절차, 용어에 한정되지 않고, 종종 실질적인 해결책까지도 포함했다. 그 해결책들 또한 법전에 포함되어 국가화되는 과정에서 보편화되었다. 많은 국가가 동일한 해결책을 채택했기 때문이었다.

독일의 법전화 : 두 번째 모델

프랑스 민법전이 공포된 후 거의 100년 후인 1896년에 독일인들이 BGB로 더 잘 알려진 민법전을 제정했다. 독일의 법전 제정자들은 이전의 법전화에서 있었던 실수로부터 배울 기회가 있었다. 그렇지만 그들이 작업한 환경은 완전히 달랐다. (종종 전통의 산물이기는 했지만) 계몽주의와 프랑스혁명에 영감을 받아 보편적 이성을 알렸던 프랑스 법전들과는 달리, 독일 법전은 낭만주의와 과거를 법전화하고 현대화하고자 했던 민족주의적인 이상에 의해 영향을 받았다.

대부분의 역사가들은 BGB의 기원을 "독일 역사법학파"에 속하는 일군의 학자들에게로 돌린다. 독일 역사법학파는 사비니Friedrich Karl von Savigny(1779-1861)가 1814년에 펴낸 선언을 중심으로 조직되었다. 그 선언에 해당하는 <입법과 법학에 대한 우리 시대의 소명>에서 사비니는 티보A.F.J. Thibaut가 제안한 내용에 반론을 펼쳤다. 티보는 독일이 프랑스 민법전과 비슷한 법전을 제정해야 한다고 주장했다. 그에 대해 사비니는 법은 순수한 이성의 구축물이 아니라 전통의 생산물이라고 반박했다. 법은 역사, 언어, 문화, 그리고 민족정신(*Volksgeist*)을 표현하며, 입법자의 자의적인 의지가 아니라 소리 없이 작용하는 힘들의 결과로서 발전한다고 했다. 법은 기본적으로 관습적인데, 법전 안에 관습을 통일시키는 일은 입법자가 아닌 법학자들이 담당해야 할 과업이고, 이 과업을 수행하기 위해서는 법학자들이 민족의 법사를 잘 이해해야 한다고 주장했다.

독일 역사법학파의 대부분은 이성의 우위와 그 귀결로서 법은 보편적일 수 있다는 주장에 반대했다. 그러나 독일법사에서 로마법의 역할에 관해서는 의견이 일치하지 않았다. 로마법은 이민족의 법으로서 독일법의 발전을 가로막는 악영향을 끼쳤고, 따라서 법체계의 순전함을 위해 제거되어야 하는 것인가? 아니면, 그것은 그리스도교와 같이 독일도 공유하는 유럽 공통의 유산으로서 민족성을 띠지 않는 하나의 초구조물인가? 첫 번째 해석을 고수하는 자들을 나중에 "게르만주의자"Germanists라고 불렀고, 두 번째 이상을 지지하는 자들을 "로마주의자"Romanists로 분류했다.

게르만주의자들은 로마법에 대항하는 자들로 자처했기 때문에 소위 진정한 중세의 게르만 전통을 발견해서 재구축하고자 했다. 그것은 로마법의 도달 이전에 존재했고, 그들에 따르면 오늘날의 구조를 출현시킨 전통이었다.[3] 게르만주의자들은 이 오랜 전통을 비학식적인 인민법이라고 규정했다. 그림 형제도 관습을 복원하는 탐구에 참여했던 인물들이었다. 《신데렐라》, 《헨젤과 그레텔》, 그리고 《백설공주》와 같은 민속 동화의 수집가이자 발간자로 잘 알려진 빌헬름 그림Wilhelm Grimm(1786-1859)과 야콥 그림Jacob Grimm(1785-1863)은 사비니와 함께 공부한 법률가들이었다. 진정한 게르만의 과거를 구출하는 데 대한 관심에서 그들은 민중의 전통을 기록하기 위해 교외로 떠나곤 했다. 그들의 노력은 《그림 형제의 동화》로 알려진 유명한 모음집과 지방의 법적인 관습들을 집성한 수록집으로 결실을 맺었다. 후자는 전자보다는 덜 알려졌지만 매우 중요한 의미를 지녔다.

게르만주의자들이 전통을 구출하기 원했다면, 로마주의자들은 게르만법과 로마법 사이의 상호작용을 이해하려고 하였다. 사비니도 그 중의 한 사람이었다. 로마주의자들은 15세기와 16세기의 독일 법률가들이 지방법을 조직하고 체계화하는 데 도움이 된 개념과 원리들을 이해하기 위해 로마법을 연구했다. 판덱텐법학Pandect-Science으로 알려진 이 방법은 로마주의 법률가들의 다음 주장으로 이어졌다. 15세기에 로마법이 게르만법에 행한 일을 19세기에 다시 행할 수 있다는 것이었다. 순전한 논리보다는 로마법

---

3 게르만법과 로마법은 보완적이라기보다는 적대적이라는 게르만주의자들의 인식은 나치 정당이 (물질주의적 세계 질서로 특징지은) 로마법을 "진정한" (그리고 "좋은") 게르만법으로 대체할 것을 요구했던 1920년에 되살아났다.

을 활용함으로써, 법률가들이 다시 게르만법을 무시하지 않고서도 게르만법을 체계화하고 조직화할 수 있다고 했다. 독일의 로마주의자들에게는 로마법은 외국법이 아니었다. 오히려 그들이 존재하는 법을 정확하고 일관되게 기술할 수 있도록 해주는 방법과 도구의 보고였다. 이렇게 로마법 연구는 진정한 게르만법이자 동시에 이성적이고 현대적이며 관료적인 법을 구축하는 수단이 되었다. 그런 법이 19세기의 필요에 부합한다는 것이었다.

예를 들어 소유의 의미를 이해하기 위해 로마주의자들은 소유를 보호한 로마의 구제수단들과 소송인들이 끌어들일 수 있는 방어 주장들에게로 눈을 돌렸다. 칙령, 방식서, 법률, 법학자들의 학설, 그리고 《시민법대전》과 같은 추가 자료들을 검토하여, 로마주의자들은 소유에 관한 기본 규칙들을 고안해냈다. 그 규칙에 따르면, 소유는 물건에 대해 지배력을 행사한다는 사실과 선의의 소유 의사를 가지고 있다는 사실에 의존했다.

일부 비판가는 판덱텐법학자들이 그들 자신의 의제를 배반했다고 주장한다. 그들은 로마법으로부터 끌어냈다고 생각한 분류, 개념, 그리고 추상적인 명제에 사로잡혔지만, 그것들은 실은 로마법이 아니라 그들 자신의 소망에 근거했다는 것이다. 그 소망이란 모든 사안을 완전히 규율할 수 있는 소수의 일반원칙을 찾아내는 것이었다. 비판가들은 로마주의자들이 새로운 법을 제안했다고 결론을 내렸다. 그들에 따르면, 그것은 독일 특유의 전통에 근거하기보다는 일체의 사회적, 종교적, 정치적, 문화적, 혹은 경제적 고려와는 절연된 추상적이고 논리적인 구성물이었다.

법을 법전화하려는 시도들이 독일의 여러 영방에서 계속되었는데, 그것은 1871년 통일과 함께 더 강화되었다. 국가 건설 과정의 일부로서 발흥하는 민족주의에 동반하여 1874년과 1887년 사이에 학자, 실무가, 그리고 정부 관리로 구성된 위원회가 출범하였다. 위원회는 새 통일된 독일국가를 위한 국가법전을 어떻게 준비할 것인지를 논의했다. 역사법학파에 영감을 받아 위원회의 위원들은 기존의 법수록집들과 로마법 및 관습법을 활용하여 여러 영방의 다양한 법체계를 통일하려고 하였다.[4] 이 사명을 수행하기 위해

---

4 BGB 전에 독일에는 무려 30개의 다양한 법체계가 작동하고 있었고, 3개의 언어(라틴어, 독일어, 프랑스어)

각 위원은 법전의 한 부분씩을 작성하기로 했다. 그 결과를 논의하기 위해 7년 후 위원회가 회집되었다. 그리고 6년간의 논쟁이 뒤따랐다. 그리고 마침내 위원회는 초안을 발간하여 그 사본을 대학과 판사, 그리고 학자들에게 보냈다. 신문사에도 요청하여 초안의 부분들을 인쇄하고 뒤따를 논쟁을 위한 난을 마련하여 이 기획에 협력하도록 했다.

초안은 열띤 논쟁을 불러일으켰다. 일부 비판가들은 법전화 자체에 반대하기도 했지만, 대부분은 그 내용이 정확히 게르만법을 반영하지 못한다는 점을 비판했다. 어떤 사람들에게 그 초안은 너무 로마적이고, 게르만적이기에는 충분치 못했다. 또 어떤 사람들은 언어가 너무 복잡하고 추상적이며, 일상 언어에서 너무 멀리 떨어져 있어 대부분의 독일인들이 이해할 수 없다고 비판했다. 어떤 주석서는 그 법전의 초안이 이해되기 위해서는 일상 독일어로 번역되어야 할 것이라고 언급하기도 했다.

부정적인 논평들이 제기되었기 때문에 제2차 위원회가 구성되어 1890과 1895년 사이에 1차 초안을 전면적으로 수정하는 작업을 하였다. 이 제2차 위원회가 작성한 초안은 별 큰 논쟁 없이 1896년에 법률로 통과되었다. 이 새 법전은 총칙, 채권, 물권, 친족, 상속, 이렇게 다섯 부분으로 되어 있었다. 총칙은 사람에 관한 법, 물건의 종류, 그리고 법률행위, 소멸시효 등과 같은 일반적인 규정들로 이루어졌다. 이 규정들은 법전의 다른 부분을 규율하고 보충했다.

BGB는 2,385조로 구성되었고, 많은 혁신적인 내용을 도입하였다. 그중 가장 중요한 의미를 띠는 것은 계약법에 도입된 혁신이었다. BGB가 사법의 모든 영역을 포괄하지는 못했다. 예를 들면 상법은 대부분 그 법전 밖에 남아 있었다. 상법도 BGB의 기본적인 원칙들에 영향을 받는다고 간주되긴 했지만 말이다.

주석가들은 BGB가 로마법에 크게 의존했다고 평가한다. 법전의 배열이 로마적이었고, 채권과 같은 부분은 매우 로마화되었다. 친족법과 같은 부분들은 게르만 전통에 자리를 잡았다. 언어는 매우 기술적이고, 개념적이며, 불투명한 채로 남았다.

가 사용되었다. 일부 지역은 현지 법전을 따랐고, 또 다른 일부 지역은 1871년까지 프랑스의 지배를 받았기 때문에 프랑스 민법전을 따랐다. 그리고 로마법과 교회법, 또는 관습법이 준수되는 지역도 존재했다.

프랑스와 독일의 법전화 비교

프랑스와 독일의 민법전은 어떤 점에서는 동일한 목표를 추구했지만, 그 둘은 거의 완전히 반대였다. 그 둘은 법의 체계화를 추구했고 법적 확실성을 확보할 수 있도록 작성되었지만, 서로 완전히 다른 방식으로 그렇게 했다. 프랑스 법전은 과거와의 단절 속에서 법률 비전문가인 입법자들이 원용할 수 있는 자연적이고 보편적인 이성에 근거했다고 말해진다. 그것은 사용하기에 단순하고 쉽다는 것을 의미했다. 반면에 독일 민법전은 법률가들이 편찬한 과거 전통들의 산물이었다. 독일의 법률가들은 정교한 법학에 의존해서 전통을 편찬했다. 따라서 그 해석은 막대한 학식이 필요한 어려운 기술이 되었다. 프랑스 법전은 법의 민주화를 의도했고, 시민들이 그 법전을 통해 자신들의 권리와 의무가 무엇인지 알 수 있도록 하려 했다. (비록 실패하기는 했지만 말이다.) 반면에 독일 민법전은 법 전문가들의 개입이 끊임없이 요구되었다. 권력을 입법부에 넘기기보다는, 법리를 다듬고 논쟁하는 법률가들과 대학에 핵심적인 역할을 보장하였다. 다른 법원을 인정하지 않고 새로운 혁명의 시대로 인도하려고 한 프랑스 법전과는 다르게 BGB는 이전의 법을 대체하려고 하지 않았다. 적어도 이론적으로는 오히려 기존의 법을 법전화하였다. 두 법전은 모두 여러 지역적 법체계를 단일한 국가 질서로 변환시킴으로써 법체제를 통일하려고 하기는 했다. 그렇지만 이 점에서는 프랑스 법전이 보다 성공적이었다. BGB는 광산, 수리, 어업과 수렵, 개인과 국가 사이의 재산 관계, 공용물, 종교집단, 그리고 보험에 관해 지방의 규범들을 보존할 필요를 인정함으로써, 지방의 규범들이 적용될 수 있는 커다란 여지를 남겨 놓았다.

이런 차이에도 불구하고 프랑스와 독일의 민법전은 많은 점에서 서로 닮았다. 두 민법전 모두 추상적이고 일반적인 언어를 사용하여 법을 체계적이고 간결하게 다시 쓰고자 했다. 그리고 두 법전 모두 이전의 법 전통인 공통법에 크게 의존했다. 비록 프랑스 민법전은 그 사실을 인정하지 않았지만 말이다. 이념적으로는 두 법전 모두 근대사회의 엄격한 권력분립 명령을 수용했고, 사유재산권, 계약의 자유, 그리고 법적 평등의 보호를 확립했다. 프랑스에서 그랬던 것처럼, 독일에서도 BGB의 공포는 추가적인 법전화의 시기로 이어졌다. 예를 들면 재정법, 상법, 형법, 형사소송법, 행정절차법, 그리고 민사소송법의 제정이 이루어졌다.

결국 역사학자들의 요점은 이렇다. BGB가 게르만 법전통에서 영감을 받았다는 주장에도 불구하고, 많은 사람들은 그것을 국가적이라기보다는 보편적인 법전으로 이해했다. 민법전의 두 번째 모델로서 BGB는 전 세계에서, 특히 유럽과 아시아에서 모방되었다.[5] 어떤 지역에서는 BGB의 거의 전부를 받아들였다. 반면 어떤 지역에서는 입법부에 의해 일부가 제외되고 받아들여졌다. 그러나 어떤 곳에서도 BGB의 해답이 특별히 게르만적이라고 이해되지는 않았다. BGB의 국제적 중요성과 지위가 더해 가면서 독일 법률가들의 명성도 높아져 갔다. 그것은 19세기 말에도 로마법이 여전히 통합 인자로서 작용할 수 있다는 사실을 보여준다. 19세기의 관찰자들이 보는 한, 로마법은 실로 괴테의 다이빙하는 오리와 같았다.[6]

---

5 BGB에 영향을 받은 것으로 알려진 국가로는 그리스, 오스트리아, 스위스, 포르투갈, 이탈리아, 네덜란드, 이전의 체코슬로바키아, 이전의 유고슬라비아, 헝가리, 에스토니아, 라트비아, 우크라이나, 일본, 브라질, 멕시코, 페루, 대만, 한국, 태국이 있고, 한동안 중국도 그 영향 아래 있었다.

6 제1장 주1)

제13장
코먼로의 법전화

1926년 11월 런던의 유니버시티 칼리지에서 행한 한 강연에서 영국의 변호사이자 판사, 그리고 법학 교수였던 모리스 아모스Maurice Amos(1872-1940)는 법전화를 "위대한 일이자 문명의 운반수단"[1] 의 하나라고 주장했다. 그것이 무엇을 의미하는지, 그리고 무엇을 달성할 수 있는지를 설명하려고 시도하면서, 그는 하나의 가상적 사례를 제시했다. 나폴레옹전쟁 중 가장 중요한 인물이었던 영국군 사령관 웰링턴 공작Duke of Wellington이 19세기 초에 영국에서 권력을 잡았다. 그리고 저명한 법 전문가들에게 블랙스톤의 《영국법주해》에 기초해서 민법전을 준비하도록 요청했다. 이 웰링톤 법전은 종교나 봉건주의를 일절 참조하지 않았고, 잉글랜드뿐만 아니라 스코틀랜드에서도 적용되었으며, 제정된 후에는 이전의 모든 관습과 성문법은 폐지되었다고 상상해 보자는 것이다. 아모스는

1 Maurice Amos, "The Code Napoleon and the Modern World", *Journal of Comparative Legislation and International Law* 10, no. 4 (1928): 222-236, at 222.

나폴레옹은 민법전을 제정함으로써 프랑스 민법을 통일했고, 일반인들도 이해할 수 있게 하였으며, 민법의 민주화와 단순화를 이루었다고 단언했다. 그리고 영국 사람들이 이 웰링턴 법전의 시나리오를 상상해 봄으로써, 민법전 제정을 통해 나폴레옹이 이룬 업적에 관해 공정한 판단을 해야 한다고 말했다. 또한 왜 프랑스 모델이 전 지구상에서 그렇게 널리 모방되었는지, 반면에 영국의 체계는 오로지 한때 영국의 식민지였거나 현재 식민지인 국가에서만 따르고 있는지를 이해할 수 있어야 한다고 했다.

아모스는 영국에서 법전화를 찬양한 많은 사람 중의 하나였다. 그의 평가가 옳았든 완전히 그릇되었든, 그는 법전화가 왜 좋으며 무슨 유익을 가져다 줄 수 있는지 당시 사람들에게 설명하는 데 많은 시간과 잉크를 소비했다. 코먼로 전문가 중에 그와 같은 열정주의자가 19세기와 20세기 초에는 적지 않았다. 그럼에도 불구하고 영국과 미국의 법전문가 대부분은 법전화에 등을 돌렸다. 그들은 법전화는 필요하지도 않고 현명하지도 않다고 주장하거나, 다른 형태의 법전화가 코먼로 국가들에는 더 적합하다고 주장했다. 그렇게 법전화가 법을 개혁하는 데 적합한 도구인지를 놓고 뜨거운 논쟁이 벌어졌다.

법전화에 대한 영국의 반응

19세기에 들어서면서 영국법은 두 주요 부분으로 구분되었다. 하나는 의회에서 통과된 법률을 포함하는 제정법이고, 다른 하나는 판사가 만드는 관습법을 포괄한다고 주장되는 코먼로였다. 제정법은 매우 다양한 법률과 성문법에서 찾을 수 있었다. 그 법들은 공포된 후 출판되고 공문서보관소에 보존되었다. 코먼로는 《연감》the Yearbooks(1263-1535)에, 최근에는 그 대체물로서 《판례집》Law Reports에 실렸다. 《판례집》은 16세기 중반부터 그것이 제도화된 1865년까지는 사인이 만들었고, 그중 일부는 (에드워드 코크Edward Coke와 같이) 다른 사람들보다 더 많은 추종자를 얻었다. 법원에서 일어난 일을 다루었기 때문에, 《연감》과 《판례집》은 모두 코먼로의 개념들과 방법, 그리고 확리를 연구하고 선례들을 추적하는 데 최상의 자료가 되었다. 이 자료들은 여러 사람에 의해, 그리고 여러 판본으로 출판되었기 때문에, 질의 차이가 다양했을뿐더러 탐색에 도움을 줄 일반적 색인도 존재하지 않았다. 그 결과 법률가들은 과거의 어떤 사건들과 판례가 자신들의 사건에 적용될 수 있을지, 그리고 그것들이 어떻게 말하고 있는지를 알기 위해 요약서와 같은 이차 문헌들을 이용하였다.

간략히 말하면, 법이 명령하는 바를 알기 위해서는 제정법과 판례 모두를 참조하는 것이 필요했는데, 그것은 매우 힘든 작업이었다. 또한 제정법과 코먼로는 서로 모순되지 않고 정합적이라는 것이 중요한 전제였다. 따라서 그 둘 모두를 유지하는 해석을 하는 것이 법률가들에게는 필수적이었다. 법 실무 또한 이 혼합물에 의무적으로 생각된 또 다른 요소들을 추가했다. 변호사와 판사 모두 금언들과 원칙들, 추정들, 그리고 확리들을 포함하는 법 실무를 따랐다.

16세기 이후로 영국의 많은 사람들은 이런 복잡성을 한탄했다. 일부는 체계적인 법전을 편찬하거나, 모든 제정법과 판례법을 한곳에 모아 수록할 것을 요구했다. 17세기 영국에서 가장 중요한 법 권위자 중 두 사람이었던 프란시스 베이컨Francis Bacon(1561-1626)과 매튜 해일Matthew Hale(1609-1676)은 그런 요구에 따랐다. 그 두 사람은 세 부분으로 구성된 영국법 집성록 편찬을 꿈꾸었다. 첫 부분은 법제도와 법금언들, 그리고 법학 사전을 내용으로 하고, 두 번째 부분은 연감을 재편집하고, 세 번째 부분은 제정법을 수록하자는 것이었다.

그러나 법전화를 향한 의미 있는 움직임이 생긴 것은 1833년에 이르러서였다. 의회가 (다른 법 분야와는 반대로 입법에 크게 의존하고, 따라서 법전화에 좀 더 친화적인 분야인) 형법을 검토하기 위해 위원회를 구성한 해였다. 위원회에는 범죄와 형벌에 관한 모든 성문법과 제정법, 그리고 코먼로 원칙들을 포함하는 법전을 준비하는 임무가 주어졌다. 그러나 위원회의 개혁 제안과 법전화 권고를 의회에서 통과시키려는 시도는 실패하고 말았다. 형법전을 위한 새 제안들이 1878년, 1879년, 그리고 1889년에 시도되었지만, 그 제안들 역시 충분한 지지를 얻지 못했다.

다른 법 영역의 법전화 시도 역시 비슷한 결과에 부딪쳤다. 1860년에는 정부가 영국의 제정법을 모아 검토하고, 판례법 요약서를 만드는 프로젝트를 공지했다. 제정법과 판례법을 한 문서에 종합하는 것이 목적이었다. 그 프로젝트를 위해 1866년에 위원회가 구성되어 14년 후에 해산되었다. 위원회의 주된 기여는 일련의 초안들인데, 그 초안들은 영국법의 여러 분야에서 교재가 되었다.

결국 영국인들이 최종적으로 채택한 방식은 법을 법전화하는 대신에 체계를 단순화할 다른 수단이었다. 그중에서 가장 중요한 것은 제정법의 여러 부분을 하나로 모은 통합법률들이 의회에서 통과된 것이다. 통합법률들은 보통 하나의 법 분야를 포괄했다. 통합법률이 의도한 것은 그 분야를 하나의 문서 안에 재생하여 기술하고, 그 문서를 의회가 공포하는 것이었다. 일부 의회 입법은 통합을 넘어 제정법과 판례법 양자를 종합하려고까지 했다. 그런 법률은 때때로 "법전화법률"codifying statues로 알려졌다. 예를 들어 환어음법the Bills of Exchange Act(1882)은 한 문서 안에 17개의 제정법을 통합했을 뿐만 아니라, 300권이 넘는 판례집에 흩어져 있는 2,600여 개 판례들의 법리를 요약했다.

통합법률과 법전화법률은 법의 변화를 의도한 것이라 아니라, 법을 쉽게 알 수 있도록 하기 위한 기술적 해결책이라고 설명되었다. 그럼에도 불구하고 기존의 규범들을 단순히 기록하는 일은 드물었다. 오히려 선택을 허용했고, 미리 규정되고 선별된 의제에 따라 기록되었다. 많은 관찰자에 따르면, 그 법들은 실제로는 법을 변경했다. 그 법들은 또한 법체계의 탐색을 좀 더 쉽게 할 수 있도록 함으로써 새로운 논쟁을 촉발했다. 그 법들이 완료된 후, 원래 결정들이나 법률, 또는 제정법이 더 권위를 얻게 되었는지는 분명하지 않다. 그 법들의 힘은 원래의 코먼로(그 존재를 선언한 사법적 결정)나 의회가 제정한 원래 법률에 의존하는가, 아니면 그것을 유효하다고 선언한 통합법률 혹은 법전화법률에 의해 다시 규정되었다는 사실에 의존하는가?

결국 법을 이해하려는 법률가들은 법률가나 판사, 또는 대학교수들이 쓴 논문들을 자주 참조할 수밖에 없었다. 이런 사정에서 영국의 법전문가들은 영국법을 일반적인 분류에 따라 체계적으로 정리하는 일에 착수했다. 블랙스톤의 《영국법 주해》를 필두로, 계약법, 조합, 불법행위에 관한 여러 논문들과 단행본 《에드워드 1세 시대 이전의 영국

법의 역사》*The History of English Law before the Time of Edward I*(1895)를 저술한 프레데릭 폴록Frederick Pollock(1845-1937)과 같은 다른 저명한 학자들이 그런 작업을 이었다. 법을 기술하고 어느 정도는 합리화하면서, 그들은 원리들을 열거하고 요약했으며, 선례들의 목록을 작성했고, 색인을 마련했다. 영장을 주제(폴록의 경우처럼 계약, 불법행위, 후견)에 따라 분류할 때는 영장이 무엇을 제도화했는지를 설명하기 위해 종종 로마법의 원칙들을 사용했다. 이 책들은 구속력을 갖지는 않았지만, 일반적이고, 때로는 권위적이기조차 한 기준점이 되었다. 법률가와 비법률가 모두 그 기준들을 참조하고 판사들도 그에 따랐다.

영국 입장의 설명

왜 영국에서 법전화의 채택이 이루어지지 않았는지에 대한 전통적인 설명에 따르면, 그것이 불필요했고 현명하지도 않았기 때문이라는 것이었다. 법전화를 채택한 나라들은 달리 선택의 여지가 없었기 때문에 그렇게 했다. 그들 나라의 법적 상황은 파국의 상태였고, 법체계는 복잡 방대하며, 모순적이고 접근하기가 어려웠다. 많은 나라들은 여러 지역 체제로 분할되어 있었다. 따라서 국가적 법을 갖지 못했고, 법은 19세기 민족국가의 필요에 적합하지 않았다. 법의 발전이 정체되어 있었기 때문에 입법자들의 개입이 절박하게 필요하였다. 그런데 이 모든 조건이 영국에는 존재하지 않았다. 영국에서는 법의 성장이 지속되었고, 국가적이고 체계적인, 혹은 근대적 법체계가 이미 존재하고 있었다는 것이다.

이런 설명이 (확실히 옳지 않지만) 설혹 옳다고 하더라도, 최근에 이르러 역사학자들은 법전화에 가장 큰 걸림돌은 다음과 같은 것이었다고 지적하고 있다. 그것은 무엇이 법이고, 법이 어떻게 만들어져야 하는가에 대해 영국이 취한 매우 독특한 입장이었다. 제12장에서 설명한 것과 같이 대륙의 법전화는, 특히 프랑스의 경우는 법전에 새 시대의 시작이라는 치장을 입혔다. 법전들은 새로운 제정법으로 전통을 대체하려는 것이었다. 새 제정법이 (종종 그랬듯이) 과거의 해답을 반복한 것일지라도, 의회에서 국민의 대표자들에 의해 공포된 것은 그것들이 이성적이었기 때문이었다. 그 이후로 규범의 효력은 전통이 아니라, 인민의 의사를 대표하고, 주권적이며 법을 변경할 수 있는 의회에서 공포되었다는 사실에 의존했다. 법전들은 법을 포괄적으로 규정하고, 이전의 모든 개별 법률들을 대체하였다. 법전들은 일반적이고 추상적인 원칙들을 사용했는데, 과거의 경험이나 법학, 확리에 따라서가 아니라 그 논리적 의미에 따라 해석되어야 했다. 이런 체계 아래서 판사들은 이론적으로는 어떤 재량도 행사할 수 없었다. 그들이 할 수 있는 것은 정의상 오직 하나의 해석만이 가능한 법을 집행하는 것이었다. 새로운 규범을 창조하는 어떤 일반적인 선포도 허용되지 않았다.

무엇이 법이고, 그것은 어디서 유래하는가에 관해 대부분의 영국 법률가들이 가지고 있는 기본 가정은 위에서 설명한 것과는 완전히 달랐다. 19세기가 되면 대부분의 영국 법률가들은 영국의 법체계는 공동체 내에서 유기적으로 성장한 관습법으로서 코먼로에 근거하고 있다고 믿었다. 영국의 특수한 상황과 결부되어 있었기 때문에, 그것은 이성이 아닌, 경험에 닻을 내리고 있다고 생각했다. 그것은 사회적 상호작용으로부터 자연적으로 생겨났다. 따라서 추상적이고 일반적이기보다는 구체적이고 개별 사안적이었으며, 연역적이기보다는 귀납적이었다. 그것은 과거 판사의 결정을 되풀이하고 설명하는 판례목록으로 이루어졌다. 법률가들의 임무는 판례들을 비교하여 그 유사점과 차이점을 드러내고 공정한 해답을 발견하는 것이었다. 법의 창조에 핵심적인 역할을 하는 것은 판사이지, 입법자가 아니다. 비록 입법자가 "인민 전체"를 대표한다고 할지라도, 그들의 의무는 법을 만드는 것이 아니라 유지하는 것이다. 그들에게는 영국인의 전통적인 권리가 존중되도록 보장하는 역할이 기대되었으며, 그들이 혁신을 시도하지 않는 한에서만 입법으로써 그렇게 할 수 있었다. 영국 법전문가들은 또한 그들의 체계가 다른 어떤 체계보다도 우월하다고 믿는 경향이 있었다. 입법은 형식적이고 경직된 반면에, 판사에 의해 형성된 관습법은 끊임없이 갱신할 수 있고, 개인의 권리와 자유를 더 잘 보호한다는 이유에서였다. 간단히 말하면, 영국 체계는 자유를 보장하는 반면에, 대륙의 체계들, 특히 프랑스 체계는 그렇지 않다고 생각했다. 많은 영국 사람들은 또한 프랑스적이라고 특징될 수 있는 구상들, 특히 프랑스혁명에서 유래하는 구상들을 받아들이지 않았다.

19세기의 영국 법률가들이 코먼로를 이렇게 이해했기 때문에 법전화에 의지하는 것이 매우 어려웠다. 이 주역들이 상상한 코먼로는 입법에 대한 여지를 상대적으로 거의 남기지 않았으며, 기존의 질서를 정비하기 위한 제정법은 확실히 여지가 전혀 없었다. 이 코먼로에서는 추상적이고 일반적인 명제를 만들거나, 경험이 아닌 이성을 지침으로 받아들이는 것이 어려웠다. 이렇게 볼 때, 어느 영국 법률가가 결론적으로 "거대한 변화 없이 코먼로를 법전화할 수 있다고 생각하는 것은 순진하다."[2]고 말한 것은 놀랄 만한 일이 아니었다.

코먼로 법률가들은 또한 법전화가 법을 더 일관되고 확실하게 한다는 주장도 받아들이지 않았다. 많은 사람이 판사를 최상의 법전문가로 생각했고, 법을 효과적으로 재생하거나 창조할 수 있는 의회의 능력을 불신했다. 어떤 사람들은 또한 대륙의 법전들은 실패작이라고 주장했다. 법전을 만드는 데 엄청난 노력이 필요했지만, 원하는 결과를 얻지 못했다는 것이다. 법전이 진짜 새 체계를 만들지도 못했고, 사용하기에 쉽지도 않다고 주장했다.

이런 주장에도 불구하고 영국에서 법전화에 열광한 사람들이 있었다. 모리스 아모스도 그중의 한 사람이었다. 그러나 영국에서 법전화의 가장 유명한 옹호자는 제레미 벤담 Jeremy Bentham(1748-1832)이었다. 공리주의의 창시자로 알려진 그는 《도덕과 입법에 관한 원리 입문》*Introduction to the Principles of Morals and Legislation*(1789)에서, 사회의 목적은 최대 다수의 최대 행복이라고 주장했다. 그의 관찰에 따르면, 인간은 자연과 합리적 자기 이익을 따라 움직인다. 구두의 관습에 근거하고 판사에 의해 통제되는 코먼로와 같은 법은 이런 목적을 보증할 수 없다. 오히려 법적 안정성과 확실성이 필요한데, 이는 경험주의와 합리적 분석을 결합함으로써 가장 잘 달성될 수 있다고 했다.

---

2 H. R. Hahlo, "Codifying the Common Law: Protracted Gestation", *Modern Law Review* 38, no. 1 (1975): 23-30, at 23.

벤담은 법전 제정을 옹호했다. 법전은 의회에서 공포되고, 포괄적이며(빈틈이 없으며), 폐쇄적이고(포함되지 않은 것은 법이 아니고), 체계적이며 단순해야 했다. 일찍이 1810년대에 벤담은 헌법전을 설계하는 데도 관여했다. 그는 인간의 본성과 이성을 고려하여 잠재적으로 모든 국가 또는 정부에 적합한 헌법전을 만들려고 했다.

영국은 19세기 동안에 대체로 법전화가 이루어지지 않은 상태로 남았다. 그러나 몇 개의 법전들이 영국령 인도에서 만들어졌다. 민사소송법전(1859), 형법전(1860), 형사소송법전(1861) 등이었는데, 그것들은 나중에 영국의 다른 식민지들에서도 적용되었다. 역사학자들에 따르면, 중앙정부와 식민지의 발전 사이에 나타나는 이런 차이(영국은 법전화를 거절했고, 인도는 받아들였다)는 완전히 이해될 수 있는 일이었다. 많은 영국의 법률가들은 법전화가 무질서한 법체계에 대한 극단적인 처방이라고 믿었다. 그들은 옳든 그릇되었든 이런 설명을 19세기의 유럽 대륙에 적용했다. 적어도 식민지 상황에는 그런 설명이 맞아떨어졌다. 식민지에서는 영국의 법전문가들이 이해하기 힘든 다중적인 토착법들이 식민지 입법과 함께 공존하고 있었기 때문이었다. 그들은 법전화를 제국의 분투로 보았다. 그래서 법전화가 이성적인 새 법체계를 시행하는 방식으로 원주민들을 "문명화"하는 수단이 될 수 있다고 제안했다. 그들이 보기에 식민지는 적합한 법체계를 결여하고 있거나, 너무 많은 법체계가 존재했다. 따라서 식민지들에는 법전화를 통해 영국법의 축약본을 이식할 수 있었다. 해외의 비민주적인 환경도 법전화의 과업을 촉진했다. 그런 개혁 조처들에 관해 진지한 공적 찬반 토론이 일어나지 않았기 때문이다.

미국의 법전화

대부분의 역사학자들은 1820년대와 30년대에 미국 전역에서 입법자들과 주지사들, 그리고 법률가들이 법전화가 좋은지 나쁜지, 필요한지 아닌지를 알고 싶어 했다는 데 동의한다. 일부 준주territories와 주에서는 법전을 채택하자는 제안이 환영받았고, 그것이 바람직한지를 조사하기 위해, 나가서는 초안을 작성하기 위해 위원회가 꾸려지기도 했다. 그러나 그 시도들은 대부분 성공하지 못했다. 부분적으로는 조사자들 대부분이 코먼로는 법전화할 수 없다는 가정을 기본적으로 가지고 있었기 때문이었다. 그 결과로 법전화 논쟁은 종종 미국이 코먼로 체제를 유지해야 하는지, 아니면 포기해야 하는지에 관한 더 넓은 토론을 포함하였다. 법전화를 옹호한 자들은 보통 코먼로의 포기를 선호한다고 생각되었다. 반면에 법전화에 반대하는 자들은 기존의 법체계 지속을 지지하는 것으로 생각되었다. 일반적인 이런 교착상태에도 불구하고 루이지애나주와 뉴욕주(그리고 뉴욕주를 모방한 일부 주들)는 법전화를 진행했다.

루이지애나주

미국의 법전화를 개관한 연구들은 루이지애나주가 법전을 채택한 것을 당연하다고 받아들이는 경향이 있다. 오를레앙 준주(주가 되기 전 루이지애나의 이름)는 민사법의 법전화를 결정하고 민사약법Civil Digest(1808)을 만들었다. 이 사실은 루이지애나주의 프랑스 유산을 고려할 때 당연하다는 것이 그들의 주장이었다. 루이지애나가 주가 된(1812) 후 완전한 민법전(1825)을 제정한 것도 마찬가지로 당연했다. 현지 주민들이 프랑스 식민지였던 과거에 집착하고, 코먼로를 그 지역에 도입하려는 연방정부의 노력을 거부했다는 사실이 그런 조처들에 표현되었다. 그 거부는 1806년에 준주 입법부가 기존 법체계의 유지를 투표로 결정하고, 1812년 주헌법에서 주 의회가 다른 법체계를 채택할 권한을 갖지 못하도록 한 것에서도 볼 수 있다.

전통의 고집이 루이지애나주에서 법전 채택의 한 이유였다면, 또 다른 이유는 엉망인 법 상황이었다고 주장된다. 대부분의 학자에 따르면, 루이지애나주에서 법전화가 필요했던 이유는 주법이 어떤 것은 프랑스어, 어떤 것은 스페인어로 되어 있었고, 그 대부분이 영어 번역을 사용할 수 없었기 때문이라고 한다. (적어도 외부자가 보기에는) 혼란스럽고 이해하기 어려웠기 때문에, 영어로 번역하여 법전에 간략하게 재록하는 것이 필요했다는 것이다.

그렇지만 루이지애나주에서 있었던 일이 자연스러웠다고 주장하는 것은 그 일의 중요성을 잠식하는 것이다. 현지 주민들이 1806년(이전 법체계를 유지하기로 한 것), 1808년(민사약법의 채택), 1812년(준주 입법부가 다른 법체계를 채택하는 것을 금지한 것), 1825년(민법전의 채택)에 한 결정들은 전통에 대한 고집스런 집착 이상이었다. 그것은 루이지애나주의 주역들이 기존 체계의 보존이라기보다는 개혁을 위한 의식적이고 전략적인 조처들이었다. 그들은 프랑스법에 대한 의존을 점진적으로 포기하기보다는 오히려 강화하였다. 이차적으로는 스페인의 유산도 점진적으로 발전시켰다.

어떻게, 그리고 왜 이런 일이 일어났는가는 여전히 수수께끼로 남아 있다. 루이지애나주 당국자들이 1806년에 무엇이 그들의 법이냐고 질문을 받은 적이 있었다. 그때 그들은 유스티니아누스의 《시민법대전》, 공통법 법학자들의 저작, 그리고 여러 스페인 수록 법집과 법령들이라고 대답했다. 비록 프랑스법에 대한 언급은 전혀 없었지만, 1808년에 제안된 민사약법은 스페인법과 프랑스법 요소를 모두 갖추고 있었으며, 나폴레옹 법전에 따라 편서되었다. 스페인법에 대한 엄격한 고수로부터 출발했다는 사실은 민사약법을 적용한 일부 판사들에게도 보였다. 그들은 민사약법을 스페인법의 재록에 불과한 것으로 해석했고, 거기에 포함된 프랑스법적 요소들을 고려하길 거절했다. 또한 민사약법이 기존의 법을 대체한다는 생각을 거부했고, 법전화에 포함되지 않은 스페인법이라도 편의가 있거나 필요할 때는 자유롭게 적용할 수 있다고 느꼈다.

민사약법에도 불구하고 대부분 스페인어로만 사용할 수 있는 법원들에 대한 의존이 지속되자, 민사약법을 법전으로 대체하려는 결정이 내려졌다. 그러나 1825년에 채택된 민법전은 단순히 민사약법을 확대한 것이 아니었다. 이것 역시 스페인법과 프랑스법 양 요소를 포함했지만, 프랑스적 요소가 실질적으로 스페인적 요소보다 더 지배적이었다. 프랑스법과의 강한 친화성은 (어느 정도는 전통을 개선한 것이었는데,) 예를 들면 제3521조에서 분명히 드러났다. 그 조는 공포 후 이전의 모든 스페인법, 로마법, 프랑스법, 그리고 주 입법자들에 의해 제정된 법들은 폐지된다고 규정했다. 그 법전은 나가 어떤 상황에서도 법원이 법전화 이전의 법을 적용할 수 없도록 명령했다.

루이지애나주는 이렇듯 전통적인 법을 "자연스럽게" 따랐다기보다는, 시간이 지남에 따라 스페인법을 약화하고 프랑스법은 강화하는 변화를 겪었다. 이런 관점에서 볼 때, 루이지애나주의 프랑스화는 과거 식민지 시절만큼이나 미국에 프랑스법을 편입한 결과였다. 코먼로의 확산을 막기 위해 채택한 수단으로서 이런 발전에 불가피한 것은 아무것도 없었다. 거기에는 과거와 현재, 그리고 미래의 이상이 똑같이 역할을 했다.

대륙법에 대한 고수가 오직 민법 부분에만 해당한다는 사실로 인해 루이지애나주의 이야기는 더 복잡해진다. 형법, 증거법, 상법, 그리고 다른 법 영역에서는 큰 저항 없이 코먼로가 지배했다. 다른 곳에서처럼 여기서도 다른 법 영역을 법전화하려는 시도는 실패했다. 민법전을 통과시키는 데 성공했음에도 불구하고, 루이지애나주의 입법부는 형사법전과 형사소송법전의 초안에 대해서는 거부했다. 1823년에 채택된 민사소송법전에는 대륙법과 코먼로 양쪽의 요소 모두 존재했고, 일부 학자에 따르면 판사들이 대륙법보다는 영국법을 더 반영한 것으로 민사소송법전을 해석했다고 한다. 이 모든 발전은 루이지애나주 이야기에 겉으로 보이는 것 이상의 것이 있다는 것을 시사한다.

뉴욕

뉴욕주의 법전화 이야기는 흔히 주 입법자들이 법을 수정 및 개혁하고, 단순하고 간략하게 만들기로 결정한 1846년에 시작된다. 이듬해에는 데이비드 더들리 필드David Dudley Field가 법전위원회의 위원장으로 임명되었다. 필드는 5개의 법전을 계획하였다. 그것은 정치적 법전(정부에 관한 법), 민사소송법전, 형사소송법전, 그리고 민법전과 형법전이었다. 필드는 프랑스의 경험에 영감을 받은 것으로 알려져 있다. 그는 간략하고 종합적인, 그리고 시대에 안 맞는 규정들을 제거한 법전을 만들려고 했다. 그는 또한 코먼로와 제정법 모두를 고려하면서, 모든 법적 해답을 연역해낼 수 있는 일반원칙을 규정하려고 했다. 필드가 준비한 법전들은 혁명적이었다. 한 관찰자는 민사소송법전은 코먼로의 소답에 대한 사형선고라고 주장할 정도였다. 그럼에도 불구하고 민사소송법전(1848), 형사소송법전(1881), 그리고 형법전(1882)은 뉴욕주의 입법부에서 큰 반대 없이 채택되었다. 그러나 필드의 민법전안은 강한 반대에 부딪쳐, 여러 차례 주지사가 거부권을 행사한 후 폐기되었다. 다른 법전들은 쉽게 받아들이면서 민법전을 거부한 이유는 명확하지 않다. 그러나 대부분의 법률가들과 입법가들이 소송법이나 형법보다 사법에 대해 더 강한 느낌을 가졌고, 그 결과로 사법을 개혁하는 데는 더 보수적인 태도를 취했다고 믿을 만한 이유가 있다. 또한 민법전이 나폴레옹 법전과 너무 유사했기 때문에 거부되었을 가능성도 있다. 민법전이 이전의 법적 제도들에 추가되거나 그것들을 명확히 하기보다는, 공포된 후에는 그것들을 대체한다는 규정도 그 이유가 되었을 것이다.

민사법전을 거부한 이유가 무엇이었든지 간에 뉴욕의 경우와 관련해서 가장 놀라운 일은 그 주에서 무슨 일이 일어났는가가 아니라, 다른 주에서 어떤 일이 발생했는가였다. 1848년에 통과된 뉴욕주의 민사소송법전은 다음 해 그 전체가 미주리주에서, 그리고 그 후 몇십 년 안에 21개 주와 준주에서 채택되었다.[3] 뉴욕주 입법부가 부결한 민법전안도 비슷한 성공을 거두었다. 민법전은 다코타에서 약간의 변경만이 가해진 채 채택되었다(1866). 다코타는 뉴욕주의 형법전도 채택했다. 또한 캘리포니아주도 1972년에 뉴욕주의 5개 법전 모두를 채택했고, 아이다, 몬태나, 콜로라도 역시 마찬가지였다.

다른 주에서 뉴욕의 법전들을 채택한 것은 혼란스런 법 상황에 대해 충격적인 처지와 필사적인 치료를 시행한 것으로 이해해야 한다고 학자들은 주장한다. 이들 학자들은 선진 지역보다는 개척 지역에서 법전이 더 적합하다고 믿었다. 그래서 뉴욕의 법전들을 채택한 주와 준주들의 의지를 그 주와 준주들에는 조밀한 법 전통이 결여되어 있었다는 사실로부터 설명하고자 했다. 그들에 따르면, 인도 식민지에서처럼 이들 지역에서도 법

---

3 여기에 해당하는 주와 준주는 캘리포니아, 아이오와, 미네소타, 인디아나, 오하이오, 워싱톤 준주, 네브래스카, 위스콘신, 캔자스, 네바다, 다코타, 아이다호, 아리조나, 몬태나, 노스캐롤라이나, 와이오밍, 사우스캐롤라이나, 유타, 콜로라도, 오클라호마, 뉴멕시코였다.

전화로 인해 더 나은 규범 체계의 채택이 가능했다. 그 지역들은 법체계가 아예 존재하지 않았거나, 존재하더라도 존재한 법체계들에는 심각하게 결함이 있었다. 뉴욕의 법전들은 또한 "문명화의 사명"을 구현했다. 북미의 신 지역들은 뉴욕의 법률가들과 입법자들의 이른바 성숙한 숙고를 활용함으로써 순화되었다. 뉴욕에서 법전화가 선택이었다면, 서부 지역에서는 필수였다는 것이었다.

이런 설명은 영국의 법전문가들이 표출한 편견의 많은 부분을 되풀이한 것이다. 그러나 그런 설명은 새 뉴욕의 법전들을 채택하기 전의 그 주 및 준주들의 법 상황에 대한 분석을 간과했다. 급진적 개혁의 필요성을 증명하지 않고, 그냥 전제했다. 특별히 간과한 사실 중의 하나는 뉴욕의 법전들을 제정한 주와 준주들이 많은 경우 그들이 채택할 법체계에 대해 뜨거운 논쟁을 벌였다는 사실이다. 예를 들어 캘리포니아는 이전에는 스페인과 멕시코의 영역에 속했다. 다코타, 몬태나, 아이다호, 그리고 대부분의 중서부 주들은 프랑스 소유였고, 그들 지역의 많은 부분은 그들 자신의 법체계를 따랐던 토착 부족들이 지배하고 있었다. 과연 그들의 기존 법이 적합하지 않았을까? 코먼로 법률가들의 편견이 그렇게 보이도록 했는가, 아니면 현지인들이 개혁의 필요를 느꼈는가? 정확히 누가 이 법전들의 채택을 결정하고, 왜 결정했는가?

1770년대 필라델피아에서 모인 대륙회의는 오하이오 북서쪽의 새 준주들에는 코먼로를 적용한다는 결정을 했다. 그리고 19세기 동안에 프랑스, 스페인, 혹은 토착민 지역의 지배권을 넘겨받은 미국 당국자들도 비슷한 접근을 취했다. 그들의 가장 절박한 과제 중의 하나는 이전의 법체계를 코먼로로 대체하는 것이라고 일반적으로 믿고 있었다. 당국자들은 법체계의 대체가 필요하고 급박하다고 설명했다. 그들에 따르면, (현지의 체계였는데도 불구하고 이제는 역설적으로 외국 법체계로 분류된) 다른 법체계들은 자의적이어서 전혀 법체계가 아니었다. 그러나 법의 변화를 도입하려는 시도는 종종 저항을 만났다. 예를 들어 북부 루이지애나(현재는 미주리)에 대한 연구에 따르면, 그들은 자신들의 법에 대한 그런 경멸적인 시선을 갖고 있지 않았다. 오히려 자신들의 체계가 정연하고 정의롭다고 믿었다.

캘리포니아에서는 영국 이민자들이 동부에서 오기 전부터 스페인과 멕시코 출신의 거주민들로 구성된 아담하고 안정적인 공동체가 존재하고 있었다. 거기서는 많은 사람이 스페인 법체계의 지속을 원하고 있었다. 영국의 증거법과 상법, 그리고 형법을 포함하면서도, 스페인법과 프랑스법의 영향을 받은 민법전 및 민사소송법전이 혼합된 규범 질서를 창조하는 것이 가능한지 논쟁하는 사람들도 있었다. 그럼에도 불구하고 1850년에 주로 코먼로 전문가들로 구성된 위원회는 코먼로를 전체로 채택할 것을 권고했다.

비슷한 일이 1836년에 텍사스공화국 의회에서도 일어났다. 입법자들이 민사 분쟁이나 형사 범죄에 대해 공식적으로 코먼로를 채택했지만, 그곳 법원들은 계속해서 스페인 민사절차를 활용했다. 그곳 사정에는 스페인의 절차가 더 적절하다고 생각했기 때문이다. 이런 관행은 1940년에 공식적으로 인정을 받게 되었다. 코먼로의 채택이 코먼로의 소답을 포함하지 않는다고 입법부가 선언했기 때문이다.

왜 코먼로가 이전의 체계들을 대체하는 데 성공했는지에 관해 설득력 있는 설명은 아직 없다. 이런 과정이 어떻게 진행되었고, 현지인들이 어떻게 반응했는지에 관한 충분한 지식도 갖고 있지 못하다. 대부분의 역사학자는 미합중국의 관리로 전환한 코먼로 법률가들의 편견을 지적한다. 그들은 코먼로는 문명화가 된 반면에, 다른 법체계들은 그렇지 못하다고 생각했다는 것이다. 역사학자들은 또한 원거주민들보다 동부에서 이주한 영국인 이주자들에게 우호적이었던 권력관계를 언급하기도 한다. 영국인 이주자들이 코먼로를 선호했는데, 그 이유는 코먼로가 원주민, 스페인 사람들, 프랑스인을 불문하고 원정착민들의 재산을 빼앗는 데 유리했기 때문이라고 그들은 설명한다.

코먼로의 지배력이 점점 커졌다는 사실이 뉴욕의 법전들이 다른 곳에서 수용된 이유를 설명해 줄 수도 있다. 뉴욕의 법전들은 혼란을 치유한 것도, 결함을 가진 규범 세계를 문명화한 것도 아니었다. 오히려 그 법전들은 다른 법 전통을 가졌기 때문에 코먼로로 전환되는 과정에 있던 지역들에서 주로 환영받았다. 그 법전들은 치료책이라기보다는, 오히려 새 법을 부과하는 도구였다. (대부분의 사람이 생각하는 것처럼) 법전은 그 정신이나 구조에서 코먼로에 모순되기보다는 코먼로를 강제하는 전략이자 유용한 도구였다.

법전 없는 입법

루이지애나와 뉴욕은 19세기 미국에서 법전화에 관한 두 이야기를 제공해 준다. 세 번째 이야기는 19, 20세기 미국에서 입법의 중요성이 더해 가는 사실을 비추는 제3의 길을 취한다. 이 이야기에 따르면, 미국의 법은 전통적으로 입법에 영국의 코먼로보다 더 수용적이었다. 식민지 법질서의 많은 부분은 본국 정부와 식민지 당국이 발한 문서로 된 훈령들에 근거하고 있었다. 그리고 예를 들어 버지니아, 매사추세츠, 조지아의 주 의회들은 법을 모으고 개혁하는 것은 물론, 입법까지도 할 수 있는 권한을 부여받았다고 여겼다. 입법이 중심이 되는 이런 전통은 독립 이후에 강화되었다. 미국인들이 그들의 법체계를 영국의 법체계로부터 떼어놓으려 했고, 판사들보다는 의회를 더 신뢰하는 민주적 충동의 영향을 받았기 때문이다. 그들은 또한 주와 연방을 창설하기 위해 입법에 의지했다. 주와 연방은 입법부를 제도화한 헌법을 채택한 후에 탄생했다. 이 모든 특징이 어우러져 하나의 법체계를 창조했다. 그것은 코먼로에 대한 충성에도 불구하고, 불문의 관습법보다 적절한 기관이 명시적으로 공포한 성문의 공식적 규칙에 대한 확고한 선호가 존재하는 법체계였다.

그 결과로 대부분의 주는 자신들의 현존 법을 명확히 하고 공고히 하는 것뿐만 아니라, 개혁을 도입하기 위해 대규모로 입법에 의지했다. 미국 전역에서 19세기 동안에 법전화는 대체로 거부되었지만 말이다. 이 기간에 많은 법 전문가가 주동적으로 이 발전을 이끌었다. 그들은 초안을 마련하여 입법부가 공식적으로 제정하도록 고무했다.

이 점에서 특별히 주목되는 사실은 미국법을 통일하기 위한 노력이었다. 1892년에는 일군의 뛰어난 법률가, 판사, 그리고 법학교수들이 전미통일주법위원회National Conference of Commissioners on Uniform state Law를 설립했다. 그것은 증가하는 주 사이의 이민과 상업, 그리고 협력에 촉발되고, 고속도로와 현대 교통수단에 의해 가능해진 이동의 증가에 의해 촉진되었다. 위원회의 위원들은 미국변호사협회의 후원을 받아 일련의 개별 법률들을 기초했고, 그 안들은 승인을 위해 모든 주에 제출되었다. 유통증권법Negotiable Instruments Law(1882), 통일매매법Uniform Sales Act(1906)과 창고증권법Law of Warehouse Receipts(1906)이 그 예였다.

1923년에는 미국 법체계의 단순화를 목표로 표방한 미국법률협회American Law Institute가 설립되었다. 협회는 1944년에 지금은 통일법위원회Uniform Law Commission가 된 전미통일주법위원회와 함께 통일상법전안을 만드는 데 공식적으로 합의를 하였다. 통일상법전안은 1951년에 출간되고 1962년에 수정되었는데, 매매, 리스, 유통증권, 신용장, 그리고 투자증권과 같은 문제들을 다루었다. 법전안이 마련된 이듬해 그것은 50개 주 모두와 콜롬비아지구(D.C.), 미국의 버진 아일랜드, 그리고 푸에르토리코에서 비교적 충실하게 채택되었다.

통일상법전이 미국 전역에서 어떤 통일을 이룬 것은 사실이다. 그렇지만 그것은 대륙의 법전들과는 달랐다. 통일상법전은 주 사이에 약간의 차이를 허용했기 때문이다. 주마다 몇 개의 대안 중에서 선택하는 것이 허용되었다. 또한 그것은 이전의 모든 규범의 원천들을 대체하려는 의도가 없었다는 점에서도 대륙의 법전들과 달랐다. 게다가 일부 학자들에 의하면, 그것은 해답을 규정한 것이 아니었다. 오히려 고려가 필요한 문제들을 지시하고, 판사들이 질문해야 할 물음들을 제시하고, 가능한 구제수단들의 목록을 포함하며, 각 구제수단에 필요한 요건들을 열거한 것이었다. 간단히 말해서 대륙의 법전들과는 반대로 통일상법전은 광범위한 사법재량을 허용했고 권장했다. 그것은 각 경우에 어떻게 해결해야 할지를 규정하지 않았다. 대신에 판사가 무엇을 고려해야 하고, 바른 결론에 도달하기 위해 어떤 방법을 따라야 하는지를 지시했다. 다시 말해서 그 법전은 목적지가 아니라 경로의 지도를 제공했다.

에필로그

하나의 시장, 하나의 공동체, 그리고 하나의 연합

1951년에 프랑스, 서독, 이탈리아, 네덜란드, 벨기에, 그리고 룩셈부르크는 유럽석탄철강공동체(ECSC)를 형성했다. 그 목적은 중요한 천연자원의 관리를 공동으로 통제하기 위한 것이었다. 그것을 통해 경제 성장과 국가 간 협력을 증진하려고 했다. 이 여섯 나라는 5년 뒤 로마에서 체결된 일련의 조약(1957)을 통해 유럽원자력공동체(Euratom)와 유럽경제공동체(EEC)를 형성하는 데로 나갔다. EEC는 국가 간 관세 철폐, 공동 무역 및 농업 정책과 같이 무역 관계를 촉진하기 위한 기본적인 규정들을 두었다. 그것은 ECSC보다 더 넓은 범위를 대상으로 하였다.[1]

이런 발전은 경제적 성장에 초점을 맞춘 것이지만, 관계국들은 더 강력한 정치적 연합체를 결성하려는 의도도 가지고 있었다. 유럽은 연합체 결성을 통해 제2차 세계대전과 냉전이 심화한 데 대응하고자 했다. 이 과제를 촉진하기 위해 1950년대 창설된 앞의 세 조직기구를 1967년에 통합했다. 그 후로 이 통합체는 유럽공동체(EC)로 불리게 되었다.[2] 유럽공동체는 집행위원회, 유럽의회, 유럽사법재판소를 두었다. 집행위원회는 브뤼

---

1 1950년대는 유럽방위공동체(EDC)와 유럽정치공동체(EPC)를 창설하려는 시도가 실패한 시기이기도 하다.

셀에 위치했고, 스트라스부르에 설치된 유럽의회는 회원국 장관들로 구성된 각료이사회와 협력하도록 했으며, 유럽사법재판소는 룩셈부르크에 설치되었다. 유럽공동체는 또한 유럽이사회를 두었다. 유럽이사회는 회원국 정상들이 정규적으로 만나 유럽의 정책을 논의하는 기구였다.[3]

이런 과정에 뒤이어 유럽공동체는 엄청난 속도로 확장되었다. 1973년에서 1986년 사이에 영국, 아일랜드, 덴마크, 그리스, 스페인, 그리고 포르투갈이 합류했다. 하지만 이런 확장에는 긴장이 뒤따랐다. 자유무역지대의 형성과 관세동맹이 이익이 되는 국가와 유럽공동체가 보다 연방주의적이기를 기대한 국가 사이, 그리고 초국가적 집행기구에 권력이 집중되어 국가 주권의 상실을 염려하는 국가와 일정한 목적 달성을 위해 자원을 한곳에 모아 정치적 통합을 증진하기를 선호하는 국가 사이에 긴장이 존재했다. 이런 긴장은 항상 있을 수밖에 없었지만, 1980년대에는 통합의 옹호자들이 우위를 점하게 되었다. 1980년대로부터 지금까지 점진적으로 조금씩 확장되는 과정에서 유럽공동체는 초기 구상에서 새 조직으로 변모했다. 즉 국가 간 협력을 증진하기 위한 국제조직으로부터 하나의 국가, 혹은 준국가를 구성하는 조직이 되었다.

전환을 점진적으로 이루기 위해 1986년 유럽공동체의 회원국들은 또 다른 조약인 단일유럽의정서the Single European Act를 체결했다. 단일유럽의정서는 1957년에 설정된 목표를 증진하기 위해 진정한 단일 경제시장의 창조에 필요한 추가적인 조처를 채택했다. 이런 조처 중 가장 중요한 것은 만장일치제로부터 회원국의 일정한 다수 투표제로 전환

---

2 이런 단일 구조를 정한 조약은 통합조약the Merger Treaty으로 알려져 있다. 그 조약은 1965년에 브뤼셀에서 체결되었지만, 효력은 1967년에 발효되었다. 그 조약은 세 기관(ECSC, EEC, Euratom)을 통합했기 때문에 그 새 조직에 더 적합한 이름은 복수로 표현된 "유럽공동체들"이었다. 그러나 대부분의 사람이 이 복잡한 조직을 단수로 표현해서 "유럽공동체"라고 불렀다.

3 처음부터 유럽공동체에는 두 개의 이사회가 존재했다. 하나는 유럽공동체(후에는 유럽연합) 이사회로 회원국 각료이사회다. 이 회의에서는 해당 장관들이 소관 업무와 관련하여 집행위원회가 제안한 법안에 대해 투표를 행한다. 가령 농수산이사회는 농업장관들이 모여 농업에 관한 법안에 투표를 하고, 외무이사회는 각국 외무장관들이 모여 외교 관련 법안에 투표를 한다. 반면에 유럽이사회는 각국 정상 간 회의이다. 유럽이사회는 정치적 안건을 설정하고, 유럽공동체/유럽연합이 직면한 주요 문제들에 관해 논의하지만, 입법적 기능을 행사하지는 않는다.

한 것, 즉 각국 정부의 거부권을 제거한 조처였다. 단일유럽의정서는 또한 회원국이 따라야 할 경제적 통합 일정을 제시하고, 그것을 이루기 위한 몇 가지 방식을 규정했다. 1986년 조약은 회원국들의 협력을 환경, 사회정책, 교육, 보건, 소비자 보호, 그리고 외교와 같은 영역에까지 확대하는 일정을 확정했다. 그리고 시민이 직접 선출하게 된 유럽의회가 더 큰 역할을 지니게 되었다.

10개 회원국 중 5개국이 1985년에는 셍겐조약Schengen Agreement을 체결했다. 비록 유럽공동체와는 독립적으로 유럽공동체 밖에서 체결되었지만, 그 조약은 더 긴밀한 연합을 희망한 국가들의 의제를 진전시켰다. 그 조약은 체결국 사이의 국경 통제권을 폐지하고, 하나의 외부 경계선을 설정해서 이민 검사와 비자 및 난민 정책을 통일했다.[4] 셍겐조약은 1997년에 암스테르담조약을 통해 유럽의 조약들에 편입되어, 셍겐 원칙들은 1999년부터 유럽법의 일부가 되었다. 그 기간에 노르웨이, 아이슬랜드, 리히텐시타인, 스위스와 같은 비회원국이 셍겐조약에 가입하여, 유럽공동체 국가들과의 국경선 통제를 철폐하는 데 동의했다. 한편 유럽공동체의 3개 회원국(영국, 아일랜드, 덴마크)은 셍겐의 일부만을 시행하기로 결정했고, 일부 다른 국가들(불가리아, 키프로스, 크로아티아, 루마니아)에는 그 혜택의 일부 또는 전부가 배제되었다.

1992년에는 12개 회원국이 마스트리히트조약Masstricht Treaty을 체결했다. 그 조약은 체결국 사이에 자본, 노동, 서비스, 그리고 상품의 이동을 보장하는 데 필요한 조처들을 가동했다. 그 조처 중 하나는 체결국 모든 시민에게 그 체결국 공동체 내 어느 곳에서도 자유롭게 이동하고 거주할 수 있도록 한 유럽 공동 시민권이었다. 또 다른 중요한 조처는 경제정책을 더 긴밀히 협력할 것과 금융 및 재정 기준을 체결국이 충족시킬 것을 요구한 것이었다. 마스트리히트조약은 또한 보건, 직장에서의 안전, 사회적 보호, 그리고 형사사법과 같은 영역에서의 공동 정책에 관한 규정들을 포함했다. 그리고 그 공동체에 내부 및 외부 안전에 관한 권한을 부여함으로써, 국제무대에서 공동체의 정체성을 분명

---

4 셍겐조약을 체결한 다섯 국가는 벨기에, 프랑스, 룩셈부르크, 네덜란드, 그리고 서독이었다. 그 조약으로 "셍겐지역"이라고 알려진 지역이 탄생했다.

히 하였다.

이런 변화를 반영하여 1993년에 유럽공동체는 유럽연합으로 명칭을 바꾸었다. 2013년에 유럽연합의 회원국은 26개국인데, 2004년에 10개국이 새로 합류하여 가장 크게 확장이 되었다.[5] 2002년에는 새 유럽통화 유로euro가 유로존으로 알려진 12개 국가에서 공식 통화가 되었고, 유럽중앙은행이 프랑크푸르트에 설립되었다.[6] 그러나 유럽헌법을 제정하려는 노력은 좌절되었다. 네덜란드와 프랑스 국민들이 2005년 국민투표에서 헌법조약 비준을 반대했기 때문이다. 이 조약은 비록 부결되었지만, 제도에 관한 그 핵심 규정들은 2007년에 체결된 다른 조약(리스본조약, 또는 개혁조약)에 의해 유럽연합의 법적 구조에 편입되었다. 무엇보다도 리스본조약the Treaty of Lisbon은 유럽의회의 권한을 개혁했다. 그리고 각료이사회 투표를 거쳐 유럽기본권헌장European Charter of Fundamental Rights을 비준했고, 그것에 법적 구속력을 부여함으로써 유럽연합의 법적 정체성을 공고히 했다. 또한 회원국이 연합으로부터 탈퇴할 수 있는 절차 규정을 두었다.

유럽인들 사이에는 여전히 연합이 얼마나 넓어야 하며(어느 국가가 포함되어야 하는가), 얼마나 깊어야 하는지(어떤 종류의 권한을 연합이 가져야 하는지)에 관해 불일치가 있다. 어떤 사람들은 연합이 성취한 것에 환멸을 표현하기까지 하며, 자신들의 국가가 연합에서 떠나야 한다고 요구하거나, 심지어 그렇게 투표하기까지 했다. 그런 반발은 국가 주권의 상실에 관한 염려의 증대, 경제적 불안정, 그리고 이민 문제에 의해 고무되었다. 반발은 해당 지역의 근심을 표출하였을 뿐만 아니라, 그 외 지역의 염려도 울려 퍼지게 하였다. 이런 불일치, 그리고 앞에 놓인 알 수 없는 미래에도 불구하고, 법적인 관점에서 보면 유럽연합의 형성은 말할 수 없이 중요했다. 그것은 새로운 공통유럽법,

---

5 2013년 현재로 유럽연합 소속국은 오스트리아, 벨기에, 불가리아, 크로아티아, 키푸로스, 체코공화국, 덴마크, 에스토니아, 핀란드, 프랑스, 독일, 그리스, 헝가리, 아일랜드, 이탈리아, 라트비아, 리투아니아, 룩셈부르크, 몰타, 네덜란드, 폴란드, 포르투갈, 루마니아, 슬로바키아, 슬로베니아, 스페인, 스웨덴, 그리고 영국이다.

6 출발할 때 유로존 국가는 오스트리아, 벨기에, 핀란드, 프랑스, 독일, 그리스, 아일랜드, 이탈리아, 룩셈부르크, 네덜란드, 포르투갈, 그리고 스페인이었다. 그러나 현재는 키프로스, 에스토니아, 라트비아, 리투아니아, 몰타, 슬로바키아, 그리고 슬로베니아가 추가되어 19개 회원국이 존재한다.

정말로 새로운 현대의 공통법*ius commune*의 원인이었기 때문이다.

새 유럽법 : 규범 원천들

경제적 협력, 정치적 통합, 그리고 중앙기구의 발전은 회원국 사이의 다양한 조약들, 유럽의회의 협력을 받아 이사회에서 통과된 제정법, 그리고 유럽위원회(집행기관)가 제안해서 이사회와 의회에서 채택한 규정regulations과 지침directives을 통해 창조된 새 유럽법의 출현으로 이어졌다.

회원국 사이의 조약과 제정법이 새롭게 출현하는 유럽법의 중요한 규범 원천source이었다면, 룩셈부르크에 있는 유럽사법재판소의 법이론 역시 그에 못지않게 중요했다.[7] 유럽사법재판소는 1958년에 유럽석탄철강공동체, 유럽경제공동체, 그리고 유럽원자력공동체의 재판소들을 합쳐 창설되었다. 재판관들은 연임 가능한 6년 임기로 회원국 정부의 공동 동의로 선출된다. 이론적으로는 모든 국가가 모든 후보자에 대해 동의해야 할 필요가 있다. 그러나 실제로는 국가당 한 명의 재판관을 두었기 때문에, 대부분의 각국 정부는 자국 후보자를 추천하는 대신 자동으로 타국의 추천된 후보자를 승인하고 있다.

유럽사법재판소(지금은 유럽연합사법재판소)는 회원국, 그리고, 또는 유럽 기관들이 유럽법의 의미, 확장, 또는 적용에 관해 의견이 일치하지 않는 사안에서 그 법을 권위적으로 해석할 책임을 맡고 있다. 또한 유럽사법재판소는 유럽법의 적절한 적용과 범위에 관해 회원국 법원이 유럽사법재판소에 회부한 문제를 판단한다. 유럽사법재판소는 유럽과 회원국 기관들을 견제할 권한을 가지고, 그 기관들이 법을 준수하도록 한다. 유럽사법재판소는 항소심을 두고 있지 않다. 결정을 할 때는 회원국들이 체결한 조약과 유럽기구들에서 통과된 제정법을 고려해야 한다. 또한 모든 회원국이 공유하는 일반원칙이

---

7 http://www.europarl.europa.eu/atyourservice/en/displayFtu.html?ftuId=FTU_1.3.9html

나 법적 관습과 같은 불문의 보조적 법원을 고려해야 한다. 그런 불문의 법원에는 보통법의 지배, 국제공법의 준수, 그리고 기본권의 존중과 같은 관념들이 포함되는 것으로 해석되고 있다.

유럽사법재판소는 처음에는 꽤 제한된 권한을 가졌으나, 해가 갈수록 유럽법과 유럽통합의 주된 촉진자로 등장하게 되었다. 가장 중요한 결정 중의 하나가 된 1963년의 결정에서 유럽사법재판소의 재판관들은 유럽법이 회원국 지역에서 국민의 동의나 별도 입법 없이도 바로 적용될 수 있다고 판시했다(*Van Gend en Loos v. Nederandse Administrative Belastingen*). 1964년의 또 하나의 중요한 결정(*Costa v. ENEL*)에서 재판소는 유럽법이 각국 국내법보다 상위에 있음을 선언했다. 유럽법과 양립할 수 없는 각국의 국내법은 적용할 수 없다고 결정한 것이다. 그 후로 유럽사법재판소는 일종의 헌법재판소의 사법심사 비슷한 기능을 행사했다. 또한 회원국의 모든 법원은 이 결정에 따라야 한다고 판시했다. 유럽법에 배치되는 자국법 규정을 고려하지 말아야 한다는 것이었다. 유럽사법재판소는 또한 유럽법이 어떻게 해석되어야 하는지에 대해 유럽연합의 기관들과 회원국들에 지침을 주었다. 무엇보다도 국내법은 유럽법 형성 전의 것일지라도 유럽법과 모순이 아니라 일치되게 해석되어야 한다고 했다.

유럽법이 회원국 영토 내에서 자동으로 효력을 갖도록 하고, 그것에 국내법보다 상위의 지위를 부여한 이 결정들은 처음에는 격렬한 비판을 받았다. 그러나 시간이 지나면서 회원국 법원들은 이에 순응하고, 그 법리에 따랐다. 이런 수락은 점진적으로 일어났고, 여전히 때때로 논박되기도 하고, 어떤 부분에서는 조건적이기도 했다. 그럼에도 불구하고 그것은 유럽법을 혁명적으로 변화시켰다. 유럽법이 국가 차원에서 작동할 수 있었고, 사인인 소송인이 국가의 유럽법 준수 여부를 감시할 권한을 갖게 된 것이다. 그 후로 유럽의 시민들은 다른 시민들, 혹은 자국의 기관이나 기구와 소송을 할 때, 자국 법원에서 유럽법을 원용할 수 있게 되었다.

각국 법원들의 유럽법 적용은 마침내 너무 일상적이 되고 자주 표명되어서, 많은 학자들은 이제 모든 회원국 법원들도 유럽사법재판소가 되었다고 주장한다. 유럽법을 적용하고 해석한다는 (그래서 또한 창조한다는) 의미에서 그렇다는 것이다. 유럽법의 보호자로서 국가 법원은 유럽연합 내 법의 지배를 확실히 하고, 각국 정부가 유럽법의 의무를 이행하도록 보장한다. 그럼에도 불구하고 유럽법의 해석과 집행에 국가 법원이 관여하는 것은 종종 중요한 긴장을 조성했다. 자국 정부나 의회가 유럽연합의 규범에 완전히 일치하지 않거나 그런 규범을 무시하는 법을 통과시켰을 때 국가 법원들은 자국 정부나 의회가 원했던 것과 반대의 입장에 섰다. 하급 법원이 상급 법원 또는 헌법재판소에 반대할 수도 있게 되었다. 어떤 법이나 조처들이 헌법 위반이라고 결정하는 상급 법원 또는 헌법재판소의 독점적 권한에 하급 법원이 도전할 수 있게 된 것이다.

이런 발전의 결과로 많은 사람들이 이제는 법적으로는 아니더라도 사실상으로는 유럽연합이 국제기구로서의 처음 성격을 상실했다고 주장한다. 그리고 모든 회원국이 준수해야 하는 준 연방헌법(유럽법)을 가진 준 연방국가가 되었다고 주장한다. 또 하나의 중요한 결과는 각국 국내법의 유럽화였다. 어떤 평가에 따르면, 유럽 전역에서 무려 국가 입법의 15% 내지 45%가 현재 유럽법에 의해 영향을 받고 있다고 한다. 이런 영향은 일찍이 1992년에 드러난 바 있었다. 프랑스 국사원conseil d'État이 조사한 바에 따르면, 그해 22,445개의 유럽 규정들, 1,675개의 지침들, 1,198개의 협정과 의정서, 185개의 집행위원회 또는 이사회의 권고, 291개의 이사회 의결, 그리고 678개의 서신communications이 존재했다. 유럽법은 이미 "가장 광범위한 신법新法의 원천으로, 모든 프랑스 신법의 54%가 브뤼셀에서 생겨났다"[8]는 것이다. 현재는 새로 가입한 회원국이 유럽법을 자국 법질서에 편입하기 위해서는 대략 100,000쪽의 법을 시행해야 할 것으로 예측된다. 그리고 유럽사법재판소가 다루는 사건 수가 증가(현재 1년에 약 1,500 사건을 심사)하고 있기 때문에, 재판소는 새로운 법질서의 토대가 되는 공동 기준들을 설정할 뿐만 아니라, 계속해서 환경법, 사회법, 그리고 인권법과 같은 분야로 그 활동을 넓혀가고 있다. 유럽사법재판소는 기본권에 관한 유럽연합헌장, 유럽인권협약, 그리고 새로운 유럽 및 국제 기준과 전통을 유럽법에 통합하는 일도 하고 있다.[9]

---

8 Karen J. Ater, *Establishing the Supremacy of European Law: The Making of an International Rule of law in Europe* (Oxford: Oxford Unversity Press, 2003), 15.

새 유럽법 : 독특한 체계

이런 발전에 특별히 두드러진 점은 그것이 법을 변환시킨 정도이다. 유럽 기관들을 창설한 최초 조약들은 약간의 경제적 협력 조처들의 제도화를 의도했다. 그러나 조약을 해석한 방식이 그것을 크게 변화시켰다. 이 조약들의 의미, 그리고 그것들이 포함하는 것과 승인한 것에 관한 논의 과정에서 행위 주체들은 다양한 의제와 이해관계에 맞부딪치게 되었다. 이들은 유럽의 제도화가 증진되어 그 권한을 확장하기를 원하거나, 제도화를 중지하기를 원하거나, 둘 중의 하나였다. 그들 모두는 정치적 언어를 사용했을 수 있지만, 그들이 사용한 도구는 법적이었다. 이런 도구들 덕분에 유럽 법체계의 탄생이 가능했다. 유럽의 법체계는 국제 조약과 (유럽의회와 이사회에 의해 제정된) 제정법에서 유래했고, 주권 국가들에 부과되었다. 그리고 마침내는 국가의 공간들을 관통했고, 판례법에 크게 의존하였다. 이런 침투와 그것을 가능하게 한 판례법은 유럽 시민들이 구제수단을 요구한 데서 생겨났다. 그런 요구들이 유럽과 국가 법원들의 일에 연료를 공급했다. 그리고 법원들이 유럽법의 준수 여부를 검사하고, 새 규범들을 도입할 수 있게 했다. 대륙법 전통과 코먼로 전통 사이, 그리고 국제법과 국내법 사이의 혼합물로서 신 유럽 질서는 명확히 어느 하나의 계보나 궤도에 귀속시킬 수 없는 이상한 창조물이다.

이런 중요한 변환(국제법에서 국내법으로, 그리고 제정법에서 판례법으로)이 일어난 이유에 대해 학자들의 의견은 일치하지 않는다. 어떤 학자들은 유럽사법재판소가 취한 권한이 유럽공동체를 창설한 최초 조약들에서는 예견되지 않았다고 주장한다. 이런 권한들은 유럽 기관들에서 일하는 법률가들과 유럽사법재판소의 판사들이 공유한 이상의 결과였다. 이들은 1970년대부터 시작해서 의도적으로, 그리고 열정적으로 유럽의 통합

---

9 유럽위원회가 2000년에 공포한 기본권리헌장은 처음에는 법적으로 구속력을 갖지 않았다. 그러나 2009년에 공식적으로 유럽법에 통합되었다. 그 헌장에 관한 정보는 http://ec.europa.eu/justice/fundamental_rights/charter/index_em.htm 참조.

을 지지했다. 그들은 1957년의 로마조약에 존재했던 중요한 흠결을 채우고자 했다. 시민들의 협조를 끌어들임으로써 그들은 각국 정부에게 준수를 강제할 효율적인 작용구조를 고안할 수 있었다.

그렇지만 유럽위원회와 유럽사법재판소가 전략적으로 사법심사를 활용해서 권한을 확대하고 유럽 통합을 가속화했더라도, 왜 각국의 법원들이 그에 협력했는지는 여전히 불분명하다. 어쨌든 각국 법원들은 유럽사법재판소의 해석을 따름으로써 통합을 촉진하는 데 중요한 정치적 사회적 역할을 했다.

많은 역사학자는 유럽법이 상위의 헌법과 같은 법으로 변환된 것은 예견하지 못한 사실이라고 주장한다. 반면에 다른 학자들은 이런 발전의 씨앗이 이미 창설 조약들에 심겨 있었다고 주장한다. 이 해석에 따르면, 각국 정부는 이런 상황이 되도록 강요된 것이 아니라, 유럽의 권한 확대에 순응했다. 그 이유는 이런 발전이 각국에 유리했기 때문이든지, 아니면 정치적으로 저항하기에는 비용이 너무 컸기 때문이라는 것이다.

이런 불일치에도 불구하고 실체적 법보다는 구조적 문제 때문에 이런 과정이 열매를 맺을 수 있었다는 결론에 대부분의 분석이 일치한다. 다시 말해서 유럽법을 권위적으로 만든 것은 원리의 선언이나 또 다른 조약의 체결이 아니었다. 유럽 법원에 의해 제안된 실제적인 작동구조mechanism에 의해서였다는 것이다. 그 작동구조로 인해 여러 주체들은 자신들의 이익과 욕구를 보호하기 위해 유럽법에 호소할 수 있게 되었다. 그리고 그렇게 되는 것을 통해 유럽법의 우위가 확보되었다.

결과적으로 유럽법은 국내법이자 국제법이었고, 성문법이자 구두법이고, 제정법이자 판례법에 기초하게 되었다. 그것은 "법을 통한 통합"을 촉진하는 체계로 인식되었다. 유럽법으로 인해 처음에는 국제조직이었던 것이 점차 준헌법을 가진 준국가로 변환되었다. 이런 특징이 있었기 때문에, 어떤 역사학자들은 유럽법이 디지털 작동 체계와 비슷하다고 상상한다. 윈도우Windows처럼 유럽법은 배경에서 작용한다. 많은 사용자가 그 중요성과 효과를 무시하는 잘못을 저지를지라도, 이 법은 계속 현존하고 매우 강력하게 작용하고 있다.

어떻게 이런 일이 일어날 수 있었을까?

이런 발전(유럽공동체와 유럽연합의 창설, 입법과 판례를 통한 유럽법의 우위, 그리고 국제조직의 준헌법을 가진 준국가로의 전환)은 유럽법이 국가화되었다고 말한 지 약 150년 후에 일어났다. 프랑스혁명 후에 유럽에 등장한 법체계들은 공통법을 깨고 나왔다. 공통법은 지방마다 관행에 큰 차이가 있다는 점을 인정하면서도, 모든 유럽인을 통합하는 공유된 규범적 틀이 중요하다는 점을 인식했다. 그런데 프랑스혁명 후에 등장한 법체계들은 이제 공통성을 독특성으로 대체하고자 했고, 분리된 국가적 체계를 창조했다. 대륙의 이 새 체계들에서는 제정법이 곧 법이었고, 입법은 선출된 대표자들로 구성된 주권적 의회가 행했다.

이런 혁명 후의 전제를 포기 혹은 완화하고 법학자와 판사의 권한을 인정한 공통의 법으로 돌아간 것은 간단한 문제가 아니었다. 국가 주권의 양허라든가, 외부의 유럽 기관들로부터 나온 규범들이 자동으로 각국에 적용된다는 구상이 있었던 것은 아니었다. 국가마다 국민의 의사에 따른 독자의 규범이 존재한다면, 어떻게 공유된 유럽법이 출현할 수 있었을까? 대륙의 대부분의 국가들이 입법과 법전을 유일한 규범 원천으로 인정하고 있다면, 판례법은 어떻게 강제력을 가질 수 있었을까? 유럽법의 출현은 프랑스혁명이 남긴 유산의 종말이었는가? 그리고 코먼로 법률가들은 국가법도, 관습법도, 판례법에 기초한 것도 아닌 체계에 어떻게 반응해야 했는가?

어떤 역사학자들은 공동체/연합에 가입한 국가들이 더 긴밀하게 협력하기를 원하는 소망은 적어도 일부 유럽인들에게는 공동의 과거를 상기시켜 주었다고 말해왔다. 그런 소원이 있었기 때문에 그들은 공통법뿐만 아니라, 공통의 종교 신조와 자연법의 우위에 대한 믿음을 공유했던 시기를 주목했다. 공유된 공통법은 한때 수천의 독특한 현지의 제도들을 하나로 묶을 수 있었다. 그 방식은 전 범위에 미치는 원리들, 개념의 분류, 분석의 방법, 그리고 공유된 규범들을 제공하는 것이었다. 그렇다면 왜 같은 일이 지금 일어날 수 없겠는가? 초문화 덕분에 과거의 유럽인들이 단일한 문화의 구성원들로 자신들을 느꼈다면, 왜 지금은 경우가 다르겠는가? 오늘날의 유럽의 법률학은 다양성과 융합 모두를 허용하는 법체계 건설의 작용구조를 제공할 수 없는가?

많은 학자들은 사람에 따라 당혹스럽고 특이한 사안별 해결책들의 거대한 집적과 깊이 들어박힌 법적 국가주의 아래에는 유럽 공동의 법적 기초가 존재한다고 생각했다. 그래서 그 공동의 법적 기초를 발견하려고 해왔다. 반면에 어떤 학자들은 현재에 집중했다. 다양한 역사와 헌법적 장치들, 그리고 법 기술에도 불구하고 대부분의 유럽인들이 지금은 가장 핵심적인 가치와 목표에 관해 기본적인 합의를 이루고 있다고 그들은 주장한다. 이런 주장에 따르면, 이 합의는 주로 철학적 차원에서 작용하고 있지만, 그럼에도 불구하고 중요한 법적 결과를 산출했다. 서로 다른 유럽 국가들이 유사한 문제에 대해 내린 여러 해결책 사이에는 실질적인 일치가 존재했기 때문이다. 경제적 고려도 유럽 전역에 걸친 법의 통일을 추동했다. 그것은 공식적인 정치적 경제적 공동성 기획이 제안되기 훨씬 이전부터 점진적으로 일어났다. 필요와 욕구의 차이가 축소되어 갔기 때문에, 유럽 국가의 법들은 국가 입법이 현저한데도 점점 자연스럽게 융합되어 갔다.

유럽사법재판소가 부지런히 일반원칙들에 이름을 붙이고 승인하는 동안, 유럽의 학자들은 대부분의 유럽 국가들에 공통된 기본적인 법리들을 찾아내기 위해 노력했다. 이런 시도 중 가장 유명한 것은 유럽위원회가 지명한 위원회에서 만든 공통참조기준(DCFR) 초안이었다. 그 위원회의 책임은 유럽연합과 각국의 입법기관, 법원, 그리고 개인들이 입법과 해석, 혹은 상업적 활동에서 사용할 수 있는 공통 규칙의 기준을 식별해내고, 때로는 창조하는 것이었다. 그 위원회의 활동은 점진적으로 영업 관계, 용역계약, 매매법, 물건 리스, 부당이득, 그리고 재산의 이전과 같은 영역으로 넓혀갔다. 그와 비슷하게 1993년에 트렌트대학(이탈리아)에서는 회원국들의 사법에 존재하는 공통성을 찾아내려는 목적에서 유럽사법의 공통핵심the Common Core of European Private Law이라는 사업을 기획하였다. 그 내용에는 계약법, 불법행위법, 그리고 재산법이 포함되었다. 이 기획사업에 참여한 사람들은 자신들의 탐구를 "형식적인 차이 속에 숨겨진 유사성을 찾는 유망한 탐구"로서, 어떤 정치적 의제나 특정 결과의 도출과는 아무런 관련이 없다고 설명했다.[10]

유럽연합의 기관들과 여러 회원국은 이런 노력의 많은 부분을 격려하고 지원했다. 그렇지만 유럽의회가 1989년에 바람직하다고 선언한 유럽민법전 제정을 위한 시도는 지금까지는 실패했다. 이 실패를 한탄하는 사람들은 이 법전이 유럽의 협력과 통합을 증진할 것이기 때문에 필요하다고 믿는다. 법전 제정의 노력을 비판하는 사람들은 법의 융합이 점진적이고 자연스럽게 일어나는 것이 입법을 통해 강제하는 것보다 바람직하다고 생각한다. 어떤 사람들은 입법이 변화를 도입하는 옳은 매개라 할지라도, 법전화가 재록restatement보다 더 바람직한지는 불분명하다는 점을 지적한다. 또 어떤 사람들은 법의 융합을 달성하는 최선의 방법은 추가적인 입법을 통해서가 아니라, 새로운 유럽 공통법학을 창조하는 것이라고 주장한다. 그런가 하면 규칙의 제정이 투명하고 비정치적이어야 한다고 주장하는 사람들도 있다. 그런 이유에서 그들은 신유럽민법전이 제정된다면, 그것이 더 큰 사회적 유익을 얻는 데 초점을 맞추도록 보장하는 절차들을 마련하고자 한다. 마지막으로 어떤 사람들은 유럽민사법전의 합헌성에 의문을 제기한다. 그들에 따르면 유럽공동체는 이 방향으로 움직일 권한이 없다는 것이다.

유럽의 많은 법학자들은 자연스럽든 강제적이든 융합의 불가피성을 믿는다. 그렇지만 어떤 사람들은 특별한 해결책이 상당하게 여겨지는 사건에서도 유럽에서는 다중적 법체계가 작동하고 있다는 점을 기억하는 것이 필수적이라고 주장한다. 이들에 따르면, 이 점에서 공통법을 따랐던 유럽 대륙과 고유의 코먼로를 가졌던 영국 사이의 구분이 특히 중요하다. 이 두 체계의 구분은 극복할 수 없다. 법 인식론이 각 법체계가 채택한 구체적인 해결책보다 더 중요하다. 인식론적 차원에서 대륙법과 영국법은 뚜렷이 구분되며, 무엇이 법이고, 누가 법을 만들며, 법은 어떻게 변화할 수 있는가에 대한 서로 다른 접근법을 취한다. 대륙법 체계가 이성에 초점을 둔다면, 영국법은 경험에 터를 잡는다. 대륙법 체계가 입법에 우위에 둔다면, 코먼로는 판례법을 선호한다.

이런 주장에 대해 통합에 우호적인 사람들은 대륙법과 영국법 사이의 강한 차이는

---

10 Ugo Mattei and Mauro Bussani, "The Trento Common Core Project", a presentation delivered in the first general meeting, July 6, 1995, available at http://www.common-core.org/node/8.

대부분 허구라는 주장으로 대응한다. 이론적으로는 대륙법의 판사는 법의 문자에 따르도록 엄격히 제한되고, 법리나 법학은 무시해야 한다고 말할 수는 있다. 그러나 실제로는 대륙법 판사들도 법의 해석에서 광범위한 재량을 갖는다. 그들은 종종 법리적 평가와 선례를 고려하여 사고하며, 법을 해석하기보다는 변화시키는 결정을 내리곤 한다. 마찬가지로 이론적으로 코먼로는 판사들에게 개혁의 여지를 허용하고 있을 수 있다. 그러나 실제로는 선례와 함께 의회 입법에 크게 의존하고 있는 것이 지금의 코먼로의 현실이다. 더군다나 행정법과 같은 영역에서 대륙법은 판례법에 크게 의존하고 있다. 반면 형법과 같은 코먼로 분야는 입법에 근거하고 있다.

이런 입장의 법학자들은 이론적 구분을 너무 심각하게 받아들이지 않아야 한다고, 그런 구분은 현실의 반영이라기보다는 틀에 박힌 소리이고, 경험적 분석이 아니라 주로 이념적 입장을 반복한 것이라고 주장한다. 또한 두 체계가 개념적으로도 점점 융합되어 중간 지점으로 진화해 온 중요한 방식이 존재한다고 지적한다. 이런 융합이 대륙법 체계와 영국법 체계 사이에 존재하는 차이의 많은 부분을 없앴거나, 적어도 최소화했다는 것이다. 구체적인 해결책 차원에서뿐만 아니라(해결책은 종종 똑같다), 그 두 체계가 제정법과 판례법을 보는 방식에 관해서까지 말이다. 이제는 두 법체계 모두 둘을 대립이 아니라 보완으로 보고 있다고 말한다. 정말로 그렇다. 그런 평화적 공존의 가장 좋은 증거는 유럽법 자체이다. 유럽법의 경우에는 각자 독자적 규범 원천인 제정법과 판례법이 서로 대립하기보다는 함께 새 질서를 창조했다. 그 질서는 대륙적이지도 영국적이지도 않고, 전통적이지도 완전히 현대적이지도 않다. 오히려 새로운 상황과 조건, 제약에 적응해 가면서 끊임없이 스스로 혁신해 가는 질서이다.

세계화 시대의 유럽

유럽법 학자들은 유럽연합이 직면한 많은 도전이 유럽에만 특유한 것이 아니라는 점을 주목해 왔다. 그것은 세계화된 세계에서 현대법이 발전해 온 방식에 내재해 있었다는 것이다. 예를 들어 미국에서는 법을 조화시키려는 주목할 만한 운동이 있었다. 주 사이의 상업이 증가하면서, 많은 사람이 미국 전역에 걸친 법의 통일을 원하게 되었는데, 이 목표를 이루기 위해 법률가들이 모여 모범법전model codes을 기초해서 제안한 일이 있었다. 그들은 대부분의 주가 이 모범법전을 채택하기를 바랐다. 1892년 이후부터는 전미법률통일위원회the National Conference of Commissioners on Uniform State Laws가 다양한 법전들을 제안해 왔다. 그 위원회 위원들은 미국법률협회the American Institute와 함께 1944년부터 시작해서 통일상법전을 작성하기도 했는데, 1951년에 출판된 그 법전은 모든 50개 주와 콜롬비아지구와 미국 버진 아일랜드, 그리고 푸에르토리코에서 다소 충실하게 채택되었다.

법을 통일하려는 움직임은 국제사법통일협회(UNIDROIT)와 같은 국제단체에 의해서도 추구되었다. 국제사법통일협회는 1926년에 국제연맹의 보조기관으로 설립되어, 1940년에 독립적인 초정부 조직이 되었다. 이 협회는 전 지구상에서 민법과 상법을 현대화하고 조화시키며 조정하는 것을 목적으로 했다. 현재는 63개 회원국이 존재하며, 회원국 전문가들이 수십 건의 국제회의에서의 제안과 모범 법률, 그리고 규정과 지침들을 마련했다. 전 지구상의 법의 조화, 통일, 그리고 현대화는 이제 많은 국가가 추구하는 목표가 되었다. 동시에 전 세계적으로 법 자체의 성격 변화에 관한 관심이 일고 있다는 점도 분명하다. 이런 관심은 몇 가지 쟁점에 초점을 맞춘다. 첫째는 입법이 의회에서 국가 관료조직에 위임되는 문제이다. 이 위임으로 인해 중요한 규제의 기능이 선출되지 않은 관료들에게 이전될 수 있다. 이들은 국가 위원회, 사무국, 청, 부처, 그리고 해당 사업의 직원으로서 명령을 집행할 뿐만 아니라, 분쟁을 판정하고 새로운 규칙을 제정한다. 이 관료들이 사안을 결정하고, 선례들을 형성하고, 절차법과 실체법에 관한 내부 규정들을 만든다. 규정에 대한 국가의 독점이 종말에 이른 점도 똑같이 새로운 현상이다. 그것은 상업회사, 스포츠 단체, 인터넷 거대조직, 초정부 조직과 같은 초국가적 단체에 의한 규범 제정 때문이기도 하고, 또는 지배권에 관한 이론에 도전하는 국가 내 다양성의 증가 때문이기도 하다. 그런 도전은 특정 소수자들, 종교 교단 등에 맞춘 대안적

재판권을 제안하는 방식으로 나타나고 있다.

이런 경향들 때문에 전 세계의 법률가들은 이런 상황에서 국가 체계가 어떻게 규범 제정과 분쟁 해결에 대처할 수 있을지를 묻게 된다. 국가 체계가 어떻게 법의 국제화를 다룰 수 있을까? 이런 비국가적인 대안적 체계들이 어떻게 통제되고 통합되며 정당화될 수 있을까? 법적 통일은 도대체 가능한 것일까? 문화적으로 다양하고 전통이 서로 다른 참여자들 사이에 법에 관한 합의가 가능할까? 이런 합의가 과연 필요한 것일까, 아니면 세계화의 진전이 법의 조화와는 다른 방식으로 관리될 수 있을까? 간단히 말해서 우리는 의회에서 투표하는 국민대표들의 규제 권력이 종말을 고하는 사태에 직면하고 있는가? 우리는 국민의 의지가 여전히 지배하긴 하지만, 새로운 방식으로 지배하는 그런 새 시대를 맞이하고 있는가? 민주주의는 시민들의 투표가 아니라, 다양한 단체들과 이익 사이의 공개경쟁에 의해 보장될 수 있는가?

이렇듯 새로운 도전들에 대한 효과적인 답변을 발견할 필요는 사회에 관한 낡은 상상을 대체하게 될 새 패러다임을 찾고자 하는 소망과 한 쌍이 된다. 사회는 무차별적이고 동등한, 그리고 추상적인 사회계약에 의해 연결되고 대표를 선출해 의회에 보내는 방식으로 자신들의 욕망을 표출하는 그런 시민들로 구성된다고 보는 낡은 상상을 말이다. 새 패러다임은 프랑스혁명이 제안한 비유를 파괴함으로써 집단의 힘과 응집력뿐만 아니라, 불평등과 차이의 지속을 인정할 것이다. 한 민족국가의 법적 명령이 다중적인 다른 규범적 명령들과 공존하는 현실, 이런 극단적인 법 다원주의의 새로운 현실 속에서, 법률가들은 새로운 사회를 위해 새로운 법적 우주에 대해 상상하는 방법을 제공하려고 노력해야 하지 않겠는가?

참고문헌

Introduction

Ecklund, John E. *The Origins of Western Law from Athens to the Code of Napoleon*. Clark, NJ: Talbot, 2014.

Grossi, Paolo. *A History of European Law*. Translated by Laurence Hooper. Chichester, UK: Wiley-Blackwell, 2010.

Hespanha, Antonio Manuel. *A cultura juridica europeia: Síntese de un milenio*. Coimbra, Portugal: Almedina, 2012.

Kelly, J. M. *A Short History of Western Legal Theory*. New York: Oxford University Press, 1992.

Lesaffer, Randall. *European Legal History: A Cultural and Political Perspective*. Cambridge: Cambridge University Press, 2009.

Merryman, John Henry. *The Civil Law Tradition: An Introduction to the Legal Systems of Europe and Latin America*. 3rd ed. Stanford, CA: Stanford University Press, 2007.

Mousourakis, George. *Roman Law and the Origins of the Civil Law Tradition*. Cham, Switzerland: Springer, 2015.

Robinson, O. F., T. D. Fergus, and V. M. Gordon. *European Legal History: Sources and Institutions*. 2nd ed. London: Butterworths, 1994

Schioppa, Antonio Padoa. *Storia del diritto in Europa: Dal medioevo all'età contemporanea*. Bologna: Il Mulino, 2007.

Van Caenegem, R. C. *An Historical Introduction to Private Law*. Translated by D. E. L Johnston. Cambridge: Cambridge University Press, 1992.

Chapter 1

Ando, Clifford. *Law, Language, and Empire in the Roman Tradition*. Philadelphia: University of Pennsylvania Press, 2011.

Blume, Fred H., trans. "Annotated Justinian Code." George W. Hopper Law Library. http://uwyo.edu/lawlib/blume-justinian.

Crawford, M. H., ed. *Roman Statutes*. London: Institute of Classical Studies, 1996.

Crook, John Anthony. *Law and Life of Rome*. London: Thames and Hudson, Cornell University Press, 1967.

du Plessis, Paul J. *Studying Roman Law*. London: Bristol Classical Press, 2012.

du Plessis, Paul J., Clifford Ando, and G. Tuori, eds. *The Oxford Handbook of Roman Law*. Oxford: Oxford University Press, 2016.

Frier, Bruce W. *The Rise of the Roman Jurists: Studies in Cicero's Pro Caecina*. Princeton, NJ: Princeton University Press, 1985.

Frier, Bruce W., ed., and Fred H. Blume, trans. *The Codex of Justinian: A New Annotated Translation*. Cambridge: Cambridge University Press, 2016.

Gordon, W. M., and O. F. Robinson, trans. *The Institutes of Gaius*. Ithaca, NY: Cornell University Press, 1988.

Honoré, Tony. *Justinian's Digest: Character and Compilation*. Oxford: Oxford University Press, 2010.

Johnston, David. *The Cambridge Companion to Roman Law*. Cambridge: Cambridge University Press, 2015.

______________. *Roman Law in Context*. Cambridge: Cambridge University Press, 1999.

Jolowicz, H. F., and Barry Nicholas. *Historical Introduction to the Study of Roman Law*. 3rd ed. Cambridge: Cambridge University Press, 1972.

Krueger, Paul. *Justinian's Institutes*. Translated by Peter Birks and Grant McLeod. Ithaca, NY: Cornell University Press, 1987.

Krueger, Paul, Theodor Mommsen, Rudolf Schoell, and Wilhelm Kroll, eds. *Corpus Iuris Civilis*. 3 vols. Berlin: Weidmann, 1928.

Kunkel, Wolfgang. *An Introduction to Roman Legal and Constitutional History*. Translated by J. M. Kelly. Oxford: Clarendon Press, 1966.

Lambiris, Michael. *The Historical Context of Roman Law*. North Ryde, Australia: LBC Information Services, 1997.

Metzger, Ernest. *Litigation in Roman Law*. Oxford: Oxford University Press, 2005.

______________. "An Outline of Roman Civil Procedure." *Roman Legal Tradition* 9 (2013): 1-30.

Mousourakis, George. *Roman Law and the Origins of the Civil Law Tradition*. Cham, Switzerland: Springer, 2015.

Nicholas, Barry. *Introduction to Roman Law*. Oxford: Clarendon Press, 1962.

Pharr, Clyde, trans. *The Theodosian Code and Novels and the Sirmondian Constitutions*. Princeton, NJ: BarryAn Princeton University Press, 1952.

Robinson, O. F. *The Sources of Roman Law: Problems and Methods for Ancient Historians*. London: Routledge, 1997.

Schiavone, Aldo. *The Invention of Law in the West*. Translated by Jeremy Carden and Antony Shugaar. Cambridge, MA: Harvard University Press, 2012.

Schiller, A. Arthur. *Roman Law: Mechanisms of Development.* The Hague: Mouton, 1978.

Stein, Peter. *Roman Law in European History*. Cambridge: Cambridge University Press, 1999.

Waelkens, Laurent. *Amne Adverso: Roman Legal Heritage in European Culture*. Leuven, Belgium: Leuven University Press, 2015.

Watson, Alan, ed. *The Digest of Justinian*. Philadelphia: University of Pennsylvania Press, 1985.

______________. *Law Making in the Later Roman Republic*. Oxford: Clarendon Press, 1974

______________. *The Spirit of the Roman Law*. Athens, GA: University of Georgia Press, 1995.

Chapter 2

Ando, Clifford. *The Matter of the Gods: Religion and the Roman Empire.* Berkeley: University of California Press, 2009.

Bartlett, Robert. *The Making of Europe: Conquest, Colonization and Cultural Change.* 950-1350. Princeton, NJ: Princeton University Press, 1993.

Biondi, Biondo. *Il diritto romano cristiano*. 3 vols. Milan: Giuffrè, 1952-1954.

Brown, Peter. *The Rise of Western Christendom: Triumph and Diversity*, *A.D. 200-1000*. Cambridge, MA: Wiley-Blackwell, 1995.

Fletcher, Richard. *The Conversion of Europe: From Paganism to Christianity, 371-1386 AD*. London: HarperCollins, 1997.

Freeman, Charles. *A New History of Early Christianity*. New Haven, CT: Yale University Press, 2009.

Grubbs, Judith Evans. *Law and Family in Late Antiquity: The Emperor Constantine's Marriage Legislation*. Oxford: Oxford University Press, 1995.

Heather, Peter. *Empires and Barbarians: The Fall of Rome and the Birth of Europe*. Oxford: Oxford University Press, 2010.

Humfress, Caroline. *Orthodoxy and the Courts in Late Antiquity*. Oxford: Oxford University Press, 2007.

Lenski, Noel. "Constantine and Slavery: Libertas and the Fusion of Roman and Christian Values." *Atti dell'Accademia Romanistica Costantiniana* 18 (2012): 235-260.

MacCormack. Sabine. "Sin. Citizenship, and Salvation of the Souls: The Impact of Christian Priorities on

Late-Roman and Post-Roman Society." *Comparative Studies in Society and History* 39. no. 4 (1997): 644-673

MacMullen, Ramsay. "What Difference Did Christianity Make?" *Historia: Zeitschrift für Alte Geschichte* 35. no. 3 (1986): 322-343.

Salzman, Michele Renee. "The Evidence for the Conversion of the Roman Empire to Christianity in Book 16 of the Theodosian Code." *Historia: Zeitschrift für Alte Geschichte* 42, no. 3 (1993): 362-378.

Thompson, John A. F. *The Western Church in the Middle Ages*. London: Arnold, 1998.

Vuolanto, Ville. "Children and the Memory of Parents in the Late Roman World." In *Children, Memory, and Family Identity in Roman Culture*, edited by Véronique Dasen and Thomas Späth. 173-192. Oxford: Oxford University Press, 2010.

Chapter 3

Bartlett, Robert. *Trial by Fire and Water: The Medieval Judicial Ordeal*. Oxford: Clarendon Press, 1986.

Collins, Roger. "Literacy and the Laity in Early Medieval Spain." In *The Uses of Literacy in Early Medieval Europe*, edited by Rosamond McKitterick, 109-133. Cambridge: Cambridge University Press, 1990.

Davies, Wendy. "Local Participation and Legal Ritual in Early Medieval Law Courts." In *The Moral World of the Law*, edited by Peter Coss. 48-61. Cambridge: Cambridge University Press, 2000.

Davies, Wendy, and Paul Fouracre, eds. *The Settlement of Disputes in Early Medieval Europe*. Cambridge: Cambridge University Press, 1986.

Davis, Jennifer R. *Charlemagne's Practice of Empire.* Cambridge: Cambridge University Press, 2015.

Grossi, Paolo. *L'Ordine giuridico medievale*. Rome: Laterza, 1995.

Humfress, Caroline. *Orthodoxy and the Courts in Late Antiquity*. Oxford: Oxford University Press, 2007.

Jasper. Detlev, and Horst Fuhrmann. *Papal Letters in the Early Middle Ages*. Washington, DC: Catholic University of America Press, 2001.

Kéry, Lotte. *Canonical Collections of the Early Middle Ages (ca. 400-1140): A Bibliographical Guide to the Manuscripts and Literature.* Washington, DC: Catholic University of America Press, 1999.

Lesaffer, Randall. *European Legal History: A Cultural and Political Perspective*. Cambridge: Cambridge University Press, 2009.

Logan, F. Donald. *A History of the Church in the Middle Ages*. 2nd ed. London: Routledge, 2013.

Lupoi, Maurizio. *The Origins of the European Legal Order*. Translated by Adrian Belton. Cambridge: Cambridge University Press, 2000.

Masschaele, James. *Jury. State, and Society in Medieval England*. New York: Palgrave Macmillan, 2008.

McKitterick, Rosamond, ed. *The Uses of Literacy in Early Medieval Europe*. Cambridge: Cambridge

University Press, 1990.

Oliver, Lisi. *The Body Legal in Barbarian Law*. Toronto: University of Toronto Press, 2011.

Radding, Charles M.. and Antonio Ciaralli. *The Corpus Iuris Civilis in the Middle Ages: Manuscripts and Transmission from the Sixth Century to the Juristic Revival*. Leiden: Brill, 2007.

Reynolds, Susan. *Kingdoms and Communities in Western Europe, 900-1300*. 2nd ed. Oxford: Clarendon Press, 1997.

Rio, Alice. *Legal Practice and the Written Word in the Early Middle Ages: Frankish Formulae, c. 500-1000*. Cambridge: Cambridge University Press, 2009.

Waelkens, Laurent. *Amne Adverso: Roman Legal Heritage in European Culture*. Leuven, Belgium: Leuven University Press, 2015.

Walters, Dafydd. "From Benedict to Gratian: The Code in Medieval Ecclesiastical Authors." In *The Theodosian Code: Studies in the Imperial Law of Late Antiquity*, 2nd ed., edited by Jill Harries and lan Wood, 200-216. London: Bristol Classical Press, 2010.

Whitman, James Q. *The Origins of Reasonable Doubt: Theological Roots of the Criminal Trial*. New Haven, CT: Yale University Press, 2008.

Chapter 4

Berman, Harold J. *Law and Revolution: The Formation of the Western Legal Tradition*. Cambridge, MA: Harvard University Press, 1983.

Bisson, Thomas N. *The Crisis of the Twelfth Century: Power, Lordship, and the Origins of European Government*. Princeton, NJ: Princeton University Press, 2009.

Bloch, Marc. *Feudal Society*. Translated by L. A. Manyon. Chicago: University of Chicago Press, 1961.

Blumenthal, Uta-Renate. *The Investiture Controversy: Church and Monarchy from the Ninth to the Twelfth Century*. Philadelphia: University of Pennsylvania Press, 1988.

Brown, Elizabeth A. R. "The Tyranny of a Construct: Feudalism and Historians of Medieval Europe." *American Historical Review* 79, no. 4 (1974): 1063-1088.

Cook, William R., and Ronald B. Herzman. *The Medieval World View: An Introduction*. 2nd ed. Oxford: Oxford University Press, 2004.

Davis, Kathleen. "Sovereign Subjects, Feudal Law, and the Writing of History." *Journal of Medieval and Early Modern Studies* 36, no. 2 (2006): 223-261.

"Dictatus Papae (Gregory VII), Letter of Gregory VII to Henry IV, Henry IV's Position and Renunciation of Gregory VII by the German Bishops (Synod of Worms)." and "The Concordat of Worms." In *University of Chicago Readings in Western Civilization, vol. 4: Medieval Europe*, edited by Julius Kirshner and Karl F. Morrison, 142-150, 169-170. Chicago: University of Chicago Press, 1986.

Ganshof, François Louis. *Feudalism*. Translated by Philip Grierson. London: Longmans, 1952.

Logan, F. Donald. *A History of the Church in the Middle Ages*. London: Routledge, 2013.

"Lords, Vassals and Tenants in the Norman Summa de Legibus (1258)." In *University of Chicago Readings in Western Civilization, vol. 4: Medieval Europe*, edited by Julius Kirshner and Karl F. Morrison, 68-76. Chicago: University of Chicago Press, 1986.

Reynolds, Susan. *Fiefs and Vassals: The Medieval Evidence Reinterpreted*. Oxford: Oxford University Press, 1994.

Tierney, Brian, ed. *The Crisis of Church and State. 1050-1300*. Englewood Cliffs, NJ: Prentice-Hall, 1964.

Chapter 5

Ascheri, Mario. *The Laws of Late Medieval Italy (1000-1500): Foundations for a European Legal System*. Leiden: Brill, 2013.

Bartolus de Saxoferrato. *Tractatus Tyberiadis seu de fluminibus, bks. 1-3: De alluvione, de insula, de alveo; Tractatus de insigniis et armis*. Turin: Bottega d'Erasmo, 1964. Available in abbreviated form at http://lafogonera.blogspot .com.es/2007/11/de-insula-brtolo-de-sassoferrato-1313.html.

Bellomo, Manlio. *The Common Legal Past of Europe, 1000-1800*. Washington, DC: Catholic University of America Press, 1995.

Brundage, James A. *Medieval Canon Law*. London: Longman, 1995.

Cairns, John W., and Paul J. du Plessis, eds. *The Creation of the lus Commune: From Casus to Regula*. Edinburgh: Edinburgh University Press, 2010.

Conte, Emanuele. "Consuetudine, Coutume, Gewohnheit and lus Commune: An Introduction." *Rechtsgeschichte/Legal History* 24 (2016): 234-243.

Coopens, Chris. "The Teaching of Law in the University of Paris in the First Quarter of the 13th Century." *Rivista internazionale di diritto comune* 10 (1999): 139-173.

Gallagher, Clarence. *Canon Law and the Christian Community: The Role of Law in the Church according to the Summa Aurea of Cardinal Hostiensis*. Rome: Università Gregoriana, 1978.

Gratian. *The Treatise on Laws (Decretum DD. 1-20) with the Ordinary Gloss*. Translated by Augustine Thompson and James Gordley. Washington, DC: Catholic University of America Press, 1993.

Grossi, Paolo. *L'Ordine giuridico medievale*. Rome: Laterza, 1995.

Hartmann, Wilfried, and Kenneth Pennington, eds. *The History of Medieval Canon Law in the Classical Period, 1140-1234: From Gratian to the Decretals of Pope Gregory IX*. Washington, DC: Catholic University of America Press, 2008.

Haskins, Charles Homer. *The Renaissance of the Twelfth Century*. Cambridge, MA: Harvard University Press, 1927.

Helmholz, R. H. *The Spirit of Classical Canon Law*. Athens, GA: University of Georgia Press, 1996.

Herzog, Tamar. *Defining Nations: Immigrants and Citizens in Early Modern Spain and Spanish America*. New Haven, CT: Yale University Press, 2003.

__________. *Frontiers of Possession: Spain and Portugal in Europe and the Americas*. Cambridge, MA: Harvard University Press, 2015.

Ibbetson, David. "English Law and the European Ius Commune, 1450-1650." *Cambridge Year Book of European Legal Studies* 8 (2006): 115-132.

Larson, Atria A., trans. *Gratian's Tractatus de Penitentia: A New Latin Edition with English Translation*. Washington, DC: Catholic University of America Press, 2016.

Le Goff, Jacques. *Intellectuals in the Middle Ages*. Translated by Teresa Lavender Fagan. Oxford: Blackwell, 1993.

Müller, Wolfgang P., and Mary E. Sommar, eds. *Medieval Church Law and the Origins of the Western Legal Tradition: A Tribute to Kenneth Pennington*. Washington, DC: Catholic University of America Press, 2006.

Peters, Edward. *Inquisition*. New York: Free Press, 1988.

Rogerius. "Questions on the Institutes." In *University of Chicago Readings in Western Civilization, vol. 4: Medieval Europe*, edited by Julius Kirshner and Karl F. Morrison, 215-218. Chicago: University of Chicago Press, 1986.

Scott, Samuel Parsons, trans., and Robert I. Burns, ed. *Las Siete Partidas*. Philadelphia: University of Pennsylvania Press, 2001.

Vinogradoff, Paul. *Roman Law in Medieval Europe*. Oxford: Clarendon Press, 1929.

Winroch, Anders. *The Making of Gratian's Decretum*. Cambridge: Cambridge University Press, 2000.

Chapter 6

Baker, John. *An Introduction to English Legal History*. Oxford: Oxford University Press, 2003.

__________. *The Oxford History of the Laws of England: 1483-1558*. Oxford: Oxford University Press, 2003.

Bracton, Henry de. *On the Laws and Customs of England (De legibus et consuetudinibus Angliae)*. Translated by Samuel E Thorne. Buffalo, NY: W. S. Hein, 1997.

Brand, Paul. "Chancery, the Justices and the Making of New Writs in Thirteenth-Century England." In *Law and Legal Process: Substantive Law and Procedure in English Legal History*, edited by Matthew Dyson and David Ibbetson, 17-33. Cambridge: Cambridge University Press, 2013.

__________. *Kings, Barons and Justices: The Making and Enforcement of Legislation in Thirteenth-Century England*. Cambridge: Cambridge University Press, 2003.

Carpenter, David, trans. *Magna Carta*. London: Penguin Books, 2015.

Clanchy, M. T. *From Memory to Written Record: England 1066-1307*. 2nd ed. Oxford: Blackwell, 1993.

Dawson, John P. T*he Oracles of the Law*. Ann Arbor: University of Michigan Law School, 1968.

Doe, Norman. *Fundamental Authority in Late Medieval English Law*. Cambridge: Cambridge University Press, 1990.

Donahue, Charles. "Ius Commune, Canon law, and Common Law in England." *Tulane Law Review* 66, no. 6 (1992): 1745-1780.

Fleming, Robin. *Britain after Rome: The Fall and Rise. 400-1070*. London: Allen Lane, 2010.

Glanvill, Ranulf de. *The Treatise on the Laws and Customs of the Realm of England Commonly Called Glanvill*. Edited and translated by G. D. G. Hall. Oxford: Clarendon Press, 1993.

Goodman, Ellen. *The Origins of the Western Legal Tradition from Thales to the Tudors*. Annandale, Australia: Federation Press, 1995.

Harding, Alan. *Medieval Law and the Foundations of the State*. Oxford: Oxford University Press, 2002.

Helmholz, R. H. *The lus Commune in England: Four Studies*. Oxford: Oxford University Press, 2001.

_____________. *The Oxford History of the Laws of England, vol. 1: The Canon Law and Ecclesiastical Jurisdiction from 597 to the 1640s*. Oxford: Oxford University Press, 2004.

Hudson, John. "Magna Carta, the lus Commune, and English Common Law." In *Magna Carta and the England of King John*, edited by Janet S. Loengard, 99-119, Woodbridge, UK: Boydell Press, 2010.

___________. *The Oxford History of the Laws of England. vol. 2: 871-1216*. Oxford: Oxford University Press, 2012.

Hulsebosch, Daniel J. "The Ancient Constitution and the Expanding Empire: Sir Edward Coke's British Jurisprudence." *Law and History Review* 21, no. 3 (2003): 439-482.

Hyams, Paul R. "What Did Edwardian Villagers Understand by 'Law?'" In *Medieval Society and the Manor Court*, edited by Zvi Razi and Richard Smith, 69-102. Oxford: Oxford University Press, 1996.

Ibbetson, David J. "Case Law and Judicial Precedent in Medieval and Early-Modern England." In *Auctoritates: Xania R.C. van Carnegem oblata; De auteurs van de rechtsontwikkelin*g, edited by S. Dauchy. J. Monballyu, and A. Wijffels, 55-68. Brussels: Wetenschappelijk Comité voor Rechtsgeschiedenis, 1997.

_______________. "Juge et jury dans le common law." In *Le juge et le jugement dans les traditions juridiques européennes: Etudes d'histoire comparée*, edited by Robert Jacob, 89-105. Paris: LGDJ, 1996.

Kamali, Elizabeth Papp, and Thomas A. Green. "A Crossroads in Criminal Procedure: The Assumptions Underlying England's Adoption of Trial by Jury for Crime." In *Essays in Honour of Paul Brand*, edited by Travis Baker. Farnham, UK: Ashgate, 2017.

Kelly, Susan. "Anglo Saxon Lay Society and the Written Word." In *The Uses of Literacy in Early Medieval Europe*, edited by Rosamond McKitterick. 36-62. Cambridge: Cambridge University Press, 1990.

Kim, Keechang, *Aliens in Medieval Law: The Origins of Modern Citizenship*. Cambridge: Cambridge University Press, 2000.

Korporowicz, Lukasz Jan. "Roman Law in Roman Britain: An Introductory Survey." *Journal of Legal History* 33, no. 2 (2012): 133-150.

Lewis, Andrew. "What Marcellus Says Is Against You: Roman Law and Common Law." In *The Roman Law Tradition,* edited by A. D. E. Lewis and D. J. Ibbetson, 199-208. Cambridge: Cambridge University Press. 1994.

Liebermann, Felix, ed. *Die Gesetze der Angelsachsen.* 4 vols. Halle, Germany: Max Niemeyer, 1903-1916.

McSweeney, Thomas. "English Judges and Roman Jurists: The Civilian Learning behind England's First Case Law." *Temple Law Review* 84, no. 4 (2012): 827-862.

Milsom, S. F. C. *Historical Foundations of the Common Law.* 2nd ed. London: Butterworths, 1981.

Musson, Anthony. *Medieval Law in Context: The Growth of Legal Consciousness from Magna Carta to the Peasant's Revolt*. Manchester, UK: Manchester University Press, 2001.

Plucknett, Theodore F. T. *A Concise History of the Common Law*. 5th ed. Boston: Little, Brown and Co., 1956.

______________________. *Statutes and Their Interpretation in the First Half of the Fourteenth Century.* Cambridge: Cambridge University Press, 1922.

Pollock, Frederick. *Oxford Lectures and Other Discourses*. London: Macmillan, 1890.

Pollock, Frederick, and Frederic William Maitland. *The History of English Law before the Time of Edward 1*. 2nd ed. Cambridge: Cambridge University Press, 1899.

Price, Polly J. "Natural Law and Birthright Citizenship in Calvin's Case (1608)." *Yale Journal of Law & the Humanities* 9, no. 1 (1997): 73-145.

Richardson, H. G., and G. O. Sayles. *Law and Legislation from Aethelberht to Magna Carta.* Edinburgh: Edinburgh University Press, 1966.

Seipp, David J. "Jurors, Evidences, and the Tempest of 1499." In *The Dearest Birthright of the People of England: The Jury in the History of the Common Law,* edited by John W. Cairns and Grant McLeod, 75-92. Oxford: Hart. 2002.

____________. comp. "Medieval English Legal History: An Index and Paraphrase of Printed Year Book Reports, 1268-1535." http://www.bu.edu/law/faculty -scholarship/legal-history-the-year-books.

____________. "The Reception of Canon Law and Civil Law in the Common Law Courts before 1600." *Oxford Journal of Legal Studies* 13. no. 3 (1993): 388-420.

Stanojevic, Obrad. "Roman Law and Common Law: A Different Point of View." *Loyola Law Review* 36, no. 2 (1990): 269-274.

Van Cacnegem, R. C. *The Birth of English Common Law*. Cambridge: Cambridge University Press, 1973.

Watson, Alan. "Roman Law and English Law: Two Patterns of Legal Development." *Loyola Law Review* 36, no. 2 (1990): 247-268.

Wormald, Patrick. *The Making of English Law: King Alfred to the Twelfth Century*. Oxford: Blackwell, 1999.

Chapter 7

Dawson, John P. "The Codification of the French Customs." *Michigan Law Review* 38, no. 6 (1940): 765-800.

Decock, W. *Theologians and Contract Law: The Moral Transformation of lus Commune (ca.1500-1650)*. Leiden: Brill/Nijhoff, 2012.

Grinberg, Martine. "La rédaction des coutumes et les droits seigneuriaux." *Annales: Histoire, Sciences Sociales* 52, no. $ (1997): 1017-1038.

Horman, François. *Francogallia*. Edited by Ralph E. Giesey and translated by J. H. M. Salmon. Cambridge: Cambridge University Press, 1972.

Pitkin, Barbara. "Calvin's Mosaic Harmony: Biblical Exegesis and Early Modern Legal History." *Sixteenth Century Journal* 41, no. 2 (2010): 441-466.

Strauss, Gerald. *Law, Resistance, and the State: The Opposition to Roman Law in Reformation Germany*. Princeton, NJ: Princeton University Press, 1986.

Teuscher, Simon. *Lords' Rights and Peasant Stories: Writing and the Formation of Tradition in the Later Middle Ages*. Translated by Philip Grace. Philadelphia: University of Pennsylvania Press, 2012.

Toch, Michael. "Asking the Way and Telling the Law: Speech in Medieval Germany." *Journal of Interdisciplinary History* 16, no. 4 (1986): 667-682.

Witte, John. *Law and Protestantism: The Legal Teachings of the Lutheran Reformation*. Cambridge: Cambridge University Press 2002.

Chapter 8

Aroney, Nicholas. "Law, Revolution and Religion: Harold Berman's Interpretation of the English Revolution." *Journal of Markets and Morality* 8, no. 2 (2005): 355-385.

Berman, Harold J. *Law and Revolution, II: The Impact of the Protestant Reformations on the Western Legal Tradition*. Cambridge, MA: Belknap Press of Harvard University Press, 2003.

"Bill of Rights." Reproduced in *The Roots of the Bill of Rights*, 5 vols., compiled by Bernard Schwartz,

1:41-46. New York: Chelsea House, 1971.

Blackstone, William. *Commentaries on the Laws of England*. Oxford: Clarendon Press, 1765-1769.

Bonfield. Lloyd. "The Nature of Customary Law in the Manor Courts of Medieval England." *Comparative Studies in Society and History* 31, no. 3 (1989): 514-534

____________. "What Did English Villagers Mean by 'Customary Law?'" In *Medieval Society and the Manor Court*, edited by Zvi Razi and Richard Smith, 103-116. Oxford: Oxford University Press, 1996.

Brooks, Christopher, and Kevin Sharpe. "History, English Law and the Renaissance." *Past & Present* 72 (1976): 133-142.

Carpenter, David, trans. *Magna Carta*. London: Penguin Books, 2015.

Clanchy, M. T. *From Memory to Written Record, England 1066-1307*. 2nd ed. Oxford: Blackwell, 1993.

____________. "Remembering the Past and the Good Old Law." *History* 55 (1970): 165-176.

Cromartie, Alan. *The Constitutionalist Revolution: An Essay on the History of England, 1450-1642*. Cambridge: Cambridge University Press, 2006.

____________. "Idea of Common Law as Custom." In *The Nature of Customary Law*, edited by Amanda Perreu-Saussine and James Bernard Murphy, 203-227. Cambridge: Cambridge University Press, 2007.

Garnett, George. "'To ould fields': Law and History in the Prefaces to Sir Edward Coke's Reports." *Journal of Legal History* 34. no. 3 (2013): 245-284.

Haskins, George L. *The Growth of English Representative Government*. Philadelphia: University of Pennsylvania Press, 1948.

Helmholz, R. H. *Roman Canon Law in Reformation England*. Cambridge: Cambridge University Press, 1990.

Holt, J. C. *Magna Carta*. 3rd ed. Cambridge: Cambridge University Press, 2015.

Hyams, Paul R. "What Did Edwardian Villagers Understand by 'Law?'" In *Medieval Society and the Manor Court*, edited by Zvi Razi and Richard Smith, 69-102. Oxford: Oxford University Press, 1996.

Ibbetson, D. J. "The Arguments in Calvin's Case (1608)." In *Studies in Canon Law and Common Law in Honor of R. H. Helmholz*, edited by Troy L. Harris, 213-230. Berkeley: Robbins Collection, 2015.

____________. "Report and Record in Early-Modern Common Law: Sample Reports." In *Case Law in the Making: The Techniques and Methods of Judicial Records and Law Reports*, 2 vols., edited by Alain Wijffels, 2:27-52. Berlin: Duncker und Humblot, 1997.

Kelley, Donald R. "History, English Law and the Renaissance." *Past & Present* 65, no. 1 (1974): 24-51.

Levak, Brian P. *The Civil Lawyers in England, 1603-1641: A Political Study*. Oxford: Clarendon Press, 1973.

Lewis, Andrew. "What Marcellus Says Is Against You: Roman Law and Common Law." In *The Roman Law Tradition*, edited by A. D. E. Lewis and D. J. Ibbetson, 199-208. Cambridge: Cambridge

University Press, 1994.

"The Magna Carta Project." http://magnacartaresearch.org.

Maitland, Frederic William. *English Law and the Renaissance (The Rede Lecture for 1901)*. Cambridge: Cambridge University Press, 1901.

________________________. *Select Pleas in the Manorial and Other Seigniorial Courts*. London: B. Quaritch, 1889.

"Petition of Rights." Reproduced in *The Roots of the Bill of Rights,* 5 vols., compiled by Bernard Schwartz, 1:19-21. New York: Chelsea House, 1971.

Pocock, J. G. A. *The Ancient Constitution and the Feudal Law English Historical Thought in the Seventeenth Century*. Cambridge: Cambridge University Press, 1957.

Rodgers, C. P. "Humanism, History and the Common Law." *Journal of Legal History* 6, no. 2 (1985): 129-156.

Sherman, Charles P. "A Brief History of Medieval Roman Canon Law in England." *University of Pennsylvania Law Review and American Law Register* 68, no. 2 (1920): 233-258.

Smith, David Chan. *Sir Edward Coke and the Reformation of the Laws: Religion. Politics and Jurisprudence, 1578-1616*. Cambridge: Cambridge University Press, 2014.

Tubbs, J. W. *The Common Law Mind: Medieval and Early Modern Conceptions*. Baltimore: Johns Hopkins University Press, 2000.

Williams, Ian. "'He Creditted More the Printed Booke': Common Lawyer's Receptivity to Print, c. 1500-1640." *Law and History Review* 28, no. 1 (2010): 39-70.

___________. "The Tudor Genesis of Edward Coke's Immemorial Common Law." *Sixteenth Century Journal* 43, no. 1 (2012): 103-123.

Wood, Andy. *The Memory of the People: Custom and Popular Senses of the Past in Early Modern England*. Cambridge: Cambridge University Press, 2013.

Wormald, Patrick. *The Making of English Law: King Alfred to the Twelfth Century*. Oxford: Blackwell, 1999.

Chapter 9

Ameil, Barbara. *John Locke and America: The Defense of English Colonialism*. Oxford: Clarendon Press, 1996.

Brett, Annabel S. *Changes of State: Nature and the Limits of the City in Early Modern Natural Law*. Princeton, NJ: Princeton University Press, 2011.

The Bull *Inter Caetera*. Reproduced in *Sources Relating to the History of the Law of Nations*, 3 vols., edited by Wilhelm G. Grewe, 2:68-70. Berlin: De Gruyter, 1988.

Cavallar, Georg. "Vitoria, Grotius. Pufendorf, Wolff and Vattel: Accomplices of European Colonialism and Exploitation or True Cosmopolitans," *Journal of the History of International Law* 10, no. 2 (2008): 181-209.

Daston, Lorraine, and Michael Stolleis, eds. *Natural Law and Laws of Nature in Early Modern Europe: Jurisprudence, Theology, Moral and Natural Philosophy*. Farnham, UK: Ashgate, 2008.

d'Entrèves, A. P. *Natural Law: An Introduction to Legal Philosophy.* London: Hutchinson and Co., 1951.

Fitzmaurice, Andrew. *Sovereignty, Property and Empire. 1500-2000*. Cambridge: Cambridge University Press, 2014.

Grotius, Hugo. *The Freedom of the Seas or the Right Which Belongs to the Dutch to Take Part in the East Indian Trade, 1609*. Translated by Ralph van Deman Magoffin and edited by James Scott Brown. New York: Oxford University Press, 1916.

___________. *On the Law of War and Peace*, 1625. Translated by A. C. Campbell. London: Boothroyd, 1814.

Herzog, Tamar. *Defining Nations: Immigrants and Citizens in Early Modern Spain and Spanish America.* New Haven, CT: Yale University Press, 2003.

___________. "Did European Law Turn American? Territory, Property and Rights in an Atlantic World." In *New Horizons in Spanish Colonial Law: Contributions to Transnational Early Modern Legal History*, edited by Thomas Duve and Heikki Pihlajamäki, 75-95. Frankfurt: Max Planck Institute for European Legal History, 2015.

Kingsbury, Benedict, and Benjamin Straumann, eds. *The Roman Foundations of the Law of Nations: Alberico Gentili and the Justice of Empire*. Oxford: Oxford University Press, 2010.

Locke, John. *Two Treatises of Government*. London: Awnsham Churchill, 1698.

MacMillan, Ken. *Sovereignty and Possession in the English New World: The Legal Foundations of Empire, 1576-1640*. Cambridge: Cambridge University Press, 2006.

Marcoci, Giuseppe. *L'invenzione di un imperio: Politica e cultura nel mondo portoghese (1450-1600)*. Rome: Caroci Editore, 2011.

Pagden, Anthony. *The Burdens of Empire: 1539 to the Present*. New York: Cambridge University Press, 2015.

Parry, J. H. *The Age of Reconnaissance*. Cleveland: World Publishing Co., 1963.

Pufendorf, Samuel von. *Of the Law of Nature and Nations*. 2nd ed. Translated by Basil Kennett and William Percivale. Oxford: Printed by L. Lichfield for A, and J. Churchil, 1710.

The Requirement. Reproduced in *Fontes Historiae luris Gentium: Quellen Er Geschichte des Volkerrechts/Sources Relating to the History of the Law of Nations*, 3 vols., edited by Wilhelm G. Grewe, 2:103-109. Berlin: De Gruyter, 1988.

Rommen, Heinrich A. *The Natural Law: A Study in Legal and Social History and Philosophy, 1936.*

Translated by Thomas R. Hanley. Indianapolis: Liberty Fund, 1998.

Tuck, Richard. *Natural Rights Theories: Their Origin and Development*. Cambridge: Cambridge University Press, 1979.

Tully, James. *A Discourse on Property: John Locke and His Adversaries*, Cambridge: Cambridge University Press, 1980.

Vartel, Emer de. *The Law of Nations or the Principles of Natural Law Applied to the Conduct and to the Affairs of Nations and of Sovereigns*, 1758. Translated by Charles G. Fenwick. Washington, DC: Carnegie Institute of Washington, 1916.

Vitoria, Francisco de. *Political Writings*. Edited by Anthony Pagden and Jeremy Lawrance. Cambridge: Cambridge University Press, 1991.

Chapter 10

Armitage, David. *The Declaration of Independence: A Global History*. Cambridge, MA: Harvard University Press, 2007.

Bailyn, Bernard. *The Ideological Origins of the American Revolution*. Cambridge. MA: Belknap Press of Harvard University Press, 1967.

_____________. "Political Experience and Enlightenment Ideas in Eighteenth-Century America." *American Historical Review* 67, no. 2 (1962): 339-351.

Bailyn, Bernard, and Philip D. Morgan, eds. *Strangers within the Realm: Cultural Margins of the First British Empire*. Chapel Hill: University of North Carolina Press, 1991.

Benton, Lauren, and Kathryn Walker. "Law for Empire: The Common Law in Colonial America and the Problem of Legal Diversity." *Chicago-Kent Law Review* 89, no. 3 (2014): 937-956.

Bilder, Mary Sarah. *The Transatlantic Constitution: Colonial Legal Culture and the Empire*. Cambridge, MA: Harvard University Press, 2004.

Billias, George A. *American Constitutionalism Heard around the World, 1776-1989: A Global Perspective*. New York: NYU Press, 2009.

Billings, Warren M. "The Transfer of English Law to Virginia, 1606-50." In *The Westward Enterprise: English Activities in Ireland, the Atlantic, and America, 1480-1650*. edited by K. R. Andrews, N. P. Canny, and P.E. H. Hair, 215-244. Liverpool: Liverpool University Press, 1978.

Brown, Elizabeth G. "The Views of a Michigan Territorial Jurist on the Jo Common Law." *American Journal of Legal History* 15. no. 4 (1971): 307-316.

Clark, David S., "Comparative Law in Colonial British America." *American Journal of Comparative Law* 59, no. 3 (2011): 637-674. K

Dinan, John J. *Keeping the People's Liberties: Legislators, Citizens, and Judges as Guardians of Rights*.

Lawrence: University of Kansas Press, 1998.

Dunham, William Huse. "A Transatlantic View of the British Constitution 1760-1776." In *Legal History Studies 1972: Papers Presented to the Legal History Conference, Aberystwyth 18-21 July 1972*, edited by Dafydd Jenkins, 50-63. Cardiff: University of Wales Press, 1975.

Golove, David M.. and Daniel J. Hulsebosch. "A Civilized Nation: The Early American Constitution, the Law of Nations, and the Pursuit of International Recognition." *NYU Law Review* 85, no. 4 (2010): 932-1066.

Grafton, John, ed. *The Declaration of Independence and Other Great Documents of American History, 1775-1865*. Mincola, NY: Dover, 2000.

Greene, Jack P., ed. *Exclusionary Empire: English Liberty Overseas, 1600-1900*. Cambridge: Cambridge University Press, 2010.

Hart, James S., and Richard J. Ross. "The Ancient Constitution in the Old World and the New." In *The World of John Winthrop: Essays on England and New England, 1588-1649*, edited by Francis J. Bremer and Lynn A. Botelho, 237-289. Boston: Massachusetts Historical Society, 2005.

Hulsebosch, Daniel J. "The Ancient Constitution and the Expanding Empire: Sir Edward Coke's British Jurisprudence." *Law and History Review* 21, no. 3 (2003): 439-482.

__________________. *Constituting Empire: New York and the Transformation of Constitutionalism in the Atlantic World, 1664-1830*. Chapel Hill: University of North Carolina Press, 2005.

__________________. "The Revolutionary Portfolio: Constitution-Making and the Wider World in the American Revolution." *Suffolk University Law Review* 47 (2014): 759-822.

Ibbetson, D. J. "Natural Law and Common Law." *Edinburgh Law Reviews*. no. 1 (2001): 4-20.

Konig, David Thomas. "Regionalism in American Law." In *The Cambridge History of Law in America*, edited by Michael Grossberg and Christopher Tomlins, 144-177. Cambridge: Cambridge University Press. 2008.

Nelson, William E. *The Common Law in Colonial America*. 3 vols. Oxford: Oxford University Press, 2008-2016.

Rakove, Jack N., ed. *Annotated U.S. Constitution and Declaration of Independence.* Cambridge, MA: Belknap Press of Harvard University Press, 2009.

______________. *Declaring Rights: A Brief history with Documents*. Boston: Bedford Books, 1998.

______________. *Original Meanings: Politics and Ideas in the Making of the Constitution*. New York: Knopf, 1996.

Reid, John Phillip. *The Ancient Constitution and the Origins of Anglo-American Liberty*. DeKalb: Northern Illinois University Press, 2005.

Rocber, A. G. *Palatines, Liberty, and Property: German Lutherans in Colonial British America*. Baltimore: Johns Hopkins University Press, 1993.

Tomlins, Christopher L. *Freedom Bound: Law, Labor and Civic Identity in Colonizing Early America, 1580-1865*. Cambridge: Cambridge University Press, 2010.

Tomlins, Christopher L., and Bruce H. Mann, eds. *The Many Legalities of Early America*. Chapel Hill: University of North Carolina Press, 2001.

Whitman, James Q. "Why Did the Revolutionary Lawyers Confuse Custom and Reason?" *University of Chicago Law Review* 58, no. 4 (1991): 1321-1368.

Wood, Gordon S. *The Creation of the American Republic. 1776-1787*. Chapel Hill: University of North Carolina Press, 1969.

Chapter 11

Aucoin, Louis M. "Judicial Review in France: Access of the Individual under French and European Community Law in the Aftermath of France's Rejection of Bicentennial Reform." *Boston College International and Comparative Law Review* 15, no. 2: 443-469.

Blaufarb, Rafe. *The Great Demarcation: The French Revolution and the Invention of Modern Property.* New York: Oxford University Press, 2016.

Censer, Jack R., and Lynn Hunt. *Liberty, Equality. Fraternity: Exploring the French Revolution.* University Park: Pennsylvania State University Press, 2001.

Cole, John R. *Between the Queen and the Cabby: Olympe de Gouger's Rights of Women.* Montreal: McGill-Queen's University Press, 2011.

Cox, Marvin R., ed. *The Place of the French Revolution in History*. Boston: Houghton Mifflin, 1998.

Edelstein, Dan. *The Terror of Natural Right Republicanism, the Cult of Nature, and the French Revolution,* Chicago: University of Chicago Press, 2009.

Hancock, Ralph C., and L. Gary Lambert, eds. *The Legacy of the French Revolution*. Lanham, MD: Rowman and Littlefield, 1996.

Hardman, John, ed. *The French Revolution Sourcebook*. London: Arnold, 1999.

Hulsebosch, Daniel, J. "The Revolutionary Portfolio: Constitution-Making and the Wider World in the American Revolution." *Suffolk University Law Review* 47 (2014): 759-822.

Hunt, Lynn, ed. and trans. *The French Revolution and Human Rights: A Brief Documentary History*. Boston: Bedford Books, 1996.

Jones, Colin. *The Great Nation: France from Louis XV to Napoleon. 1715-1799*. New York: Columbia University Press, 2002.

Polasky, Janet. "The Legacy of the French Revolution." In T*he Transformation of Modern France: Essays in Honor of Gordon Wright*, edited by William B. Cohen. Boston: Houghton Mifflin, 1997.

Rousseau, Jean-Jacques. *The Social Contract or Principles of Political Right*, 1762. Translated by H. J.

Tozer. Hertfordshire, UK: Wordsworth Editions, 1998.

Royer, Jean-Pierre, et al. *Histoire de la justice en France du XVIIIe siècle à nos jours*. Paris: Presses Universitaires de France, 1995.

Schama, Simon. *Citizens: A Chronicle of the French Revolution*. New York: Alfred A. Knopf, 1989.

Seligmann, Edmond. *La justice en France pendant la Révolution (1789-92)*. Paris: Plon-Nourrit, 1901.

Sewell, William H. *A Rhetoric of Bourgeois Revolution: The Abbé Sieyes and What Is the Third Estate?* Durham, NC: Duke University Press, 1994.

Stewart, John Hall. *A Documentary Survey of the French Revolution.* New York: Macmillan, 1951.

Van Kley, Dale, ed. *The French Idea of Freedom: The Old Regime and the Declaration of Rights of 1789*. Stanford, CA: Stanford University Press. 1994.

Woloch, Isser. *The New Regime: Transformations of the French Civic Order, 1789-1820's*. New York: W. W. Norton, 1994.

Chapter 12

Bellomo, Manlio. *The Common Legal Past of Europe 1000-1800*. Washington, DC: Catholic University of America Press, 1995.

Blaufarb, Rafe. *Napoleon, Symbol for an Age: A Brief History with Documents*. Boston: Bedford Press of St. Martins Press, 2008.

Code Napoléon or the French Civil Code. London: William Benning, 1827.

Dilcher, Gerhard. "The Germanists and the Historical School of Law: German Legal Science between Romanticism, Realism, and Rationalization." *Rechtsgeschichte-Legal History* 24 (2016): 20-72.

Foster, Nigel, and Satish Sule. *German Legal System and Laws*. 4th ed. Oxford: Oxford University Press, 2010.

Freund, Ernst. "The New German Civil Code." *Harvard Law Review* 13. no. 8 (1900): 627-637.

German Civil Code. English-language edition provided by Langenscheidt Translation Service. http://www.gesetze-im-internet.de/englisch_bgb lenglisch_bgb.html.

Gordley, James "Myths of the French Civil Code." *American Journal of Comparative Law* 42, no. 3 (1994): 459-505.

Halperin, Jean-Louis. "Le droit privé de la Révolution: Héritage législatif et héritage idéologique." *Annales historiques de la Révolution française* 328 (2002): 135-151.

John, Michael. *Politics and the Law in Late Nineteenth-Century Germany: The Origins of the Civil Code*. Oxford: Clarendon Press, 1989.

Kozolchyk, Boris. *Comparative Commercial Contracts: Law, Culture and Economic Development.* St. Paul, MN: West Academic, 2014.

Kroppenberg, Inge, and Nicolaus Linder. "Coding the Nation: Codification History from a (Post-)Global Perspective." In *Entanglements in Legal History: Conceptual Approaches*, edited by Thomas Duve, 67-99. Frankfurt: Max Planck Institute for European Legal History.

Levasseur, Alain A. "Code Napoleon or Code Portalis?" *Tulane Law Review* 43. no.4 (1969): 762-774

Martin, Xavier. *Mythologie du Code Napoléon: Aux soubassements de la France moderne.* Bouère, France: Éditions Dominique Martin Morin, 2003.

Schwartz, Bernard, ed. *The Code Napoleon and the Common-Law World: The Sesquicentennial Lectures Delivered at the Law Center of New York University, December 13-15, 1954.* New York: NYU Press, 1956.

Smithers, William W. "The German Civil Code (Das Bürgerliche Gesetzbuch): Sources-Preparation-Adoption." *American Law Register* 50 no. 12 (1902): 685-717.

Vanderlinden, Jacques. *Le Concept de code en Europe occidentale du XIIIe au XIXe siècle: Essais de définition.* Brussels: Université Libre de Bruxelles, 1967.

von Savigny, Friedrich Karl. *Of the Vocation of Our Age for Legislation and Jurisprudence,* 1814. Translated by Abraham Hayward. London: Littlewood. 1831.

Whitman, James Q. *The Legacy of Roman Law in the German Romantic Era: Historical Vision and Legal Change*. Princeton, NJ: Princeton University Press, 1990.

Wieacker, Franz. *A History of Private Law in Europe with Particular Reference to Germany*, 1952. Translated by Tony Weir. Oxford: Clarendon Press, 1995.

Chapter 13

Banner, Stuart. "Written Law and Unwritten Norms in Colonial St. Louis." *Law and History Review* 14, no. 1 (1996): 11-40.

Batiza, Rodolfo. "The Louisiana Civil Code of 1808: Its Actual Sources and Present Relevance." *Tulane Law Review* 46, no. 4 (1971).

Billings, Warren M. "The Transfer of English Law to Virginis, 1606-40." In *The Westward Enterprise English Activities in Ireland, the Atlantic and America, 1480-1850*, edited by K. R. Andrews, N. P. Canny, and P. B. H. Hair, 215-244. Liverpool: Liverpool University Press, 1978.

Brown, Elizabeth Gaspar. "Legal Systems in Conflict Orleans Territory, 1804-1811." *American Journal of Legal History* 1, no. 1 (1957): 35-75.

Cook, Charles M. *The American Codification Movement: A Study of Antebellum Legal Reform*. Westport, CT: Greenwood Press, 1981.

Curtis, Christopher M. "Codification in Virginia: Conway Robinson, John Mercer Patron, and the Politics of Law Reform." *Virginia Magazine of History and Biography* 117, no. 2 (2009): 140-180.

Evans, Beverly D. "The Code Napoleon." *Georgia Historical Quarterly* 6, no. I (1922): 28-34.

Farmer. Lindsay. "Reconstructing the English Codification Debate: The Criminal Law Commissioners, 1831-45." *Law and History Review* 18, no. 2 (2000): 397-426.

Fisch, William B. "The Dakota Civil Code: More Notes for an Uncelebrated Centennial." *North Dakota Law Review* 45 (1968): 9-55.

Herman, Shael. "The Fate and the Future of Codification in America." *American Journal of Legal History* 40, no. 4 (1996) 407-437.

Kilbourne, Richard Holcombe. *A History of the Louisiana Civil Code: The Formative Years, 1803-1810.* Baton Rouge: Louisiana State University, 1987.

Kolsky, Elizabeth. "Codification and the Rule of Colonial Difference: Criminal Procedure in British India." *Law and History Review* 23, no. 3 (2005): 631-683.

Langum, David J. *Law and Community on the Mexican California Frontier Anglo-American Expatriates and the Clash of Legal Traditions, 1821-1846.* Norman: University of Oklahoma Press, 1987.

Masferrer, Aniceto. "Defense of the Common Law against Postbellum American Codification: Reasonable and Fallacious Argumentation." *American Journal of Legal History* 50, no. 4 (2008-2010): 355-430

McKnight. Joseph W. "The Spanish Legacy to Texas Law." *American Journal of Legal History* 3, no. 3-4 (1959): 222-241, 299-323.

Miller, Perry. "The Common Law and Codification in Jacksonian America." *Proceedings of the American Philosophical Society* 103. no. 3 (1959): 463-468.

Morriss, Andrew. "Codification and Right Answers." *Chicago Kent Law Review* 74. no. 2 (1999): 355-391.

Marrow, Clarence J. "Louisiana Blueprint: Civilian Codification and Legal Method for State and Nation." *Tulane Law Review* 17, no. 3 (1943): 351-415.

Palmer, Vernon Valentine. "The French Connection and the Spanish Perception: Historical Debates and Contemporary Evaluation of French Influence on Louisiana Civil Law." *Law Louisiana Review* 63, no. 4 (2003): 1067-1126.

Parise, Agustin. "Codification of the Law in Louisiana: Early Nineteenth Century Oscillation between Continental European and Common Law Systems." *Tulane European and Civil Law Forum* 17 (2012): 133-164.

Reinmann, Mathias. "The Historical School against Codification: Savigny, Carter, and the Defeat of the New York Civil Code." *American Journal of Comparative Law* 37, no. 1 (1989): 95-119.

Ross, William E. "History of Virginia Codification." *Virginia Law Register* 11. no. 2 (1905): 79-101.

Schwartz, Bernard, ed. *The Code Napoleon and the Common Law World: The Sesquicentennial Lectures Delivered at the Law Center of New York University. December 13-15, 1954*. New York: NYU Press, 1956.

Weiss, Gunther A. "The Enchantment of Codification in the Common Law World." *Yale Journal of*

International Law 25. no. 2 (2000): 435-532.

Wheeler, Charles B. "The Code Napoleon and Its Framers." *American Bar Association Journal* 10, no. 3 (1924): 202-206.

Witt. John Fabian. "The King and the Dean: Melvin Belli, Roscoe Pound and the Common Law Nation." In *Patriots and Cosmopolitans Hidden Histories of American Law*, 211-278. Cambridge MA: Harvard University Press, 2007.

Young, Edwin W. "The Adoption of the Common Law in California." *American Journal of Legal History* 4. no. 4 (1960): 355-363.

Epilogue

Alter, Karen J. *Establishing the Supremacy of European Law: The Making of an International Rule of Law in Europe*. Oxford: Oxford University Press, 2003.

Borchardt, Klaus-Dieter. *The ABC of European Union Law*. Luxembourg: Publications Office of the European Union, 2010.

Cappelleti, Mauro. "Is the European Court of Justice 'Running Wild?'" *European Law Review* 12, no. 1 (1987): 3-17.

Claes, Monica. *The National Court's Mandate in the European Constitution*. Oxford: Hart, 2006.

Davies, Bill. *Resisting the European Court of Justice: We Germany's Confrontation with European Law, 1949-1979.* Cambridge: Cambridge University Press, 2012.

Davies, Bill, and Morten Rasmussen. "Towards a New History of European Law." *Contemporary European History* 21, no. 3 (2012): 305-318.

Duve, Thomas. "Global Legal History: A Methodological Approach." *Max Planck Institute for European Legal History: Research Paper Series*, no. 2016-04 (May 20, 2016). http://ssrn.com/abstract=2781104.

European Convention. "Draft Treaty Establishing a Constitution for Europe," July 18, 2003. http://eur-lex.europa.eu/legal-content/EN/TXT/?uri =CELEX:$2003XX0718(01).

European Market, Community, Union treaties, legislation, directives and case-law can be consulted online at https://europa.eu/european-union /law_cn.

Freda, Dolores. "'Law Reporting' in Europe in the Early-Modern Period: Two Experiences in Comparison." *Journal of Legal History* 30, no. 3 (2009): 263-278.

Grossi, Paolo. "Il messaggio giuridico dell'Europa e la sua vitalità: leri, oggi. domani." *Contratto e impresa/ Europa* 2 (2013): 681-695.

Hartkamp, Arthur, et al., eds. *Towards a European Civil Code*, 4th ed. Nijmegen, The Netherlands: Kluwer Law International, 2010.

Hyland, Richard. "Codification and the American Discussion about How Judges Decide Cases." In

Codifying Contract Law International and Consumer Law Perspectives, edited by Mary Keyes and Therese Wilson. 205-218. Farnham, UK: Ashgate, 2014

Koch, Henning, et al., eds. *Europe: The New Legal Realism: Essays in Honour of Hjalte Rasmussen.* Copenhagen: Djøf, 2010.

Koopmans, Thijmen. "Towards a New 'lus Commune'." In *The Common Law of Europe and the Future of Legal Education,* edited by Bruno de Witte and Caroline Forder, 43-51. Deventer, The Netherlands: Kluwer Law International, 1992.

Legrand, Pierre. "Against a European Civil Code." *Modern Law Review* 60. no. 1 (1997): 44-63.

Lundmark, Thomas. *Charting the Divide between Common and Civil Law.* Oxford: Oxford University Press, 2012.

Mamadouh, Virginie. "Establishing a Constitution for Europe during European Union Enlargement? Visions of Europe in the Referenda Campaigns in France and the Netherlands." *Journal of Cultural Geography* 26, no. 3 (2009): 305-326.

Mashaw, Jerry L. *Creating the Administrative Constitution: The Lost One Hundred Years of American Administrative Law*. New Haven, CT: Yale University Press, 2012.

Mattei, Ugo, and Luca G. Pes "Civil Law and Common Law: Toward Convergence!" In *The Oxford Handbook of Law and Politics*, edited by Keith E., Whittington, R., Daniel Kelemen, and Gregory A. Caldeira, 267-280. Oxford: Oxford University Press, 2008.

Mattli. Walter, and Anne-Marie Slaughter. "Law and Politics in the European Union: A Reply to Garett." *International Organization* 49. no. 1 (1995): 183-190.

Palmowski, Jan. "The Europeanization of the Nation State." *Journal of Contemporary History* 46, no. 3 (2011): 631-657.

Pescatore, Pierre. *The Law of Integration: Emergence of a New Phenomenon in International Relations Based on the Experience of the European Communities*. Leiden: A. W. Sijthoff, 1974.

Rasmussen, Hjalte. "Between Self-Restraint and Activism: A Judicial Policy for the European Court." *European Law Review* 13, no. 1 (1988): 28-38.

_______________. *On Law and Policy in the European Court of Justice: A Comparative Study in Judicial Policymaking*. Dordrecht: Martinus Nijhoff, 1986.

Stein, Eric. "Lawyers, Judges, and the Making of a Transnational Constitution." *American Journal of International Law* 75. no. 1 (1981): 1-27.

Sweet, Alec Stone. *Governing with Judges Constitutional Politics in Europe*. Oxford: Oxford University Press, 2000.

_______________. *The Judicial Construction of Europe.* Oxford: Oxford University Press, 2004

Toller, Annette Elisabeth. "Measuring and Comparing the Europeanization of National Legislation: A Research Note." *Journal of Common Market Studies* 48, no. 2 (2010): 417-444.

Ugland, Trygve. "Designer Europeanization: Lessons from Jean Monnet." *European Legacy* 14. no. 2 (2009): 149-161.

Vanke, Jeffrey. "The Treaty of Rome and Europeanism." *Journal of the Historical Society* 7, no. 4 (2007): 443-474.

Vauchez, Antoine. *L'union par le droit: L'invention d'un programme institutionnel pour l'Europe.* Paris: Presses de la Fondation nationale des sciences politiques, 2013.

Weiler, J. H. H. "Community, Member States and European Integration: Is the Law Relevant?" *Journal of Common Market Studies* 21, no. 1 (1982): 39-56.

_____________. "The Community System: the Dual Character of Supranationalism." *Yearbook of European Law* 1, no. 1 (1981): 267-306.

_____________. "The Reformation of European Constitutionalism." *Journal of Common Market Studies* 35, no. 1 (1997): 97-131.

_____________. "The Transformation of Europe." *Yale Law Journal* 100, no. 8 (1991): 2403-2483.

Zimmermann, Reinhard. *Roman Law, Contemporary Law, European Law: The Civilian Tradition Today.* Oxford: Oxford University Press, 2001.

찾아보기

가

나

다

라

마

바

사

아

자

차

카

타

파

하

저자

타마르 헤르초그 Tamar Herzog

현 하버드대학 역사학과 및 로스쿨 교수
이스라엘 변호사
프랑스 사회과학고등연구원 박사
마드리드자유대학, 시카고, 스탠포드 대학 등 교수
홈볼트 연구상 등 다수의 학술상 수상

〈주요 저작〉
Upholding Justice : Society, State, and the Penal System in Quito (1650-1750)
Defining Nations : Immigrants and Citizens in Early Modern Spain and Spanish America
Frontiers of Possession : Spain and Portugal in Europe and the Americas
그 외 다수의 논문

역자

이영록 李映錄

서울대학교 법과대학 졸
서울대학교 법과대학원 졸(법학박사)
조선대학교 교수

〈주요 저작〉
『우리 헌법의 탄생』
『유진오 헌법사상의 형성과 전개』
"한국에서의 '민주공화국'의 개념사: 특히 '공화' 개념을 중심으로"
"개항기 한국에 있어 영사재판권: 수호조약상의 근거와 내용"
"책임의 의미와 성격에 관한 역사적 탐색"
"제헌기 종교자유 사상과 종교조항의 탄생"
"민사책임에 대한 타자철학적 기초놓기: 민사법, 직근성, 책임"
"팬데믹 시대, 법을 다시 생각하다" 등

총서 간행의 취지

1973년 한국법사학회의 창립과 더불어 본격화된 이 땅의 법사학연구는, 이후 30년이 넘는 짧지 않은 역사 속에서 알찬 열매들을 맺어왔다. 아직 풍성한 성과를 자랑하기에는 이르지만, 한국법사는 물론이고 동양법사와 서양법사에 이르기까지 맥이 통하는 책들로 묶어낼 수 있을 만큼의 글들은 쌓였다. 또 체계적인 기획을 통해 새로운 연구를 개척해나갈 역량도 어느 정도 갖추어졌다.

이에 우리 한국법사학회는, 지금까지의 연구 성과를 체계적으로 정리하는 동시에, 앞으로 보다 활발한 연구를 추진해나가기 위해 세 가지 총서를 간행한다. '법사학연구총서', '법사학번역총서', '법사학자료총서'가 그것이다.

'법사학연구총서'는 단일한 주제에 대한 학술저서와 학회지 『법사학연구』 등에 발표된 논문을 시대별, 주제별로 엄선한 논문집으로 간행한다. '법사학번역총서'는 동양과 서양의 중요한 법사학 연구성과를 역주한 번역서로 간행한다. '법사학자료총서'는 한국은 물론 세계의 법사학에 관한 기본적인 사료를 체계적으로 수집, 정리한 자료집으로 간행한다.

우리 한국법사학회는 이들 총서의 체계적이고 지속적인 간행을 통해 끊임없이 스스로를 돌아보고 또 채찍질함으로써, 이 땅의 법사학 발전을 위해 최선의 노력을 기울여나갈 것이다.

한국법사학회

법 사 학
번역총서 **3**

유럽법약사

초판1쇄 발행 2023년 4월 28일
초판2쇄 발행 2024년 3월 28일

지은이 타마르 헤르초그 Tamar Herzog
옮긴이 이영록
펴낸이 홍종화

주간 조승연
편집 · 디자인 오경희 · 조정화 · 오성현 · 신나래
박선주 · 이효진 · 정성희
관리 박정대

발행처 민속원
창업 홍기원
출판등록 제1990-000045호
주소 서울 마포구 토정로25길 41(대흥동 337-25)
전화 02) 804-3320, 805-3320, 806-3320(代)
팩스 02) 802-3346
이메일 minsok1@chollian.net, minsokwon@naver.com
홈페이지 www.minsokwon.com

ISBN 978-89-285-1842-5
S E T 978-89-285-1411-3 94360